I0042920

ŒUVRES COMPLÈTES

DU CHANCELIER

D'AGUESSEAU.

SE TROUVENT AUSSI

CHEZ L'ÉDITEUR, RUE CHRISTINE, N.° 3, A PARIS;

ET CHEZ LES PRINCIPAUX LIBRAIRES DE FRANCE ET DE L'ÉTRANGER.

DE L'IMPRIMERIE DE I. JACOB, A VERSAILLES.

OEUVRES COMPLÈTES

DU CHANCELIER

D'AGUESSEAU.

NOUVELLE ÉDITION,

AUGMENTÉE DE PIÈCES ÉCHAPPÉES AUX PREMIERS ÉDITEURS, ET D'UN DISCOURS PRÉLIMINAIRE

PAR M. PARDESSUS,

PROFESSEUR A LA FACULTÉ DE DROIT DE PARIS.

TOME DOUZIÈME,

CONTENANT LA SUITE DE LA CORRESPONDANCE OFFICIELLE, LES ORDONNANCES DES DONATIONS, TESTAMENS, SUBSTITUTIONS, AVEC LES PIÈCES INÉDITES RELATIVES A LEUR RÉDACTION.

PARIS,

FANTIN ET COMPAGNIE, LIBRAIRES,
QUAI MALAQUAI, N.° 3.

H. NICOLLE, A LA LIBRAIRIE STÉRÉOTYPE,
RUE DE SEINE, N.° 12.

DE PELAFOL, RUE DES GRANDS-AUGUSTINS, N.° 21.

M. DCCC. XIX.

ŒUVRES
DE D'AGUESSEAU.

CORRESPONDANCE OFFICIELLE.

CINQUIÈME DIVISION.

LETTRES SUR LA PROCÉDURE CIVILE ET LA LÉGISLATION Y RELATIVE.

§. I. — *Compétence.*

Du 8 octobre 1721.

J'APPROUVE la décision de votre compagnie, dont j'ai examiné le mémoire sur la question que les officiers du présidial de Vesoul ont proposée, et qui consiste à savoir si les matières de complaintes sont de la compétence du présidial, quand il s'agit d'un fonds dont la valeur n'excède pas les sommes portées par le premier ou par le second chef de l'édit des présidiaux. Il est certain que la complainte étant toujours mêlée de voie de fait, elle n'est susceptible ni d'estimation, ni de restriction à une somme précise. Elle intéresse l'ordre public et la police générale; c'est un cas royal qui n'est pas de la police du présidial, et qui doit être porté à l'ordinaire au bailliage.

Du 3 *mai* 1729.

Je ne sais qui est l'auteur du mémoire que vous m'avez envoyé, sur la contestation qui est née entre les habitans de Champigny et le nommé......, sur la propriété de trois bichets de terre; je n'ai reçu ce mémoire que par M. le procureur-général, qui ne m'a point expliqué de qui il le tenoit; mais, sans examiner d'où il vient, il me paroît qu'il seroit bien difficile de soutenir votre compétence dans l'affaire dont il s'agit; une question de propriété, quoique formée par une communauté d'habitans contre un particulier, n'est point naturellement soumise à votre juridiction, et elle ne fait nullement partie des affaires des communautés dont vous êtes autorisés à prendre connoissance. La procédure volontaire que le nommé...... a fait devant vous, ne lève point la difficulté, l'ordre des juridictions étant de droit public et ne dépendant point du consentement des parties, surtout quand il s'agit de la compétence d'un intendant qui, n'étant qu'un juge délégué *ad certum genus causarum*, ne peut connoître que de ce qui lui est expressément et nommément attribué. Ainsi, supposé qu'il en soit encore temps, et que vous n'ayez point rendu de jugement définitif dans l'affaire, comme je vous l'ai écrit, le seul parti que vous y puissiez prendre est de la renvoyer devant les juges qui en doivent connoître.

Du 29 *mai* 1729.

Il est sans difficulté que les juges présidiaux ne peuvent connoître ni au premier ni au second chef l'édit, soit des prises à partie, soit des appellations qualifiées comme de juge incompétent. Tout ce qui intéresse l'honneur des hommes et encore plus celui des juges, tout ce qui regarde l'ordre public et les limites des différentes juridictions sont indéfinis et inestimables; la matière même a été regardée comme si importante, qu'il n'y a dans l'usage que les parlemens qui connoissent des prises à partie et des appels comme de juge incompétent, parce que c'est dans ces compagnies que réside l'autorité supérieure qui doit être employée, dans ces cas, pour la conservation générale de l'ordre public.

Du 31 *mai* 1729.

Si vous n'avez point d'autres exemples à alléguer que ceux qui sont expliqués par votre lettre, je ne vois pas que vous puissiez vous plaindre, avec raison, du préjudice que les requêtes du palais du parlement de Toulouse font à votre juridiction.

Vous ne citez qu'un seul fait sur ce sujet; c'est la demande formée par le sieur chevalier de..... contre son frère, pour un supplément d'hérédité. Mais une pareille demande est une action mixte, suivant les principes du droit écrit et la jurisprudence de tout le royaume. Ainsi, il n'est pas douteux que le privilége du *committimus* ne puisse y avoir lieu, et c'est une maxime constante dans notre usage.

Les prétendues entreprises du parlement, même sur votre juridiction, ne sont pas mieux prouvées que celles des requêtes du palais.

Il est libre aux parties, en matière bénéficiale, d'interjeter un appel comme d'abus des provisions de leurs adversaires; et, en ce cas, il seroit souvent contraire au bien de la justice de séparer un tel appel de la complainte fondée sur les mêmes moyens. Ce seroit obliger les plaideurs à avoir deux procès, au lieu d'un, pour le même sujet; ainsi, on ne peut que s'en rapporter, sur ce point, à la sagesse et à la prudence de MM. du parlement.

A l'égard des consuls ou de la bourse de Cahors, comme vous n'expliquez aucun fait particulier sur ce sujet, je ne saurois vous faire aucune réponse précise.

Du 31 *mai* 1729.

QUAND vous avez des doutes sur les fonctions de vos charges, vous devez vous adresser directement à vos supérieurs immédiats, c'est-à-dire, à M. le premier président ou à M. le procureur-général au parlement de Bordeaux, qui vous apprendront les règles que vous devez suivre, ou qui m'en écriront, lorsqu'ils le jugeront à propos; si la question leur paroît assez difficile pour mériter qu'ils me consultent avant que d'y répondre. Je veux bien néanmoins pour cette fois seulement, sans tirer à conséquence, accélérer l'expédition de l'affaire au sujet de laquelle vous m'avez écrit, en vous répondant que, lorsqu'il ne s'agit que d'une information ou d'aller recevoir la déclaration d'une partie malade, il est sans difficulté que cette fonction appartient au rapporteur, soit que ce rapporteur remplisse la charge de lieutenant-général, comme cela arrive dans l'occasion présente, ou qu'il ne soit que conseiller dans le siége.

Du 1.er *novembre* 1729.

PLUSIEURS occupations dont je n'ai pas été le maître, m'ont empêché d'examiner plus tôt la lettre et le mémoire que vous m'avez envoyés, pour justifier le jugement que vous avez rendu en dernier ressort, dans l'affaire de la dame de.....; j'ai lu l'une et l'autre attentivement, mais je ne saurois vous dissimuler, que je n'y ai rien trouvé qui puisse établir le pouvoir que vous vous êtes attribué en cette occasion.

Je connois la disposition de toutes les lois anciennes et nouvelles qui vous attribuent le droit de juger en dernier ressort, jusqu'à concurrence de la somme de 250 livres et au-dessous ; d'où vous concluez que la contestation qui a été jugée par votre ordonnance, étant alors réduite à ce qui regardoit le paiement des dépens, et ces dépens ne montant pas à plus de quatre ou cinq pistoles, vous étiez donc dans le cas où il vous est permis de rendre un jugement sans appel.

Mais ce raisonnement ne me paroît pas aussi solide que vous l'avez cru.

Premièrement, vous avez statué par votre ordonnance, non-seulement sur les dépens, mais sur le fond même des contestations. Il est vrai que les parties étoient d'accord à cet égard, et que vous n'avez fait que donner acte à la dame de......, de ce qu'elle consentoit au retranchement des deux articles de son dénombrement; en conséquence de quoi, vous avez ordonné que ces deux articles seroient en effet retranchés. Mais, pour pouvoir donner acte aux parties de leur consentement, il faut être juge du fond de leur affaire; et, pour pouvoir donner un pareil acte en dernier ressort, il faut avoir le caractère de juge en dernier ressort. Or, vous convenez vous-mêmes que vous n'étiez juges du fond de la contestation qu'à la charge de l'appel, et par conséquent vous ne pouviez non plus donner acte aux parties de leur consentement qu'à la charge de l'appel. Il en est du cas où vous étiez, comme de celui de l'homologation d'une transaction. Si des parties qui auroient un procès dans votre tribunal, transigeoient sur leur différend, dont le fond excéderoit de beaucoup la somme de 250 livres, j'ai trop bonne opinion de vos lumières, pour supposer que vous puissiez croire être en droit d'ordonner, en ce cas, l'homologation de leur transaction, par un jugement en dernier ressort. Mais, que les parties traitent d'abord par-devant un notaire, pour faire ensuite autoriser leur traité par leurs juges, ou qu'elles contractent en jugement, et aux yeux même du tribunal, c'est précisément la même chose; vous n'avez pas plus de pouvoir dans un cas que dans l'autre, et cette première réflexion suffiroit, pour m'empêcher d'approuver l'entreprise que vous avez faite dans l'affaire dont il s'agit.

C'est, d'ailleurs, une maxime certaine dans l'ordre judiciaire, comme dans d'autres matières que, l'accessoire suit la nature du principal, ou que le principal entraîne nécessairement l'accessoire; d'où il suit que les dépens n'étant que l'accessoire du fond de la contestation, celui qui n'est pas juge du fond en dernier ressort, ne peut être juge en dernier ressort des dépens; c'est ce qui a toujours été décidé à l'égard des présidiaux qui ont le même pouvoir que vous. Ainsi, le fond des demandes qui ont été portées dans votre tribunal, contre la dame de ......, n'étant point de votre compétence, au moins, comme juge en dernier ressort, il est sans difficulté que vous n'avez pu rendre un jugement sans appel sur l'article des dépens.

Il est vrai que naturellement ce seroit le parlement de Dijon qui seroit en droit de se plaindre de votre ordonnance, et vous devez vous louer beaucoup de sa tolérance, s'il ne la réforme pas, comme il est en droit de le faire; mais, quand il voudroit bien l'ignorer, votre ordonnance n'en seroit pas plus régulière en elle-même; et il me suffit d'en être informé, pour être obligé de vous en faire connoître le défaut, afin que vous vous renfermiez plus exactement, à l'avenir, dans les véritables bornes de votre juridiction, sans quoi je ne pourrois pas m'empêcher d'y apporter les remèdes convenables, par l'attention que je crois donner à maintenir en tout les règles de l'ordre public.

Au surplus, je me ferai rendre compte incessamment de ce que vous m'avez représenté, il y a déjà quelque temps, au sujet des actes d'attache que la chambre des comptes met sur les aveux et dénombremens. Il manque encore quelque chose à mon instruction sur ce sujet; mais, aussitôt que l'affaire sera en état, je vous ferai la réponse que vous me demandez, et je souhaite, par la considération que j'ai pour votre compagnie, de trouver les prétentions mieux fondées à cet égard, qu'elles ne me l'ont paru sur le point qui fait le sujet de cette lettre.

Du 19 *mai* 1731.

Il y a long-temps que vous m'avez écrit au sujet d'un arrêt par lequel le parlement de Besançon a décidé, en général, que les appellations des sentences rendues dans les siéges qui ressortissent nûment en cette cour, y seroient relevées directement sans passer par votre présidial, encore qu'il fût question de sentences rendues au second chef de l'édit, qui a augmenté le pouvoir des présidiaux; j'ai voulu, avant que de vous faire réponse, être exactement informé des motifs de cet arrêt, et la première explication que j'en ai reçue ne m'ayant pas paru suffisante, j'ai été obligé de demander encore de nouveaux éclaircissemens, et c'est ce qui a suspendu la réponse que je vous devois sur ce sujet.

Après y avoir fait toutes les réflexions nécessaires, je vois, d'un côté, que la lettre de la loi est pour vous; je vois de l'autre, que l'usage du parlement de Besançon, conforme à celui du parlement de Dijon et de quelques autres parlemens vous est contraire; à quoi on peut ajouter que l'intérêt commun des plaideurs est de n'être pas obligés d'essuyer souvent trois degrés de juridiction avant que de parvenir jusqu'au parlement; et l'avantage que celui qui gagne sa cause trouve à pouvoir faire exécuter par provision une sentence rendue au second chef de l'édit, est bien compensé par le retardement et les frais par lesquels on lui fait acheter cet avantage. Ainsi, plus je fais de réflexions sur la difficulté qui est née entre votre présidial et le parlement de Besançon, plus elle me paroît de nature à ne pouvoir être décidée par une simple lettre, et elle mérite bien d'être réglée par une déclaration du roi, qui fixe absolument les règles de l'ordre public à cet égard.

Je me réserve donc de vous faire savoir dans la suite ce qu'il aura plu à Sa Majesté d'ordonner sur ce sujet, et cependant l'usage de votre province doit vous servir de règle sur le point dont il s'agit.

Du 26 *mai* 1731.

C'est par la nature des demandes, et non par le jugement qui intervient dans la suite, que l'on doit juger de la compétence des tribunaux: ainsi, toutes les fois que la demande roule uniquement sur la qualité de ceux qui sont assignés, et que l'objet est de faire prononcer sur cette qualité, la matière est indéfinie, et par conséquent elle ne regarde point les juges présidiaux. Le bailliage de Vesoul paroît donc avoir eu raison, lorsque, suivant ce principe, il n'a point renvoyé au présidial la demande au sujet de laquelle vous m'avez écrit, attendu que les conclusions directes de cette demande tendoient à faire expliquer les défenseurs sur leurs qualités. Il y a même lieu de croire, par la sentence dont vous m'avez envoyé la copie, que c'est sur ce seul point qu'il a été prononcé : j'y vois que les demandeurs ont été déboutés de leur demande, en conséquence du serment fait par la défenderesse; et il y a apparence que par le mot de serment, on a entendu parler de la dénégation qu'elle a faite des qualités qu'on avoit voulu lui donner.

Du 18 *juillet* 1733.

Messieurs du parlement de Grenoble ne se trompent pas, quand ils croient que l'article de l'ordonnance qui porte que les appellations comme de déni, de renvoi et d'incompétence, seront vidées, par l'avis du parquet, ne s'applique pas aux déclinatoires qui sont proposés par les parties, pour être renvoyées hors du ressort du parlement: quelquefois, à la vérité, elles consentent d'elles-mêmes à faire régler ces sortes de contestations par MM. les gens du roi; mais, lorsqu'une des deux parties y résiste, on ne peut pas la priver du droit d'avoir le parlement même pour juge, et le parquet se commettroit mal à propos s'il vouloit s'attribuer le pouvoir de juger seul, si une affaire est de la compétence de cette compagnie. Il n'y a que le cas du conflit entre deux compagnies établies dans la même ville, où l'ordonnance ait introduit la forme de les régler, par des conférences entre les gens du roi des deux cours; mais il n'y a point de loi qui étende cette forme aux déclinatoires, dans lesquels le parlement seul est intéressé; prétendre qu'il seroit juge et partie dans ces sortes de matières, c'est faire tort à la droiture des juges, qu'on doit présumer être capables de se dépouiller eux-mêmes de la connoissance des affaires qui ne sont pas de leur compétence; et d'ailleurs, si cette raison étoit bonne, elle ne le seroit pas moins contre les officiers du parquet que contre le parlement; ainsi, il n'y a rien à changer à l'usage qui s'observe dans cette compagnie en pareille matière.

Du 18 *août* 1734.

Je crois vous avoir déjà écrit au sujet d'un abus qui s'est introduit au parlement de Bordeaux, pour former des réglemens de juges entre ce parlement et le grand-conseil, lorsqu'il s'agit de la juridiction attribuée aux présidiaux, en matière civile, pour juger en dernier ressort les demandes qui n'excèdent pas la somme de 250 livres.

Il n'en est pas du grand-conseil, en cette matière, comme d'un parlement autre que celui de Bordeaux, où l'on auroit porté cette affaire, que l'on prétendoit être de la compétence de votre compagnie. C'est alors que, sur la requête des différentes parties, les différens parlemens que chacune d'elles veut saisir, peuvent donner des arrêts contraires, pour soutenir leur juridiction; et c'est là que naissent les instances en réglement de juges qui sont portées au conseil.

Mais, quand il est question de savoir si une affaire civile a pu être jugée présidialement ou en dernier ressort, le grand-conseil est établi le seul juge en cette matière, non-seulement par une ancienne déclaration de 1574, mais par l'article 6 du titre 3 de l'ordonnance de 1669, qui a été enregistrée au parlement de Bordeaux comme dans les autres parlemens du royaume.

Par là, le grand-conseil a seul droit de connoître de cette espèce de réglement de juges, qui se forme entre un présidial et un parlement, pour savoir si la sentence qui a été rendue au présidial, doit être exécutée comme rendue en dernier ressort, ou si l'appel en est recevable et doit être porté au parlement.

C'est sur ce point seulement que le grand-conseil prononce. Il ne peut point retenir la connoissance du fond de l'affaire, comme cela arrive entre deux parlemens qui soutiennent chacun être compétent. Tout ce que le grand-conseil décide est que le présidial a bien usé de son pouvoir, et qu'il n'est pas permis d'appeler de sa sentence; ou au contraire, qu'il en a abusé, et que l'appel de son jugement, au fond, doit être porté au parlement.

Qu'est-ce donc que le parlement de Bordeaux réclame, lorsqu'il fait défenses de procéder au grand-conseil sur une pareille question? Ce ne peut être certainement la connoissance du fond de l'affaire, puisque le grand-conseil n'en est pas saisi, et qu'il ne prétend jamais en connoître; c'est donc seulement la question de la compétence du présidial, et c'est ce dont le parlement ne peut jamais prendre connoissance, parce que, s'il le faisoit, il se constitueroit juge entre lui-même et le présidial qui a rendu la sentence. Voilà précisément ce que nos rois ont voulu empêcher, soit par la déclaration de 1574, soit par l'ordonnance de 1669; et c'est dans cette vue qu'ils ont choisi un tribunal neutre, qui, n'ayant aucun intérêt dans cette espèce de combat de juridiction entre un parlement et un présidial, puisqu'il ne peut jamais connoître du fond de l'affaire, décideroit la compétence de l'un et de l'autre.

Ainsi, vouloir troubler un ordre si sagement établi, en donnant des arrêts qui défendent, en ce cas, de procéder au grand-conseil, c'est attaquer directement la disposition de la loi et engager les parties dans beaucoup de frais inutiles, sur une matière qui est ordinairement d'une très-légère conséquence. C'est former un second réglement de juge porté au grand-conseil, et enfin c'est se commettre très-inutilement, puisqu'il est bien sûr qu'en pareil cas le conseil du roi maintiendra toujours l'attribution du grand-conseil, qui a été le conservateur de la juridiction des présidiaux, à cause des différens obstacles que les parlemens apportèrent à l'établissement de ces siéges.

Je suis entré dans tout ce détail, parce qu'il faut que je ne me sois pas expliqué assez à fond sur cette matière dans les premières lettres que je vous ai écrites sur ce sujet, puisque je vois toujours paroître de temps en temps des arrêts qui font défenses aux parties de se pourvoir au grand-conseil dans le cas dont il s'agit. Il est bon même que vous confériez sur ce sujet avec M. le premier président et les principaux magistrats de votre compagnie, afin que l'on y ait attention à ne pas accorder des arrêts contraires à ceux du grand-conseil; arrêts qui tournent toujours au désavantage de votre compagnie, puisque le roi, en les cassant, est obligé d'y ajouter des défenses au parlement de Bordeaux d'en rendre de semblables.

J'espère donc que l'on n'y tombera plus dans un pareil inconvénient, et qu'on y suivra dorénavant la règle que je viens de vous marquer; elle est également convenable et au bien de la justice et à la véritable dignité du parlement.

Du 10 *septembre* 1734.

La satisfaction avec laquelle vous avez reçu la déclaration que le roi a faite pour terminer tous les différends qui subsistoient depuis si long-temps entre le parlement et la cour des aides, augmente extrêmement le plaisir que j'ai eu de contribuer à un ouvrage si convenable à la dignité des deux compagnies, et si utile au public; vous entrez si parfaitement dans le véritable esprit de cette loi, que je ne doute pas de la grande attention que vous aurez à en affermir l'exécution et le fruit, en vous renfermant dans les bornes que la sagesse du roi a fixées si exactement entre les deux compagnies.

Je trouve une nouvelle preuve de votre zèle pour le bien public, dans la résolution que vous avez prise de faire examiner incessamment les difficultés qui se sont formées entre le parlement et les jurats, pour aviser aux moyens de les terminer et prévenir par là celles qui pourroient naître. Vous acheverez d'établir une espèce de paix générale entre toutes les juridictions qui s'exerceront dans la ville de Bordeaux; j'y contribuerai de ma part avec autant d'application que j'ai fait à l'égard de la dernière déclaration, et je ne perdrai jamais aucune occasion de vous donner de nouvelles preuves de mon inclination héréditaire pour votre compagnie. Elle me fait autant d'honneur que de plaisir, en me rappelant le souvenir des liens honorables qui m'y attachent; les exemples de ceux dont elle veut bien conserver la mémoire me seront toujours présens, et je prétends même les surpasser par les sentimens avec lesquels je suis.

Du 23 septembre 1734.

J'ai vu tout ce qui m'a été adressé au sujet de la nouvelle difficulté qui s'est formée entre les procureurs au parlement et les quatre présidiaux de Bretagne, sur l'explication de l'article 26 de la déclaration du 20 août 1732, et, par l'examen que j'en ai fait, je trouve que cette loi est claire et n'a pas besoin d'être interprétée.

Suivant cet article les procureurs, en ce qui regarde leurs salaires et déboursés, sont égalés, en ce point, à ceux qui ont droit de *committimus*. Ainsi, les mêmes règles qui sont établies par rapport aux uns doivent aussi être observées à l'égard des autres.

La seule différence qu'il y ait entr'eux, est que le privilége de ceux qui ont droit de *committimus* est général et indéfini pour toutes les actions personnelles, possessoires ou mixtes, suivant la disposition de l'ordonnance de 1669, au lieu que celui des procureurs est borné aux seules demandes qu'ils forment pour le paiement de leurs salaires et déboursés.

Mais, comme les requêtes du palais et les présidiaux sont également subordonnés au parlement, c'est à cette compagnie que l'on doit avoir recours sur les conflits de juridiction qui peuvent naître en cette matière entre ces différens tribunaux; et, s'il se forme des difficultés qui lui paroissent mériter que j'en sois informé, pour lui faire savoir ensuite les intentions du roi, ce sera alors que j'examinerai s'il est nécessaire d'ajouter quelque chose au principe général que je viens de vous marquer; je veux dire que dans ce qui regarde les poursuites des procureurs pour le paiement de leurs frais et salaires, ils doivent être considérés comme ceux qui ont le droit de *committimus*.

Mais, tant qu'il n'y aura que les procureurs d'un côté et les présidiaux de l'autre, qui voudront me faire des consultations, il ne seroit pas convenable que je leur répondisse, et je vous prie seulement de faire savoir aux uns et aux autres ce que je vous écris.

Du 4 octobre 1736.

Une demande en cassation qui a été formée par les religieux de....... contre un arrêt du parlement de Bordeaux, rendu en faveur du sieur......., m'a donné lieu d'être instruit d'un usage des requêtes du palais de Bordeaux, qui ne s'accorde pas avec la nature de cette juridiction. Les officiers de cette cour ayant cru nécessaire d'adresser une commission à un juge sur les lieux, pour dresser un procès-verbal, une des parties a voulu attaquer ce procès-verbal par la voie de l'appel : cet appel a été porté aux requêtes du palais, qui ont prononcé à cet égard dans la même forme qu'une cour supérieure auroit pu le faire, et le parlement a confirmé leur sentence sans réformer cette prononciation. Quoiqu'on ait pensé au conseil qu'un simple défaut d'attention sur une prononciation irrégulière des requêtes du palais, ne suffisoit pas pour donner lieu de détruire un arrêt qui étoit d'ailleurs hors d'atteinte, j'ai cru devoir vous écrire pour vous marquer la règle qui doit être observée en pareil cas. Si l'une des parties appelle d'une sentence des requêtes du palais, qui a commis un juge pour faire une descente sur les lieux, c'est au parlement sans doute qu'elle doit porter son appel; mais si, sans appeler de la sentence, elle se plaint seulement de la nullité ou de l'irrégularité de la procédure qui a été faite en conséquence, ce n'est point alors par voie d'appel aux requêtes du palais qu'elle doit se pourvoir, c'est seulement par voie d'opposition ou de demande en nullité; et il n'y a aucun cas où l'on puisse relever un appel aux requêtes du palais, ni où ceux qui en exercent la juridiction puissent prononcer sur un appel mal interjeté, en mettant l'appellation, ou ce dont est appelé, au néant. C'est un pouvoir qui est absolument réservé aux cours supérieures ou aux juges qui ont un ressort; et, comme aucun de ces caractères ne convient à la juridiction des requêtes du palais, dont tout le pouvoir est renfermé dans le droit de juger seulement en première instance, vous prendrez la peine de faire part de cette lettre à l'ancien de MM. les présidens des requêtes du palais de Bordeaux, afin que ceux qui y sont de service s'y conforment exactement à l'avenir, et ne donnent pas lieu, par une prononciation qui ne leur appartient point, de détruire par un motif tiré de la forme, ce qui pourroit être très-juste dans le fond.

Du 14 mars 1738.

J'apprends avec plaisir, par votre lettre du 8 de ce mois, que la contestation qui s'étoit formée entre le lieutenant-général et le juge des ports de la ville de Bordeaux, a été enfin terminée de concert entre tous ceux qui pouvoient y être intéressés. Il est fâcheux seulement qu'ils n'aient pu s'accorder plus tôt; mais cela vaut toujours mieux, que si le roi avoit été obligé d'interposer son autorité pour faire cesser un conflit de juridiction qui paroissoit si mal fondé de la part du juge des ports.

Du 4 septembre 1740.

Par la lettre que vous m'avez écrite, et par celle que j'ai reçue de M........, je vois que le *committimus* qu'on a accoutumé d'expédier en faveur des évêques de votre ressort, est uniquement fondé sur la séance qu'ils ont au parlement, dont ils deviennent en quelque manière les membres, lorsqu'ils y ont été une fois reçus; ainsi, la demande de M. l'évêque de Limoges me paroît susceptible de beaucoup de difficultés, et je le dirai à ce prélat, afin qu'il se presse de se faire recevoir au parlement.

Du 29 mai 1741.

J'avois bien prévu, comme je vous le marquai par ma lettre du........, que la réponse du parlement de Pau, au sujet des arrêts qui ont été rendus sur votre réquisition par celui de Bordeaux, ne seroit ni lente ni difficile; et je comprenois dès lors que le mal-entendu qui semble avoir donné lieu aux arrêts que vous avez fait rendre, pourroit bien venir de ce qu'on n'avoit pas assez distingué à Bordeaux ce qui regarde la juridiction contentieuse, et ce qui appartient à la juridiction volontaire; c'est ce que vous verrez expliqué plus amplement dans le mémoire de M. le procureur-général au parlement de Pau que je vous envoie, et dans les pièces qu'il y a jointes. Comme il a cru que le devoir de son ministère l'obligeoit à faire rendre un arrêt contraire à ceux du parlement de Bordeaux, il résultera naturellement de l'opposition de ces arrêts un conflit de juridiction, qui ne peut être porté qu'au conseil, où il faudra l'instruire entre les deux procureurs-généraux, qui sont chargés chacun de soutenir la compétence de leur compagnie; mais, avant que de vous engager dans un procès dont l'événement peut être incertain, je vous conseille de bien examiner si le réglement provisoire qui a été fait au conseil par l'arrêt du 8 juillet 1738, peut être étendu jusqu'aux matières qui concernent la juridiction volontaire, telles que la réception des hommages ou des aveux et dénombremens, lorsqu'il n'y a point d'opposition, et les poursuites qui se font seulement pour obliger les vassaux du roi à remplir les devoirs de féodalité, ou si la disposition de ce réglement ne doit pas être renfermée dans ce qui appartient à l'exercice d'une juridiction vraiment contentieuse.

Du 16 *juillet* 1746.

J'AI reçu la lettre par laquelle vous m'avez rendu compte de la difficulté que le garde des sceaux en la chancellerie près le parlement de Bordeaux a faite, d'expédier en faveur des chanoines de l'église cathédrale de la même ville des *committimus*, par rapport à leurs affaires personnelles, autres que celles qui concernent leurs bénéfices ; et je pense, comme vous, que le garde des sceaux a bien fait de préférer l'esprit à la lettre, dans le sens qu'il a donné à un privilége auquel le chapitre voudroit donner une trop grande étendue ; et l'exemple des archevêques et évêques du royaume, qui n'ont le *committimus* que par rapport aux biens et revenus dépendans de leurs archevêchés et évêchés, reçoit ici une entière application ; et l'arrêt du 18 août 1704, que vous citez dans votre lettre, a nettement décidé une question semblable.

Si les chanoines de l'église de Paris jouissent du droit de *committimus* pour leurs affaires personnelles, c'est encore un privilége qui leur est particulier, comme ayant été compris par l'ordonnance de 1669 dans le nombre des priviléges du premier ordre ; et le chapitre de Bordeaux n'est pas mieux fondé à vouloir s'appliquer cet exemple, par rapport aux affaires personnelles de chaque chanoine pour ses biens propres, qu'il le seroit s'il vouloit prétendre qu'il doit jouir du droit de *committimus* au grand sceau, à l'instar du chapitre de Paris ; ainsi, je ne peux que louer l'attention que le garde des sceaux a eue à interrompre un usage qui ne pouvoit être regardé que comme un abus, et à préférer l'observation des règles à l'intérêt de sa chancellerie.

Du 9 décembre 1746.

Des lettres de *committimus* scellées en faveur d'un conseiller au parlement, n'ont rien d'abusif en elles-mêmes, et vous avez voulu parler apparemment du mauvais usage que M. l'abbé........ en fait. S'il veut les appliquer à une action réelle, c'est à ceux qu'il traduit mal à propos aux requêtes du palais, d'en décliner la juridiction, et de s'adresser pour cela, s'il le faut, au parlement même; mais cependant, comme il s'agit ici d'une communauté d'habitans, si ceux qui vous ont parlé de cette affaire veulent m'en faire remettre un mémoire, j'en écrirai volontiers à M. l'abbé........., à moins que vous n'aimiez mieux lui parler vous-même, ou consentir que je vous cite en lui écrivant.

Du 2 avril 1750.

J'approuve entièrement toutes les réflexions que vous faites par votre lettre du 3 février dernier, sur les difficultés qui m'avoient été proposées par le syndic des procureurs en la sénéchaussée de Pau.

Il n'est pas douteux que pendant le temps des vacations, comme dans le reste de l'année, le sénéchal de Pau ne soit en droit de rendre des jugemens sur l'exécution de ses sentences ou ordonnances, lorsqu'il n'a pas les mains liées par des arrêts de défenses du parlement.

Il n'y a aussi aucun inconvénient à permettre au sénéchal de recevoir, le surlendemain de la Saint-Martin, le serment des officiers qui doivent le renouveler devant lui, et c'est ainsi qu'on en use au châtelet de Paris, avant même que le parlement ait repris sa séance.

A l'égard du pouvoir que l'on voudroit faire attribuer au même sénéchal, de connoître en première instance des demandes qui n'excéderoient pas la somme de 100 livres, c'est une proposition qui mérite un plus grand examen, et qui n'est pas du ressort d'un syndic de procureurs.

---

§. II. — *Instruction des Procès.*

Du 4 juin 1729.

Il m'a échappé, en répondant au mémoire que vous m'avez envoyé sur la procédure dont les sieurs...... se plaignoient, de vous marquer que je n'approuve point l'usage où vous paroissiez être, de nommer deux commissaires pour recevoir le serment des interprètes que vous êtes obligé de commettre, pour faire une traduction d'actes écrits dans une langue étrangère, un seul commissaire est plus que suffisant pour une telle fonction, et le nombre, en pareil cas, ne sert qu'à multiplier des frais inutiles.

Il n'est pas nécessaire non plus que le commissaire soit présent, pendant tout le temps que l'interprète travaille à faire sa traduction; il suffit qu'elle se fasse dans le greffe, et en présence du greffier qui est chargé des pièces qu'il s'agit de traduire. Le commissaire peut revenir, tout au plus, à la fin de chaque journée du travail de l'interprète, s'il lui en faut plus d'un pour recevoir les actes et la traduction qu'il en a faite, et ordonner que le tout demeurera au greffe, après en avoir coté et paraphé toutes les pages. Quand on passera une seule vacation au commissaire pour tout ce qu'il faut faire en pareil cas, il doit être plus que satisfait; s'il est encore temps de faire usage de ce que je vous écris par rapport à l'affaire des sieurs...... vous ne manquerez pas de vous y conformer.

Du 26 août 1729.

La question que vous m'avez proposée par votre lettre du 4 de ce mois, touchant la cédule évocatoire signifiée à la requête du nommé......, dans le procès des sieurs de...... et......, m'a paru mériter, par ses conséquences, d'être décidée par une déclaration du roi, aussi bien que quelques autres difficultés qui sont nées depuis peu sur la matière des évocations; mais, comme il sera difficile que, cette déclaration soit envoyée au parlement de Toulouse avant les vacations, je vous dirai par avance que, dans les circonstances de l'affaire sur laquelle vous m'avez écrit, votre chambre pouvoit sans difficulté, et qu'elle peut encore, procéder au jugement du procès, nonobstant l'évocation téméraire du nommé...... Deux raisons différentes, dont une suffiroit, autorisent les juges à en user de cette manière :

Premièrement, le procès ayant été mis sur le bureau, ceux mêmes qui y étoient véritablement parties, n'avoient plus été en état d'en demander l'évocation; et c'est un des cas dans lesquels il est permis aux compagnies, par les déclarations du roi, de passer outre au jugement des procès, nonobstant la signification d'une cédule évocatoire;

Secondement, la voie de l'évocation n'est permise qu'à ceux qui sont parties dans la contestation qu'ils veulent évoquer; et il ne suffit pas pour l'être, d'avoir présenté une requête, pour être reçu partie intervenante, il faut pour cela que la requête ait été admise par un arrêt; et la mauvaise démarche, faite par le procureur d'une des parties, pour faire joindre une pareille requête au procès, ne peut pas tenir lieu d'un arrêt qui ait reçu l'intervention : ainsi, votre chambre n'ayant point rendu un pareil arrêt, elle est pleinement en état, malgré la sommation faite mal à propos par le procureur du sieur......, de n'avoir aucun égard à une chicane aussi visible que celle de l'intervention dont il s'agit, et d'achever la visite du procès pour le juger ainsi qu'il appartiendra.

Du 18 *janvier* 1730.

C'est pour abréger et éviter une répétition inutile, que je vous ai renvoyé à la copie de la lettre que j'ai écrite à M. le président de......, sur le procès des sieurs...... et......; mais, puisque vous désirez un ordre plus direct, je ne puis que vous réitérer ce que vous avez déjà vu dans ma lettre, c'est-à-dire, que vous devez ou donner dès à présent main-levée des saisies faites sur ces deux particuliers, ou du moins arrêter toutes les poursuites qui se font sur ce sujet, en vertu d'un titre très-vicieux. Ce ne sera pas un grand mal qu'il y ait des officiers qui se plaignent, parce que cela pourra servir à rendre les juges plus attentifs à suivre les règles dans d'autres occasions, et d'ailleurs, les frais dont il s'agit paroissent un si petit objet, que la chose ne mérite pas beaucoup d'attention.

Du 12 *septembre* 1730.

Je n'avois garde de croire que le sieur...... voulût exiger de la complaisance des huissiers, qu'ils fissent une signification aussi contraire au bon ordre et à la bienséance, que celle dont vous m'avez envoyé la copie; ma seule intention, en vous écrivant comme je l'ai fait, a été de lever l'obstacle que le prétendu crédit des parties du sieur......, auroit pu mettre au cours ordinaire de la justice; ainsi, vous êtes entré parfaitement dans mon esprit, quand vous lui avez refusé l'injonction qu'il vous demandoit pour une signification si extraordinaire. Si le greffier ne veut pas lui délivrer une expédition des arrêts qu'il demande, il peut lui faire une sommation à l'ordinaire, et, en cas que le greffier persiste dans son refus, en demander justice au parlement, s'il croit y être bien fondé, par une requête qu'il y présentera à cet effet; c'est ce que vous avez pensé vous-même; et je ne puis qu'approuver extrêmement la prudence avec laquelle vous vous êtes conduit en cette occasion.

Du 4 juin 1731.

Je vois par votre lettre du 27 du mois dernier, qu'il n'est pas possible d'espérer que M...... puisse se rendre à Rennes; et il l'est encore moins d'exécuter l'arrêt du conseil qui a été rendu dans l'affaire des demoiselles ......, sans rassembler jusqu'à dix de ceux qui ont été juges du procès. Ce sera donc une espèce de nécessité, soit par cette raison, soit par celle que vous y ajoutez, d'appeler de nouveaux juges pour opiner avec les anciens sur les points qui sont contestés, à moins que les parties ne soient assez sages pour se concilier entr'elles, ou pour convenir d'arbitres, ou de commissaires qui termineroient leurs différends: mais, comme cela peut être long et encore plus difficile à arranger, il ne convient pas de différer davantage le départ de M. de ......, à qui je vous prie de dire qu'il peut se rendre incessamment en ce pays-ci, pour l'affaire dans laquelle le parlement a cru que sa présence étoit nécessaire.

Du 19 juillet 1731.

L'affaire de la demoiselle de ...... devient si embarrassante par la difficulté, pour ne pas dire l'impossibilité, d'exécuter l'arrêt du conseil, qu'il ne reste presque plus de moyens de la terminer dans une forme régulière.

Ce qu'il y auroit de mieux à faire sur ce sujet, seroit que la justice n'en entendît plus parler, et que les parties fussent assez sages pour se concilier entr'elles, ou du moins pour s'en rapporter à des commissaires dont elles conviendroient ou que je nommerois d'office, mais cela est peut-être plus aisé à désirer qu'à espérer; cependant, comme la longueur du temps commence à faire impression sur l'esprit de la demoiselle ......, elle me paroît assez disposée à se soumettre à la décision de trois commissaires, pourvu que ce soit moi qui les nomme, et qu'elle n'y contribue en rien. Il s'agiroit donc de savoir si le sieur...... et les autres parties, veulent entrer dans les mêmes vues, et remettre leurs intérêts entre les mains de ceux que je choisirois, et qui seroient autorisés à les régler par un arrêt du conseil. Si vous pouvez savoir ce qu'ils pensent à cet égard, vous prendrez, s'il vous plaît, la peine de me l'écrire, et s'ils consentent à cette proposition, la chose sera bien aisée à régler.

Elle deviendra beaucoup plus difficile, si le sieur...... et autres intéressés, sont résolus à suivre les formes ordinaires; or, en ce cas, il faudra nécessairement qu'eux et la demoiselle ...... présentent une requête au conseil, dans laquelle ils exposeront les événemens et les circonstances qui empêchent qu'on ne puisse exécuter le premier arrêt tel qu'il a été rendu, et demanderont au roi qu'il lui plaise d'y pourvoir, à l'effet de quoi, ils pourront prendre telles conclusions qu'ils jugeront à propos: c'est ce qu'il faudra aussi que vous preniez la peine de leur faire savoir; et quand ils seront déterminés à l'un ou à l'autre de ces deux partis, je serai en état, sur le compte que vous m'en rendrez, de prendre une dernière résolution sur cette affaire.

Du 7 août 1731.

Les occupations dont j'ai été accablé pendant mon séjour à Fontainebleau, ne m'ont pas permis de vous faire réponse aussi promptement que je l'aurois désiré, sur le compte que vous m'avez rendu des faits qui portent M. le président ...... à désirer de ne vous avoir pas pour juge.

Sans entrer dans une discussion exacte et détaillée de ces faits, sur lesquels je ne puis mieux faire que de suspendre mon jugement, quand je vois qu'ils sont exposés d'une manière si différente par des magistrats d'ailleurs si dignes de mon estime, je me contenterai de vous dire qu'un aussi bon juge que vous l'êtes, ne sauroit porter trop loin sa délicatesse à ne pas vouloir exercer ses fonctions malgré les suspicions bien ou mal fondées que ce qui s'est passé entre lui et une partie a pu donner lieu de former contre lui.

Je ne saurois douter que vous ne soyez dans ce cas à l'égard de M. le président ......; et pour en être persuadé, je ne m'attache qu'à ce que vous connoissez vous-même par votre lettre et par votre mémoire.

Vous convenez qu'à l'occasion d'un procès que vous aviez à la grand'chambre, vous vous êtes déporté de la connoissance de celui de M. le président......; vous m'assurez, à la vérité, que vous ne vous en êtes déporté que pendant la durée de la contestation où vous étiez partie à la grand'chambre, et où vous avez cessé de l'être peu de temps après; mais, d'un côté, ces sortes de dépôts, de la part d'un juge, ne peuvent être ni conditionnels ni limités à un cretain temps, quand il s'agit du procès à l'occasion duquel ils ont été faits. La confiance ou la défiance ne se divise point, par rapport à une seule et même affaire; et on ne souffre pas dans les véritables règles de l'ordre public, qu'un juge qui a une fois renoncé à en exercer les fonctions dans un procès où il avoit été récusé, puisse les reprendre à l'égard du même procès, sous prétexte que la cause de la récusation, qui étoit juste quand elle a été proposée, a cessé postérieurement. On peut toujours appréhender que la récusation n'ait laissé, au moins, une plaie légère dans le cœur du juge qui a senti, par là, qu'il étoit suspect à une partie ; et quand même cette partie garderoit le silence, il devroit se défendre à lui-même de vouloir être juge dans le procès de celui qui a eu une fois contre lui une suspicion légitime.

Ce qui s'est passé depuis que vous vous êtes déporté, fait encore plus d'impression sur mon esprit. Vous convenez que vous avez prononcé un arrêt sur la redistribution du procès de M......, dans le temps que votre désistement de l'opposition en sous ordre, qui étoit pendante en la grand'chambre, n'étoit pas encore reçu par arrêt, et par conséquent, dans un temps où le procès n'étoit pas entièrement terminé; la cause de la récusation à laquelle vous aviez déposé subsistoit encore. Je présume volontiers que cela vous est échappé par une pure inadvertance, et parce que vous ignoriez alors ce que vous avez appris depuis. Mais il est toujours vrai de dire qu'après vous être déporté de la fonction de juge, et par une raison qui n'avoit pas encore cessé, vous avez exercé cette même fonction à l'égard de la même affaire; c'est une réflexion dont je vous laisse le soin de tirer la conséquence.

J'y en ajoute une dernière prise du désistement même que vous avez fait de l'opposition en sous ordre, qui formoit le procès que vous aviez en la grand'chambre ; et je ne saurois m'empêcher de vous dire qu'un désistement placé dans de telles circonstances, et qui a suivi de si près votre déport de la qualité de juge, marque un peu trop le desir de le redevenir malgré celui qui vous avoit récusé. Un magistrat tel que vous, ne doit pas se contenter de faire son devoir dans le fond, il doit respecter sa réputation presqu'autant que la justice, en évitant de rien faire au dehors qui puisse donner lieu de soupçonner, quoique mal à propos, qu'il y a eu dans sa conduite une espèce d'affectation à vouloir demeurer juge aux dépens même d'un intérêt légitime; et il est toujours fâcheux, en pareil cas, d'être obligé à entrer en justification avec le public, pour faire voir que cet intérêt n'avoit rien de solide.

Ainsi, sans faire aucune discussion des faits purement personnels, comme ce qui s'est passé dans la visite que vous avez reçue de madame la présidente......, ou d'autres circonstances semblables, je crois que toutes sortes de raisons, non-seulement de bienséance, mais de règle, vous obligent à vous abstenir d'être juge du procès de M. le président.....; et je suis persuadé que vous le ferez non-seulement par déférence pour ce que je vous écris, mais parce que vous sentirez parfaitement tous les motifs qui doivent vous faire désirer de n'entendre plus parler de cette affaire, après tout ce qui s'y est passé. J'écris la même chose à M. le premier président, à qui je m'étois d'abord adressé pour vous faire part de ce qui m'avoit été exposé sur ce sujet.

Au surplus, vos conjectures ne seroient pas justes, si vous croyez véritablement que c'est par M. le président......, que j'ai appris le refus que les avocats font depuis deux ans, ou peut-être plus, d'aller plaider dans votre chambre, et plusieurs autres choses que j'avois touchées en passant, dans ma lettre à M. le premier président. Il y a long-temps que j'en suis informé par des voies non suspectes. Je veux croire que vous n'avez rien à vous reprocher sur tout cela, et l'estime que j'ai pour vous me fait recevoir et interpréter favorablement, ce que vous me dites en général sur ces faits, qui n'ont aucun rapport avec le procès de M......; mais j'en serai encore plus convaincu, quand je ne recevrai plus de nouvelles plaintes ou de nouveaux avis sur ce sujet. J'ai été tenté plusieurs fois de vous en écrire; mais, comme ces sortes de faits sont très-difficiles à éclaircir de loin, et que j'ai d'ailleurs pour principe, de passer quelque chose sur les manières à ceux qui, dans le fond, ont autant de mérite que vous en avez, j'ai cru qu'il valoit mieux vous laisser le soin d'ajouter vous-même aux qualités solides et estimables, que vous avez d'ailleurs, tout ce qui peut les rendre encore plus utiles au public ; c'est dans le même esprit que j'ai écrit, comme je l'ai fait, à M. le premier président, et l'affaire de M. le président ...... en a été l'occasion et non pas le motif. Mais comme vous avez présumé le contraire, vous pouvez sentir que c'est encore une nouvelle raison, qui se joint à toutes celles que je vous ai déjà marquées, pour vous déterminer à n'être point juge de son procès, et à n'y entrer directement ni indirectement ; je vous rends même la justice d'être persuadé que si vous n'aviez pas été déjà résolu à y renoncer absolument, vous vous seriez bien gardé de m'écrire avec autant de vivacité que vous l'avez fait, sur tout ce qui s'est passé entre vous et ce magistrat.

Du 9 novembre 1731.

J'AI reçu avec un très-grand plaisir la lettre que vous m'avez écrite le 3 de ce mois. Il y a long-temps que je désirois que vous me proposassiez quelque moyen d'avancer l'expédition des procès par écrit, qui n'est pas toujours aussi prompte dans votre compagnie, qu'il seroit à désirer. J'ai été averti plus d'une fois, par des conseillers mêmes, qu'un des plus grands obstacles qu'on trouve à cette expédition, est l'usage qui s'y observe, de donner toujours la parole, par préférence, aux plus anciens conseillers, en sorte que la promptitude du jugement dépend de l'âge ou de l'ancienneté de service du rapporteur, au lieu que, suivant les règles de l'équité, elle devroit dépendre de la nature du procès, et quelquefois même de la misère des parties ; mais je n'ai pas besoin de m'étendre sur les inconvéniens de cet usage, puisque vous les sentez si vivement, et que vous les expliquez si bien par votre lettre. Le meilleur de tous les remèdes qu'on puisse y apporter est celui que vous me proposez, et il dépend absolument de votre justice et de l'autorité de votre place. Vous ne ferez rien même en cela qui ne s'accorde littéralement avec la disposition des anciennes ordonnances, et entr'autres de celles d'Orléans, art. 42, et de Blois, art 124, par lesquelles nos rois ont ordonné que les procès par écrit seroient jugés à tour de rôles, qui seroient faits selon la date des conclusions reçues au greffe, appelées par les présidens des chambres et quatre conseillers d'icelles, etc. Je ne saurois donc trop vous exhorter à mettre bientôt en œuvre une aussi bonne pensée que celle qui vous est venue dans l'esprit. On marche toujours sûrement, quand on a la loi pour guide, et pourvu que vous en suiviez l'esprit, vous pouvez y apporter les tempéramens que vous jugerez nécessaires ou convenables, pour engager les juges à s'y conformer plus volontiers et avec plus d'exactitude.

Du 3 mars 1732.

J'ai été informé plus d'une fois, non-seulement par les plaintes des parties, mais par d'autres voies, qui ne sont nullement suspectes, que l'expédition des procès par écrit n'est pas toujours aussi prompte, dans votre compagnie, qu'il seroit à désirer. On prétend qu'un des plus grands obstacles qu'on trouve à cette expédition, est l'usage qui s'observe de donner toujours la parole, par préférence, aux plus anciens conseillers; en sorte que la promptitude du jugement dépend de l'âge ou de l'ancienneté du service du rapporteur, au lieu que, suivant les règles de l'équité, elle devroit dépendre de la nature du procès et quelquefois même de la misère des parties.

Les anciennes ordonnances, et entr'autres celle d'Orléans, art. 42, et celle de Blois, art. 124, avoient prévenu cet inconvénient, en ordonnant que les procès par écrit seroient jugés à tour de rôles, qui seroient faits sur la date des conclusions reçues au greffe, appelées par les présidens des chambres, quatre conseillers d'icelles, etc. Quoique cette disposition ne regarde que les procès par écrit qui ont été jugés dans les siéges inférieurs, et qui s'y distribuent en cas d'appel aux chambres des enquêtes, elle sert néanmoins à marquer le véritable esprit des ordonnances sur l'ordre qui doit être observé dans l'expédition des affaires de rapport; et l'on pourroit bien l'imiter dans les grand'chambres des parlemens, en ordonnant qu'à mesure que les instances appointées seroient en état, elles seroient mises sur un rôle pour être rapportées suivant l'ordre dans lequel elles y auroient été placées; mais vous pourriez au moins faire à peu près la même chose, en marquant au bas des placets que les parties vous présentent pour demander l'expédition de leurs affaires, le jour auquel elle sera rapportée, après avoir su de celui qui en est chargé, s'il est en état d'en faire le rapport.

Comme je ne fais que vous indiquer encore les premières vues qui me sont venues dans l'esprit sur ce sujet, et qu'elles peuvent être susceptibles de quelques précautions ou de différens tempéramens dans leur exécution, il sera bon que vous en confériez avec ceux de MM. du parlement, que vous croirez devoir consulter sur ce sujet, pour m'envoyer ensuite le résultat de leur sentiment avec votre avis, l'observation des règles n'étant jamais plus assurée que lorsqu'elles s'établissent de concert avec ceux qui doivent les suivre et les faire exécuter.

Du 19 *mai* 1732.

Je ne vous ai écrit, comme je l'ai fait, le 3 mars dernier, que pour entrer dans les vues que vous m'aviez inspirées vous-même, et je suis bien fâché que la disposition des esprits ne vous ait pas encore permis de faire usage de ma lettre ; mais, comme le mal auquel vous aviez voulu remédier par l'esprit de justice dont vous êtes rempli, subsiste toujours, et que je ne puis ni ne dois le dissimuler, je prends le parti de vous écrire une lettre plus forte que la première. Je vous y charge expressément de la montrer à toute la grand'chambre ; et ce que j'y ajoute à la fin fera voir à tous ceux qui y seront, qu'ils feront bien de me proposer un ordre convenable pour la prompte expédition des procès, parce que s'ils ne le font pas, le roi y pourvoira par son autorité. On auroit pu le faire dès à présent ; mais, comme il s'agit de changer un ancien usage auquel les juges ne sont que trop attachés, j'ai cru devoir faire une dernière tentative pour les engager à se réformer eux-mêmes, ou du moins les mettre par là dans leur tort, et les convaincre de la nécessité d'y pourvoir par l'autorité du roi.

Du 19 *mai* 1732.

Il y a long-temps que je suis informé par des voies non suspectes, que l'expédition des procès n'est pas aussi prompte au parlement de Bordeaux qu'on pourroit le désirer ; ce n'est pas que les officiers de cette compagnie aient moins de zèle que ceux des autres tribunaux, pour rendre la justice aux sujets du roi, avec une diligence qui fait une grande partie de leur devoir ; mais, après avoir bien examiné d'où pouvoit venir le retardement dont j'ai reçu plusieurs plaintes, j'ai reconnu que ce qui en est la principale cause est l'usage qu'on observe dans votre compagnie, de donner toujours la parole, par préférence, aux plus anciens conseillers ; en sorte que la promptitude de l'expédition dépend de l'âge ou de l'ancienneté de service du rapporteur, au lieu que, suivant les règles de l'équité, ce seroit plutôt par la date du procès, ou par sa nature, et souvent même par la misère du plaideur, qu'il faudroit en décider.

Les anciennes ordonnances, et entr'autres celle d'Orléans, art. 42, et celle de Blois, art. 124, avoient prévenu cet inconvénient, en ordonnant que les procès par écrit seroient jugés à tour de rôles, qui seroient faits sur la date des conclusions reçues au greffe. Quoique cette disposition regarde les procès par écrit, qui sont dévolus par appel aux chambres des enquêtes, elle sert néanmoins à marquer le véritable esprit des ordonnances sur l'ordre qui doit être observé dans l'expédition des affaires de rapport; et rien ne seroit plus facile que de suivre une règle semblable à la grand'chambre, en ordonnant qu'il seroit fait des rôles des instances appointées, où elles seroient placées suivant la date de l'arrêt d'appointement, ou de la première production mise au greffe par la partie la plus diligente, et qu'elles seroient rapportées dans le même ordre, à mesure qu'elles se trouveroient en état. Vous pourriez encore parvenir au même but, en avertissant les procureurs de vous présenter un mémoire ou un placet, aussitôt que l'affaire dont ils sont chargés seroit en état, et en marquant au bas de ce placet, le jour auquel l'affaire seroit vue, après avoir su du rapporteur s'il est prêt à en faire son rapport.

Ce sont les vues qui se présentent naturellement à l'esprit, pour faire cesser l'inconvénient qui naît de l'usage qu'on observe dans votre compagnie; mais, comme on pourroit prendre d'autres moyens pour parvenir à la même fin, et que d'ailleurs l'observation des règles n'est jamais plus assurée que lorsqu'elles s'établissent de concert avec ceux qui doivent les suivre ou les faire exécuter, je vous prie de faire part de cette lettre à MM. de la grand'chambre, et d'examiner avec quelques-uns de ceux qui sont à la tête, de ceux qui sont au milieu, et de ceux qui sont les derniers de la grand'chambre, ce que l'on peut établir de plus convenable, pour faire en sorte que l'expédition des procès soit toujours également prompte, à quelque rapporteur qu'ils aient été confiés. Je souhaite de n'avoir qu'à approuver ce que vous me proposerez sur un sujet sur lequel il faudra bien que le roi s'explique lui-même, si l'on ne peut convenir à la grand'chambre d'une règle préférable à l'usage qu'on a observé jusqu'à présent.

Du 27 mai 1732.

Vous avez raison de vous opposer au progrès d'une nouvelle jurisprudence qui paroît, en effet, contraire aux régles les plus solides de l'ordre judiciaire; et vous remarquez très-bien qu'elle tend à effacer la différence essentielle, qui est ce qui doit être entre les arrêts interlocutoires et les arrêts définitifs.

Ordonner avant faire droit, qu'une partie représentera le titre en vertu duquel elle se prétend héritière ou donataire ou propriétaire à quelque autre titre que ce soit, des biens qui font le sujet de la contestation, faute de quoi, elle sera déclarée déchue de ses prétentions, c'est rendre véritablement un arrêt interlocutoire dont l'affaire cesse aussitôt que la partie y a satisfait.

Mais, la déclarer déchue ou non recevable, faute par elle d'avoir rapporté son titre, c'est prononcer un jugement définitif et pareil à tous ceux qui sont rendus sur une péremption d'instance, sur une ou sur d'autres fins de non recevoir semblables, l'esprit et l'effet de ces sortes de jugemens étant d'éteindre l'action ou le procès, et non pas d'ordonner une instruction préalable.

Ainsi, le sort des parties étant une fois fixé par une décision absolue et non pas conditionnelle, la conséquence que vous en tirez est aussi juste que vos principes, quand vous en concluez qu'il ne reste d'autre ressource à celui qui a succombé, que celle de la requête civile, pour attaquer l'arrêt qui l'a condamné, sous prétexte de pièces nouvellement recouvrées, s'il est dans le cas où l'ordonnance permet de se servir de ce moyen pour faire rétracter les arrêts.

Du 30 novembre 1732.

Seroit-il possible, monsieur, que par un effet de la protection qu'on dit que vous donnez à la dame de....., contre la dame de....., le procureur de cette dernière partie refusât de faire son devoir dans les poursuites dont il est chargé à Saint-Brieux? J'ai répondu, par avance, que cela ne pouvoit pas être, et que je connoissois trop votre caractère, pour croire que vous pussiez jamais empêcher ou embrasser le cours ordinaire de la justice; confirmez-moi donc dans mon opinion, en m'expliquant un peu plus en détail tout ce qui peut avoir servi de prétexte à ce qui m'a été dit, et soyez persuadé que je suis.

Du 25 décembre 1732.

Votre lettre du 5 de ce mois me confirme pleinement, monsieur, dans le jugement que j'avois porté par avance, sur la témérité des plaintes de la dame de....; et le détail dans lequel vous entrez sur sa conduite à l'égard de la dame de...., me fait voir qu'elle est indigne de toute protection; le secours que vous accordez à celle qu'elle présente depuis si long-temps, est trop digne de votre justice et de votre charité pour ne pas mériter mon approbation. Il n'y a donc qu'à laisser au parlement de Bretagne, qui est saisi du fond de la contestation, le soin de la juger dans toutes les règles de la justice; vous n'en soutiendrez jamais d'autre, non-seulement comme juge, mais comme ami, et je suis bien persuadé que vous justifierez toujours de plus en plus l'estime avec laquelle je suis, monsieur, entièrement à vous.

J'ai reçu votre dernier mémoire sur l'édit des tutelles, et j'ai eu le plaisir de voir que j'avois déjà prévu les réflexions que vous y avez faites, en donnant la dernière main au projet de cet édit. Je compte qu'il sera expédié dans cette semaine, et envoyé aussitôt après à M......, puisque vous ne croyez pas qu'il soit nécessaire de le faire passer encore par un nouvel examen de commissaires, avant que de le faire présenter au parlement.

Du décembre 1732.

Un arrêt ne se détruit pas par une simple lettre; et, sans examiner si vous avez un juste sujet de vous plaindre de celui du parlement de Bretagne, rendu le 28 juillet dernier, je ne saurois vous dispenser de prendre les voies de droit, si vous voulez l'attaquer. L'arrêt de 1719, que vous citez, est bon pour celui qui l'a obtenu, mais il ne contient point de réglement général sur la matière dont il s'agit; et, quand il en contiendroit un, vous pourriez, à la vérité, en tirer un grand avantage dans l'affaire qui vous regarde, mais cela ne vous dispenseroit pas de suivre la route ordinaire, pour en obtenir l'application à l'arrêt dont vous vous plaignez.

Du 27 *octobre* 1733.

J'ai reçu la lettre par laquelle vous me rendez compte de l'affaire de la nommée......, et je vois, par là, ce qui fait la véritable difficulté par rapport à l'expédition qu'elle demande. Il ne paroit pas, cependant, que la perte d'une requête soit bien difficile à réparer; le procureur doit en avoir la minute, et quand il ne l'auroit pas, il lui seroit aisé d'en faire une pareille. A l'égard des pièces qu'on y avoit jointes, il n'y a pas d'apparence que ce fussent des originaux, et il seroit aisé d'en avoir de nouvelles expéditions : ainsi, tout ce que vous pouvez faire par charité pour cette malheureuse partie, c'est d'envoyer chercher son procureur, et de voir avec lui ce que l'on pourroit faire, pour empêcher que la perte de sa requête et des pièces qui y étoient jointes ne lui fasse un préjudice irréparable.

Du 28 *mars* 1734.

J'AI reçu le mémoire que M....... vous a remis entre les mains, pour m'instruire de l'état présent du procès, qui est pendant au parlement de Dijon, entre M........, écuyer ordinaire du roi, et M. de......, conseiller au parlement de Grenoble; et, en lisant ce mémoire, je n'ai pu m'empêcher d'être surpris de la précipitation avec laquelle on a commencé la visite de ce procès, dans un temps où il n'y avoit aucun lieu de douter qu'il n'étoit point en état.

M. de......., qui en a pressé le rapport, n'avoit remis sa production au greffe que le 12 du mois de février dernier; M. de........ n'avoit pas encore produit de sa part, et il ne pouvoit y avoir aucune forclusion acquise contre lui, lorsque le procès a été mis sur le bureau le 18 février suivant : ainsi, le rapport a été commencé dans un temps où l'on ne pouvoit juger le procès, ni contradictoirement, ni par forclusion.

Si le procureur de M........ a produit depuis ce temps-là, cela couvre d'autant moins la précipitation avec laquelle on a procédé en cette occasion, que sa production contenoit près de quatre cents pièces qui exigeoient des contredits de la part de M. de......., et qui, selon M. de......, doivent être suivies d'un grand nombre d'autres; en sorte qu'on s'est réduit dans un état où il faut que les parties instruisent leur procès depuis qu'il a été mis sur le bureau, et que l'instruction suive le rapport, au lieu que, suivant l'ordre naturel, elle doit le précéder. Il ne s'agit pas même ici de productions nouvelles qui aient été faites lorsque le procès se trouveroit déjà en état ; il est question des premières productions qui ne paroissent pas avoir été encore contredites par aucune des parties ; et je ne sais si l'on trouvera des exemples où l'on voie que, six jours après la première production faite par la partie la plus diligente, on ait commencé le rapport d'un procès.

Dans ces circonstances, M. de........ paroît mériter d'autant plus d'attention, qu'il s'est chargé auprès de la personne du roi d'un service si continuel, si nécessaire et si intéressant pour tout le royaume, que, quand il y auroit quelque négligence à lui reprocher dans la poursuite de ses affaires, ce qui ne paroît pas en cette occasion, elle seroit excusable et mériteroit que la justice eût quelque égard à ses occupations. Il paroît donc non-seulement équitable, mais juste, de lui donner le moyen d'achever d'instruire son affaire ; et il est aisé de concevoir que l'avocat qui est chargé de sa défense, et qui a un si grand nombre de pièces à examiner, a besoin d'un temps considérable pour faire des écritures qui ne sauroient être courtes dans une matière telle que celle dont il s'agit. M. de........ croit avoir besoin de trois mois pour cela, et c'est ce qui dépend de la prudence des juges, quoique, suivant l'usage ordinaire, ce terme ne paroisse pas trop long : ne lui accorder de délai que jusqu'après les fêtes de Pâque, ce seroit trop peu, autant que j'en puis juger ; ainsi, il me semble qu'on pourroit fixer l'expédition de cette affaire et le commencement du nouveau rapport, au lendemain des vacances, que le parlement de Dijon prend ordinairement aux fêtes de la Pentecôte.

Mais, comme il faut avoir autant d'attention pour l'une des parties que pour l'autre, et que l'inconvénient de recommencer le rapport du procès devant d'autres juges, aussi bien que l'objet des vacations qui ont déjà été consommées, quoique prématurément, me touchent beaucoup, je crois qu'on pourroit tout concilier par les deux tempéramens auxquels M. de....... se soumet :

Le premier, est d'expédier des lettres de *continuatur*, pour conserver aux parties les mêmes juges qui ont commencé à voir le procès ;

L'autre, est la soumission que M. de........ a remise entre mes mains, et que je vous envoie. Vous y verrez qu'il s'oblige à payer les épices et droits d'entrée, suivant qu'il sera réglé par la chambre où le procès est pendant; supposé qu'il soit nécessaire de voir de nouveau ce qui a déjà été vu sur le bureau, je présume qu'en ce cas, les juges pèseront attentivement les réflexions que j'ai faites, au commencement de cette lettre, sur l'état où le procès se trouveroit lorsque le rapport en a été si promptement commencé, et je ne puis, sur ce point, que m'en rapporter absolument à leurs lumières et à leur conscience.

Vous prendrez donc, s'il vous plaît, la peine de communiquer cette lettre à M......., dont j'estime d'ailleurs extrêmement la droiture et la capacité; et je ne doute pas que lorsqu'il en aura fait part à sa chambre, elle n'entre très-volontiers dans des vues aussi pleines de justice et d'équité que celle dont il s'agit, auquel cas vous n'aurez qu'à m'envoyer un projet des lettres de *continuatur* que j'aurai soin de faire expédier incessamment.

Du 15 *avril* 1734.

J'AI appris que vous vous étiez porté très-volontiers, ainsi que les autres juges du procès de M. de....., à entrer dans les tempéramens qui m'avoient paru justes, pour le mettre en état d'instruire pleinement son affaire, sans en trop retarder l'expédition; c'est par là seulement que j'ai su que vous étiez du nombre de ses juges; et si j'en avois été instruit plus tôt, je n'aurois pas manqué de vous écrire sur ce sujet.

Un objet encore plus important m'engage à le faire aujourd'hui, non par rapport à aucune affaire particulière, mais, en général, pour le bien de la justice.

J'ai appris, à l'occasion du procès dont je viens de vous parler, qu'il n'étoit point d'usage au parlement de Dijon de prendre des arrêts de clausion, ou, comme on parle dans ce pays-ci, de conclusion, et qu'on y est accoutumé à instruire les procès pendant qu'ils sont sur le bureau.

Il y auroit bien des réflexions à faire sur un pareil usage, s'il s'agissoit de discuter à fond cette matière; mais, comme elle n'est pas encore assez développée pour me donner lieu de me fixer à quelque chose de précis sur ce sujet, je me réduis, quant à présent, aux difficultés que je vais vous expliquer.

1.° Comment peut-on concilier cet usage avec les formes prescrites par le titre 11 de l'ordonnance de 1667, et surtout avec la disposition de l'article 19 de ce titre, qui porte que, huitaine après que le procès et la sentence auront été mis au greffe, le procureur plus diligent offrira et fera signifier au procureur de la partie adverse, l'appointement de conclusion, portant réglement de fournir griefs et réponses, de huitaine en huitaine, avec sommation de comparoir au greffe pour le passer, et qu'à faute de ce faire trois jours après, la signification sera le congé ou défaut délivré et payé. Comme cet article est la base et le fondement de toute l'instruction des procès par écrit qui se fait en cause d'appel, comment peut-on exécuter au parlement de Dijon les articles 20 et suivans du même titre par rapport aux forclusions, qui dépendent toutes du premier arrêt par lequel le procès a été réglé? Ne seroit-il pas beaucoup plus convenable de suivre exactement les formes prescrites par l'ordonnance? Et pourquoi s'en est-on écarté?

2.° Comment peut-on, dans l'ordre qui s'observe au parlement de Dijon, prévenir les inconvéniens d'un procès mis sur le bureau avant que d'être pleinement instruit, ou avant que les parties qui fuient, aient été mises suffisamment en demeure par une instruction régulière? Il seroit long d'expliquer ici tous ces inconvéniens, il suffit d'indiquer ceux qui se présentent les premiers à l'esprit.

Dans les tribunaux où l'on suit exactement l'ordonnance, le plaideur est averti, par les règles mêmes qu'elle prescrit, que son procès est en état, si l'instruction en a été faite contradictoirement, ou que la forclusion est acquise contre lui, s'il a négligé sa défense; mais, lorsqu'il n'y a ni appointement de conclusion, ni aucune forme nécessaire à observer pour l'intégrité de la procédure, et qu'il dépend d'un rapporteur de mettre un procès, quand il le veut, sur le bureau, quoiqu'il n'y ait ni instruction achevée, ni forclusion acquise, les parties sont exposées à des surprises qu'elles ne peuvent ni prévoir, ni prévenir. Je sais bien qu'il est possible de suppléer, en quelque manière, à l'observation des règles que l'ordonnance a établies, par des avertissemens particuliers que le rapporteur fait donner au procureur des parties; mais ce n'est pas par des précautions extrajudiciaires qu'il a plu au législateur de fixer le sort des plaideurs en l'état du procès, c'est par des formes certaines et déterminées par l'autorité publique; sans quoi les parties peuvent toujours prétendre n'avoir pas été suffisamment averties.

Qu'arriveroit-il même, si l'une de ces parties ne déféroit pas à un avertissement particulier, et continuoit de garder le silence? On ne pourroit juger le procès, ni contradictoirement, puisqu'il n'auroit pas été instruit de cette manière, ni par forclusion, puisque la partie négligente n'auroit pas été mise valablement en demeure, attendu l'omission des formes que l'ordonnance a établies comme nécessaires.

S'il survient dans le cours du procès des appellations, des demandes incidentes ou des interventions, comment peut-on les régler et les joindre à un procès qui n'existe pas, à en juger par les formes de l'ordonnance, puisque ce qui lui donne une réalité et une consistance certaine, ne peut être que l'arrêt ou l'appointement de conclusion, qui est d'ailleurs l'époque fatale d'où les délais et les forclusions commencent à courir ?

Mais, ce qui frappe encore plus dans cette matière, et ce qui est en effet beaucoup plus important pour le bien de la justice, c'est que rien n'est plus dangereux que de voir un procès et de le rapporter par partie, avant que de l'avoir compris en entier, après une instruction complète de la part des parties. Il n'y a que le tout ensemble qui puisse donner une juste idée des véritables difficultés d'une affaire; quand on ne la voit qu'à demi instruite, on est toujours menacé d'en prendre de fausses notions ou d'en donner aux autres juges, et il ne faut pas croire que cela soit indifférent, sous prétexte que l'instruction qui viendra dans la suite répandra plus de lumière sur ce qu'on a déjà vu : l'expérience fait voir que ces nouvelles lumières viennent souvent trop tard, et que la première manière d'envisager une affaire a fait une impression durable, qui s'efface très-difficilement dans certains esprits, et qui ne s'efface point dans les autres.

En supposant même que cet inconvénient n'arrive point, on doit reconnoître, au moins, qu'il y a beaucoup à gagner du côté du temps, lorsqu'on ne rapporte des procès que quand ils sont pleinement instruits, ou qu'on désespère avec raison qu'ils le soient davantage par le silence affecté des parties contre lesquelles les forclusions sont acquises. Tout rapporteur qui a vu un procès en entier, conduit les autres juges à la décision par une voie non-seulement plus droite et plus sûre, mais plus courte et plus facile.

Il y auroit encore bien d'autres réflexions à faire sur ce sujet, mais en voilà assez, quant à présent, sur un usage dans lequel il se trouve peut-être des correctifs qui peuvent le rendre plus indifférent qu'il ne le paroît d'abord. Je ne veux aujourd'hui que vous faire sentir la difficulté, et je souhaite que vous la leviez pleinement par la réponse que vous me ferez.

Pour la rendre entièrement complète, je vous prie de me faire savoir exactement :

1.° Quel est l'ordre de procédure qui s'observe au parlement de Dijon, à l'égard du procès par écrit, depuis le moment que les délais de l'assignation donnée sur l'appel des sentences sont expirés, jusqu'au jour que le procès est jugé?

2.° Comment on y règle les appellations, les demandes incidentes et les interventions des nouvelles parties?

3.° Quelle est pareillement la forme qu'on y suit pour l'instruction des instances qui naissent des appointemens au conseil que le parlement prononce sur des appellations verbales?

Lorsque vous m'aurez envoyé les éclaircissemens nécessaires sur ces trois points, en y joignant les réflexions qui vous paroissent convenables, je serai plus en état de juger si votre usage doit subsister tel qu'il est, ou s'il y a lieu d'y faire quelque changement.

Du 15 *avril* 1734.

Je suis également édifié de la juste facilité avec laquelle MM. de la grand'chambre ont accordé à M. de ......, le temps dont il avoit besoin pour instruire entièrement son affaire, et de la délicatesse honorable qui les a portés à vous prier de m'envoyer la soumission qu'il avoit remise entre mes mains, quoique, à dire le vrai, et en la recevant et en vous l'envoyant, je n'eusse envisagé que l'intérêt de la partie qui plaide contre M. de......, et non pas celui des juges qui ne m'étoit pas seulement venu dans l'esprit, comme je le marque à M. ......

Pour consommer entièrement cette affaire, j'ai fait quelques légers changemens de style dans les lettres de *continuatur* dont vous m'avez envoyé le projet; elles doivent être scellées demain, et j'espère que vous les recevrez assez tôt pour les faire enregistrer avant les fêtes prochaines.

Au surplus, M. . . . . . . s'est parfaitement justifié dans la lettre qu'il m'a écrite, sur la promptitude avec laquelle le procès avoit été mis sur le bureau, avant l'instruction achevée. Mais, comme j'ai appris par sa lettre que c'étoit l'usage ordinaire du parlement de Dijon, et que cet usage, peu régulier en lui-même, me paroît sujet à beaucoup d'inconvéniens, je vous écrirai au premier jour, une lettre plus ample sur ce sujet aussi bien qu'à M. le premier président, pour être plus en état de juger s'il convient que le parlement continue de suivre le même usage, ou s'il seroit à propos d'y faire quelque changement.

Du 15 avril 1734.

On ne peut être plus édifié que je le suis de vos sentimens et de ceux de MM. de la grand'chambre, par rapport à l'affaire du sieur de . . . . . . dont vous êtes le rapporteur.

Je n'ai jamais eu le moindre doute sur le désintéressement parfait des magistrats qui sont juges avec vous de ce procès. Si j'ai envoyé à M. le procureur-général la soumission du sieur de . . . . . ., qui a blessé votre louable délicatesse comme celle des autres juges, je ne l'ai fait que par rapport à la partie du sieur de . . . . . ., afin qu'elle ne se plaignît point de ce que le retardement de l'expédition donneroit lieu à un plus grand nombre de vacations. L'intérêt des juges ne m'est pas seulement venu dans l'esprit, et je vois avec plaisir, que les juges n'y avoient pas plus pensé que moi; je ne saurois, cependant, me repentir de la précaution, peut-être excessive, que j'avois prise, puisqu'elle m'a fait connoître encore plus, avec combien de noblesse et de générosité la justice est rendue dans le parlement de Dijon.

A l'égard de la diligence avec laquelle le procès

a été mis sur le bureau, sans attendre qu'il fût instruit dans les formes ordinaires, j'avoue que, lorsque j'ai écrit à M. le procureur-général comme je l'ai fait sur ce sujet, je ne m'attendois pas qu'on m'allégueroit pour réponse, qu'il n'étoit point d'usage au parlement de Dijon de prendre des arrêts de clausion, ou, comme l'on parle à Paris, de conclusion, et qu'on étoit accoutumé à instruire le procès sur le bureau.

Cette réponse, ou plutôt l'usage qui lui sert de fondement, justifie pleinement votre conduite dans le rapport du procès dont il s'agit; mais l'usage même que vous m'attestez, me paroît dans une première vue aussi contraire aux règles communes, que sujet à de grands inconvéniens. Il exige bien au moins qu'on approfondisse extrêmement les raisons, et c'est non-seulement pour en être instruit, mais pour voir s'il convient de laisser subsister un tel usage, que j'en écris plus amplement à M. le premier président, et à M. le procureur-général. Je n'ai pas écrit au premier sur le procès de M. de ......, parce que je ne croyois pas qu'il fût du nombre des juges; mais cela sera réparé par la lettre que je lui écrirai sur la question générale que votre réponse a fait naître dans mon esprit.

Je ne doute pas que M. le premier président ne vous fasse part de la lettre qui aura cette difficulté pour objet, de même qu'à ceux qui ont le plus d'expérience dans le parlement; je serai toujours très-aise de profiter de vos lumières, et je ne saurois vous trop assurer de toute l'estime avec laquelle je suis.

Du 21 juillet 1734.

J'AI reçu, il y a quelque temps, des avis bien ou mal fondés, sur les usages du parlement de Dijon, par rapport à l'instruction et au jugement des procès civils, qui ne me parurent pas entièrement réguliers; et les éclaircissemens que je demandois sur ce sujet sont contenus dans le mémoire que je vous envoie. Je ne vous prie point de perdre votre temps à l'examiner vous-même, vous en pouvez faire un meilleur usage; mais je vous prie de charger un ou deux bons procureurs au parlement, en qui vous ayez une entière confiance, de faire leur remarque sur ce mémoire. Il paroît, en général, que l'on pourroit retrancher quelques formalités assez inutiles que l'usage a introduites au parlement de Dijon, qui semble porter jusqu'à l'excès la crainte de rendre un arrêt par forclusion; et il y auroit peut-être encore d'autres observations à faire sur le même mémoire. Quoiqu'il en soit, lorsque ceux à qui vous l'aurez confié vous auront remis leurs remarques, je vous prie de me renvoyer le tout. Il est bon que vous leur recommandiez le secret, parce que le parlement de Dijon pourroit être blessé de la précaution que je prends; et je crois, par la même raison, que vous ne jeterez pas les yeux sur des procureurs originaires de Bourgogne.

Du 24 juillet 1734.

Vous savez que j'ai examiné bien des fois, et du vivant de M. votre père, et depuis que vous lui avez succédé, les différens projets qui ont été faits pour faciliter l'expédition des affaires d'audience au parlement de Pau; mais, dans l'examen de ces différens projets, il s'est toujours présenté des difficultés qui ont empêché qu'on en ait suivi aucun, parce qu'on a craint de tomber dans des inconvéniens peut-être plus grands que ceux qu'on voudroit éviter. Le dernier mémoire que vous m'envoyâtes au mois de janvier sur la même matière, n'est pas entièrement exempt du même défaut; et il faut avouer que dans les usages qui s'observent au parlement de Pau, il y a quelque chose de bizarre et de si peu connu en ce pays-ci, que je crains que nous ne nous entendions pas trop bien l'un et l'autre sur cette matière.

Ainsi, pour former un arrangement plus solide que tout ce qui a été proposé, je crois qu'il faut que vous preniez la peine de m'expliquer en détail toute la suite de la procédure qui se fait au parlement de Pau dans les affaires d'audience, en entrant dans le plus grand détail qu'il sera possible, pour ne me laisser rien ignorer de ce qui se pratique sur ce sujet.

Comme vous allez être bientôt dans un temps de vacances, vous aurez plus le loisir de travailler à ce mémoire; et, lorsque je l'aurai reçu, je serai en état de vous marquer plus précisément ce que je pense sur ce sujet.

Du 11 *octobre* 1734.

La proposition que le sieur de la .... vous a faite, paroît raisonnable, et j'ai lieu de croire que sa partie en sera contente. Il n'a pas même besoin du consentement de cette partie pour l'exécuter; il n'a qu'à lever l'arrêt comme il paroît prêt à le faire, et le faire signifier aux........, prendre en même temps un exécutoire pour se faire rembourser des frais qui ne tombent point à sa charge, et offrir d'en faire l'imputation sur la provision de six mille livres que l'arrêt adjuge aux........; moyennant quoi, ils n'auront plus d'action contre le sieur de la...... que pour l'excédant de cette provision, sur les frais qu'il aura avancés, supposé que ces frais ne consomment pas entièrement la provision.

Je profite toujours avec plaisir des occasions qui se présentent, de vous assurer de l'estime avec laquelle je suis.

Du 6 *novembre* 1734.

Je n'ai pu répondre plus tôt, madame, à la lettre que vous m'avez fait l'honneur de m'écrire, parce que, pour le pouvoir faire avec connoissance, il a fallu me remettre au fait de ce qui s'étoit passé au sujet des pièces dont vous demandez la remise; l'arrêt dont je vous envoie la copie, et qu'il est difficile que vous ayez ignoré, dans le temps qu'il a été rendu, vous rappellera le souvenir du dernier état où cette affaire est demeurée. C'est donc à vous ou à ceux qui sont intéressés à la restitution ou au dépôt des pièces dont il s'agit, de faire statuer sur ce point en exécution du dernier arrêt qui indique la route qu'il faut prendre à cet égard. J'y donnerai toute l'attention que je dois, lorsque MM. les commissaires m'en rendront compte; et je vous prie d'être persuadé que personne ne peut vous honorer, madame, plus véritablement et plus parfaitement que je le fais.

Du 9 décembre 1734.

Je vous envoie un mémoire qui m'a été présenté par la veuve........, et qui, en supposant les faits qu'on y expose, me paroît lever les difficultés qui résultent de votre dernière lettre et de ce que j'ai appris d'ailleurs sur le même sujet.

En effet, si le coût de l'arrêt ne consomme pas entièrement la provision qui a été adjugée aux......., il sera vrai de dire que c'est à leurs dépens que l'arrêt aura été levé; et si cela est, il est juste que la grosse de cet arrêt leur soit remise.

A l'égard du consentement de........, qui est si déraisonnable qu'il doit être compté pour rien, l'expédient qu'on propose pour y suppléer, paroît suffisant pour donner au sieur...... toute la sûreté qu'il peut désirer.

J'espère donc que vous viendrez aisément à bout de terminer cette affaire de telle manière que je ne sois plus obligé d'en entendre parler.

Du 28 février 1736.

COMME M. le duc......... se plaint de ce que les parties, contre lesquelles il plaide depuis si long-temps au parlement de Bordeaux, veulent perpétuer le procès, ou du moins en retarder encore la décision par des récusations formées successivement dans le temps qu'on est sur le point de rapporter l'affaire, il demande que l'on fixe, une fois pour toutes, l'état de ses juges, afin qu'ils ne soient plus exposés à essuyer des récusations qui ne tendent qu'à éloigner le jugement.

C'est ce qui ne peut guère se faire que par le moyen d'un arrêt d'attribution, qui ne seroit rendu qu'après avoir averti les parties de M. le duc......; de déclarer quels sont ceux des présidens et conseillers de la grand'chambre qui leur sont suspects, afin qu'on ne les comprenne pas dans l'arrêt d'attribution; il m'assure qu'il ne prétend en exclure aucun.

Vous prendrez, s'il vous plaît, la peine de faire dire aux procureurs des parties, que le roi en jugeant à propos de donner un pareil arrêt, Sa Majesté veut bien qu'elles puissent exclure ceux que leurs parties trouvent suspects, bien entendu qu'après cette précaution il ne leur sera plus permis de récuser ceux que le roi aura nommés par l'arrêt d'attribution; si les parties abusent néanmoins de la liberté qu'on leur accorde à présent, et qu'elles voulussent s'en servir pour exclure les meilleurs juges, sans en alléguer aucune raison, on seroit forcé, en ce cas, de ne pas s'arrêter à une exclusion donnée sans cause, et de se contenter de ne pas comprendre dans l'arrêt d'attribution ceux contre lesquels on auroit allégué quelque raison apparente de suspicion.

Ce qui vaudroit beaucoup mieux que tout cela, seroit de voir si l'on ne pourroit pas commencer enfin un rapport si long-temps désiré, depuis qu'on assure que l'affaire est en état. Quand le procès auroit été mis une fois sur le bureau, il y a apparence qu'on ne penseroit plus à présenter des requêtes de récusation, ou du moins si on en présentoit, elles seroient apparemment si faciles à juger, que de pareils incidens ne retarderoient presque pas le jugement de l'affaire.

Comme vous êtes beaucoup plus au fait que moi de tout ce qui regarde cette affaire, je vous prie de me faire savoir si vous trouvez quelque difficulté à ce que l'on propose, et si vous croyez qu'il y auroit quelqu'autre voie meilleure et plus sûre pour avancer le jugement du procès.

Du 13 *mars* 1736.

L'ARRÊT d'attribution qu'on désire pour avancer le jugement du procès de M. le duc......., seroit en effet bien inutile, si aussitôt après qu'on aura prononcé sur la récusation proposée contre M. de....., le procès étoit mis sur le bureau; et il faut attendre si peu de temps pour en avoir des nouvelles, que je ne crois pas, dans ces circonstances, devoir me presser de signer un arrêt d'attribution qui ne seroit donné que par précaution, et dans la prévoyance d'un cas qui n'arrivera peut-être point.

Quand je serois même déterminé à accorder un pareil arrêt, je ne serois pas en état de le faire dans le moment présent. Ce ne sera pas d'office, sans doute, ni du propre mouvement du roi, que cet arrêt sera donné; il faudroit qu'il y eût pour cela une requête présentée par quelqu'une des parties, et l'on ne m'en a point remis jusqu'à présent.

Enfin, quand il y auroit une requête donnée de la part de M. le duc......., il faudroit que ses parties eussent connoissance de cette requête, ou du moins qu'elles fussent averties qu'on veut prendre cette voie; l'attribution que l'on demande, quoique par des raisons de justice, est assez extraordinaire en elle-même, soit parce qu'il s'agit d'une affaire qui concerne le domaine du roi, soit parce que le procès est en état et à la veille d'être rapporté, pour ne la pas faire paroître sans aucune préparation. On ne gagneroit même rien à en user autrement, parce que les parties de M. le duc...... ne manqueroient pas de former opposition à un arrêt qui ne seroit rendu que sur une requête non communiquée, et il en résulteroit une instance qui retarderoit peut-être plus le jugement du procès, que toutes les récusations dont les juges sont menacés.

C'est par toutes ces considérations qu'en entrant dans la vue d'un arrêt d'attribution, j'ai compté en même temps, comme ma lettre vous l'a fait voir, que les parties de M. le duc........ ne l'ignoreroient pas, et que vous les obligeriez à s'expliquer sur les juges qui pourroient leur être suspects.

Votre prudence vous a fait croire qu'il étoit plus sage et plus sûr de ne point parler encore de l'arrêt d'attribution, et je n'ai garde de blâmer les raisons qui vous ont porté à procéder en cette occasion, avec une réserve et une circonspection dont je vous avois laissé entièrement le maître. Mais, quoique je sente tout l'inconvénient que vous trouvez dans une explication plus claire de la voie qu'on croit devoir prendre, il faut bien s'exposer à cet inconvénient, si l'arrêt d'attribution vous paroît absolument nécessaire pour le bien de la justice; et l'on ne doit pas s'attendre que, sans en avertir personne, sans avoir obligé les parties à convenir de certains juges, ou du moins à exclure ceux qui leur sont suspects, le roi se porte à composer un nouveau tribunal, et à ôter aux parties le droit qui leur est acquis sur ceux que l'ordre commun leur donne pour juger.

Si l'on veut même que l'arrêt d'attribution soit entièrement juste et ne paroisse donner que pour prévenir des chicanes odieuses, comme c'est en effet mon unique intention, il faut que l'effet de cet arrêt consiste seulement à fixer le nombre des juges exclus, et à laisser, après cela, les choses dans le cours ordinaire de la justice.

Ainsi, suivant cet esprit, qui est véritablement le mien, il faudroit que tous MM. les présidens et les conseillers de la grand'chambre fussent compris dans l'arrêt d'attribution, à la réserve de ceux que les parties auroient exclus, ou qui auroient des raisons particulières pour ne pas connoître de cette affaire. Mais tout cela ne peut se faire sans que les différentes parties en soient également informées; ainsi, le résultat de cette lettre est qu'il faut, ou renoncer à la pensée d'un arrêt d'attribution, ou ne suivre cette pensée qu'autant qu'elle peut être praticable et utile, et c'est ce qui ne sauroit être, à moins qu'on ne le concerte avec toutes les parties intéressées.

J'ai été bien aise de m'expliquer à fond sur ce sujet, afin que, connoissant mes véritables sentimens, vous puissiez agir en conséquence, ainsi que vous croirez le devoir faire pour le bien de la justice, et peut-être jugerez-vous que le parti le plus simple est de s'en tenir à l'ordre commun, en se réduisant à essuyer encore, s'il le faut, une ou deux récusations, pour commencer le rapport du procès aussitôt après le jugement de la dernière.

Comme vous persistez à ne pas vouloir en prendre connoissance, il n'y a rien qui vous empêche de faire usage avec les parties intéressées, en commençant, comme de raison, par madame la duchesse......, des sentimens dans lesquels je suis sur un arrêt d'attribution accordé avec les précautions que je viens de vous expliquer; je ne crains point que vous alliez au-delà de mes intentions, et j'ai trop de confiance dans votre sagesse, pour appréhender d'être commis en rien par tout ce qui viendra de votre part.

Je ne vous parle point d'une longue lettre que j'ai reçue de madame la duchesse......, et qui ne contient que des choses dont vous êtes pleinement instruit; je n'y réponds qu'en deux mots, où je me contente de lui marquer que je vous ai confié tout ce que je pense sur le point dont il s'agit, que je me remets à ce que vous lui en direz, et qu'au surplus je crois qu'elle ne peut mieux faire que de se gouverner suivant vos avis, puisqu'elle a le malheur de ne pouvoir vous avoir pour juge.

Du 31 *mars* 1736.

J'ai reçu depuis peu le mémoire des différens articles que je discutai avec vous au mois de novembre dernier, pendant que vous étiez en ce pays-ci; et comme j'étois convenu avec vous que je vous écrirois dans quelque temps, sur une partie de ces articles, je crois devoir repasser d'abord avec vous ceux qui en sont susceptibles, pour savoir si vous jugez que le temps d'en écrire de ma part soit arrivé.

L'arrangement des audiences fait la première matière que je traitai avec vous, et celui que vous me proposâtes me parut fort bon; ainsi, il ne me reste que de savoir si vous l'avez suivi, et si vous n'y avez point trouvé des difficultés qui méritent que j'écrive pour les faire cesser.

Le rapport des procès par écrit formoit un second objet, sur lequel je ne puis que vous demander le même éclaircissement que le premier.

Le troisième et le quatrième article ne demandent, quant à présent, aucune nouvelle instruction.

Le cinquième, qui regarde les vacations des grands commissaires, est un de ceux sur lesquels nous convînmes que je vous écrirois dans quelque temps, pour réformer l'abus qui s'est introduit dans la manière de compter le nombre des vacations; prenez donc, s'il vous plaît, la peine de me mander s'il est temps que je vous écrive sur ce sujet.

Le sixième et le septième article n'exigent rien de nouveau de ma part quant à présent.

Le huitième regarde la chambre des vacations; et cet article auroit bien besoin d'un nouveau réglement : j'ai d'anciens mémoires et projets sur ce sujet, que je vous enverrai quand vous le voudrez, et il seroit bon de ne pas attendre de le faire dans la séance présente du parlement, pour pourvoir à ce ce qui regarde cette matière.

A l'égard de l'article 9, je ne sais si vous êtes convenu de quelque chose avec M. l'archevêque de Bordeaux, sur les difficultés qui étoient survenues entre lui et M. le président......., pendant la vacance de la place de premier président; j'ai lieu de présumer que cela n'est pas encore fini, parce que ce prélat a écrit, il n'y pas long-temps, à M. le cardinal de........ sur ce sujet; je vous prie donc de m'expliquer ce qui empêche une conciliation qui ne paroissoit pas bien difficile, suivant ce que vous m'en dites dans le temps que je vous en ai parlé.

L'évocation du chapitre de Saint-Severin forme le onzième article, et j'attends que vous m'en écriviez, comme nous en sommes convenus, pour voir si l'on pourra la faire cesser.

Je ne vous parle point du douzième article, qui regarde l'affaire des jurats, parce que cet article est en mouvement, et que je n'attends plus que la réponse de M. ...., pour la joindre à la vôtre, et prendre ensuite les mesures nécessaires pour finir cette affaire.

Vous ne m'avez encore rien écrit, ni sur les difficultés qui sont à régler entre MM. de la grand'chambre et MM. des enquêtes du parlement de Bordeaux, ni sur celles qui regardent les commissaires que la cour des aides nomme pour l'administration de l'hôpital de Saint-André. Ainsi, je n'ai encore rien à faire, quant à présent, sur ces deux articles, qui sont les derniers du mémoire dont je viens de vous rappeler les points principaux.

Du 28 *avril* 1736.

J'apprends, monsieur, par une dernière lettre de madame la duchesse......, que la récusation de

M. de...... n'est pas encore jugée; et quoique, pour lever l'obstacle de la maladie de M. de......, rapporteur du procès, on ait commis M. de......, pour rapporter la requête de récusation, il paroît assez visible qu'on ne veut pas se presser de finir cette affaire; et, en vérité, à en juger au moins par ce qu'on m'écrit, tout cela commence à avoir un air d'affectation, qui ne fait pas honneur à une partie de la grand'chambre; c'est ce qui fait que je prends le parti d'écrire à M. le président de ...... en termes assez forts, pour l'engager, comme je crois qu'il y est porté de lui-même, à faire statuer enfin sur l'incident de la récusation.

Mais, comme il peut arriver qu'il n'en soit pas le maître, et qu'il y ait peut-être des juges qui ne soient pas fâchés de voir remettre le jugement du procès à l'année prochaine, je vous prie de me faire savoir avec une entière sincérité, si vous croyez que pour le bien de la justice, et pour venir tout d'un coup au remède décisif, il seroit à propos que le roi évoquât le procès, soit pour en réserver la connoissance à son conseil, soit pour le renvoyer à un autre parlement, mais toujours pour le faire sortir d'un tribunal où il semble que cette affaire commence à émouvoir les esprits, et à les tirer de cet état d'une entière indifférence dans lequel les bons juges doivent toujours se conserver. Vous pouvez vous expliquer sur ce sujet, avec la plus grande confiance; personne ne saura jamais, ni ce que je vous écris, ni ce que vous me répondrez; je sais trop de quelle importance il est de ne pas vous commettre avec une compagnie, que vous conduisez si sagement, et où il est si essentiel de vous conserver tout votre crédit. Comptez donc absolument sur le même secret que vous me garderez, et soyez persuadé, monsieur, de toute l'estime avec laquelle je suis parfaitement à vous.

P. S. Madame...... et tous ses amis ignorent entièrement ce que je vous écris, et vous croirez sans doute que, quelque parti que vous preniez, il ne convient, en aucune manière, que vous la mettiez dans votre confiance.

Du 12 mai 1736.

Je viens de lire attentivement la lettre que vous m'avez écrite, monsieur, le 7 de ce mois, et je l'ai enfermée sur-le-champ sous la clef; ainsi vous pouvez être assuré que personne n'aura jamais aucune connoissance de ce qu'elle contient. Le retardement de M. de ...... paroît extraordinaire, et je ne veux former aucun jugement sur ce sujet; mais comme les deux parties paroissent à présent désirer également d'être jugées, et que le retardement du rapporteur ne sauroit aller bien loin, que ce retardement même ne semble pas pouvoir fournir à ceux qui pendant quelque temps ont désiré l'évocation, un prétexte pour la demander, parce qu'on ne présumera jamais que M. de ...... leur refuse l'expédition, je me réduis à penser comme vous qu'il n'est plus question à présent de l'évocation, et qu'il n'y a plus qu'à avancer, autant qu'il est possible, le rapport et le jugement d'un procès qui dure depuis si longtemps.

C'est toujours avec un nouveau plaisir que je profite des occasions de vous assurer que personne n'est à vous, monsieur, plus parfaitement que moi.

Du 6 juillet 1736.

Je ne saurois croire, monsieur, que l'alarme qu'on a voulu donner à madame la duchesse de......, sur un prétendu voyage de M. de ......, ait quelque fondement; on lui a fait entendre que mademoiselle.... vouloit engager ce magistrat à aller avec elle aux eaux de Bagnières, sans attendre le jugement du procès de madame de...... Il n'y a nulle apparence qu'un aussi honnête homme et un aussi bon juge que M. de ...... ait la moindre pensée de quitter une fonction nécessaire, au milieu d'un rapport commencé, et qui doit être même bien avancé. Si vous savez cependant que cet avis peut mériter quelque attention, je vous prie d'en parler de ma part à M. de ......, en l'assurant bien d'abord que je l'estime trop, et que je connois trop quelle est sa réputation, pour le croire capable d'avoir une conduite si extraordinaire. Il sait comme moi, que les parties ont un droit acquis sur chaque juge, dès le moment que le rapport de leur procès a été commencé devant lui, et qu'il ne lui est pas permis de leur faire perdre ce droit par sa seule volonté. Le roi même ne pourroit pas souffrir qu'aucun juge en usât de cette manière; les conséquences en seroient trop dangereuses; et si pareille chose arrivoit, la justice de Sa Majesté l'obligeroit à envoyer un ordre à un conseiller qui auroit ainsi abandonné son poste, par une absence volontaire, de revenir incessamment le remplir. Mais j'ai tort de m'étendre sur un pareil sujet, parce que, encore une fois, il n'est pas possible qu'un homme tel que M. de ...... ait besoin qu'on lui fasse faire toutes ces réflexions. Je sais bien aussi à qui je les confie, et je suis très-persuadé que vous saurez n'en faire usage que bien à propos.

Personne, monsieur, n'est à vous plus parfaitement que moi.

Du 11 *juillet* 1736.

VOTRE lettre du 3 de ce mois me fait voir, monsieur, qu'il n'y a point d'expédient possible pour remédier à l'inconvénient de la mauvaise santé de M. de......, sans être obligé de recommencer le rapport du procès de M. de......; ainsi, il faut bien abandonner l'expédition de cette affaire au hasard des événemens, et voir seulement si l'on ne prendroit point dès à présent le parti, en cas que M. de......, qui est mieux depuis votre lettre, retombe dans sa langueur habituelle, de lui subroger un autre rapporteur qui eut assez de talent et de bonne volonté pour voir promptement le procès. Après quoi, si le temps se trouvoit trop court pour le juger avant la fin du parlement, on y suppléeroit par des lettres de continuation qui ne retiendroient pas long-temps les juges à Bordeaux, parce que, n'ayant plus alors que cette affaire et pouvant y travailler le matin et le soir, ils pourroient la finir en moins de huit jours dans le commencement des vacations; c'est, à ce qui me semble, tout ce qu'on peut faire pour madame de......, qui est en effet fort à plaindre. Si vous savez quelque chose de mieux, j'y entrerai très-volontiers; et, au surplus, quand il y aura quelque chose à faire en forme sur ce sujet, ce sera à M. le président de ...... que j'écrirai, comme vous avez raison de le désirer.

Personne, monsieur, n'est à vous plus parfaitement que moi.

Du 13 *août* 1736.

Je ne sais pas pourquoi M. le procureur-général au parlement de Rennes, ne s'en est pas tenu à ce qu'il vous avoit dit d'abord sur les plaintes de la veuve......, qu'il étoit satisfait dès le moment qu'il étoit justifié auprès de moi, et qu'à l'égard des demoiselles......, il les méprisoit trop pour exiger d'elles aucune satisfaction; ce sont les termes de votre lettre du 10 novembre 1735. Il faut qu'il ait bien changé de sentiment depuis ce temps-là, peut-être parce qu'il a appris que les demoiselles ...... avoient donné de nouveaux mémoires encore plus dignes de mépris, s'il se peut, que les premiers; elles paroissent néanmoins s'en être repenties depuis, et s'être réduites à demander grâce à M. de ......, comme je lui écrivois, il y a quatre ou cinq mois. Mais cependant, il exige à présent une satisfaction en forme; et, quoique je lui aie mandé qu'il étoit le maître de faire telles poursuites et de demander telles réparations qu'il jugera à propos, contre les demoiselles ......, il voudroit que ce fût moi qui ordonnasse cette réparation, et je lui ai répondu inutilement qu'il devoit s'adresser pour cela aux juges qui étoient saisis du fond de l'affaire. S'il savoit le peu de cas que l'on fait en ce pays-ci de mémoires pareils à ceux des demoiselles ......, il ne prendroit pas la chose aussi vivement qu'il le fait; il ne laisse pas d'insister toujours comme si son honneur dépendoit de ce qu'il a plu aux demoiselles...... de dire contre lui, ce qui a été su de très-peu de personnes, et oublié par ceux qui l'ont su; enfin, j'ai reçu, il y a quelque temps, une dernière lettre de M. ......, par laquelle il me demande en grâce ou d'obliger les demoiselles....., à lui donner un désaveu de leurs plaintes, ou de m'envoyer les mémoires pour les lui remettre, afin qu'il puisse demander une réparation authentique.

La première partie de sa demande est fort bonne; et si vous pouvez obliger ces demoiselles ......, par le canal de leur procureur, à donner le désaveu que M. de la ...... désire, et dont je ne me soucierois guère si j'étois à sa place, je serai fort aise que vous puissiez lui procurer cette satisfaction; je consens même que vous fassiez part à ce procureur de la remise des mémoires de ses parties, et des suites que cette remise pourroit avoir; mais je doute encore s'il conviendroit de les remettre. En effet, ce ne sont point, à proprement parler, des libelles diffamatoires, ce sont des mémoires qui expliquent le fond des contestations, et les raisons des parties contre les prétentions de M. de la ......; si l'on y a mêlé quelques expressions dures, c'est apparemment la faute du rédacteur des mémoires; mais la bonne réponse, en pareil cas, est de gagner son procès, comme il y a lieu de croire que M. de la ...... le fera; et au surplus, c'est en jugeant le procès, que les juges ont accoutumé d'ordonner la suppression des écrits, où, en excédant les bornes d'une juste défense, on a manqué au respect qui est dû à un magistrat tel que M. de la ......

Voilà, monsieur, tout ce que je pense sur ce sujet; je vous serai très-obligé si vous pouvez faire entendre raison aux demoiselles ...... ou à M. de la ...... lui-même, et m'épargner la peine d'écrire tant de lettres sur un fait qu'il n'avoit d'abord regardé lui-même que comme digne de mépris.

Du 20 *août* 1736.

J'ai été informé, monsieur, des absences affectées et des démarches peu régulières de M...., dans l'affaire de madame de......; on prétend que, dans la vue d'en empêcher le jugement, à quelque prix que ce soit, il se dispose, pour dernière ressource, à partir brusquement de Bordeaux, et je vois qu'on a une semblable inquiétude sur M. de...... Je doute fort cependant qu'elle puisse avoir quelque fondement à son égard, et il faudroit qu'il fût bien changé depuis que je ne l'ai vu, s'il étoit capable d'avoir une telle conduite; quoi qu'il en soit, je vous prie de parler très-fortement de ma part à M......, sur son affectation visible à retarder le jugement du procès dont il s'agit; vous pouvez l'assurer, en même temps, qu'il n'en viendra pas à bout. Les lettres de *continuatur* ou de prorogation arriveront à Bordeaux en même temps que cette lettre; et si M..... étoit assez mal conseillé pour vouloir en éluder l'effet par un départ précipité, il doit s'attendre que je rendrai compte au roi de toute sa conduite, et qu'il recevra un ordre exprès de Sa Majesté de revenir à Bordeaux, et de n'en point désemparer, jusqu'à ce que le procès soit jugé. Il n'est pas permis de souffrir qu'il dépende d'un seul juge d'arrêter ou d'interrompre, par une affectation marquée, et par son fait personnel, le cours de la justice, et je serois affligé de voir sortir du parlement de Bordeaux un exemple si dangereux.

A l'égard de M. de....., la chose doit être traitée plus doucement, parce qu'il n'y a peut-être contre lui qu'une crainte mal fondée; mais il n'y a point d'inconvénient à lui faire la confidence de ce que vous aurez dit en mon nom à M......; il n'en prendra que ce qui peut lui convenir, et je souhaite fort qu'il n'y trouve rien qu'il puisse s'appliquer. Je l'espère même véritablement par la confiance que j'ai toujours eue dans sa sagesse; vous avez besoin de toute la vôtre pour faire un bon usage de ce que je vous écris; mais je la connois trop pour n'être pas persuadé qu'elle produira tout l'effet qu'on en doit attendre.

Personne n'est à vous, monsieur, plus parfaitement que moi.

Du 31 *août* 1736.

C'est un ancien proverbe au palais, monsieur, que les meilleurs arrêts sont ceux dont les deux parties se plaignent; vous êtes plus en droit que personne d'appliquer ce vieux mot à la conduite que vous avez eue avec M....... Je ne suis point étonné qu'il s'en plaigne; rien ne doit surprendre de la part d'un homme de son caractère, et il paroît trop brouillé avec la raison pour être d'accord avec vous. Mais je ne sais pourquoi madame de...... ne seroit pas contente; qu'auriez-vous pu faire de mieux, en prenant un ton plus haut, que ce que vous êtes venu à bout d'obtenir en ne parlant que le langage de la sagesse et de la modération? Il auroit été à craindre que M. de....., qui a cédé à une fermeté douce et mesurée de votre part, ne vous eût encore échappé, si vous aviez eu des manières plus dures et plus impérieuses avec lui. Tout est fait pour madame de...., dès le moment que vous avez réduit M. de...... à continuer d'assister au rapport du procès; et je crois que les lettres de *continuatur* que madame de....... a reçues, achèveront de le fixer dans la résolution que vous lui avez fait prendre. Ce seroit bien inutilement qu'il affecteroit de s'absenter encore, il ne feroit, par là, que prolonger son lien; et tous les autres juges qui auront sans doute une grande envie de jouir de leur liberté seront intéressés à le retenir avec autant et peut-être plus de soin que madame de...... elle-même ne le pourroit faire. J'espère donc d'apprendre incessamment la fin d'un procès qui est devenu l'affaire des juges, ou du moins de quelques-uns, autant que celle des parties. Ce sera alors que madame la duchesse de......, étant plus de sang-froid, sentira toute l'obligation qu'elle vous a. A mon égard, l'opinion que j'ai de votre sagesse est au-dessus de tous les événemens, et personne ne sauroit être avec plus d'estime et de confiance que moi, monsieur, parfaitement à vous.

Du 25 septembre 1736.

Madame la duchesse de...... ne pouvoit rien désirer de plus dans l'état où est son procès, que ce qui a été arrêté en dernier lieu par ses juges: d'un côté, les chefs qui ont été décidés en sa faveur sont en sûreté, puisqu'on a fait remettre les arrêtés au greffe, et qu'on est convenu qu'il ne pouvoit plus être permis d'opiner de nouveau sur ces chefs; de l'autre, on a délibéré de se rassembler aussitôt que la santé de M. de....... lui permettroit de revenir au palais; ainsi, pourvu que ce dernier point soit exactement suivi, on ne pourra que louer la sagesse de la délibération à laquelle vous avez présidé.

A l'égard de l'affaire que vous avez avec M. de...., j'y donnerai toute l'attention que vous pouvez désirer; et si vous voulez charger votre avocat au conseil de me remettre une copie de la requête ou du mémoire qu'il a fait en votre faveur, je m'instruirai par avance d'une contestation dont je n'ai jusqu'ici qu'une connoissance très-superficielle.

Je serai fort aise en cette occasion, comme en toute autre, de vous témoigner combien je suis.

Du 30 septembre 1736.

J'APPRENDS avec plaisir, monsieur, que votre santé, qui a donné de l'inquiétude à vos amis pendant quelques jours, est devenue meilleure, et qu'elle vous permet même de sortir pour aller prendre l'air; vous savez combien je m'y intéresse, et je ne crois pas avoir besoin de vous en assurer. Je ne sais quand elle vous permettra d'entendre parler d'affaires, et c'est vous seul qui pouvez en bien juger; mais je suis persuadé qu'aussitôt que vous serez dans cet état, vous en profiterez pour mettre les juges avec lesquels vous avez commencé de voir et de décider en partie le procès de M. le duc......, en état de finir avec vous cette affaire. Outre que le bien de la justice et l'intérêt de toutes les parties le demandent ainsi, vous savez que les autres juges sont convenus, comme M. le président de...... me l'a mandé, de se rassembler aussitôt que votre santé vous permettroit d'entrer au palais; et il ne conviendroit pas qu'après vous avoir attendu, comme ils le doivent, à cause de votre maladie, vous les fissiez encore attendre après le retour de votre santé. Je crois, d'ailleurs, que vous ferez un grand plaisir à M. le président de..... de le mettre, le plus tôt qu'il sera possible, en état de pouvoir venir en ce pays-ci, où il a une affaire importante qui demande sa présence; et, quoiqu'il ait l'honnêteté de ne point me marquer d'impatience en dernier lieu sur ce sujet, parce que votre maladie étoit une raison de différer, à laquelle on ne pouvoit rien opposer, je crois qu'il verroit avec quelque peine son départ différé encore sans nécessité, dans un temps où il ne tiendroit qu'à vous de faire terminer l'affaire qui le retient à Bordeaux. Je connois trop votre caractère pour n'être pas persuadé de l'impression que tant de motifs de justice et de convenance feront sur votre esprit; et je compte qu'aussitôt que vous serez en état de pouvoir vous appliquer, sans nuire à votre santé, vous aurez soin d'en faire part à M. le président de......, afin qu'il avertisse les autres juges de se trouver au palais le jour dont il sera convenu avec vous. Je n'ai pas besoin des considérations dont je viens de vous parler, pour désirer plus véritablement que personne le rétablissement entier de votre santé. Vous connoissez tous les sentimens avec lesquels je suis.

Du 12 *mars* 1737.

Le mémoire que je vous envoie vous donnera au moins une idée générale de l'affaire des héritiers de......, contre ceux du sieur......; la demoiselle......, qui est une des premières, n'ayant pu obtenir au conseil tout ce qu'elle avoit demandé, a persisté pendant long-temps à ne vouloir faire aucun usage des arrêts qui y avoient été rendus; mais, enfin, la nécessité où elle se trouve réduite, faute de vouloir suivre les bons conseils qu'on lui avoit donnés, l'a rendue plus raisonnable; et elle m'est venue trouver pour me dire qu'elle avoit pris la résolution d'entrer dans toutes les voies possibles de conciliation et d'accommodement avec les héritiers......, pour éviter les frais d'un procès qui seroient immenses, si elle prenoit le parti d'obtenir des lettres en forme de requête civile, qui ne laisseroient pas d'être encore très-considérables, quand même on se réduiroit à faire juger les chefs interloqués par l'arrêt du parlement de Bretagne.

On rendroit donc également service aux uns et aux autres, et l'on feroit en même temps un acte de charité, si l'on pouvoit trouver le moyen de terminer une si grande affaire par voie d'accommodement; il s'agiroit, pour cela, de trouver quelqu'un qui voulût bien en prendre la peine, et qui eût assez de patience et de bonne volonté pour y parvenir. C'est ce que je vous prie de vouloir bien chercher parmi les avocats ou les procureurs du parlement, ou même parmi d'autres sujets, si vous en connoissez quelques-uns qui y soient propres. M........ est pleinement au fait de toute l'affaire; il a, d'ailleurs, quelques relations avec les héritiers de........, et je le crois trop honnête homme pour conserver quelque souvenir de ce que la demoiselle........ a débité contre lui, et de tous les mauvais procédés de cette demoiselle à son égard. Il pourroit donc vous mettre sur les voies plus sûrement que personne, et vous indiquer quelqu'un qui pût travailler à une conciliation que toutes les parties doivent désirer. Je ne crois pas qu'elle soit bien difficile. La demoiselle...... est âgée, et n'a point de suite après elle; ainsi, je crois que si l'on pouvoit payer ce qu'elle doit à Paris, qui ne peut pas être considérable, à en juger par la vie qu'elle mène, et lui donner une pension qui lui assurât une subsistance honnête, on parviendroit peut-être à obtenir un désistement de ses prétentions. A l'égard de sa belle-sœur, qui a des enfans, dont il y en a un qui est dans les gardes-du-corps, la chose pourroit être un peu plus difficile; mais ils sont si las de plaider, et si peu en état de soutenir les frais d'un procès, que je crois qu'ils seroient assez disposés à accepter toute proposition raisonnable; cela dépend fort du fond de l'affaire dont je ne suis pas assez instruit pour en pouvoir bien juger, ne l'ayant jamais examinée que du côté de la forme; mais, c'est ce qui sera examiné par celui que vous choisirez pour travailler à l'accommodement. Je n'agis, dans tout cela, que par un esprit de compassion pour des malheureux qui, à en juger par l'air général de l'affaire, paroissent à plaindre; et c'est dans les mêmes vues que j'espère que vous aurez aussi la charité de voir ce que l'on peut faire pour adoucir leur situation, et assurer celles des parties à qui ils ont à faire.

Du 21 avril 1737.

Tant que les causes ne sont pas mises au rôle, les placets par lesquels on vous demande l'audience doivent demeurer entre les mains du secrétaire à qui vous jugez à propos de les confier, sauf à les remettre au premier huissier, lorsque vous entrez à l'audience, pour appeler les causes dans l'ordre que vous avez cru y devoir mettre.

Mais, lorsque les causes sont mises aux rôles, c'est le premier huissier qui doit être le dépositaire du rôle, et c'est à lui que les droits d'enregistrement des causes sur ce rôle doivent être payés.

Je ne sais si votre usage est absolument conforme à cette règle, parce que votre lettre n'entre pas dans un assez grand détail pour me le faire connoître.

Au surplus, la conduite du premier huissier, à votre égard, est inexcusable, s'il est parti de Bordeaux, comme je le vois par votre lettre, sans vous dire un seul mot des plaintes qu'il vouloit me porter.

Du 27 juin 1737.

Le sieur....., qui se dit avocat au parlement de Bordeaux, m'a fait présenter un mémoire par lequel il demande que la requête civile qu'il a prise contre un arrêt rendu en la deuxième chambre des enquêtes, en faveur de M. le marquis de....., soit jugée promptement à la grand'chambre; cela est de droit, suivant l'ordonnance; et je crois que la déclaration du roi, par laquelle il a été ordonné que les requêtes civiles qui n'auroient pu être expédiées pendant la séance du parlement demeureroient appointées sur le rôle, n'a eu pour objet que les requêtes civiles qui n'auroient pu être plaidées que dans le cours de l'année dernière; ainsi, le sieur....... paroît n'avoir point lieu de craindre que celle qu'il a obtenue ne soit comprise dans l'appointement général qui se prend à la fin du rôle; mais, il vous sera peut-être difficile d'expédier cette affaire, si elle est longue, dans le reste de la séance présente du parlement; et, si cela est, vous pourriez la placer dans le nouveau rôle que vous ferez à la Saint-Martin; vous aurez même, alors, plus de temps pour vous mettre en état d'y statuer à l'audience, et faire éviter par là, aux parties, un appointement que le sieur...... paroît craindre extrêmement.

Du 11 *août* 1737.

Je vous écrivis, il y a quelque temps, au sujet de l'arrêt favorable à M. et madame......, qui avoit été rendu au conseil du roi, et je ne doutois pas qu'après cela il n'ôtât promptement tout prétexte à madame sa femme de demeurer en ce pays-ci, et de différer de se rendre à Bordeaux, en lui faisant remettre l'argent nécessaire pour faire ce voyage. Elle m'assure cependant qu'on ne lui a fait aucune proposition sur ce sujet, et elle y ajoute que, comme M. de la...... ne lui a rien donné depuis longtemps pour sa dépense, elle n'a pu s'empêcher de contracter, à Paris, bien des dettes, dont il seroit naturel qu'elle pût se libérer avant que d'en sortir, et elle m'a remis le mémoire de ces dettes, que je vous envoie. Il me paroît monter à une somme bien forte; mais, comme il peut y avoir beaucoup à rabattre sur ces prétendues dettes, et que cependant il est fort à propos que M. de la......, de même que madame sa femme, s'en retourne bientôt à Bordeaux, je crois qu'il seroit bon que vous l'engageassiez à faire deux choses: l'une, de faire remettre ici, à quelqu'un de sa connoissance, une somme de 7 à 800 livres pour les frais du voyage de madame de la......, et pour le paiement de ses dettes les plus urgentes;

l'autre, de charger la même personne dans une discussion plus exacte desdits articles du mémoire qu'elle m'a remis, pour voir ce qu'il y a de vrai et de réel dans les dettes qu'elle y fait monter à une somme si considérable.

Vous prendrez donc, s'il vous plaît, la peine de me faire savoir les mesures que M. de la....... croira devoir prendre pour finir cette affaire, et de me délivrer de l'importunité à laquelle elle m'expose.

Du 25 octobre 1737.

Les lettres de *continuatur*, que vous proposez d'accorder à M. de...... ne souffrent aucune difficulté; mais, pour en avancer l'expédition, il auroit fallu que vous eussiez pris la peine de m'en envoyer un projet, plus facile à dresser sur les lieux que dans ce pays-ci. Il sera, d'ailleurs, nécessaire que ces lettres soient adressées et enregistrées au parlement de Dijon, et vous ferez bien d'écrire à M. de...... de suspendre sa procédure, quand il sera au 12 novembre, jusqu'à ce qu'il ait reçu ses lettres, que je crois que vous pourrez faire enregistrer dans le même jour 12 de novembre, après la rentrée du parlement.

Du 21 novembre 1738.

A la rigueur, le sieur de....... n'est pas dans le cas de pouvoir obtenir un arrêt de surséance, parce que ses créanciers ne sont pas obligés d'attendre l'événement du procès, qui est pendant au parlement de Dijon, sur l'exécution ou la résolution du contrat de vente qu'il a passé avec les sieurs de......., de....... et la dame de.......; et, d'ailleurs, ils peuvent opposer au sieur de........ que, s'il ne désire que de rentrer dans la terre pour la vendre à d'autres personnes, il ne tient qu'à lui de le faire dès à présent, puisqu'il paroît que ses parties veulent revenir contre l'acquisition qu'ils ont faite; ainsi, il dépend du sieur de...... de terminer, en un moment, le procès qu'il a eu au parlement de Dijon, en consentant à ce qui est demandé par ses parties. Je ne vois pas, en effet, ce qui l'empêche de terminer ainsi cette affaire; mais, comme il peut avoir des raisons qui ne me sont pas connues, de préférer la vente qu'il a déjà faite, à celle qu'il pourroit faire de nouveau, je crois que tout ce qu'on peut faire de plus en sa faveur, est que, si ces raisons vous paroissent bonnes, vous engagiez les officiers du bailliage de Dijon, et les consuls de la même ville, à ne pas précipiter le jugement des contestations qui sont pendantes par-devant eux, et de laisser au sieur de...... le temps qui vous paroîtra suffisant pour faire juger l'affaire qu'il a au parlement.

Du.......... 1739.

Tout ce qu'on dit ici, jusqu'à l'endroit où l'on parle de l'arrêt de conclusion, fait voir qu'on n'étoit pas bien instruit du fait, quand on a cru d'abord que l'usage du parlement de Dijon n'étoit point de rendre un pareil arrêt pour régler un procès par écrit.

Mais, d'un autre côté, il paroît qu'on fait, dans ce parlement, des procédures préliminaires ou préalables à l'arrêt de conclusion, qui ne sont ni conformes à l'ordonnance, ni utiles aux parties.

Rien n'est plus simple ni meilleur pour abréger la procédure, que de suivre la disposition littérale de l'article 17 du titre 26 de l'ordonnance de 1667, qui porte que, si l'une des parties est en demeure de faire mettre ou joindre, dans la huitaine, ses productions au greffe de la cour ou siége d'appel, elle en demeurera forclose de plein droit, et le procès sera jugé sur ce qui se trouvera au greffe, sans faire aucun accommodement, sommation, ni autre procédure, etc.

Il n'est donc point nécessaire :

1.° Que le procureur de celui qui a produit fasse signifier sa production à la partie adverse;

2.° Qu'il lui fasse une sommation de remettre sa production au greffe, encore moins qu'il le somme de produire; il suffit qu'il fasse signifier purement et simplement le certificat du greffier, portant que la production est au greffe.

C'est ce que l'ordonnance a suffisamment déclaré, lorsqu'elle a dit que, faute par la partie de remettre, dans huitaine, ses productions au greffe, elle en demeurera forclose de plein droit; et, pour ne laisser aucun doute sur ce terme, elle exclut tout commandement, toute sommation, et autres procédures.

L'avertissement qu'on fait donner au procureur est inutile, et n'est, d'ailleurs, qu'une précaution extra-judiciaire.

Il n'y a point de nouveau délai à accorder par le rapporteur.

Il est encore moins convenable que le procureur de celui qui n'a pas produit donne une requête, pour demander acte de ce qu'il a écrit plusieurs fois à sa partie, et de ce qu'il n'en a reçu ni pièces ni mémoire.

Il semble qu'on soit effrayé de l'obligation de rendre un arrêt par forclusion. L'ordonnance n'a pas voulu que les juges fussent si timides à cet égard. Un arrêt rendu par forclusion, avance plus l'expédition des procès que tout autre moyen; et, si l'on étoit bien ferme à suivre, sur ce point, la lettre de l'ordonnance, les procès en dureroient beaucoup moins, parce que l'on épargneroit tout le temps qui se consomme en délais inutiles, et un arrêt par forclusion n'étant pas un mal sans remède, on ne sauroit le donner trop promptement, lorsqu'il y a lieu de le faire suivant l'ordonnance.

On ne marque pas ici ce qui arrive, lorsqu'une

des parties refuse de passer l'arrêt de conclusion, et il y a apparence que l'on suit, à cet égard, la disposition de l'article 9 du titre 11 de l'ordonnance.

Du 23 juillet 1739.

Avant que de faire expédier la déclaration que vous désirez, pour permettre d'appointer les requêtes civiles, je serois bien aise de savoir le nombre de celles dont on poursuit actuellement l'entérinement, parce que j'ai toujours de la répugnance à priver les parties de l'avantage que l'ordonnance a voulu leur procurer, en ordonnant que les requêtes civiles soient expédiées à l'audience; et il n'y a que la difficulté d'y parvenir, attendu le grand nombre des requêtes civiles, qui puisse autoriser une exception à cette loi.

Du 8 août 1739.

Les procédures se multiplient tellement, lorsque les affaires sont appointées, que je souffre naturellement quand je vois appointer, sans connoissance de cause, des requêtes civiles, qui, étant souvent la dernière ressource de la chicane, ne sauroient être expédiées trop promptement, et avec trop peu de frais; ainsi, je serai fort aise de voir si vous ne pourrez point trouver le moyen d'en faire juger plus à l'audience dans le cours du parlement prochain. Ne seroit-il pas possible d'établir, pendant quelque temps, une audience extraordinaire, ou le matin ou l'après-midi, pour expédier ces sortes d'affaires? J'ai vu cet expédient pratiqué avec succès par le premier président de......, au parlement de Paris; et, si l'on étoit une fois remis à peu près au courant sur ce sujet, on ne seroit plus exposé à se trouver chargé d'un si grand nombre de requêtes civiles; et je crains toujours, en général, qu'on n'entre pas d'assez bonne heure au parlement de Bordeaux, et que ce soit en partie la cause du grand nombre d'audiences qui se consomment pour la même affaire.

Du 15 avril 1740.

J'AI seulement toujours quelque inquiétude sur un point dont je vous ai parlé plus d'une fois, quand vous êtes venu en ce pays-ci; je veux dire sur ce que les audiences ne sont pas toujours aussi longues qu'il séroit à désirer, et cela non par votre faute, mais parce que plusieurs des juges ne sont pas toujours aussi diligens qu'ils le devroient être à se rendre au palais; mais, comme je ne doute pas que vous ne fassiez tout ce qui peut dépendre de vous à cet égard, c'est toujours à votre sagesse et à votre amour pour la justice que je dois m'en rapporter sur cet article, comme sur ce qui regarde l'ordre de l'expédition.

Du 27 avril 1741.

JE vous envoie une nouvelle lettre du sieur de......., qui se plaint d'un dernier arrêt que le parlement de Bordeaux a rendu contre lui, et qu'il prétend contraire à une première décision du même parlement; je crains qu'il ne se trompe dans le fait, parce qu'il me semble que l'arrêté qu'il dit avoir été fait sur le rapport de M. de......, n'a pas eu lieu, une partie des juges et M. de...... lui-même ayant reconnu qu'ils étoient parens ou récusables dans cette affaire; mais, quoi qu'il en soit, comme on ne détruit pas des arrêts sur de simples lettres, je vous prie de faire dire au sieur de...... que c'est à lui de voir s'il y a de bons moyens pour se pourvoir par les voies de droit contre celui dont il se plaint, et qu'il est inutile qu'il m'écrive sur ce sujet.

Du 31 août 1744.

Il y a quelque temps que j'écrivis au juge de Saint-Michel, qui est dans le ressort de Fortcalquier, une lettre dont je vous envoie la copie, pour faire surseoir, par les raisons qui y sont expliquées, au jugement de la liquidation des droits de la dame......, dans le bénéfice d'inventaire qui se discute par-devant ce juge. On prétend qu'il dissimule l'ordre que je lui ai envoyé, et qu'il fait des démarches qui annoncent qu'il veut se hâter de procéder à la collocation des créanciers, sans attendre que la dame...... ait produit ses titres; ce qu'il lui est impossible de faire dans le temps présent. Vous prendrez, s'il vous plaît, la peine de vous faire rendre compte de l'état où est actuellement la discussion du bénéfice d'inventaire, et de voir s'il est vrai que tous les créanciers du sieur......, ayant représenté leurs titres, le juge soit pressé par eux de procéder à l'ordre ou à la collocation de ces créances, en sorte qu'il n'y ait plus que l'examen des droits de la dame...... qui puisse suspendre son jugement. Il seroit injuste, à la vérité, de prononcer sur ce qui la regarde, dans un temps où elle ne peut produire ses titres, qui sont engagés dans une instance qu'elle a au conseil; mais, d'un autre côté, il ne conviendroit pas qu'elle abusât de cette raison pour tenir en suspens tous ceux qui sont intéressés au bénéfice d'inventaire dont il s'agit; et il seroit juste de lui prescrire un temps dans lequel elle seroit obligée de faire juger l'instance qu'elle a au conseil, pour représenter aussitôt après ses titres par-devant le juge de Saint-Michel. Mais, c'est sur quoi on ne peut prendre un parti décisif, que lorsque vous m'aurez plus instruit de la situation actuelle où est la poursuite qui se fait par-devant ce juge; et en attendant, vous lui renouvellerez, s'il vous plaît, l'ordre que je lui ai envoyé de surseoir à l'arrangement qui doit être fait entre les créanciers du sieur......

Du 4 juin 1745.

Je vous envoie un mémoire qui vient de m'être présenté par le sieur......, avocat au conseil, au sujet d'un procès qu'il a le malheur d'avoir avec M. de......, conseiller au parlement d'Aix, dont je n'ai pas besoin de vous faire connoître le caractère, s'il est vrai, comme le sieur...... l'expose, que M. de...... ait employé toutes sortes de moyens, pour empêcher que l'affaire dont il s'agit ne fût jugée pendant que le sieur...... étoit à Aix, et qu'il en presse aujourd'hui la décision, pour profiter, s'il le pouvoit, de l'absence de son adversaire. Je ne doute pas que vous ne trouviez qu'il est de votre justice de n'avoir aucun égard à ses instances, et de faire remettre le rapport du procès jusqu'après les vacations prochaines du parlement. Les occupations qui retiennent à présent le sieur...... à la suite du conseil, seront alors suspendues; il sera en état d'aller lui-même sur les lieux, pour faire juger une affaire dont il désire la fin plus que M. de...... ne paroît le faire; et le retardement ne peut être nuisible au dernier, puisque c'est le sieur...... qui est le demandeur et le créancier, au lieu que M. de...... est le défendeur et le débiteur.

Du 10 *mars* 1746.

Je crois très-volontiers que les officiers de votre compagnie, qui ont été juges de l'affaire des sieurs...... et...... n'ont pensé qu'à rendre la justice la plus exacte à ces deux parties; mais la droiture des intentions ne tient pas lieu de pouvoir; et si elle excuse la personne du juge, elle ne suffit pas pour justifier son jugement.

Il n'est pas douteux que lorsqu'un arrêt est une fois prononcé à l'audience, et qu'on n'a rapporté aucunes pièces nouvelles qui aient pu engager les juges à changer de sentiment, leur décision est irrévocable, et elle forme un droit acquis à la partie qui a gagné sa cause, sauf à celui qui l'a perdue à se pourvoir par les voies de droit. La date même d'un arrêt, une fois prononcée, est certaine, et ne sauroit être changée, en quelque temps que le président vise et arrête la feuille de l'audience. Il est vrai que, lorsqu'il s'agit d'un procès par écrit, et que toutes les parties ignorent également la délibération des juges, il y a des parlemens où l'on croit que, sur de nouvelles réflexions qui se présentent à l'esprit de quelques-uns des juges, et dont ils font part aux autres, ils peuvent arrêter entr'eux que le jugement qui a été délibéré sera tenu *pro non lato*, pour s'exprimer ici dans les termes usités au parlement de Toulouse; mais, outre que l'opinion de ces parlemens est fort douteuse, et que les suites peuvent en être fort à craindre, il y a une différence essentielle entre le cas d'un procès jugé par écrit et celui d'une cause décidée à l'audience.

Dans l'un, le jugement n'existe encore, à proprement parler, que dans l'esprit des juges; aucun acte extérieur n'en a éclaté aux yeux des parties, et il n'a pas même encore reçu la forme qu'il doit avoir: ce qui rend la variation des juges beaucoup plus facile à excuser, et bien moins dangereuse en elle-même.

Dans l'autre cas, je veux dire lorsqu'il s'agit d'une affaire d'audience, non-seulement les juges ont formé intérieurement leur décision, mais ils l'ont rendue publique par une prononciation faite en présence et des parties, et de leurs défenseurs, et d'un auditoire entier. Le greffier l'a rédigée et écrite sur la feuille de l'audience, et il ne reste plus que d'y mettre le *vœu* et la signature du président. Ainsi, non-seulement le droit est acquis à l'une des parties, mais c'est la justice elle-même qui a publié et qui a fait écrire que ce droit lui étoit acquis. Il ne lui est donc plus possible de se rétracter; et l'affaire même des sieurs...... et...... étoit de telle nature, que votre compagnie ne risquoit rien en persistant dans l'arrêt qu'elle avoit rendu, parce que l'opposition formée par......, au défaut que son adversaire avoit levé, étant recevable, quand même le défaut auroit été bien obtenu, il étoit fort égal que ce défaut fût regardé comme nul ou qu'il subsistât, ... étant toujours en droit de demander que l'on jugeât l'affaire par le mérite du fond.

Au surplus, si les choses avoient été entières, je ne blâmerois point le parti que les juges ont pris, après de nouvelles mais tardives réflexions. Si la lettre de l'ordonnance ne décide pas formellement la question qui s'est présentée, on peut dire, avec vraisemblance, que son esprit montre aux juges comment ils doivent la décider. La disposition de l'article 3 du titre 26 de l'ordonnance de 1667, suppose ce principe, que rien n'arrête la poursuite d'un demandeur, tant qu'on ne lui signifie point le décès de sa partie, qu'il n'est pas obligé de savoir, encore moins de deviner; et, tant qu'une partie assignée ne comparoît point aux yeux de la justice, l'équité veut qu'on lui impute tout ce qui arrive, faute par elle de s'être présentée lorsqu'elle n'est morte qu'après l'expiration du délai prescrit par l'ordonnance. Ainsi, en supposant toujours que les choses eussent été encore entières, la manière la plus sûre de prononcer auroit été de déclarer le défaut bien obtenu, et néanmoins de recevoir..... opposant à ce défaut, en payant les frais faits pour le lever; mais c'est ce que les juges n'avoient pas fait dans leur premier jugement, et il n'étoit plus temps d'y revenir, comme je l'ai déjà dit en parlant de ce qui forme le principal objet de cette lettre, je veux dire la variation des juges.

Du 22 juillet 1747.

Il est bien singulier qu'un conseiller au parlement écrive et signe de sa main une requête par laquelle il demande un nouveau rapporteur, au lieu de se reposer de ce soin sur son procureur; mais, il l'est encore plus qu'il s'adresse à une chambre entière pour former cette demande, et qu'il la fasse remettre sur le bureau. Il n'y a aucune compagnie où la distribution des procès se fasse par tous les officiers d'une chambre, et où cette matière soit mise en délibération. Le droit de commettre ou de subroger des rapporteurs, ne réside que dans la personne du chef; il n'est donc pas surprenant que M. le premier président ait regardé cette requête comme très-irrégulièrement présentée; et au lieu de vous plaindre de lui, vous deviez l'aller trouver pour réparer une démarche si peu réfléchie, et le prier de vous donner un rapporteur à la place de M. de.....

Tant que vous aurez une conduite semblable, vous ne devez imputer qu'à vous-même si mes réponses ne vous sont point favorables; ayez soin de vous conformer exactement à des règles que l'ordre public et la bienséance font observer également dans toutes les compagnies; et je connois trop la droiture de M. de...... pour n'être pas persuadé que lorsqu'il remplira la fonction de juge dans vos affaires, il oubliera tout ce qui s'est passé de vous à lui, et vous donnera toujours des marques de sa bonne justice et de son impartialité. J'avois mieux espéré de vous, par les sentimens dans lesquels vous m'aviez paru être pendant le long séjour que vous avez fait en ce pays-ci, et dont la cause étoit si répréhensible; mais je ne vous trouve plus le même dans vos lettres. Il est temps néanmoins que cela finisse, afin qu'une prévention, dont vous donnez continuellement de nouvelles preuves, ne retarde point l'expédition des affaires que vous avez avec différentes parties, et ne les oblige pas à avoir peut-être recours au roi, qui ne pourroit s'empêcher, en ce cas, de vous donner des marques de son mécontentement.

Du 22 août 1747.

Je vous envoie un mémoire qui m'a été remis par quelques-uns de MM. du conseil, au sujet d'une demande en cassation qui n'a pas réussi, mais qui a donné lieu de s'apercevoir qu'on ne suivoit pas exactement au parlement d'Aix la disposition de l'ordonnance de 1667, qui défend de commettre, pour faire une descente sur les lieux, le conseiller au rapport duquel la descente a été ordonnée. On a remarqué dans l'affaire dont il s'agissoit, une double contravention à cette loi, dont la dernière pourroit être plus excusée, parce qu'il ne s'agissoit plus que de l'exécution de l'arrêt qui avoit été rendu; mais la première n'est point dans ce cas, parce qu'il étoit question d'une descente préalable au jugement, et qui avoit paru nécessaire pour l'instruction: c'est le véritable cas qui a été l'objet de la disposition de l'ordonnance. Si les demandeurs en cassation s'étoient pourvus au conseil dans le temps, sur ce sujet, on n'auroit pu se dispenser d'avoir égard à leur demande; mais comme ils ne l'avoient pas fait, et que cette première contravention à l'ordonnance n'avoit pas même été relevée dans leur requête, on s'est attaché à la fin de non-recevoir d'autant plus volontiers qu'il paroissoit que l'affaire avoit été bien jugée dans le fond. Il n'est donc plus question de cette affaire particulière, et je ne vous écris sur ce sujet, que pour savoir s'il est vrai qu'au parlement d'Aix, on soit dans l'habitude de commettre les rapporteurs pour faire les descentes ordonnées par les arrêts interlocutoires rendus à leur rapport; si cela étoit, on ne pourroit regarder un pareil usage que comme un abus qu'il faudroit réformer, et je ne doute pas que le parlement ne s'y portât de lui-même sur la première proposition que vous lui en feriez.

Je me rappelle, à cette occasion, qu'il y a un autre abus bien certain dans le fait, non-seulement au parlement de Provence, mais à la cour des comptes, au sujet des rapports d'experts qu'on y répéte à l'infini; j'en ai vu plusieurs exemples au conseil dont on n'a pas été édifié, et je vous en ai parlé pendant le séjour que vous avez fait en ce pays-ci; vous me promîtes de m'envoyer des mémoires (1) sur ce sujet lorsque vous seriez de retour dans votre province, et je vous prie d'y penser sérieusement lorsque le parlement aura repris sa séance.

(1) Par la réponse, il paroît que le parlement étoit en usage de commettre le rapporteur, et qu'on l'a réformé sur cette lettre.

Du 31 *juillet* 1748.

Par le compte exact que vous me rendez de ce qui a retardé l'expédition de l'affaire des sieurs......, je vois que toute la difficulté se réduit aujourd'hui, à savoir si l'absence de MM......, qui étoient du nombre des juges, lorsque le procès a été rapporté, doit en faire différer la décision. Comme les parties ont un droit également acquis sur les suffrages de ces deux conseillers, je crois qu'on ne peut finir entièrement cette affaire pendant leur éloignement, à moins que les sieurs...... n'y consentent égale-par écrit; et si l'un des deux s'y oppose, on sera dans le cas de cette règle du droit *in communione potior est causa prohibentis.*

§. III. — *Jugemens, Partages ou Confusions de voix, Récusations, Prises à partie, Cassations.*

Du 30 avril 1728.

La lettre que vous m'avez écrite au sujet des prises à partie, peut donner lieu d'agiter trois difficultés :

La première regarde les personnes qui peuvent former des demandes en prise à partie ;

La deuxième tombe sur la forme dans laquelle ces sortes de demandes doivent être reçues ;

La troisième a pour objet les causes sur lesquelles de pareilles demandes peuvent être légitimement fondées. Sur le premier point vous avez raison de croire, en général, qu'on ne doit pas écouter un intimé lorsqu'il demande la permission de prendre des juges à partie, parce que régulièrement il faut être appelant d'un jugement pour pouvoir être en droit de se plaindre du juge.

Mais il en est de cette maxime comme de toutes les autres règles générales, qui sont rarement sans exception, le véritable cas où elle a lieu est lorsque le jugement subsiste en son entier; alors la partie qui a soutenu ce jugement, et qui en profite, est non recevable à attaquer le juge qui l'a rendu, parce qu'elle n'a point d'intérêt de le faire; mais lorsque le jugement a été détruit, et qu'il l'a été par la faute ou par le fait propre du juge, l'action change de fait, et ce n'est plus là le véritable cas de la maxime générale. Toute partie qui souffre un préjudice a intérêt de le réparer, et comme l'intérêt est la mesure des actions ou des demandes que l'on peut former en justice, elle est recevable, sans difficulté, à demander un dédommagement de la perte qu'elle a soufferte; mais à qui peut-elle le demander? Ce ne sera pas, sans doute, à l'appelant qui a gagné sa cause et qui n'a fait qu'user de son droit, elle ne peut donc s'adresser qu'aux juges, comme à la seule cause du préjudice qu'elle a reçue; c'est ainsi que dans les matières criminelles, lorsque l'instruction est déclarée nulle par le fait du juge, la partie civile qui avoit été intimée sur l'appel de cette instruction ou de la sentence qui l'avoit suivie, est en droit d'obliger le juge à payer les frais de la nouvelle instruction qu'il a fait faire à la place de celle qui a été cassée; et si elle souffroit une perte considérable par la nécessité de recommencer cette instruction, elle pourroit demander des dommages et intérêts contre le juge qui y auroit donné lieu par sa faute. C'est pour la même raison que l'ordonnance de 1667 a répété tant de fois, que les juges pourroient être condamnés aux dommages et intérêts lorsqu'ils contreviendroient, dans ce qui les regarde personnellement aux dispositions de cette ordonnance; en un mot, la règle générale, qui ne permet pas à l'intimé de prendre à partie un juge qui lui a fait gagner sa cause, doit cesser toutes les fois qu'il l'a gagnée inutilement, l'ayant perdue dans la suite, et cela par le seul fait du juge.

Le deuxième point, qui regarde la forme dans laquelle les demandes en prise à partie doivent être admises, ne souffre aucune difficulté; ce n'est point en vertu de commissions expédiées en chancellerie, que les juges peuvent être assignés en pareil cas, c'est seulement en vertu d'arrêts du parlement, qui ne doivent être rendus qu'avec un examen suffisant, pour ne pas rendre cette voie trop facile et trop commune; et comme il paroît que l'usage du parlement de Bretagne est conforme à ce que je lui écris, je n'ai rien de nouveau à lui recommander sur ce sujet.

A l'égard du troisième point, qui concerne les causes pour lesquelles un juge peut être pris à partie, il seroit difficile d'établir des règles certaines et uniformes sur ce sujet; tout ce que l'on peut dire en général, est qu'un juge peut être pris à partie non-seulement lorsqu'on le soupçonne d'avoir jugé *per sordes aut per inimicitias*, mais encore lorsqu'il a manqué, comme je viens de le dire, au devoir essentiel d'un magistrat, comme en jugeant les parties sans les entendre, ou en favorisant ouvertement et sans apparence de raison une partie au préjudice de l'autre, ou en se rendant juge dans sa propre cause, ou en contrevenant formellement, comme je l'ai dit encore, aux dispositions des ordonnances, qui portent que les juges qui les violeront seront condamnés aux dommages et intérêts des parties; telles sont les raisons les plus spécieuses qui puissent servir de fondement aux arrêts qui permettent de prendre des juges à partie, sauf à examiner dans la suite, lorsque le juge est assigné, si ces moyens sont bien prouvés.

Du 5 novembre 1728.

J'AI reçu la lettre que vous m'avez écrite le 15 octobre dernier, par laquelle vous me marquez que vous ne voyez point d'expédient plus propre à procurer au sieur ......, dont vous me renvoyez le mémoire, la justice qu'il demande, que d'ordonner à M. ......, devenu conseiller honoraire depuis le partage en question, de prendre sa séance avec les sept autres juges titulaires, dans la chambre où le partage est intervenu. Pour bien juger si ce tempérament peut être approuvé, et s'il assureroit suffisamment la validité du jugement qui sera rendu, il faudroit savoir sur quel fondement M. ......, qui n'est plus que conseiller vétéran, sert à la grand' chambre, au lieu de continuer de servir dans la chambre à laquelle il étoit attaché dans le temps qu'il étoit militaire; si ce n'est que par un simple usage, non autorisé par le roi, que les honoraires servent à la grand'chambre, quoiqu'ils ne dussent pas encore y être admis, suivant l'ordre de leur réception? Je crois, comme vous, qu'en ce cas on peut lever la difficulté dont il s'agit, par une simple délibération du parlement, qui portera que M. ...... assistera au jugement de l'affaire du sieur ......, par rapport au chef de la condamnation des dépens qui reste à régler; mais si c'est par un édit, ou une déclaration du roi, ou un réglement autorisé par Sa Majesté, qu'il a été décidé que les vétérans serviroient à la grand'chambre, en ce cas, M. ...... n'ayant plus le pouvoir d'exercer ses fonctions dans une autre chambre, il faudra nécessairement que ce soit le roi qui le lui rende, pour cette fois, en dérogeant aux règles contraires; et il n'en coûtera rien aux parties, si l'on prend cette voie, parce qu'il ne faudra pour cela qu'un simple arrêt expédié en commandement, comme on a coutume d'en user lorsqu'il s'agit de la continuation d'un rapporteur, qui est monté à la grand'chambre au-delà du temps, où, suivant l'usage des compagnies, il peut encore faire le rapport à son ancienne chambre des procès dont il a été chargé. Prenez donc la peine de me donner les éclaircissemens dont j'ai besoin sur le point que je viens de vous marquer, afin que je sois en état de vous faire savoir plus décisivement de quelle manière la difficulté dont il s'agit doit être levée.

Du 4 décembre 1728.

J'AI reçu la lettre que vous m'avez écrite, le 19 novembre dernier, sur l'affaire du sieur..... Le parti de faire expédier un arrêt en commandement, pour permettre à M. ...., quoique conseiller honoraire, d'assister au jugement de ce qui reste à décider dans cette affaire, est celui qui me paroît le plus convenable ; vous pouvez donc faire dresser un projet de cet arrêt, ce qui se fera plus exactement sur les lieux qu'ici, et prendre la peine de me l'envoyer, pour le signer et le faire expédier. Il n'en coûtera tout au plus que les frais du sceau au sieur....., et je ferai même en sorte, s'il est possible, qu'on les lui épargne.

Du 4 janvier 1729.

J'ai reçu une lettre de M......., gouverneur de Saint-Brieux, au sujet de la demande en séparation de corps et d'habitation que madame sa fille a formée contre M........, son mari. Je vois par cette lettre, qu'il y a deux articles qui lui donnent une inquiétude assez ordinaire à ceux qui ont le malheur de plaider. Le premier, est qu'il prétend que l'affaire étant à présent dévolue au parlement de Rennes, vous ne voulez y donner audience qu'à huis clos. Je ne savois pourquoi cette précaution qu'on prend quelquefois en pareil cas, pour ménager l'honneur des familles, et pour ne pas augmenter la chaleur dont ces sortes d'affaires sont presque toujours accompagnées, ne lui paroissoit pas convenable ; mais j'ai appris que c'est parce que l'audience à huis clos ne se donne qu'une fois la semaine, et qu'elle est d'ailleurs fort courte, en sorte que l'expédition des causes qui y sont portées n'y peut être que fort lente : d'un autre côté, comme l'affaire a été plaidée solennellement à la sénéchaussée de Rennes, M...... croit qu'il n'y a plus rien à ménager, parce que l'éclat est déjà fait, et que toute la ville de Rennes est instruite des circonstances de cette affaire.

Le second article, qui me paroît bien plus difficile à croire que le premier, est que vous voulez faire les fonctions de juge en cette occasion, quoique proche parent de M......, à quoi M...... ajoute que MM......., vos beaux-frères, se déclarent ouvertement contre madame ......, et sollicitent les juges en faveur de son mari.

Je suspends mon jugement sur tout cela, jusqu'à ce que vous m'ayez donné les éclaircissemens nécessaires pour me mettre en état de voir si les inquiétudes de M. ...... ont quelque fondement. Je compte que vous me les enverrez incessamment, et suis toujours.

Du 13 *août* 1729.

Il paroît aisé de résoudre la difficulté qu'on me propose, parce que l'affaire ayant changé de face, par la transaction qui a suivi le partage des opinions, il faut commencer par statuer d'abord sur les lettres de rescision obtenues par le nommé ...... contre cette transaction. Si on le déboute de sa demande pour l'entérinement de ses lettres, il ne sera plus question de vider le partage, parce que la transaction passée entre les parties, subsistera en son entier et aura éteint le procès. Si au contraire les lettres de rescision étoient entérinées, et qu'on ne retrouvât point la feuille sur laquelle le partage a été écrit, il faudroit que les juges se rassemblassent pour constater de nouveau le fait du partage, et faire une nouvelle feuille dans la même forme que la première, pour marquer les deux avis entre lesquels les suffrages ont été partagés. Vous prendrez, s'il vous plaît, la peine de faire part de ce que je vous écris, soit à la dame de......, soit à M. le président de......, soit à M. ...... qui a été rapporteur du procès, afin que cette affaire puisse être remise en règle suivant ce que je viens de vous marquer.

Du 31 *août* 1729.

J'ai reçu la lettre par laquelle vous me demandez si la voix de M. ......, doyen du parlement, qui se trouve être allié du troisième au quatrième degré d'une des parties, dont le procès a fait naître un partage, et qui assure qu'il n'avoit aucune connoissance de cette alliance, lorsqu'il a opiné sur ce procès, doit être retranchée après coup du nombre de celles qui ont formé le partage, lequel en ce cas ne subsisteroit plus.

Je vous expliquerois volontiers mon sentiment sur cette difficulté, s'il ne s'agissoit que de la simple instruction des juges, sans aucun mélange de l'intérêt des parties; mais, comme il n'est pas possible de séparer ces deux objets, dans l'affaire présente sur laquelle vous me consultez, et que les parties pourroient se plaindre de ce que je juge ici leur procès par une lettre, sans les avoir entendues, en ôtant à l'une ou à l'autre un droit qu'elles peuvent prétendre leur être acquis, je ne crois pas qu'il convienne que je m'explique sur ce sujet, quant à présent.

Si les parties ne relèvent point le fait de l'alliance de M. . . . . . ., qui n'est connu que depuis le partage formé, il seroit bien difficile que les juges pussent, d'office, agiter et décider entr'eux la difficulté dont il s'agit.

Si au contraire l'une des parties forme quelque demande à cet égard, ce sera alors au parlement d'y prononcer selon ses lumières, ainsi qu'il jugera à propos de le faire en honneur et en conscience.

Du 3 *mars* 1730.

Les juges les plus intègres ne sont pas toujours à couvert des plaintes des parties que le malheur de leur situation rend fort souvent injustes, à l'égard de ceux mêmes qui leur rendent la plus exacte justice; ainsi, l'obligation où vous vous êtes trouvé de vous expliquer sur la lettre que le sieur. . . . . . . a écrite à M. le cardinal de Fleury, n'a rien qui vous doive faire de la peine, et surtout quand vous rendez compte de votre conduite à un homme aussi prévenu que je le suis, en faveur du nom que vous portez, et que j'ai été à regarder, dès ma jeunesse, comme celui de la probité même.

Je ne vois rien, dans tout ce que vous avez fait par rapport à l'affaire dont il s'agit, qui demande cette opinion. Si vous avez quelque chose à vous y reprocher, ce seroit peut-être de vous être reposé sur les avocats des parties du soin de rédiger l'arrêt rendu à votre rapport sur les arrêtés qui avoient été faits, et dont vous leur donnâtes la copie ; mais, la sincérité avec laquelle vous m'expliquez vous-même ce fait, me donne lieu de croire que vous n'avez fait, en cela, que suivre un usage de votre compagnie, pour prendre une précaution dont les meilleurs rapporteurs usent souvent dans les affaires de longue discussion, en lisant, avec le conseil des parties, le projet du dispositif de l'arrêt, afin qu'il ne leur échappe rien qui puisse donner lieu à des chicaneurs de renouveler le procès, sous prétexte de quelque défaut qui s'est glissé dans la rédaction. Mais, il est vrai qu'au moins, en ce pays-ci, on n'a pas accoutumé de confier cette rédaction même aux avocats des parties ; et si, dans votre compagnie, on en use quelquefois ainsi, c'est une facilité qui me paroît excessive, et dont je crois qu'on doit s'abstenir dorénavant.

Il eût été encore à désirer que, sans vous arrêter à l'avis qui vous fût donné de l'accommodement résolu entre les parties, vous eussiez toujours pris la peine de dresser à toutes fins le projet du dispositif de l'arrêt, afin que, si les parties ne s'accommodoient pas en effet, vous fussiez toujours en état de rendre votre jugement parfait ; mais, encore une fois, il n'y a rien, dans tout cela, qui intéresse votre honneur et votre amour pour la justice ; et, s'il vous a échappé de prendre des précautions plus sûres pour prévenir l'inconvénient qui est arrivé par le défaut de rédaction et de signature de l'arrêt, vous avez bien réparé cette inattention, par toutes les peines que vous avez prises depuis que le sieur...... vous a rappelé l'idée d'un jugement qu'il vous avoit laissé long-temps oublier.

Au surplus, pour ce qui regarde la manière de finir à présent cette affaire, je ne vois que deux voies que l'on puisse prendre pour y parvenir.

La première, qui est aussi la meilleure, seroit de trouver le moyen d'engager les parties à s'accommoder par l'entremise de quelques amis communs, ou de quelque magistrat du parlement; et il semble que cela ne devroit pas être bien difficile, attendu le peu d'importance du procès, les propositions d'accommodement qui ont déjà été faites, le long silence que les parties ont gardé de part et d'autre, et l'inconvénient des nouveaux frais auxquels elles seroient exposées, si l'on est réduit à faire juger les chefs qui ont été partagés, et à essuyer toutes les difficultés et toutes les chicanes qui pourront bien survenir, quand il sera question de travailler à la rédaction de l'arrêt.

Le second parti, qui est celui de remettre l'affaire en règle, et qui deviendra un parti forcé, si l'on ne peut rendre les parties susceptibles de conciliation, sera de travailler, comme vous l'avez offert, à reprendre les idées du procès, à revoir vos extraits et vos arrêtés, et à en former une décision entièrement conforme à ce qui a été résolu à la pluralité des voix, après que les partages auront été vidés : c'est ce qui ne pourra se faire sans qu'il vous en coûte beaucoup de peine et de travail; mais, vous vous y offrez de si bonne grâce, qu'on peut être assuré que vous ne négligerez rien pour mettre la dernière main à un ouvrage suspendu, depuis tant d'années, par la faute des parties plutôt que par la vôtre.

Vous ne devez donc, encore une fois, avoir aucun regret aux éclaircissemens que vous avez été obligé de me donner sur ce sujet, puisqu'ils se tournent à votre honneur, et qu'ils m'engagent à vous regarder comme un magistrat digne de son nom et de son état, qui n'est à plaindre, en cette occasion, que parce qu'il a cru les parties d'aussi bonne foi qu'il l'est lui-même.

Du 19 *mai* 1730.

MONSIEUR, l'usage de juger l'après-dîner, chez MM. les présidens ou chez ceux qui se trouvent à la tête des chambres, les procès par écrit qui n'ont pu être décidé le matin au palais, ne sauroit être que fort récent dans votre compagnie; il ne peut avoir commencé que depuis le départ de M. de......, qui m'a assuré ne l'avoir jamais ni pratiqué ni vu pratiquer. M...... n'est pas le premier qui l'ait désapprouvé, quand on a tenté de l'introduire. M. de....., prédécesseur de M. de......, avoit écrit inutilement plusieurs lettres à M. le chancelier......, pour faire autoriser cet usage, en se réduisant même à la seule visite des procès, sans prétendre les pouvoir juger dans sa maison. M...... y avoit toujours résisté par des motifs qui ne sont pas difficiles à pénétrer. C'est dans le sanctuaire même de la justice, *in loco majorum*, que les procès doivent être vus aussi bien que décidés : c'est là seulement que les juges forment une assemblée légitime et un corps régulier; ils ne sont ailleurs que des personnes privées, en quelque nombre qu'ils soient, et c'est sur le tribunal qu'ils deviennent véritablement des personnes publiques.

La multitude d'affaires et l'impossibilité de les expédier par les voies ordinaires, a obligé nos rois à déroger à cette règle pour le parlement de Paris; mais on y a eu besoin d'une loi expresse pour y autoriser l'usage de voir les procès chez le président avec ceux qu'on appelle les petits commissaires, et c'est le seul parlement du royaume où un pareil usage soit approuvé, sous la condition essentielle et inviolable de réserver le jugement en entier à toute la chambre dont les commissaires sont tirés.

Je ne parle point ici des bureaux de grands commissaires, parce qu'ils ne se tiennent jamais ailleurs qu'au palais, et je crois même que l'usage n'en est pas reçu au parlement de Pau.

Au reste, j'ai trop bonne opinion des officiers de votre compagnie, pour croire qu'ils soient moins assidus à l'examen des procès, parce qu'ils seront obligés de les voir au palais, comme s'il leur étoit plus difficile d'y aller que de s'assembler dans la maison d'un président; et quand il y auroit un peu plus de commodité d'un côté que de l'autre, ce ne seroit pas une raison capable de balancer non-seulement l'indécence, mais le grand inconvénient des assemblées particulières, où il seroit bien plus aisé à ceux qui n'auroient pas des intentions droites de former des partis différens, et de se ménager la pluralité des suffrages en trouvant le moyen de n'avoir que de certains juges.

Je relève ici d'autant plus librement cet inconvénient, que je suis plus éloigné de le craindre, ni par rapport à vous, ni à l'égard d'aucun de messieurs les présidens de votre compagnie; mais l'exemple d'un usage qui peut y donner lieu est toujours dangereux; et d'ailleurs il faut laisser le moins de prise qu'il est possible au savoir faire et à l'industrie des plaideurs, qui abusent si souvent des règles mêmes, et à plus forte raison de ce qui y est contraire.

Je conclus de toutes ces réflexions :

Premièrement, que l'usage dont il s'agit ne pourroit s'introduire que par la seule autorité du roi, sans qu'il fût permis à votre compagnie de l'établir d'une autre manière;

Secondement, que le roi ne doit pas se porter à le faire par toutes les raisons que je viens de vous marquer, et qu'ainsi rien ne peut vous dispenser de suivre sur ce point l'ordre prescrit par les lois et par l'usage commun.

Si le temps vous manque quelquefois pour l'expédition du grand nombre d'affaires dont le parlement est chargé, il faut chercher d'autres moyens pour en procurer l'expédition; et, d'ailleurs, je ne comprends pas pourquoi les heures seroient plus longues chez un président qu'elles ne le sont au palais, si ce n'est peut-être parce qu'il s'y trouve un moindre nombre de juges; mais c'est cela même qui peut être souvent un inconvénient plutôt qu'un avantage pour les parties, auxquelles l'ordre public donne une espèce de droit sur les suffrages de tous ceux qui peuvent être leurs juges, et qui le seroient en effet si les procès se voyoient au palais.

Du 11 *octobre* 1730.

Pour répondre à la lettre que vous m'avez écrite le 8 août dernier, au sujet de l'affaire de MM......, je n'ai pas besoin d'entrer dans aucun détail sur ce qui regarde le fond et la forme de cette affaire; c'est aux parties qu'il faut laisser le soin de se pourvoir sur ce sujet, ainsi qu'elles le jugeront à propos : le seul article qui puisse mériter mon attention, est la question que vous me faites pour savoir si vous devez vous abstenir, comme vous l'avez déjà commencé, de faire la fonction de juge dans cette affaire, attendu le procès que vous avez dans la chambre où M...... est de service. Je ne puis à cet égard qu'approuver le parti que vous avez pris de vous-même; il est conforme à la disposition de l'ordonnance. Le plus sûr, en pareil cas, est de s'en tenir à la lettre de la loi; et vous avez d'autant mieux fait d'en user ainsi en cette occasion, que, quand même votre créance ne seroit point contestée dans le procès pendant à la chambre de M......, il y resteroit toujours à décider du rang dans lequel vous devez être colloqué : ce qui fait la matière d'une contestation suffisante, pour vous engager, suivant l'ordonnance, à ne point connoître des affaires de M......, jusqu'à ce que cette contestation soit décidée. Ce que je viens de vous dire peut vous servir de règle dans tous les cas semblables.

Du 13 *avril* 1731.

Monsieur, il est impossible de rien ajouter à l'ordre, à l'exactitude, à la clarté et à la précision du compte que vous me rendez par votre lettre du 4 de ce mois, d'une affaire aussi délicate et aussi embarrassante que celle des sieur et dame......

Vous avez raison de remarquer d'abord qu'il est aussi triste que surprenant de voir de bons juges et des gens de bien non-seulement partagés, mais diamétralement opposés sur des faits qui doivent être également de leur connoissance intime, et sur lesquels on ne peut concevoir ni qu'ils veuillent tromper, ni qu'ils se soient trompés eux-mêmes.

Ce qui augmente encore la difficulté de la décision, est que la probité, la sincérité, la capacité et l'expérience, paroissent ici des avantages également partagés entre des magistrats qui affirment avec la même confiance des faits directement contraires les uns aux autres; et je ne vois rien dans tout cela qui ne soit bien capable d'humilier les meilleurs juges, et de faire sentir la foiblesse de l'humanité.

Il faut cependant terminer enfin un combat si affligeant, et qui subsiste encore, malgré toutes les peines que vous avez prises pour le faire cesser; le plus grand de tous les inconvéniens seroit de laisser les parties et leur affaire dans l'état d'indécision où cette incertitude les réduit depuis si long-temps.

Vous m'indiquez dans votre lettre la route la plus sûre, ou pour mieux dire, la seule que l'on puisse prendre pour en sortir; c'est d'écarter tous les faits qui sont également affirmés et niés de part et d'autre, sans qu'on puisse en avoir aucune preuve certaine, pour ne s'attacher qu'au petit nombre de ceux qui sont entièrement certains, et dont la vérité est également connue des deux côtés.

Sans cela, comment pourroit-on prendre parti entre un magistrat vénérable, qui, quoique seul de son côté, peut être appelé *unus instar omnium*, et cinq magistrats unanimes, dont l'intégrité est universellement connue, et qui ont pour eux l'avantage du nombre ?

Je m'arrête peu cependant à cette dernière circonstance, parce qu'après tout, il y a des occasions dans l'ordre judiciaire, où il est des règles que le sentiment d'un seul juge l'emporte sur celui de tous les autres. C'est une observation qu'il faut ajouter à la décision de M. le chancelier de......, dont les cinq commissaires qui sont opposés à M. le président....., m'ont envoyé la copie.

Il est vrai, suivant cette décision, que, lorsqu'après le jugement d'un procès une des parties fait une production nouvelle avant la signature de l'arrêt, le rapporteur doit en rendre compte, et que l'on met d'abord en délibération si elle sera reçue ou rejetée ; mais il suffit en ce cas qu'un seul juge soit d'avis de ne la pas recevoir, en déclarant qu'il demeure *in deliberatis*, pour empêcher qu'on n'admette la production, et pour rendre la signature de l'arrêt indispensable. Ainsi, le véritable état de la question se réduit toujours, comme vous le remarquez dans votre lettre, à savoir si le procès étoit véritablement et entièrement jugé, lorsque les juges se séparèrent à la fin de la séance du 22 mars 1730 ; et c'est une question aisée à décider, après tous les éclaircissemens que vous me donnez par votre lettre.

1.° C'est un fait également reconnu des deux côtés, que dans le cours du jugement il y avoit eu deux questions partagées ; il est vrai que l'on convient assez que les juges avoient pris le parti de faire vider le partage par l'avis de M. de.....; mais, quand leur intention auroit été de le rendre seul juge des questions partagées, il faudroit au moins qu'il eût donné également son avis sur ces deux questions, pour que l'on pût regarder l'affaire comme entièrement décidée. Or, le contraire est prouvé, soit par les arrêtés écrits de la main du rapporteur, soit par l'aveu même de M. le président......, qui déclare qu'il ne se souvient point du partage formé sur l'une des deux questions, soit par le témoignage du rapporteur et du compartiteur, qui avoient été chargés de consulter M. de....; soit enfin par le certificat que ce dernier a donné. Il paroît donc constant aujourd'hui qu'il y avoit au moins une des questions du procès qui n'étoit pas jugée le 22 mars, et qui ne l'est pas même à présent. La matière de cette question est fort légère à la vérité, mais ce n'est pas par le plus ou le moins d'importance des demandes, c'est par la décision même qu'on doit juger si elles sont décidées, ou si elles ne le sont pas.

2.° Si le délai qu'on devoit accorder pour le paiement des sommes adjugées à une des parties a été demandé, c'étoit un point sur lequel il falloit statuer nécessairement, comme sur toutes les autres requêtes qui étoient au procès; mais, quand même il n'y auroit point eu de demande formelle, il suffiroit que les juges fussent convenus entr'eux d'accorder un délai, et qu'ils eussent résolu de modifier par là, ou de tempérer la rigueur de leur jugement, pour les obliger à statuer sur ce point, sans qu'on pût prétendre jusque-là que l'affaire fût entièrement finie.

3.° Quand il n'y auroit que le chef de la condamnation aux dépens, qui est encore indécis, il n'en faudroit pas davantage pour autoriser le sentiment de ceux qui soutiennent qu'il n'y a point encore de jugement, et vous avez raison d'observer qu'il seroit inutile de dire qu'il seroit aisé de prévoir de quelle manière ce chef sera réglé; car, outre que tout ce qui est soumis au jugement des hommes est incertain jusqu'au temps du jugement, ce n'est pas la prévoyance de la décision même qui fixe l'état de l'affaire et le sort des parties; autrement il faudroit dire que tout chef de demande qui ne paroît susceptible d'aucun doute, doit être regardé comme décidé, quoique les juges n'y aient pas encore opiné.

Ainsi, en se renfermant, comme vous l'avez fait très-judicieusement, dans les faits qui sont absolument certains, on ne peut plus douter qu'il ne soit encore temps d'examiner la requête de production nouvelle qui a été remise entre les mains du rapporteur.

Si les choses étoient dans un état où l'on pût dire qu'il y a arrêt, il suffiroit que dans cet examen un seul des commissaires fût d'avis de rejeter la requête pour n'y avoir aucun égard, quand même tous les autres commissaires seroient d'un avis contraire; mais comme le jugement n'est pas encore consommé, il n'y a point d'autre règle à suivre dans l'état où est l'affaire, que celle de se déterminer à l'ordinaire par la pluralité des suffrages; c'est ce qui a été décidé par une déclaration que le roi a donnée pour servir de réglement dans le parlement de Bretagne, et dont l'article 13 porte que lorsqu'on aura fait des arrêtés en jugeant les différens articles d'un procès, il ne sera pas permis d'y toucher, ni de recevoir aucune nouvelle production sur les articles décidés, à moins que, la chose mise en délibération, il ne soit jugé à propos de le faire à la plurarité des voix.

Vous prendrez donc, s'il vous plaît, la peine de faire savoir à M. le président de....., et aux cinq autres commissaires, qu'ils n'ont qu'à s'assembler incessamment pour examiner si la production nouvelle, qui fait la matière de la difficulté, peut donner lieu de faire quelque changement aux arrêtés qui ont été faits sur les questions déjà jugées.

Si ce point est décidé à la pluralité des voix en faveur de celui qui a présenté la requête, MM. les les commissaires ordonneront en même temps ce qu'ils jugeront à propos, sur l'instruction que ce nouvel incident pourra demander, et ils prendront sans doute le parti qui pourra les conduire plus promptement à une entière décision.

Si au contraire la requête est rejetée à la pluralité des voix, comme inutile, et ne tendant qu'à retarder le jugement du procès, il ne restera plus aux juges que de prendre une dernière résolution sur la question qui a été partagée sur le délai qui sera accordé à l'une des parties, et sur les dépens.

Au surplus, je ne saurois trop recommander à tous MM. les commissaires, à qui vous ferez part surtout de cet endroit de ma lettre, de donner toute l'attention dont ils sont capables, à l'incident de la production nouvelle qu'il s'agit de terminer. Ils savent les différentes révolutions que l'affaire qui est soumise à leur jugement a déjà eues, et les retardemens qui en ont été la suite, je les exhorte donc à peser en conscience, et avec la plus scrupuleuse exactitude, si une production que l'on fait si tard n'est pas un dernier subterfuge dont on se sert pour éluder encore, s'il étoit possible, une décision si long-temps différée; c'est là l'objet essentiel qui doit réunir tous les esprits en cette occasion, et j'ai trop bonne opinion de la justice et de la probité de MM. les commissaires sur les témoignages que vous m'en rendez, pour n'être pas persuadé qu'ils rempliront dans cette occasion tout ce qu'on doit attendre des lumières et de la droiture d'un bon juge sur un point si délicat et si important pour les parties.

Du 11 *janvier* 1732.

M. le premier président de votre compagnie, m'ayant informé, il y a quelque temps, des partages fréquens qu'on y voyoit arriver par la confusion des voix des officiers incompatibles, qui produisoit cet effet au parlement de Grenoble plus souvent qu'ailleurs, parce que le nombre de sept juges y est suffisant pour former un arrêt, j'ai cru ne devoir rien décider sur ce sujet, sans avoir pris auparavant l'avis de votre compagnie, sur les moyens qui lui paroîtroient les plus convenables pour prévenir un tel inconvénient. La lettre que je viens de recevoir de M. le premier président, m'apprend qu'il a exécuté ce que je lui avois marqué, et m'explique en même temps le parti qui vous a paru le plus convenable. Sa Majesté, dont j'ai reçu les ordres à ce sujet, voulant bien suivre le vœu commun de votre compagnie, m'ordonne de vous écrire que son intention est, que, lorsqu'au commencement du rapport d'un procès où il n'y aura que sept juges il s'en trouvera deux dont les voix se confondent au cas d'uniformité, le dernier reçu de ces deux officiers soit exclu, et qu'on en appelle un autre à sa place, pour faire le nombre de sept, à la charge néanmoins que, si le dernier reçu étoit le rapporteur du procès, ce seroit l'ancien des deux incompatibles, qui seroit obligé de se retirer.

Du juillet 1732.

ON m'écrit que M. le président de........, qui est du nombre des juges de l'affaire de M. le duc....., contre la communauté de Madaillan, se fait une espèce de scrupule de continuer d'en prendre connoissance, par cette seule raison qu'on a découvert qu'il y a de la parenté entre lui et le sieur de....., un des tenanciers de Madaillan.

J'ai déjà été consulté plusieurs fois par des compagnies sur une pareille difficulté, et j'y ai toujours répondu suivant la lettre et l'esprit de l'ordonnance de 1667, par une distinction dont je ferai ici tout d'un coup l'application au droit dans lequel on me mande que M. le président....... est en cette occasion.

Si M......... est partie en son propre et privé nom dans l'affaire de M. le duc........, et qu'il soit parent de M. le président........ au degré de l'ordonnance, il est sans difficulté que ce magistrat doit s'abstenir de la fonction de juge dans cette affaire.

Si, au contraire, c'est la communauté en corps qui est la véritable partie de M. le duc........, sans que le sieur........ soit ni demandeur, ni défendeur, mais seulement renfermé dans le nom collectif des habitans de Madaillan, sa parenté avec M. le président....... n'empêche point que ce magistrat ne demeure juge de cette affaire.

C'est une règle qui résulte également, et de l'article premier du titre des récusations de l'ordonnance de 1667, et de l'article 10 du même titre.

Dans le premier de ces articles, l'ordonnance se sert de ces termes, *si le juge est parent de l'une des parties;* terme qui fait assez entendre, que la parenté à un certain degré ne peut être un moyen de récusation, que par rapport à ceux qui sont véritablement parties.

Dans le second, où il s'agit des procès des corps et communautés, l'ordonnance n'oblige les juges à se récuser que lorsqu'ils sont protecteurs, syndics ou chefs de ces corps, d'où l'on a toujours conclu que la parenté avec quelqu'un des membres du même corps n'étoit pas une cause valable de récusation, à moins que celui qui est parent d'un des juges ne fût lui-même partie dans l'affaire et compris dans les qualités en son propre et privé nom; et il est évident que si l'on en usoit autrement, il y auroit bien des occasions où la plus grande partie des juges se trouveroient exclus par des parentés ou des alliances avec quelques-uns des membres d'un corps ou d'une communauté nombreuse; ce qui seroit un très-grand inconvénient dans l'ordre de la justice.

C'est donc suivant ces principes que M. le président..... doit se juger lui-même en cette occasion; et c'est un magistrat trop éclairé, pour ne pas savoir qu'il n'est pas plus permis à un juge de s'abstenir de ses fonctions, par une délicatesse excessive, que de persister à vouloir les remplir lorsqu'il sent en lui une cause de récusation.

Vous prendrez donc, s'il vous plaît, la peine de lui faire part de cette lettre, supposé qu'il hésite encore, lorsque vous la recevrez, sur le parti qu'il doit prendre en cette occasion.

Du 1.er *août* 1732.

Avant que d'avoir reçu votre lettre, je m'étois expliqué précisément, comme vous pouviez le désirer, sur le partage qui est à vider entre vous et M........; mais, quoiqu'après cela je n'eusse plus rien de nouveau à vous répondre, je ne veux pas laisser passer cette occasion, de vous témoigner la part que je prends à l'inquiétude que vous cause la maladie de madame votre femme, c'est une cause malheureusement trop légitime pour justifier votre absence de la ville de Rennes. Je souhaite que vous sortiez bientôt et heureusement d'une situation si fâcheuse; et, au surplus, je dois rendre cette justice à M........, qu'il avoit pensé, comme moi, qu'il falloit vous attendre et remettre le jugement du partage au parlement prochain; ainsi, je n'ai fait que souscrire à son sentiment.

Du 18 *juillet* 1733.

Je pense entièrement comme vous, sur la question que vous me proposez par votre lettre du 9 de ce mois; c'est un droit acquis aux parties d'avoir toujours le même compartiteur, à moins que la mort, ou une incapacité qui produise le même effet, ne les en prive, ou qu'elles ne consentent d'elles-mêmes à la substitution d'un autre juge pour faire la fonction de compartiteur. L'absence de M...... n'est qu'une raison passagère, qui cessera au parlement prochain; et s'il est vrai que les parties se soient conciliées, le retardement n'est ici d'aucune conséquence, puisque tout se réduira, comme vous le marquez, à voir si l'on doit autoriser leur transaction, après qu'elle aura été communiquée à M. le procureur-général.

Du........... 1733.

Vous avez entendu parler, sans doute, d'un procès immense par le nombre des chefs qui a été rapporté à la grand'chambre du parlement de Bretagne, par M....., entre les demoiselles....., les sieurs..... et autres, où il s'agissoit d'un compte de tutelle qui contenoit plus de mille articles.

Vous n'ignorez pas non plus apparemment, que lorsqu'il fut question de rédiger l'arrêt, il se trouva un article très-important, sur lequel feu M...... prétendit qu'il avoit passé à son avis, et non pas à celui du rapporteur, qui, de sa part, soutenoit fortement le contraire; et il y avoit une grande différence entre les deux avis.

Ce fut en cet état qu'une des demoiselles...... se pourvut au conseil, prétendant que tout ce qui avoit été fait au parlement étoit nul, attendu que les juges n'avoient point fait sur chaque chef des arrêtés conformes à ce qui est prescrit par une déclaration du roi de 1724, dont le parlement de Bretagne fut le seul objet; et qu'au lieu de se conformer exactement à une loi si sage et si récente, le rapporteur et le président n'avoient fait sur chaque article que des notes informes, qui souvent ne s'entendoient pas; ce qui ne pouvoit servir de matériaux suffisans pour dresser un arrêt de la longueur et de l'importance de celui qu'il étoit question de rédiger.

Que c'étoit par une suite de la confusion, de l'obscurité et de l'informité de ces notes, qu'il se trouvoit une contrariété étonnante de sentimens entre M........ et M........, sur l'article le plus important de tous, sans qu'il fût possible de connoître la vérité de l'avis qui avoit prévalu, chacun de ces magistrats affirmant également que c'étoit le sien.

Sur tous ces moyens et sur plusieurs autres de la demoiselle ...., elle concluoit à ce qu'attendu l'impossibilité de savoir exactement ce qui avoit été décidé, le procès fût évoqué du parlement de Bretagne, en cassant même tout ce qui s'y étoit fait, et renvoyé dans un autre parlement pour y être jugé en entier.

Lorsque j'eus reçu la requête de cette partie, je voulus essayer d'abord de sortir d'une situation si embarrassante, en écrivant, d'un côté, à M. de......., et de l'autre, à M. de........, afin de me mettre pleinement au fait de la diversité de leurs sentimens, et de voir en quoi elle consistoit précisément. Je me fis même envoyer toutes les notes que M. le président de......, pendant un temps, et M. de...... dans un autre, avoient faites à mesure qu'on jugeoit chaque article; j'y joignis celles de M. de.......; et, voyant que la contrariété qui subsistoit toujours entre ces deux magistrats, aussi bien qu'entre leurs notes, étoit de nature à n'admettre aucune espèce de dénouement ou de conciliation, je pris le parti de nommer des commissaires du conseil pour donner leur avis au roi sur la requête de la demoiselle......

Le seul fruit des éclaircissemens que j'avois pris d'abord, et de l'examen qui fut fait ensuite par MM. les commissaires du conseil, fut que la difficulté se trouva presque réduite au seul chef qui faisoit la matière d'un procès entre le président et le rapporteur : ce n'est pas que la demoiselle....... n'ait parlé de bien d'autres articles dans sa requête; mais ses plaintes, à cet égard, n'étoient que des espèces de griefs ou de contredits qui n'attaquoient que le fond du jugement, sans que le fait du jugement même parût douteux ou contesté entre les juges.

Ainsi, après une longue discussion, je crus comme MM. les commissaires du conseil, qu'à la vérité si l'on jugeoit l'affaire à la rigueur, il faudroit n'avoir aucun égard à tout ce qui s'étoit fait au parlement de Bretagne contre la forme prescrite par la déclaration de 1724, et sans qu'il y eût aucune preuve certaine de décision résolue dans le cours d'un procès qui avoit été plusieurs années sur le bureau; mais, comme cette rigueur auroit replongé les parties dans un procès dont elles n'auroient peut-être jamais vu la fin, et que d'ailleurs M. de....... qu'on ne pouvoit pas accuser de s'entendre avec M. de....., n'avoit révoqué en doute la vérité ou la certitude d'aucune des décisions rédigées par le dernier, si ce n'est de celle qui étoit devenue la pierre de scandale en cette occasion, le résultat de l'examen des commissaires du conseil, et du compte qu'ils m'en rendirent, fut un arrêt par lequel le roi ordonna, avant faire droit, que les mêmes juges qui avoient donné leurs suffrages dans le jugement de l'article contesté, s'assembleroient pour dresser un procès-verbal, dans lequel chacun des juges déclareroit quel étoit l'avis qu'il se souvenoit avoir prévalu, ou de celui de M. de......, ou de celui de M. de......., pour y être pourvu par Sa Majesté ainsi qu'il appartiendroit, sur le vu de ce procès-verbal.

Quoique cet arrêt ait été rendu en l'année 1729, l'opiniâtreté invincible de la demoiselle..... en a suspendu long-temps l'exécution; et les autres parties, qui se trouvèrent plus ou moins redevables par le jugement du compte de tutelle, n'ont pas cru devoir faire de diligence pour en avancer l'expédition.

Ce n'a été qu'à la fin de l'année dernière qu'une cohéritière de la demoiselle....., ayant repris la suite de cette affaire, et quelques-uns des juges du procès étant morts, ou ne se trouvant plus en état de remplir leurs fonctions, il a fallu rendre un nouvel arrêt, pour y suppléer autant qu'il a été possible; et, enfin, l'exécution de ce second arrêt ayant fait connoître évidemment que l'avis de M. de...... étoit celui qui avoit été véritablement prévalu, et qui avoit même paru le meilleur aux nouveaux juges qu'on avoit cru devoir appeler à la place des morts ou des absens, il a été rendu depuis peu un dernier arrêt du conseil, qui porte que l'arrêt rendu par le parlement, sur le compte de tutelle, sera enfin signé tel qu'il avoit été rédigé par M. de......

Je suis entré dans tout ce détail, afin que vous fussiez pleinement au fait de ce qui s'est passé dans cette affaire, et que, sachant l'esprit de ménagement dans lequel le conseil du roi a cru devoir entrer pour l'honneur du parlement de Bretagne, et pour le bien de la justice, vous soyez en état de travailler à aplanir la difficulté qui pourra se trouver lorsqu'il sera question de faire les frais nécessaires pour la levée et l'expédition de l'arrêt.

Les frais sont sans doute fort considérables : je ne parle point de ce qui regarde les droits du roi, c'est aux parties d'y satisfaire et de s'arranger sur ce point avec les fermiers, ainsi qu'elles le jugeront à propos ; mais, il seroit bien contraire à l'équité, et même à la dignité des juges, qu'ils voulussent user de leurs droits avec la dernière rigueur, par rapport à ce qui les regarde ; et il ne s'agira même que de ce qui intéresse M. de......, s'il est vrai, comme on me l'a dit, que toutes les vacations des commissaires aient été consignées. Il ne s'agit donc que des épices du rapporteur ; et il seroit extraordinaire qu'un magistrat, dont j'estime la droiture et le bon esprit, voulût absolument que ses épices fussent acquittées avant la la délivrance de l'arrêt, dans une occasion où il a à se reprocher de ne s'être pas conformé à la disposition de la déclaration de 1724, dans la rédaction et la signature des arrêtés, et d'avoir été cause, par là, d'un retardement qui dure depuis plus de cinq ans, et des frais que les parties ont été obligées de faire à ce sujet.

Je vous ai déjà dit que, si l'affaire avoit été jugée au conseil à la rigueur, il auroit fallu la renvoyer dans un autre parlement, attendu la contravention entière à la déclaration de 1724, pour y être jugée de nouveau ; et le même esprit d'équité qui a inspiré au conseil un parti plus doux et plus favorable pour M. de......, doit l'engager aussi, pour réparer en partie l'inconvénient auquel il a donné lieu, à prendre quelque tempérament sur le paiement des épices qui lui sont dues.

Les parties ne prétendent point se dispenser de les acquitter, si M. de...... veut les recevoir ; mais elles sont actuellement dans un état d'indigence qui ne leur permettra d'y satisfaire qu'au moyen des provisions qui leur sont adjugées, et dont elles ne sauroient être payées qu'en vertu de l'arrêt qu'il s'agit de lever; ainsi, plus on leur tiendra rigueur sur un paiement qui précède l'expédition de cet arrêt, plus on les mettra hors d'état de s'acquitter des épices.

Il faudroit donc voir avec M. de...... quel tempérament on pourroit prendre sur ce sujet, afin que, d'un côté, l'expédition de l'arrêt ne soit pas différée, et que, de l'autre, le paiement des épices soit suffisamment assuré, si M. de...... veut absolument les toucher; c'est ce que je vous prie de vouloir bien arranger avec lui, sans que je sois obligé d'entrer dans un plus long détail sur une matière dont je ne parle jamais sans peine, parce que je n'en connois point de plus humiliante pour la magistrature : il me suffit de vous avoir fait sentir ce que l'équité et l'honneur même de la justice me font désirer. Le reste, qui ne regarde que les voies d'y parvenir, sera mieux entre vos mains, et dans celles de M. de....... même, qui est trop honnête homme pour ne pas avoir fait le premier toutes les réflexions que je viens de vous marquer.

Du 3 janvier 1734.

La lettre que vous m'avez écrite au sujet de la requête de madame de......, et les notes que vous avez mises à la marge de cette requête, pour corriger quelques erreurs qui s'y étoient glissées, me mettent en état de vous faire une réponse précise sur la difficulté qui suspend depuis long-temps le jugement du procès dont madame de...... demande la décision.

Vous avez raison de croire qu'il n'y a aucune obscurité dans l'arrêt du 11 septembre 1719, dont on paroît désirer une plus grande explication. Il est évident, en effet, que l'intention du roi, en rendant cet arrêt, a été que le procès fût jugé par les mêmes présidens et par les mêmes conseillers qui en avoient déjà pris connoissance, et ainsi qu'ils l'auroient fait sans une cédule évocatoire qui a paru insoutenable aux yeux du conseil.

La lettre et l'esprit de cet arrêt n'ayant donc rien de douteux ni d'équivoque, il n'est question que de savoir si une difficulté qui se trouve dans son exécution, doit faire qu'on s'éloigne d'une décision si claire et si précise.

Cette difficulté prétendue ne consiste qu'en ce qu'au moyen des changemens successifs d'officiers qui se font dans les différentes chambres du parlement de Dijon, il peut arriver, comme on le voit en effet dans le moment présent, que les deux présidens qui, suivant l'arrêt du conseil, doivent être juges du procès dont il s'agit, se trouvent dans une chambre, pendant que les huit conseillers qui doivent concourir avec eux au jugement du même procès servent dans une autre.

L'expédient d'attendre la séance d'après Pâques, où tous les juges de ce procès seront réunis à la tournelle, n'a pas paru convenable à Dijon, dans la crainte de différer trop long-temps une décision que les parties attendent avec impatience, et cette raison est trop fondée sur la justice et sur l'équité, pour pouvoir être combattue.

C'est ce qui a donné lieu d'imaginer un autre tempérament, qui seroit de se déterminer par le lieu où le plus grand nombre de juges servira, et de rendre un arrêt du conseil qui permette de rapporter le procès dans celle des chambres où les huit conseillers se trouveront, quoique les deux présidens qui ont commencé de juger ce procès n'y soient pas, en y substituant ceux de la chambre où les huit conseillers seront de service.

A la vérité, ce tempérament auroit l'avantage de procurer aux parties une expédition prompte et certaine; mais il seroit directement contraire aux termes de l'arrêt de 1719, dont l'esprit a été que les mêmes juges, tant présidens que conseillers, achevassent en commun de consommer le jugement d'un procès dont ils avoient déjà décidé une partie considérable; et il faut avouer que le bien de la justice exige naturellement que ceux qui ont déjà donné leur avis sur une partie d'un procès, achèvent de le terminer par leurs suffrages.

Cependant, comme la longueur du temps qui s'est écoulé depuis la première connoissance qu'ils en ont prise peut affoiblir beaucoup le poids de cette raison, j'entrerois volontiers dans le tempérament que l'on propose, si les deux parties s'accordoient également à y consentir; mais comme elles ont un droit acquis par l'arrêt du conseil pour avoir précisément les mêmes juges, soit entre les présidens ou entre les conseillers qui ont été déjà instruits de leur affaire, on ne peut leur faire perdre ce droit malgré elles; et il seroit aussi long qu'inutile de faire assigner le sieur...... au conseil, sur un incident où sa seule résistance peut être une raison suffisante pour ne rien changer à la disposition de l'arrêt de 1719.

Ainsi, il faut de deux choses l'une, ou que les deux parties concourent également à demander ou à accepter l'expédient proposé, auquel cas on pourra rendre, de leur consentement, un arrêt du conseil qui autorise cet expédient, ou si le sieur...... persiste à demander l'exécution littérale de l'arrêt de 1719, on sera dans le cas où les juges doivent se prêter à ce que leur devoir exige absolument d'eux pour le bien de la justice; c'est-à-dire, qu'il faudra que les deux présidens et les huit conseillers qui ont commencé à connoître conjointement du procès en question, et qui en ont été établis juges nécessaires par l'arrêt de 1719, se réunissent pour travailler à l'examen et au jugement de ce procès; et, en vérité, cela ne paroit pas bien difficile, puisqu'il n'y a qu'à prendre des heures extraordinaires pour y parvenir, et qu'on peut même s'assembler les après-dîners à cet effet. Le temps présent est, d'ailleurs, très-favorable pour cette expédition, parce que je doute fort qu'il y ait actuellement assez de procès en état d'être vus de grands commissaires, pour empêcher qu'on ne trouve aisément le moyen de rassembler les dix juges nécessaires dont il s'agit, sans faire aucun tort à l'expédition des autres affaires dont le parlement est chargé.

Vous prendrez donc, s'il vous plaît, la peine de faire part de ce que je vous écris, soit à ces dix juges, et entr'autres au rapporteur, soit aux parties intéressées, afin que rien ne retarde plus, à l'avenir, une décision qui est attendue depuis tant d'années.

Du 20 septembre 1734.

Après bien des réflexions sur tout ce que vous m'avez écrit au sujet de l'affaire du sieur marquis......, et sur tout ce que vous avez joint à votre lettre du 20 juillet dernier, il paroît qu'elle peut être envisagée sous deux faces différentes :

1.° En n'y considérant que les parties originaires, entre lesquelles l'arrêt dont la preuve manque a été rendu ;

2.° En y faisant attention à la nouvelle partie, qui est l'acquéreur.

Dans le premier point de vue, la perte de la feuille paroît pouvoir être suppléée ou réparée par les moyens que vous expliquez.

Ainsi, toute la difficulté tombe sur l'intérêt de la nouvelle partie, c'est-à-dire, du tiers-acquéreur. Or, cet intérêt paroît toujours en sûreté, quand on ordonneroit, dès à présent, le rétablissement de la feuille, suivant ce qui a été reconnu par les parties originaires. On ne peut pas douter que le marquis de......, ayant négligé de faire appeler ce tiers-acquéreur avant le jugement de la contestation, le dernier ne soit en droit de s'opposer à l'arrêt rendu entre les parties originaires, quand même cet arrêt auroit été rédigé et revêtu de toutes ses formes, dans le temps qu'il est intervenu.

Il n'y auroit donc, pour tout concilier, qu'à consommer la rédaction de cet arrêt, suivant la reconnoissance des deux parties entre lesquelles il a été rendu ; il faudroit seulement, dans la délibération qui seroit prise pour parvenir à cette rédaction et à la signature de l'arrêt, prendre la précaution de réserver expressément, au tiers-acquéreur, la voie de l'opposition ; moyennant quoi son droit demeureroit en son entier.

Il est vrai que cela exposeroit le sieur marquis...... à voir remettre une seconde fois en question ce qui a déjà été décidé ; mais, c'est un inconvénient qu'il ne peut imputer qu'à lui-même, ou au mauvais conseil qu'on lui a donné, de ne pas faire appeler le tiers-acquéreur avant le jugement.

Si néanmoins MM. du parlement trouvent de la difficulté à prendre le parti que je viens de vous indiquer, par la crainte de se commettre et d'exposer leur jugement, ils peuvent ordonner que les parties se retireront pardevers le roi, attendu la nouveauté et la singularité du cas qui se présente, et arrêter même que vous m'enverriez un mémoire exact de tout ce qui forme la difficulté, afin que Sa Majesté puisse expliquer ses intentions avec une entière connoissance de cause, et de me charger de les faire savoir à votre compagnie.

Du............ 1734.

Je commence par louer, autant que je le dois, la grande délicatesse qui vous a engagé à me consulter sur la question que la déclaration de M...... a fait naître ; je rends la même justice à la générosité avec laquelle ce magistrat s'est conduit en cette occasion ;

et je suis d'autant plus édifié de ce qui s'est passé à ce sujet, que la question sur laquelle vous avez suspendu votre jugement, ne me paroît pas difficile à résoudre.

Il est certain que tout juge qui connoît en lui des moyens de récusation, est obligé de les déclarer, suivant l'ordonnance, et d'attendre ensuite que les autres juges aient levé son scrupule, ou l'aient approuvé.

Mais il suit nécessairement de cette règle, que le doute sur sa qualité de juge, ne peut commencer que du jour qu'il a reconnu quelques causes de récusation en sa personne. Jusque-là, ou jusqu'à ce qu'il soit récusé par les plaideurs, tout ce qu'il a fait dans la bonne foi, et par une ignorance qui n'a rien d'affecté, ne peut être attaqué, ni même suspect; c'est ce que l'article 17 de l'ordonnance de 1667, au titre des récusations, fait assez entendre par ces termes : *Tout juge qui saura causes valables de récusation en sa personne, sera tenu d'en faire sa déclaration, etc.* Il est impossible qu'il la fasse tant qu'il ignore ces causes, et, par conséquent, c'est seulement après les avoir connues qu'il doit s'absenter de ses fonctions; et tout ce qu'il a fait auparavant est valable, parce qu'il a agi légitimement en qualité de juge, les parties n'y ayant mis aucun obstacle, et lui-même ne sachant encore rien qui pût l'en détourner.

Le seul doute que l'on pourroit former sur ce sujet seroit de savoir si l'on doit en croire le juge sur sa parole, lorsqu'il déclare le temps dans lequel les causes de récusation sont venues à sa connoissance.

Mais on peut dire d'abord que, dans l'occasion présente, un tel doute seroit si téméraire, et même si injuste à l'égard d'un magistrat qui s'est conduit avec autant de noblesse que M...... l'a fait, et où, d'ailleurs, se renfermant même dans la thèse générale, le seul caractère de juge, surtout dans les cours supérieures, attache une si grande présomption de vérité et de bonne foi à toutes les déclarations qui sortent de sa bouche, en présence de tous ses collégues, et dans le sanctuaire de la justice, qu'il seroit contraire à l'honneur de la magistrature, et même à l'équité et à toutes les règles de la bienséance et de l'honnêteté naturelle, de ne pas ajouter une foi entière à sa déclaration, par laquelle il atteste que les causes de récusation qui forment son doute ne sont venues que depuis peu à sa connoissance.

On peut tirer un grand argument de l'ordonnance de 1667, pour appuyer encore plus ce sentiment, s'il avoit besoin de confirmation. L'article 21 du même titre de cette ordonnance porte *que la partie qui voudra récuser un juge le pourra faire en tout état de cause, en affirmant que les causes de récusation sont venues depuis peu à sa connoissance*. Or, si la loi veut qu'on défère, sur ce point, à l'affirmation d'une partie, que son intérêt rend toujours suspecte, seroit-il possible de n'avoir pas le même égard pour la déclaration d'un juge, sur laquelle il doit être cru, suivant l'ordonnance, sans être obligé d'y ajouter aucun serment, soit parce que toutes les déclarations faites par le juge, et en justice, valent des affirmations, soit parce qu'elles sont toutes suffisamment attestées par le serment même qu'il a prêté pour tout ce qu'il feroit en qualité de juge, lorsqu'il en reçoit le caractère?

On ne peut donc, dans la thèse générale, révoquer en doute la certitude d'une telle déclaration, à moins que la partie à qui elle est communiquée ne prouve le contraire par écrit. On le peut encore moins, comme je l'ai déjà dit dans le fait particulier; et, si la vérité du moment dans lequel la cause de récusation a été connue à M....., est pleinement assurée, comme elle l'est en effet par son témoignage, il est sans difficulté que tout ce qu'il a fait dans un temps où il se croyoit juge, où il avoit raison de le croire, ne sachant point ce qu'il a appris depuis, où les parties comme ses collégues, où le public le regardoient comme tel, ne peut souffrir aucune atteinte. Il seroit même inutile de citer ici des lois célèbres qui, dans les cas plus difficiles, ont jugé que la bonne foi et l'opinion commune doivent tenir la place de la vérité, pour empêcher qu'on ne renverse des actes, sur le fondement de connoissances qui ne sont venues que postérieurement à ces actes. On n'a pas besoin de recourir à ces exemples dans l'espèce présente, parce que M...... avoit vraiment le caractère de juge lorsqu'il en a fait les fonctions, et que l'obstacle qui pouvoit en empêcher l'exercice n'étoit alors connu ni des parties ni de lui-même. Je suis aussi extrêmement touché des inconvéniens que vous craignez, soit par rapport à l'autorité des arrêtés qui ont été faits, soit à l'égard des chefs qui ont été partagés, et qui seroient tous également anéantis, si l'on prenoit le parti de faire recommencer le rapport et la visite du procès.

Enfin, il y a une dernière raison qui ne fait pas moins d'impression sur mon esprit, c'est le mauvais exemple que l'on donneroit par là à des plaideurs artificieux, s'ils voyoient qu'une cause de récusation, qui ne se découvre qu'à la veille d'un jugement, suffit pour annuler tout ce que les juges ont fait auparavant. Un plaideur de ce caractère, qui sauroit un moyen de suspicion ignoré de sa partie ou du juge, s'abstiendroit frauduleusement de la proposer, pour voir quel seroit le sort de son procès; et s'il commençoit à en craindre l'événement, il ne manqueroit pas de faire paroître à l'extrémité une cause de récusation long-temps dissimulée, pour effacer, par là, en un moment, tous les arrêtés qui lui seroient contraires, et s'ouvrir une nouvelle carrière à sa chicane, pour embarrasser et éterniser, s'il le pouvoit, son procès.

Quoique toutes ces réflexions me paroissent plus que suffisantes pour justifier le parti de laisser subsister dans le procès qui vous a donné lieu de me consulter, tout ce qui a été fait avant la déclaration de M......, j'ai voulu néanmoins savoir le sentiment de ceux qui ont vieilli avec le plus d'honneur dans l'administration de la justice, soit au parlement de Paris, ou dans d'autres compagnies, et je n'ai trouvé parmi eux aucune diversité d'avis sur ce sujet. On m'a même assuré que la question qui vous a arrêté s'étoit présentée plus d'une fois, surtout en matière criminelle, où la parenté, qui donne lieu aux récusations, s'étend plus loin qu'en matière civile, et qu'on n'auroit pas trouvé de difficulté à confirmer toute la procédure qui avoit précédé la connoissance que le juge avoit eu de sa parenté ou de son alliance avec une des parties.

Ainsi, les dix juges qui restent encore, après la retraite de M......., peuvent achever de faire le jugement d'un procès, qu'il seroit aussi peu régulier que dangereux de recommencer ; si cependant vous avez encore quelque inquiétude sur ce sujet, et que, pour prévenir les démarches d'un plaideur mal conseillé, vous voulussiez qu'il parût que vous avez désiré de savoir les intentions du roi sur le point dont il s'agit, vous pourrez en faire une délibération dont vous m'enverriez une expédition, sur laquelle je recevrois les ordres de Sa Majesté pour vous les faire savoir ; et je me prêterai avec plaisir à cette précaution, si vous la croyez utile, pour assurer encore plus l'arrêt que vous êtes sur le point de rendre.

Du 12 *février* 1735.

LA difficulté sur laquelle vous me consultez ne mérite pas ce nom ; il est certain que, lorsque vous ne pouvez pas être juge d'une affaire, et que vous quittez votre place sans sortir du grand-conseil, celui qui préside au lieu de vous, soit à l'audience, soit au rapport d'un procès par écrit, ne peut faire la fonction de président dans aucune autre affaire que dans celle dont vous ne pouvez prendre connoissance.

L'ordonnance de 1661 ne laisse aucun doute sur ce sujet, suivant une de ses dispositions ; il n'est permis à aucun juge de se déporter de lui-même de la connoissance d'une affaire ; il doit faire sa déclaration des causes qui l'obligent à s'en abstenir ; c'est à la chambre où il sert de décider si elles sont légitimes, et, lorsqu'elle les approuve, il ne cesse de pouvoir faire les fonctions qu'à l'égard de la seule affaire dont il ne sauroit être juge. C'est pour cela que, par une autre disposition de la même ordonnance, il est dit qu'après le jugement de cette affaire il doit reprendre sa place.

Ce que l'ordonnance a réglé à l'égard de chaque juge en particulier, doit être observé encore plus inviolablement à l'égard d'un premier président, qui exerce une fonction encore plus nécessaire que celle des autres juges. Ainsi, il ne doit se retirer que pour une cause qui soit aussi nécessaire, et la retraite ne donne droit à l'ancien président de le remplacer, que pour la seule affaire qui l'a obligé à se retirer, sans qu'il puisse en expédier aucune de celles pour lesquelles le premier président ne s'est point récusé, si ce n'est de son consentement.

Du 2 avril 1736.

Il y a long-temps que je vois naître souvent, dans les compagnies, des difficultés sur la matière des partages d'opinions, et une partie de ces difficultés ou incidens qui les ont suivis, a été même portée quelquefois au conseil. C'est ce qui m'a donné lieu de connoître combien les usages des cours supérieures du royaume sont contraires, ou du moins différens les uns des autres dans cette matière ; et, après tout, cette diversité n'a rien de fort surprenant. Il y a si peu d'ordonnances qui aient été faites sur les partages d'opinions, et les dispositions de celles qui ont eu cet objet sont si générales et si peu détaillées, qu'il n'est pas extraordinaire que chaque compagnie y ait suppléé par ses usages particuliers ; et la différence des esprits qui ont établi ces usages, leur a refusé ce caractère d'uniformité, qui ne peut guère être l'effet que de l'unité de la loi.

Toutes ces réflexions ont concouru à me persuader qu'il étoit nécessaire de faire une loi nouvelle sur une matière si importante, et cependant si négligée jusqu'à présent. J'ai rassemblé, suivant cette vue, dans le mémoire de questions que je vous envoie, tous les cas que j'ai vu arriver, ou qu'il m'a été possible de prévoir au sujet des partages d'opinions, afin que les officiers des différentes cours du royaume, auxquels ce mémoire sera communiqué, puissent faire deux choses sur ce premier travail :

L'une, d'attester quel a été l'usage de leur compagnie, lorsque les cas qui sont indiqués par le mémoire s'y sont présentés ;

L'autre, de marquer leur sentiment, soit pour la confirmation ou pour la réformation de cet usage, soit pour établir une règle certaine sur les cas même qu'on peut prévoir, outre ceux que l'expérience a fait connoître.

C'est dans cet esprit que je vous prie de communiquer le mémoire de questions que je vous adresse aux commissaires de votre compagnie, qui ont déjà été choisis pour travailler sur les questions qui regardent les diversités de jurisprudence ; afin qu'après en avoir conféré avec eux et avec MM. les gens du roi, vous puissiez m'envoyer un avis qui serve de fondement à la loi que Sa Majesté se propose de faire sur cette matière.

Comme il ne s'agit que d'assurer le fait de l'usage observé jusqu'à présent dans votre compagnie, et que les réflexions qu'on peut faire sur des questions si simples en elles-mêmes, se présentent aisément à l'esprit ; j'espère que vous serez en état de satisfaire promptement à ce que je vous demande, afin que la loi, qui doit être le fruit de ce travail, puisse être enregistrée pendant la séance présente des cours supérieures auxquelles elle sera adressée.

Du 6 *avril* 1736.

Je conçois aisément toutes les inquiétudes de madame......, et il faut avouer qu'elles sont aisées à justifier par l'expérience du passé; mais, quoique je la plaigne plus véritablement que personne, je ne vois pas trop ce que l'on pourroit faire en sa faveur.

Dans le moment présent, on ne peut rien reprocher à ses parties. Ce n'est pas leur faute si le rapporteur est malade. Leur récusation contre M...... est-elle bien ou mal fondée? C'est ce qui dépend d'un fait de parenté qui n'est pas encore éclairci, et le seul secours que l'on puisse accorder à M...... sur ce point, est de donner un terme très-court à ses parties, pour justifier la parenté de M......; qui sert de fondement à leur récusation, et d'ordonner que, faute par eux d'y avoir satisfait dans ce terme, il sera passé outre au rapport du procès, en présence de M...... *Tout récusant doit être prêt*, et depuis le jour que la récusation est formée, on a eu tout le temps nécessaire pour rapporter des preuves d'une parenté déniée par M......

Je sais bien que M. et madame..... se flattent toujours que, si l'on donnoit un arrêt d'attribution à ceux qui sont naturellement les juges du procès, leur affaire seroit bien plus tôt jugée. Mais, je crois en parler juste et en termes propres, quand je dis qu'ils se flattent lorsqu'ils ont cette pensée.

Un arrêt d'attribution n'empêcheroit pas la voie de la récusation. On récuse des commissaires du roi comme tous autres juges.

Quels seront, d'ailleurs, les juges délégués? Y comprendra-t-on M...... et M......? Mais, on retombera par là dans le même état où l'on se trouve aujourd'hui.

Ne les y comprendra-t-on pas? Ce ne sera plus suivre la première proposition, qui a toujours été de donner un arrêt d'attribution aux juges naturels du procès. Ce sera prendre une autre route, en nommant arbitrairement des commissaires, ce qui ne convient nullement à la nature de ce procès.

Il n'y auroit eu qu'un seul moyen pour parvenir à ce que l'on désire ; c'auroit été de convenir, par votre canal, des juges qui seroient nommés dans l'arrêt d'attribution ; alors on auroit fermé la porte aux récusations, et ouvert une voie sûre pour l'expédition de ce long procès. Mais, vous m'assurez vous-même qu'on ne peut espérer de faire convenir les deux parties sur le choix des juges, et il est aisé de tirer de ce fait une nouvelle raison contre l'attribution.

Dès le moment qu'on ne commettra plus les juges naturels, mais des juges choisis arbitrairement, délégués pour la décision du procès, peut-on douter que des parties qui ne veulent convenir expressément d'aucuns juges, et qui sont supposés avoir envie d'éluder le jugement, ne forment opposition à l'arrêt d'attribution? Ainsi, cette opposition, qui aura même des moyens spécieux, parce qu'en effet une pareille attribution paroîtra toujours assez extraordinaire, deviendra la matière d'une nouvelle instance, qui retardera encore le jugement du procès, ce qui fera peut-être regretter, à M. et à madame......., de ne s'être pas renfermés dans les règles de l'ordre commun, toujours plus sûres que les exceptions.

Je craindrois donc de leur rendre un fort mauvais office, si je devenois plus facile sur une attribution forcée, dont je crois, d'ailleurs, qu'on ne trouvera point d'exemple dans l'état où est actuellement leur procès ; et, au surplus, si l'on craint que leurs parties ne veuillent gagner encore le temps de la séance présente du parlement de Bordeaux, il y a un moyen simple et régulier pour l'empêcher ; c'est de déclarer dès à présent qu'en quelque temps que le rapport soit commencé, le roi donnera des lettres-patentes pour proroger le pouvoir des juges au-delà du terme ordinaire des séances de votre compagnie.

Prenez donc, s'il vous plaît, la peine de faire comprendre à madame...... que son véritable intérêt est de faire statuer incessamment sur la récusation de M......., et mettre tout de suite le procès sur le bureau, avec l'assurance d'une prorogation de la séance des juges, si cela devenoit nécessaire, ce qui n'est pas trop à présumer.

Comme cette lettre est devenue plus longue que je ne le pensois quand je l'ai commencée, je me contente d'y renvoyer madame......., à laquelle je n'écris qu'un mot, pour lui marquer combien je prends de part à toutes ses peines. Mais, c'est par cette raison même que je ne veux pas les augmenter, en suivant la vue peu méditée, et, d'ailleurs, dangereuse, d'un arrêt d'attribution.

Du 29 *avril* 1736.

COMME j'apprends que c'est vous qui présidez au jugement des affaires de M. le duc...... et de plusieurs communautés qui sont en procès avec lui, je m'adresse à vous avec plaisir, sachant combien vous aimez la justice, au sujet d'un incident qui retarde depuis long-temps l'expédition de ces affaires.

Cet incident est une récusation formée contre M......, sous prétexte de parenté, avec un des habitans d'une des communautés, qui sont parties au procès.

Je ne sais d'abord si une pareille récusation auroit dû seulement être écoutée; cela dépend de savoir si le particulier qu'on prétend être parent de M...... est partie en son propre et privé nom, ou s'il ne l'est que sous le nom collectif des habitans de la communauté. Dans le premier cas, la récusation pourroit avoir lieu, si la parenté étoit prouvée au degré de l'ordonnance; dans le second cas, la requête de récusation ne seroit pas admissible suivant l'esprit de la même ordonnance; autrement il y auroit bien des cas où les parties ne pourroient plus avoir de juges s'il suffisoit, pour les exclure, d'alléguer une parenté entr'eux et quelqu'un de ceux qui ne plaident qu'en nom collectif.

Mais, quand même le particulier, du chef duquel la récusation est proposée, seroit partie en son nom dans le procès, il n'en seroit pas plus permis de laisser durer si long-temps un incident dont l'expédition est aussi facile que celle d'une récusation.

Il y a cependant environ deux mois que celle dont il s'agit est formée, sans être encore jugée. Je sais que le rapporteur a été malade; mais le parlement a remédié à cet inconvénient, en commettant un autre conseiller pour faire le rapport de la requête de récusation, et c'est ce qui n'est pas encore fait. Il est donc bien à craindre que ceux qui ont fait naître cet incident, ne cherchent à en prolonger la durée que pour éloigner le jugement du procès principal qui est depuis long-temps en état, et pour le faire encore renvoyer au parlement prochain, comme l'on en vint à bout, l'année dernière, par une autre espèce d'incident, c'est-à-dire, par la signification d'une cédule évocatoire qui n'avoit aucun fondement.

Comme il n'est donc pas juste de laisser des plaideurs les maîtres absolus du temps et des momens où la justice terminera le premier procès, et que l'on a souvent recours, en pareil cas, à l'autorité du roi, pour y apporter un remède décisif, je crois qu'il est de votre devoir de ne pas souffrir que la récusation dont il est question demeure plus long-temps indécise; il ne s'agit, pour cela, que de donner le bureau au rapporteur, et c'est ce qui dépend absolument de celui qui préside. Peut-être l'aurez-vous déjà fait quand vous recevrez cette lettre; et, si cela est, je n'aurai qu'à approuver la diligence avec laquelle vous l'aurez prévenue; mais, si cet incident subsistoit encore lorsque ma lettre arrivera à Bordeaux, je compte au moins que vous le ferez finir aussitôt que vous l'aurez reçue. Vous prendrez, s'il vous plaît, la peine de m'informer de quelle manière il l'aura été; et, dans tous les cas, je vous prie de ne pas manquer de me faire réponse par le premier ordinaire qui partira de Bordeaux après la réception de cette lettre, afin qu'étant instruit par vous du dernier état des choses, je puisse bien juger de ce qu'il conviendra de faire pour assurer la prompte expédition du procès principal.

Du 3 *novembre* 1736.

Vous m'avez prié, par votre lettre du 28 septembre dernier, de vous marquer la règle qu'on doit suivre dans les cas où il s'agit de savoir (comme cela a été agité dans le procès de M......); si les arrêtés qui se font en jugeant les procès de grands commissaires, peuvent être changés dans la suite, avant que l'arrêt soit clos, ou si la décision en doit demeurer invariable; et je crois ne pouvoir mieux satisfaire à ce que vous désirez sur ce sujet, qu'en vous envoyant la copie d'un arrêt de réglement du parlement de Paris, qui fut médité et rédigé avec beaucoup de soin, dans le temps que j'y étois avocat-général : il renferme en effet tout ce qu'on peut regarder comme la véritable règle en cette matière.

Ce qu'il y a d'essentiel dans cet arrêt est :

1.° La forme et l'exactitude avec laquelle les arrêtés doivent être rédigés.

2.° L'autorité de ces arrêtés, qui sont d'un côté quelque chose de plus qu'une délibération provisoire et sujette au changement par la seule volonté des juges, et de l'autre, quelque chose de moins qu'un arrêt.

Ils sont plus qu'une délibération provisoire et révocable, parce qu'on ne peut y rien changer, qu'en conséquence d'une production nouvelle, s'il s'en fait d'un côté ou d'un autre.

Ils sont moins qu'un arrêt, parce qu'après ces arrêtés, la production nouvelle peut être admise à la seule pluralité des suffrages, au lieu que quand l'arrêt est une fois formé par une dernière délibération, les productions nouvelles qui se font avant la rédaction et la signature de l'arrêt, ne peuvent être reçues que par le vœu unanime de tous les juges; en sorte que la résistance d'un seul qui persiste dans la première délibération, suffit pour ne pas admettre la production.

La même distinction a été adoptée par le roi, dans une déclaration de 1724, qui fut faite pour servir de réglement au parlement de Bretagne, après que Sa Majesté l'eût rendu ordinaire, en abolissant le sémestre, et je joins encore ici un exemplaire de cette déclaration.

Vous prendrez la peine d'examiner s'il y a quelque chose dans vos usages qui ne s'accorde pas entièrement avec le réglement du parlement de Paris, que je vous envoie, et de m'en informer, afin que je puisse voir s'il y aura quelque changement à y faire; mais soit que vous l'approuviez tel qu'il est et en son entier, soit qu'il y ait quelque chose à réformer, il sera toujours également nécessaire que vous fassiez rendre au parlement de Bordeaux un réglement conforme à l'esprit général de celui du parlement de Paris; c'est le seul moyen de prévenir des incidens désagréables pour les juges, et souvent très-nuisibles aux parties.

Du 26 décembre 1736.

L'usage n'est pas toujours un garant bien sûr dans les choses qui appartiennent à l'ordre public, et dans lesquelles il se glisse souvent des abus, quelqu'attention que l'on ait de les prévenir. Ainsi, comme il est toujours temps de revenir aux véritables règles, je crois qu'il faut distinguer deux sortes d'obligations qu'un premier président peut avoir contractées.

S'il ne s'agit que d'un contrat de constitution,

dont il paie exactement la rente, il seroit difficile, à la rigueur, de lui refuser le pouvoir de distribuer le procès de la partie à laquelle il devoit cette rente, parce qu'une obligation de cette nature ne l'empêcheroit pas de pouvoir être juge.

Mais lorsqu'il est question d'une dette exigible, quoique l'on pût distinguer les dettes légères et celles qui ne le sont pas, je crois cependant que, comme un juge fait bien de se récuser en pareil cas, un premier président agit aussi plus régulièrement quand il s'abstient de distribuer le procès de son créancier pour une dette de cette nature.

En général, la règle la plus sûre, en pareille matière, est toujours, dans le doute, de décider contre soi.

Du 4 septembre 1737.

Comme je crains que le jugement d'un procès dont M........ est rapporteur, ne fasse naître des incidens peu agréables pour les juges, et qui seront portés au conseil, je prends la précaution de vous prier par avance de m'en instruire exactement.

Par ce qui m'a été écrit sur ce sujet, je vois qu'il y a eu un chef de jugé en présence de M. le président...... et de M......, qui ont tous deux donné leurs suffrages, quoique récusables, et que, s'en étant aperçus dans la suite, ils se sont récusés eux-mêmes; sur quoi l'on prétend qu'il a été arrêté qu'il seroit fait registre de ce qui s'étoit passé avant leur départ, et que le rapport du procès seroit continué en présence de deux nouveaux juges.

Si l'esprit de cette délibération est de faire recommencer en entier le rapport du procès en présence de deux nouveaux juges, et de ne faire le registre dont je viens de parler, que pour marquer la raison qui a obligé à recommencer le rapport de l'affaire, il n'y a rien que de très-innocent et de très-régulier dans cette précaution.

Mais, si l'on avoit eu en vue de faire subsister ce qui a été délibéré en présence de M. le président de....... et de M......, et de diviser par là, en quelque manière, le jugement du même procès, en sorte qu'il y en eût une partie décidée en présence des juges qui se sont déportés dans la suite, et une partie en présence de deux nouveaux juges qui n'auroient point assisté à la première délibération. Vous comprenez aisément toutes les difficultés qui naîtront à l'occasion d'un pareil jugement, et il seroit peut-être encore temps de les prévenir.

C'est ce qu'on ne sauroit bien savoir sans être plus instruit des véritables circonstances de l'affaire dont il s'agit, et du véritable esprit de la résolution que la grand'chambre a pris sur ce sujet : je vous prie donc de m'en informer plus exactement, et d'être persuadé que je suis.

Du 5 *avril* 1738.

Il me seroit bien difficile de trouver le loisir d'examiner attentivement tout ce que vous m'avez envoyé au sujet du procès qui s'instruit contre le sieur....., avocat au parlement de Bretagne, et ce seroit, d'ailleurs, très-inutilement que j'emploierois un temps considérable à cet examen, parce que je ne croirois pas pouvoir vous en marquer mon sentiment. Rien n'est plus éloigné de ma façon de penser que de vouloir influer sur les suffrages des juges, même en matière civile.

Je le dois faire encore moins en matière criminelle : je ne peux donc, en pareil cas, que m'en rapporter aux lumières, à l'attention et à la droiture de ceux que leur état oblige à y remplir la pénible fonction de juges, et c'est à cette réponse que je me borne uniquement sur ce qui peut regarder le fond du procès dont il s'agit.

A l'égard de votre délicatesse personnelle, pour savoir si vous devez demeurer juge rapporteur de ce procès, je répondrai à peu près de la même manière à votre consultation.

Vous êtes dans les cas où les compagnies se servent de ces termes *in religione judicis*, pour lui laisser la liberté d'avoir égard à des suspicions proposées contre lui par des parties, ou de n'y pas déférer. C'est donc à vous de vous consulter vous-même dans l'occasion présente, d'interroger votre cœur, de voir s'il laisse votre esprit dans l'état d'impartialité et d'indifférence entière qui convient à votre ministère, et lorsqu'il reste quelque doute sur ce sujet, il semble que le parti le plus sûr qu'un juge puisse prendre, est de décider contre lui-même.

Du 12 *mai* 1739.

Je ne saurois m'accoutumer à penser que des officiers inférieurs et des gradués ne se conforment pas aux avis qu'ils reçoivent d'un procureur-général tel que vous, sur une difficulté aussi légère que celle qui les divise dans le siége de Sémur; mais, si cela est, vous pouvez faire savoir de ma part à ces officiers, que, lorsqu'ils ont besoin du secours des gradués pour juger des affaires présidiales, ils doivent les faire monter au siége, aussitôt que l'on commence la plaidoirie de l'affaire, sans exiger qu'ils l'entendent dans le barreau, pour ne monter au rang des juges que lorsque la plaidoirie est finie et qu'il s'agit d'opiner; l'avocat, dont le suffrage devient nécessaire dans les causes présidiales, ne fait pas moins la fonction de juge, lorsqu'il entend plaider la cause, que lorsqu'il donne son avis pour la décider; et la prétention des officiers sur ce point est aussi peu raisonnable, que s'ils vouloient obliger les gradués, qu'ils appellent pour juger présidialement un procès criminel, à demeurer debout derrière les bancs, pendant qu'on rapporteroit le procès, pour ne prendre place que lorsqu'il seroit question de délibérer. Vous leur marquerez donc, qu'ils ne doivent pas différer plus long-temps de rendre aux avocats une justice qu'ils ne sauroient leur refuser, et que, s'ils ne le faisoient pas, je serois obligé de les rendre responsables d'un retardement dans l'expédition, qui n'auroit aucune excuse.

Du 29 juillet 1739.

J'AI été informé par un placet qui vient de m'être présenté, que quelques magistrats du parlement de Pau, qui ont été récusés, qui ont sollicité, ou qui sont suspects à cause de leur parenté avec les parties, ne laissent pas de demeurer dans la chambre du conseil, et de prendre leurs places à l'audience, lorsqu'il s'agit des procès ou des causes dont ils ne peuvent être juges. Si le fait est tel qu'on l'expose, c'est un abus que l'ordonnance de 1667 a réprimé par les articles 13 et 14 du titre des récusations des juges; et quoique cette ordonnance n'ait pas été enregistrée au parlement de Pau, il n'en est pas moins obligé d'observer une règle si conforme aux principes de l'équité naturelle et de l'honnêteté publique, qu'elle n'a pas besoin du secours d'une loi. Ainsi, je ne doute point que votre compagnie ne se porte très-volontiers à réformer un si mauvais usage par une délibération qui ne pourra être qu'honorable au parlement.

Du 17 août 1739.

JE tiendrai toujours à honneur d'être consulté par le parlement de Dijon, et je répondrois avec plaisir à la difficulté qu'il m'a proposée par le mémoire que vous avez joint à votre lettre du..... de ce mois, s'il ne s'agissoit que d'un point de discipline, ou d'explication des ordonnances, ou de toute autre question qui regarderoit en général les règles de l'ordre public. Mais je dois me conduire avec plus de réserve et de précaution, lorsqu'il s'agit, non pas d'un doute qui ne s'étoit formé que dans l'esprit des juges, mais d'une difficulté qui est devenue la matière d'une contestation incidente à un procès, et agitée contradictoirement entre les parties qui y sont intéressées.

Telle est le véritable état de la question délicate sur laquelle le parlement me fait l'honneur de me consulter ; je ne pourrois y répondre qu'en me déterminant d'un côté ou d'un autre, par les mêmes moyens qui sont soumis à la décision du parlement, et par conséquent, je me constituerois en quelque manière seul juge d'un procès qui est en de meilleurs mains, pour le décider par une lettre, et sans que les parties fussent en état de m'expliquer leurs raisons, sans que moi-même j'eusse la satisfaction de pouvoir être aidé par les lumières des véritables juges.

Rien n'est d'ailleurs plus éloigné de mon caractère, que de vouloir influer dans leurs suffrages et prévenir leur décision, je dois au contraire être attentif à maintenir toujours les magistrats dans le libre exercice de leurs fonctions, et s'il se présente à eux des questions délicates qu'ils voudroient pouvoir se dispenser de décider, ils doivent les regarder comme une peine attachée à leur état, qui en augmente le mérite et qu'il n'est pas possible de leur épargner ; parce que plus le doute qui se forme devant eux est pénible à résoudre, plus il est convenable qu'il y ait un nombre considérable de juges qui concourent à le faire cesser.

J'ajouterai enfin à ces réflexions, que comme dans une espèce de la matière de celle dont il s'agit, il ne seroit pas impossible que celle des parties qui ne seroit pas contente du jugement, voulût se pourvoir au conseil pour l'attaquer, il vous est aisé de sentir qu'il ne conviendroit pas que je me fusse ouvert par avance, sur une difficulté dont je deviendrois alors le juge nécessaire; et c'est une des raisons qui font, que je m'abstiens toujours de répondre aux consultations que je reçois sur ce qui fait la matière d'une contestation, surtout pour les parties intéressées. Je ne peux donc que remettre entre les mains de la grand'chambre du parlement de Dijon, la question même dont elle voudroit, en un sens, me rendre le juge, et j'aurai beaucoup meilleure opinion de sa manière de penser, que je ne l'aurois de la mienne, si je me permettois de m'expliquer sur ce qui doit être réservé à ses lumières et à son attention.

Du 19 *décembre* 1739.

Quoique je fusse déjà informé de l'usage du parlement de Besançon sur les partages qui se forment à l'audience, j'ai été cependant bien aise de m'en instruire encore plus particulièrement, depuis la lettre que vous m'avez écrite au sujet de celui qui a été renvoyé au parlement de Dijon, dans l'affaire des sieurs......et......, qui y disputent réciproquement la cure ou vicairie perpétuelle de la paroisse de Voisey, pour être en état de vous faire une réponse plus plus précise sur le doute que vous me proposez par cette lettre.

La règle qui s'observe au parlement de Besançon, dans les partages dont je viens de parler, est d'ordonner d'abord, qu'il en sera délibéré sur le registre. Mais si le partage d'opinions qui s'est formé à l'audience subsiste encore dans cette délibération, on le porte dans une autre chambre, sans y recommencer la plaidoirie de la cause. Les conseillers qui ont ouvert les deux avis contraires se transportent dans cette chambre; ils y font le rapport du fait et des pièces que les parties ont remises entre leurs mains; chacun y soutient son opinion, et les nouveaux juges y opinent ensuite pour vider le partage, ainsi qu'il se pratique lorsqu'un procès par écrit a été partagé; on permet cependant aux parties de remettre des mémoires, si elles le jugent à propos, aux juges qui doivent vider le partage.

Ainsi, le parlement de Dijon devant se conformer, autant qu'il est possible, à l'usage de celui de Besançon, il n'a pas dû être question de faire nommer un rapporteur, comme si le partage dont il s'agit fût survenu dans un procès par écrit, et la nomination que vous avez faite de M........, n'ayant été fondée que sur une erreur de fait, elle ne doit pas subsister.

Il reste de savoir quelle forme il faudra suivre pour vous rapprocher, autant qu'il se peut, de celle qui a lieu au parlement de Besançon.

S'il étoit praticable de faire venir à Dijon les deux conseillers qui ont ouvert les deux avis contraires, le parlement pourroit se conformer exactement à ce qui se pratique dans celui de Besançon; mais, comme cela n'est pas possible, et qu'il paroît juste de suppléer à l'instruction que le parlement de Dijon recevroit, s'il pouvoit entendre les deux conseillers et celui de Besançon, qui ont fait naître le partage, je crois que le seul moyen d'y parvenir est de faire plaider la cause à l'audience, n'y ayant que cette voie d'instruire pleinement les juges des moyens des parties; et d'ailleurs rien n'étant plus convenable que de résoudre un partage de la même manière qu'il s'est formé, cela n'empêchera pas que, si la cause paroît susceptible de difficulté, s'il est nécessaire de lire des pièces, ou de les examiner avec plus de réflexion qu'on peut le faire à l'audience de la grand'chambre, le parlement de Dijon ne puisse ordonner que les pièces seront remises entre les mains d'un des conseillers, pour en être délibéré à son rapport, mais bien entendu qu'en aucun cas, elle ne pourra appointer les parties, parce que le parlement de Besançon ne l'auroit jamais fait, et que l'affaire doit être jugée à Dijon, dans le même état où elle se trouvoit lorsqu'elle y a été renvoyée.

C'est à quoi se réduit tout ce qu'il m'a paru qu'on pouvoit faire en cette occasion. Je vous prie d'en faire part à MM. de la grand'chambre, et d'être persuadé que je suis très-véritablement.

Du 27 octobre 1743.

J'ai revu, depuis que je suis ici, tout ce qui m'a été écrit et envoyé, ou par vous ou par M. le procureur-général, au sujet de la difficulté qui s'est formée sur la disposition de l'ordonnance de 1667, qui oblige les juges à s'abstenir de la connoissance des affaires qui sont portées dans le tribunal où ils sont de service, lorsque l'une des parties se trouve être leur juge dans un procès qu'ils ont en la chambre où il exerce ses fonctions, et la règle me paroît toujours être pour le parti que vous appuyez, en répondant aussi solidement que vous le faites aux objections que l'on tire, soit du fort de Béarn, ou de l'ordonnance du roi de Navarre Henri III.

Mais, il y a deux choses qui me font encore quelque peine sur ce point :

L'une, est l'inexécution entière et non contestée de la délibération de 1717, par laquelle le parlement de Navarre avoit adopté indistinctement les dispositions du titre des récusations dans l'ordonnance de 1667, ou avec une seule exception qui ne pouvoit servir qu'à confirmer la règle dans tout le reste ;

L'autre, est le prétexte de cette inexécution que l'on veut trouver dans les changemens de service, qui sont beaucoup plus fréquens et moins durables dans votre compagnie que dans toutes les autres.

La première de ces deux difficultés peut être facile à lever, parce que, dès le moment qu'il s'agit d'une loi reçue dans une compagnie, on ne peut pas se servir de la faute qu'on a faite en ne l'exécutant pas, pour se dispenser de l'observer à l'avenir, et pour vouloir abroger la loi par la contravention même qu'on y a faite. J'avoue cependant que j'aurois souhaité de pouvoir retrouver quelques vestiges d'approbation donnée par le roi à la délibération de 1717; et, puisque les recherches que vous avez faites sur ce point ont été inutiles, je verrai, quand je serai revenu à Paris, si je ne trouverai rien sur ce sujet dans mes lettres de l'année 1717.

La seconde difficulté peut être plus embarrassante que la première, parce que l'on s'en sert pour excuser, en quelque manière, la contravention dont je viens de parler. Il paroît, en effet, assez difficile d'observer une règle fixe, et telle que l'ordonnance de 1667 l'a prescrite dans l'état continuel d'instabilité où sont les officiers de votre compagnie, par des changemens qui se renouvellent plusieurs fois chaque année. Ainsi, il semble que le véritable moyen de répondre à cette difficulté seroit d'en faire cesser la cause, en rendant ces changemens moins fréquens; c'est ce qui a été fait, il n'y a pas long-temps, par rapport au parlement de Besançon, où il étoit d'usage que les conseillers passassent successivement, de six mois en six mois, d'une chambre dans l'autre; mais, par une déclaration qui a été faite, il y a quatre ou cinq ans, le roi a ordonné que le changement de service ne se feroit plus, à l'avenir, que d'année en année. Ne pourroit-on donc pas suivre cet exemple dans le parlement de Pau? On feroit tomber par là le seul inconvénient que les défenseurs de l'usage présent sur les récusations puissent opposer à la règle établie par l'ordonnance de 1667, et adoptée par ce parlement. C'est sur quoi je vous prie de me faire savoir votre avis; et la connoissance que vous avez du local vous mettra en état de juger, mieux que moi, des difficultés que ce nouvel arrangement pourroit souffrir, et de la manière de les lever. Il me semble qu'il y a quelques années qu'il fut fait un réglement pour changer quelque chose dans l'usage qui s'observoit en votre compagnie, par rapport à l'ordre et à la durée du service que les conseillers rendent successivement à la chambre des finances, et que ce changement se fit sans aucune réclamation.

Du 2 avril 1744.

Le parti que votre compagnie a pris de suspendre le jugement de toutes les affaires, où l'on pouvoit proposer le moyen de récusation établi par l'article 7 de l'ordonnance de 1667, au titre des récusations, a engagé plusieurs de ceux qui sont intéressés dans ses affaires, à se plaindre à moi du retardement qu'une pareille surséance apportoit à une expédition qu'ils attendent avec impatience; ainsi, je ne dois pas différer davantage de vous expliquer les intentions du roi sur ce sujet, et je l'aurois même fait plus tôt, si je n'avois cru devoir, auparavant, me faire rendre un compte exact de la manière dont la disposition de l'ordonnance est exécutée dans les parlemens dont la constitution est semblable à celle de votre compagnie, c'est-à-dire, où les conseillers servent successivement, dans chacune des chambres dont elles sont composées. Je n'ai reçu que depuis peu les réponses que j'en attendois; et il en résulte que, malgré cette espèce de circulation dans le service des conseillers, on y observe inviolablement la règle d'obliger tout juge qui a un procès en son nom dans la chambre en laquelle une des parties est jugée, de s'abstenir de la connoissance de ce procès.

Ainsi, tous les éclaircissemens que j'ai reçus sur la question qu'il s'agit de résoudre concourent à m'affermir dans la première pensée qui s'étoit présentée à mon esprit, lorsque je fus informé du doute qui s'étoit élevé dans votre compagnie sur cet article.

Il est vrai que l'ordonnance de 1667 ne lui a point été adressée, et que le feu roi a trouvé bon qu'elle continuât de suivre les ordonnances des anciens rois de Navarre, et les usages qui s'observent depuis long-temps sur la forme du style judiciaire; mais, la délibération qui fut prise unanimement, le 20 mars 1717, dans l'assemblée de toutes les chambres, a fait cesser entièrement le premier prétexte dont on s'est servi dans l'occasion présente. Le parlement adopta pleinement, par cette délibération, le titre entier de l'ordonnance de 1667, qui regarde les récusations; et, bien loin que les deux restrictions qu'il y mit puissent affoiblir le poids de la résolution qu'il prit alors, elles ne servent, au contraire, qu'à lui donner une plus grande force, suivant la règle commune, que l'exception affermit la règle dans tous les cas qui ne sont point exceptés.

Le second prétexte, que l'on a voulu tirer des fréquens changemens de service dans les différentes chambres du parlement, n'est pas plus solide que le premier :

1.° Le même usage d'une circulation continuelle subsistoit en son entier dans le temps de la délibération du 20 mars 1717, et il n'a pas empêché que le parlement n'ait arrêté que le titre des récusations de l'ordonnance de 1667 y seroit observé, sans excepter, ni directement ni indirectement, la disposition de l'article 7 du même titre, qui, par conséquent, est devenu, par cette délibération, la loi commune de votre compagnie;

2.° Elle n'est pas la seule, comme je l'ai déjà remarqué, où la même circulation de service soit établie. Il y a cinq parlemens où elle a lieu comme à Pau, et cependant on n'y a point pensé jusqu'à présent, que, quoique le service de chaque conseiller ne fût pas fixe dans chaque chambre, il fut permis, sur ce fondement, de mettre une exception à la règle générale que l'ordonnance de 1667 a établie dans la matière dont il s'agit.

Enfin, le dernier prétexte dont on s'est servi pour se dispenser de suivre cette règle générale, mérite encore moins d'attention que les deux premiers ; il est fondé uniquement sur l'inexécution et de l'ordonnance de 1667 et de la délibération par laquelle votre compagnie en a fait une loi qui lui est propre, par rapport aux récusations des juges ; mais la faute qu'on a faite, lorsqu'on ne s'y est pas conformé, ne sauroit devenir un titre pour s'exempter de la suivre à l'avenir ; ce seroit vouloir abroger la loi par la contravention même qu'on y a faite ; et un usage, ou plutôt un abus, qui n'a eu lieu que rarement, et pendant un espace de temps fort court, ne peut être opposé à une loi adoptée si solennellement par toute une compagnie, et si indistinctement par rapport à l'article dont il est question.

Telles sont les raisons qui ont déterminé Sa Majesté à décider que le parlement de Pau ne sauroit faire cesser trop promptement un mauvais usage, qui n'a été toléré que parce qu'il a été ignoré. Votre compagnie doit s'y porter d'autant plus volontiers, que, par là, elle ne fera que suivre une loi qu'elle s'est imposée à elle-même.

Je comprends néanmoins que les fréquens changemens de service peuvent causer des variations dans l'admission ou dans l'exclusion d'un juge, qui se trouvera récusable dans un temps et non récusable dans un autre ; ou, au contraire, je conçois même que cela peut donner lieu à une multiplication affectée de procédures, pour éviter de certains juges, ou pour se les conserver. Mais, outre que de pareils inconvéniens ne peuvent détruire la loi, et qu'en effet ils n'ont pas empêché qu'elle n'ait été observée dans des compagnies semblables à la vôtre, on pourroit aisément ou les prévenir ou les rendre au moins très-rares, en prolongeant la durée du service des conseillers dans chaque chambre : c'est ce qui a été fait, il n'y a pas long-temps, par une déclaration du roi adressée au parlement de Besançon, où, au lieu que le changement du service de chaque conseiller se faisoit de six en six mois, le roi a ordonné qu'il n'auroit plus lieu que d'année en année ; et c'est ce qu'il seroit encore plus facile de faire au parlement de Pau, où il n'y a que le second bureau dans lequel la circulation des conseillers se fasse de trois en trois mois, pendant que, dans les autres, elle se fait d'année en année. Le terme de trois mois est même si court, que je ne sais pourquoi on a laissé subsister jusqu'ici des changemens si fréquens, et si contraires au bien de la justice.

Rien ne paroît donc plus naturel que de réformer un usage qui ne s'observe que dans une seule chambre du parlement de Pau, et d'en régler le service sur le même pied que celui qui se rend dans les autres chambres, quand ce ne seroit que pour établir une uniformité qui est toujours désirable et décente à la magistrature, lors même qu'il ne s'agit que de ce qui regarde la discipline et la police intérieure d'une compagnie; mais, quoique ce changement me paroisse ne devoir faire aucune peine à la vôtre, cependant, comme la connoissance plus particulière de ses usages pourroit lui donner lieu d'y faire quelques difficultés, que je ne saurois prévoir, je différerai d'en rendre compte au roi, jusqu'à ce que vous m'ayez donné sur ce point les éclaircissemens que vous jugerez nécessaires.

Vous prendrez donc, s'il vous plaît, la peine, aussitôt que vous aurez reçu cette lettre, d'assembler les chambres de votre compagnie, pour lui faire part des intentions du roi, que je viens de vous expliquer par rapport au premier objet, je veux dire à l'obligation de se conformer exactement à la règle établie par l'article 7 de l'ordonnance de 1667, au titre des récusations : c'est sur quoi il ne peut rester aucun doute, la volonté du roi étant que la délibération qui a été prise, en 1717, sur ce point, soit pleinement et inviolablement exécutée.

A l'égard de la manière de remédier aux inconvéniens que de trop fréquens changemens de service peuvent faire naître, en prolongeant la durée de celui qui se rend au second bureau, c'est le seul point qui doive demeurer en suspens, jusqu'à ce que vous m'ayez instruit des sentimens de votre compagnie à cet égard, et que vous m'ayez mis, par là, en état d'en rendre compte au roi, et de vous faire savoir les intentions de Sa Majesté sur ce point.

Au surplus, dans l'assemblée des chambres qui sera tenue à l'occasion de cette lettre, il ne doit être question que de ce qui en fait matière, et le roi persiste toujours à défendre absolument, comme je vous l'ai marqué plusieurs fois, toute assemblée, et toute délibération commune sur les difficultés qui regardent les droits de la place que vous remplissez, et dont Sa Majesté s'est réservé le jugement.

Du 26 avril 1744.

Une difficulté qui n'a pas été prévue jusqu'à présent ayant fait naître quelque doute dans une des compagnies du royaume, j'ai été bien aise, avant que de la résoudre, de savoir de vous si elle s'est quelquefois formée dans la vôtre, et de quelle manière elle y a été levée.

L'espèce, ou le cas qui y donne lieu, peut être proposé de cette manière.

Il y a un conseiller, dont la voix doit se confondre par la parenté ou par l'alliance, d'un côté, avec celle d'un des juges, et de l'autre, avec celle d'un des autres juges du même procès; mais les deux conseillers, dont les suffrages se confondent l'un après l'autre avec la voix du premier, ne sont ni parens ni alliés l'un de l'autre, ou ils ne le sont pas dans le degré où la confusion des voix doit avoir lieu.

Il se trouve que les voix des trois conseillers sont uniformes, et l'on demande si elles doivent être comptées pour deux, ou s'il ne faut les compter que pour une.

Telle est, en général, la question qui m'a été proposée; et, pour la rendre encore plus intelligible, je joins ici un petit mémoire (1) où elle est expliquée dans un plus grand détail, et où l'on a renfermé la substance des principales raisons des deux avis contraires que l'on peut prendre sur cette question.

L'usage que je vous prie d'en faire, est de vous informer d'abord si le même doute s'est présenté en quelques occasions, soit dans une chambre particulière, soit dans l'assemblée de toutes les chambres de votre parlement; et, si cela est, de quelle manière on a cru devoir le résoudre? C'est un premier point de fait qu'il faut éclaircir, avant toutes choses,

(1) *MÉMOIRE.*

Jacques, Henri et André sont tous trois conseillers dans la même compagnie.

André est fils de Henri, et beau-frère de Jacques, dont il a épousé la sœur, ensorte qu'il est comme le terme moyen, où il s'opère deux confusions de sa voix, l'une avec celle de son père, l'autre avec celle de son beau-frère, lorsqu'elles sont toutes trois uniformes.

Ces trois voix, en ce cas, ne doivent-elles être comptées que pour une, attendu que la voix de Jacques se confondant avec celle d'André, qui, de son côté, se confond aussi avec celle de Henri; il ne peut en résulter qu'un seul suffrage; les deux voix extrêmes se réunissant dans le même terme, c'est-à-dire, dans la voix d'André? et y a-t-il lieu d'appliquer cet axiome commun : *Quæ sunt eadem uni tertio, eadem sunt inter se?*

Ou faudroit-il, pour cela, que les deux voix extrêmes, c'est-à-dire, celle de Jacques et celle de Henri, fussent aussi dans le cas de la confusion; ensorte que, si cela n'est pas, leurs voix n'ayant rien d'incompatible, soient comptées pour deux, dont l'une, c'est-à-dire, celle de Jacques, se confond, à la vérité, avec celle d'André, son beau-frère, comme celle du même André se confond aussi avec celle de Henri, son père, mais de telle manière, que les deux voix de Jacques et de Henri demeurent toujours distinctes l'une de l'autre, attendu qu'il n'y a aucune confusion entr'elles, et que, si elles se confondent avec celle d'André, c'est chacune séparément; l'une, par la qualité de beau-frère; l'autre, par celle de père, autrement la même voix se confondroit deux fois, celle de Jacquès avec celle d'André, et ensuite avec celle de Henri : ce qui arriveroit de même à l'égard de la voix de Henri, qui et dont vous prendrez, s'il vous plait, la peine de me rendre compte.

Mais, indépendamment de ce premier article, et soit qu'on ne puisse trouver aucun exemple d'une pareille question agitée dans votre compagnie, ou, supposé qu'il s'en trouve, et de quelque manière qu'elle y ait été décidée, vous aurez soin, s'il vous

se confondoit, 1.° avec celle d'André, son fils; 2.° avec celle de Jacques: or, on soutient que cette double confusion ne peut avoir lieu, et c'est de ces raisonnemens que l'on conclut que les trois voix doivent être comptées pour deux, et non pour une seule?

RÉPONSE A LA LETTRE CI-DESSUS.

Du 9 mai 1744.

Les suffrages unanimes des deux juges, qui ne sont ni parens ni alliés, sont comptés pour deux dans ce parlement, quoiqu'un troisième juge, parent ou allié des premiers, soit de leur avis.

Les édits de 1669 et de 1681 n'établissant la confusion des voix, qu'entre les parens et les alliés aux degrés qui y sont marqués, ne doit-on pas en conclure que les deux premiers suffrages, qui ne sont dans aucun des cas fixés par la loi, ne doivent jamais se confondre?

Il paroît bien plus conforme au bon ordre, de perdre une voix, en la confondant avec plusieurs, que d'en perdre plusieurs, en les confondant avec une seule.

En effet, si, dans la question proposée, les trois voix n'en faisoient qu'une, il en résulteroit qu'un plus grand nombre de juges formeroit un moindre nombre de voix; et cette confusion, à laquelle il n'est pas possible de donner des bornes, pourroit même s'étendre sur beaucoup de juges, par le moyen d'un seul, qui seroit leur parent, quoiqu'ils ne le fussent pas entr'eux, ensorte que le sort d'une partie dépendroit d'un seul juge; car, en supposant qu'elle eût pour elle la pluralité des suffrages, elle perdroit néanmoins son procès, si un suffrage nouveau pouvoit, en se joignant aux autres, opérer la confusion, et faire cesser l'indépendance de leurs suffrages.

Tel est, Monseigneur, le précis des réflexions que j'ai faites avec les principaux officiers de ce parlement, à qui j'ai communiqué la lettre dont vous m'avez honoré le 26 avril dernier.

plaît, d'en conférer avec ceux de ses principaux magistrats en qui vous aurez plus de confiance, pour former avec eux votre avis sur le fond même de la question de droit, qui consiste à savoir lequel des deux sentimens contraires doit prévaloir; ou, pour expliquer la même chose en d'autres termes, s'il est à propos de décider que les trois voix seront comptées pour deux, dans le cas dont il s'agit, ou d'ordonner qu'elles ne seront comptées que pour une, afin que, sur le compte que j'aurai l'honneur d'en rendre au roi, Sa Majesté puisse, si elle le juge à propos, faire connoître, à ses cours supérieures, son intention sur ce sujet, par une déclaration dont l'autorité fixe une règle uniforme dans une matière qui est si arbitraire en elle-même.

Du 26 septembre 1744.

J'Ai eu occasion d'être instruit de la forme qu'on a suivie au parlement de Grenoble, dans le jugement de l'affaire du sieur......, secrétaire de cette cour, dont on a cru devoir égaler le privilége à celui de MM. les présidens, conseillers et gens du roi du même parlement, et je ne saurois vous dissimuler que, quelque prévention que j'aie pour un corps dont vous êtes le chef, la forme de l'arrêt qu'il a rendu en cette occasion me paroît si singulière, que je ne saurois me dispenser de vous demander sur quoi elle a pu être fondée.

On m'a assuré que, quoique la cause du sieur...... n'eût été plaidée qu'à la première chambre seule, on a pris cependant le parti sur le délibéré qui avoit été prononcé par cette chambre, d'envoyer deux de ses membres successivement dans chacune des trois autres chambres ou bureaux, où, sur le récit qui a été fait par les conseillers députés, on a recueilli les suffrages des juges qui sont de service dans ces trois bureaux; et que, sur le compte qui en a été rendu ensuite à la première chambre, par les mêmes députés, on a compté les opinions, non pas des seuls officiers de cette chambre, qui avoient assisté à la plaidoirie de la cause, mais de tous les juges et officiers indistinctement, qui en avoient entendu le récit dans chacun des trois autres bureaux ; et, qu'après avoir reconnu que l'avis, favorable à la prétention du sieur......, l'emportoit de deux voix sur l'avis contraire, on a rendu un arrêt conforme au premier avis ; en conséquence d'une prétendue pluralité sur le calcul des opinions prises dans la forme que je viens de vous marquer.

Je ne suis pas surpris que les différentes chambres du parlement de Grenoble aient été attentives au jugement d'une question qui, de quelque manière qu'elle fût décidée, pourroit intéresser le privilége de tous les membres de cette compagnie, dont il s'agissoit de régler l'étendue et l'application. Mais, c'étoit la première chambre seule qui étoit saisie de cette question ; et si les trois autres chambres croyoient aussi devoir en être juges, elles devoient y penser plus tôt, et ne pas attendre que l'affaire eût été plaidée contradictoirement par les avocats des parties, que l'avocat-général y eût porté la parole et pris ses conclusions, qu'il eût été ordonné un délibéré, et que le rapport eût été fait par un des conseillers de la première chambre.

Mais, en supposant même qu'il étoit encore temps d'avoir égard au désir que les trois autres chambres avoient de prendre connoissance de l'affaire, on n'a point fait ce que la règle exigeoit pour les mettre en état de donner leurs suffrages.

Il falloit commencer par leur faire remplir le premier devoir des juges (*si judicas, cognosce*); et ces termes, appliqués aux magistrats, s'entendent, non d'une simple connoissance particulière qu'ils peuvent avoir comme hommes, mais d'une connoissance judiciaire acquise dans les formes qui sont prescrites par les lois, et qu'ils ont par là comme juges.

Il falloit donc que les officiers des autres chambres fussent instruits de la même manière que ceux de la première chambre l'avoient été ; et, dès le moment que l'on vouloit les rendre juges de la question qui avoit été agitée, on n'avoit point d'autre parti à prendre que celui de faire recommencer la plaidoirie dans l'assemblée de toutes les chambres, et d'entendre de nouveau le même avocat-général qui avoit déjà parlé dans cette affaire. C'est la seule manière d'instruire les juges, qui ait eu lieu dans les causes d'audience. Il n'y en a point d'autre pour laquelle les ordonnances du roi me permettent d'y suppléer.

Un dernier défaut que je trouve dans la forme qu'on a suivie, et qui n'est pas moins essentiel, c'est que les juges, dont on a compté les suffrages comme s'ils les avoient donnés dans une forme régulière, n'ont pu s'entendre les uns les autres.

On a opiné, dans chaque chambre, sans entendre ce que les juges des autres chambres avoient dit séparément dans la leur ; et il n'y a personne qui ignore combien il y a de différence entre l'impression que des opinions qu'on entend font sur l'esprit de ceux qui les reçoivent, pour ainsi dire, de la première main, et un simple récit qui en est fait par un des juges.

Ainsi, je trouve que le parlement, en donnant l'usage d'une forme si singulière, s'est mis dans un cas où l'on peut dire, pour se servir de ces termes si connus d'un jurisconsulte romain, qu'il n'a pas fait ce qu'il pouvoit faire, et qu'il a fait ce qu'il ne pouvoit pas faire, *non fecit quod potuit, fecit quod non potuit.* Je vous avouerai même que j'ai de la peine à comprendre que, connoissant les règles, et les aimant autant que vous le faites, vous ne vous soyez pas opposé à une manière de procéder au jugement d'un procès qui a quelque chose de si extraordinaire et de si inconnu dans les autres tribunaux. Il semble que vous auriez dû prendre le parti de me consulter sur une forme si nouvelle, et tenir tout en suspens jusqu'à ce que vous eussiez reçu ma réponse.

Il m'est revenu cependant que ceux qui, cherchant à justifier cette forme, vouloient se fonder sur cette espèce de principe, qui mériteroit plus le nom de supposition, que le parlement de Grenoble doit être considéré comme ne formant qu'une seule chambre distribuée en quatre bureaux; mais, quand on admettroit cette fiction, qui, certainement, n'est pas de droit, et que toutes les autres compagnies, composées de plusieurs chambres, pourroient également s'appliquer, il ne seroit pas raisonnable d'en conclure que les officiers des chambres ou des bureaux où la cause n'a point été plaidée, qui n'ont entendu ni les parties ni l'avocat-général, et qui, par conséquent, n'ont aucune connoissance régulière et juridique de cette cause, peuvent cependant, sur le simple récit qui leur est fait par deux conseillers, et sans que les juges aient pu s'entendre les uns les autres, former séparément leur voix dans chaque bureau, et assujettir les seuls véritables et légitimes juges de l'affaire à suivre leur sentiment, quoique l'arrêt contraire eût peut-être prévalu, si on eût pris l'opinion des seuls juges qui étoient en droit de le donner.

Ainsi, et le principe sur lequel se fonde le défenseur, de ce qui vient de se passer au parlement de Grenoble, n'est pas vrai en lui-même, et la conséquence qu'on en tire est encore plus fausse et plus insoutenable : ce qui mérite véritablement le nom de principe établi, non par des lois arbitraires, mais par les lois; et l'équité naturelle est qu'aucun juge n'est en droit ni en état d'opiner une affaire, qu'avec une entière connoissance de cause; et ce qu'il y a de plus essentiel dans cette connoissance, c'est d'avoir entendu les parties, ou à l'audience ou par la bouche de leurs avocats, ou dans les affaires appointées, par les écritures qui expliquent leurs titres et leurs moyens.

Je craindrois donc fort que, si on avoit recours à l'autorité du roi dans l'occasion présente, la forme dans laquelle le parlement de Grenoble a rendu son jugement ne pût se soutenir aux yeux du conseil de

Sa Majesté. Je ne sais si, en ce cas, on pourroit entreprendre de la soutenir; et s'il y a eu des exemples d'une conduite semblable dans votre compagnie, c'est ce que vous pourrez m'expliquer par votre réponse; mais, quand il y en auroit, on pourroit y répondre, qu'on ne justifie pas un abus par un autre, et que les exemples dont on se serviroit, s'il y en avoit en effet, n'ont évité d'être condamnés par le roi que parce qu'ils ont été ignorés. Il seroit aisé d'en faire sentir tous les inconvéniens; mais j'aime mieux présumer par provision, qu'il ne s'en trouvera point d'entièrement semblable à celui qui vient d'être donné dans l'affaire du sieur......

Je ne vous parlerai point, après cela, du fond de la décision que la pluralité des suffrages a fait prononcer au parlement. La question qu'on a jugée pourroit être problématique: je n'en suis pas même assez instruit pour pouvoir dire mon sentiment. Il m'a paru seulement extraordinaire qu'en statuant sur une question qu'on ne peut s'empêcher de regarder comme douteuse, puisqu'elle a presque partagé les suffrages de tout le parlement, et des suffrages recueillis dans une forme si irrégulière, on ait pris le parti de casser toute la procédure faite par le juge inférieur, comme si le privilége prétendu par le sieur...... avoit été si clair, si constant et si notoire, que le juge dut nécessairement y déférer d'office; et il paroît si singulier que le même parlement, qui avoit préjugé le contraire par le premier arrêt qu'il avoit rendu, se soit porté, dans son arrêt définitif, à annuler entièrement une procédure qu'il avoit autorisé d'abord le premier juge à continuer; mais ceux qui ont été de cet avis ont pu avoir des raisons qui ne me sont pas connues.

Ce n'est pas à cet objet que je m'attache à présent, et je fixe mon attention sur ce qui est beaucoup plus intéressant pour l'ordre public et pour le bien de la justice; je veux dire sur la forme dans laquelle les opinions ont été prises dans cette affaire.

Vous prendrez donc, s'il vous plaît, la peine de faire part de cette lettre à votre compagnie. Je n'ai garde de former un jugement décisif sur sa conduite, avant que de l'avoir entendue, et de m'éviter par là une des critiques qui se présentent d'abord à l'esprit contre son arrêt. Je souhaite fort qu'elle puisse le justifier, quoique j'aie de la peine à le présumer; et je désire encore plus, que de n'avoir que des occasions de lui donner les marques de la considération que j'ai pour elle.

Du 15 octobre 1744.

M......., conseiller au parlement de Navarre, m'a fait un assez long récit de tout ce qui s'est passé dans ce parlement, au sujet d'un procès qu'il a avec le sieur......., receveur des consignations; et j'y ai remarqué trois choses qui m'ont paru assez singulières pour mériter que je vous en demandasse des raisons :

1.° Je vois que, dans le temps que vous étiez juge de cette affaire, les opinions se trouvèrent partagées; qu'il fut dit entre tous les juges qu'il y avoit partage; et que le greffier écrivit même sur le registre les deux avis contraires, suivant l'usage qui s'observe en pareil cas.

On prétend que M......, qui étoit un des juges, ayant demandé alors la permission de s'en aller, et s'étant retiré en effet, on rapporta un autre procès, après lequel M......, qui avoit été juge du premier et du second, sur des représentations qui lui furent faites par un des autres juges, changea d'avis, et revint à celui dont vous aviez été; sur quoi vous rayâtes ce qui avoit été écrit sur le registre, en mettant au bas *qu'il n'y avoit plus de partage*. Si ce fait est tel qu'on l'expose, je doute fort que le parti que vous prîtes sur-le-champ en cette occasion, fut conforme à la règle. C'est un principe certain, que toutes les fois que les suffrages ont été entièrement fixés, et que les juges sont convenus entr'eux, soit qu'il y ait arrêt, ou qu'il y ait partage, il en résulte un droit acquis aux parties, auquel il n'est plus permis aux juges de déroger en changeant d'avis : on le tolère néanmoins quelquefois, lorsque, dans la même séance, tous les juges étant encore assemblés, il se présente à l'esprit de l'un d'eux de nouvelles réflexions qui en engagent d'autres à revenir à son sentiment. Mais deux grandes raisons s'opposoient ici à ce changement : la première, que l'un des juges entre lesquels le partage s'étoit formé étoit absent, et que, par conséquent, il n'étoit plus libre à aucun des autres de varier dans son opinion, le droit étant irrévocablement acquis aux parties lorsque les juges se sont séparés après une délibération consommée ; la seconde, qu'elle étoit regardée tellement comme finie, que M...... avoit rapporté un autre procès en entier ; ainsi, le sort de la décision étoit absolument fixé, et j'ai de la peine à concevoir par quel motif vous avez pu penser d'une manière différente, si le fait qu'on m'expose est exactement vrai.

2.° Il paroît que, quoique vous eussiez écrit sur le registre *qu'il n'y avoit point de partage*, M....., ayant soutenu qu'il y en avoit un, et demandé qu'il fût nommé d'autres juges pour le vider, on en a nommé en effet ; mais, que ces nouveaux juges ont cru qu'il falloit examiner, avant toutes choses, s'il y avoit véritablement un partage ; que c'est ce qui a fait entr'eux le sujet d'une délibération préliminaire, sur laquelle il s'en est peu fallu qu'ils n'aient été aussi partagés ; et qu'enfin, l'avis qui alloit à dire qu'il n'y avoit point eu de partage, l'avoit emporté sur le nombre par l'avis contraire.

Ce qui s'est passé dans cette seconde scène ne me paroît guère moins difficile à justifier, que ce qui s'étoit fait dans la première.

Il est vrai que lorsque le fait du partage est certain, il faut nécessairement le faire vider par de nouveaux juges ; et le renvoi se fait ordinairement, en ce cas, de la chambre où le partage est arrivé, dans une autre chambre de la même compagnie, ce que la difficulté qui s'est formée dans la vôtre, sur la récusation des juges, n'a peut-être pas permis de faire.

Mais, lorsque le fait même du partage est douteux, et que l'on soutient, d'un côté, qu'il a un partage d'opinions, pendant qu'on soutient, de l'autre, qu'il n'y en a point, ce n'est pas le cas de donner encore de nouveaux juges aux parties ; c'est à la chambre même où le procès a été rapporté, c'est aux juges qui ont assisté à la délibération qu'il appartient de régler entr'eux, si l'affaire a été véritablement partagée ; ou, si elle ne l'a point été, à moins qu'ils ne jugent à propos de consulter les autres chambres, ou séparément ou dans une assemblée générale, sur le point qui fait naître la difficulté. Il est donc arrivé, en cette occasion, par un événement fort singulier, qu'on a nommé de nouveaux juges, ce qui supposoit qu'il y avoit eu réellement un partage, et que cependant ces nouveaux juges, au lieu de vider le partage, ont décidé qu'il n'y en avoit point.

3.° On m'assure, enfin, que ces mêmes juges se sont partagés à leur tour sur l'article de la condamnation aux dépens; c'est encore ce qui me paroît avoir besoin d'explication.

Or, dans l'avis que vous avez regardé comme formant véritablement un arrêt, où l'on avoit prononcé une condamnation ou une compensation de dépens, on avoit omis de s'expliquer sur cet article.

Dans le premier cas, les nouveaux juges n'avoient point à y statuer ; et, puisqu'ils décidoient à la pluralité des voix qu'il n'y avoit point eu de partage, la condamnation ou la compensation des dépens n'étoit point pour eux une matière de délibération. En déclarant qu'il n'y avoit point de partage, ils avoient consommé entièrement leur pouvoir, s'il est vrai qu'ils en eussent pour statuer sur cette question préliminaire, et il ne restoit plus que de signer l'arrêt tel que vous l'aviez regardé comme rendu. Il n'étoit pas permis aux nouveaux juges de diviser, ou de faire ce qu'on appelle syncoper un avis, en l'approuvant pour le fond de la décision; et, en le rejetant par rapport aux dépens, c'étoit former un troisième avis différent de ceux qui avoient donné lieu au partage; et c'est ce qui est absolument défendu aux juges par lesquels le partage doit être vidé, parce que leur pouvoir se réduit à opter entre deux avis contraires, en prenant l'un ou l'autre en entier, sans y faire aucun changement; il étoit, par conséquent, encore plus interdit aux nouveaux juges qui avoient été nommés dans l'affaire présente, de délibérer sur l'article des dépens, puisqu'ils jugeoient eux-mêmes qu'il n'y avoit point eu de partage, et, par conséquent, qu'il n'y avoit qu'à signer l'arrêt suivant votre avis.

Dans le second cas, de quel droit ces nouveaux juges auroient-ils pu suppléer à une omission, s'il s'en trouvoit une dans l'arrêt qui, selon eux, étoit intervenu? Il n'y avoit que les premiers juges qui fussent en état de réparer cette omission, en délibérant sur la condamnation aux dépens, comme ils l'auroient dû faire d'abord en formant leur jugement.

Tels sont les trois points sur lesquels j'attends les éclaircissemens que vous pourrez me donner, et je souhaite qu'en expliquant mieux les faits qu'on ne me les a peut-être exposés, vous soyez en état d'effacer pleinement la première impression dont j'ai été frappé en lisant la lettre de M.....

Du 6 *novembre* 1746.

Les éclaircissemens que vous me donnez sur les trois articles de la lettre que je vous écrivis le 15 du mois dernier, au sujet d'une affaire qui est entre M..... et le receveur des consignations, ne me paroissent pas lever suffisamment la difficulté qui fait le premier objet de ces éclaircissemens.

Il n'y a rien, à la vérité, de personnel, par rapport à vous, dans ce qui s'est passé, lorsque cette affaire a été jugée pour la première fois à la grand'chambre, vous n'avez fait qu'y suivre la pluralité des suffrages sur la question qu'il s'agissoit de résoudre, pour savoir s'il y avoit un partage subsistant entre les juges, ou s'il n'y en avoit plus depuis que M....... avoit changé de sentiment; mais, c'est le fond même de cette décision que j'ai toujours beaucoup de peine à approuver.

La règle générale que je vous ai marquée par ma première lettre, est certaine en elle-même; il faut qu'il y ait un moment, et comme un point fixe, où l'on puisse dire que le sort des parties est décidé sans retour, et ce moment et ce point fixe sont ceux où les suffrages ayant été recueillis et comptés, tous les juges conviennent qu'il y a arrêt ou qu'il s'est formé un partage d'opinions.

On peut tolérer, à la vérité, comme je vous l'ai aussi marqué par la même lettre, que tant que les mêmes juges demeurent assemblés, une réflexion nouvelle engage quelqu'un d'eux à déclarer qu'il change de sentiment, parce qu'après tout, il est question en pareil cas, non d'un instant physique et indivisible, mais d'un instant moral qui peut avoir une certaine latitude; en sorte qu'il y a de l'équité à l'étendre jusqu'au moment où les juges cessent de demeurer assemblés dans le lieu où le procès a été jugé; mais, lorsque ce moment étant passé, et qu'un des juges étant sorti de la chambre, il n'est pas possible de former un nouveau jugement en son absence, je ne saurois croire qu'il soit alors permis à aucun des juges qui sont restés dans la même chambre, de varier dans son opinion. Il étoit certain, lorsque M...... a voulu le faire, qu'il y avoit un partage, et tous les juges en étoient demeurés d'accord; ainsi, décider sur son changement qu'il n'y avoit point de partage, c'étoit juger directement le contraire de ce qui avoit été arrêté entre tous les juges. Il est donc arrivé par là que dans le cas présent, ce que sept juges avoient reconnu et déclaré, a été détruit par par six seulement; d'où il résulte que sur la même affaire il y a eu deux délibérations différentes, ou plutôt contraires ; l'une portant qu'il y avoit partage, et l'autre qu'il n'y en avoit point.

Il y a encore une autre réflexion à faire sur ce sujet, et qui résulte du fond même de la matière ; c'est que la variation de M...... n'étant survenue qu'après la retraite de M......, personne ne pouvoit savoir si la présence de ce dernier conseiller, qui auroit pu réfuter la raison sur laquelle M..... changeoit d'opinion, n'auroit pas fait varier celui-ci une seconde fois pour revenir à son premier sentiment ; c'est ce qui a achevé de confirmer la nécessité de ne rien changer dans une délibération prise entre plusieurs juges, sans appeler et sans entendre tous ceux qui y ont assisté. Ainsi, quand même la variation de M....... n'auroit pas dû être regardée comme tardive, il auroit fallu, au moins, avant que d'y avoir égard, faire revenir M...... à la grand'-chambre, pour ne rien changer dans ce qui avoit été résolu en sa présence qu'après l'avoir entendu, et s'être mis par là en état de voir si M...... persistoit sans retour dans son changement d'avis, ou s'il revenoit à son premier sentiment.

Les préjugés ou les exemples que vous empruntez du parlement de Toulouse, sur la foi de M...... et de M......, montrent plutôt ce que le parlement de Toulouse a fait, que ce qu'il devoit faire ; et quelque savante qu'ait toujours été cette compagnie, il faut avouer néanmoins qu'il s'y est quelquefois formé des opinions fort singulières. Elle en a encore une sur la matière dont il s'agit, que je suis actuellement occupé à réformer ; mais, comme c'est par les principes qu'il faut se conduire et non par les exemples, ceux que je viens d'expliquer me paroissent si clairs et si décisifs, que je regarde la jurisprudence dont M..... et M..... ont parlé, comme un abus qu'on doit faire cesser, plutôt que comme un usage qui puisse servir de règle, non-seulement dans un autre parlement, mais dans celui de Toulouse même.

Tout ce que je viens de vous dire sur ce point ne regarde cependant que l'avenir; car, par rapport au passé et à ce qui concerne le procès de M...... en particulier, je ne vois aucun moyen par lequel il puisse réparer le préjudice qu'il peut avoir souffert en cette occasion. Il a fait une tentative très-inutile et très mal placée, lorsqu'il a voulu faire juger qu'il y avoit eu un partage sur son affaire dans la même chambre, qui avoit décidé qu'il n'y en avoit point. Tout ce qu'il auroit pu proposer dans le moment même de la délibération, étoit que les autres chambres de la compagnie fussent consultées sur la difficulté qu'il s'agissoit de résoudre; mais il a fait une démarche téméraire, en formant un nouvel incident sur une question déjà décidée, et il devoit prévoir qu'il ne pourroit que succomber dans cet incident. Je suis même surpris que ceux qui l'ont jugé se soient partagés sur la condamnation aux dépens; mais, comme vous me marquez que ces dépens ne sont que ceux de l'incident et non pas ceux du procès principal, la difficulté tombe absolument à cet égard, et il n'y a qu'à faire vider ce partage en la manière accoutumée.

Du 14 novembre 1747.

Sans examiner quelles peuvent être les vues de la dame......, lorsqu'elle demande avec tant d'empressement que l'arrêt qui lui a fait perdre son procès soit remis au greffe, je crois devoir m'attacher au seul endroit de votre lettre, où vous me parlez de l'usage dans lequel on est au parlement de Bordeaux, de laisser les minutes des arrêts entre les mains des rapporteurs, jusqu'à ce que quelqu'une des parties en demande l'expédition. J'ai déjà été informé autrefois de cet usage, et je crois avoir écrit des lettres, ou à M. votre prédécesseur, ou à M......, par lesquelles je leur marquois qu'il y avoit lieu de le réformer.

En effet, il est directement contraire aux règles les plus constantes de l'ordre judiciaire, et l'on ne sauroit le concilier avec la disposition de l'article 6 de l'édit de 1673, sur les épices et vacations des juges.

Les magistrats ne sont point établis pour être les dépositaires des minutes de leurs jugemens, et ces jugemens ne sont plus à eux dès le moment qu'ils les ont signés, ils doivent être remis alors à la garde d'un officier public, qui en répond également aux deux parties, et qui est chargé de leur en délivrer des expéditions lorsqu'elles le demandent; j'ai même de la peine à comprendre comment un magistrat veut demeurer le gardien d'une minute qui peut se perdre et s'altérer entre ses mains, et s'exposer par là à des recherches ou à des poursuites aussi peu agréables pour lui qu'indécentes, par rapport à la magistrature.

J'ai ajouté, que l'usage du parlement de Bordeaux étoit incompatible avec la disposition de l'article 6 de l'édit du mois de mars 1673. Cet article porte, *que la communication des arrêts, jugemens et sentences, qui auront été mis au greffe, ne pourra être refusée aux parties, encore que les épices et vacations n'aient été payées, à peine de 60 livres d'amende contre les greffiers des cours, etc.*

Ainsi d'un côté, cet article suppose que tous arrêts, jugemens et sentences doivent être remis au greffe; et de l'autre, il ordonne, que la communication en sera donnée aux parties *sur la première sommation* qu'elles en feront aux greffiers, qui ne pourront la leur refuser, sous prétexte que les épices et vacations n'ont pas été payées; le feu roi, auteur de cette loi, pouvoit-il mieux marquer, qu'indépendamment du paiement des épices et du désir que les parties ont de faire expédier leur jugement, la justice exige qu'on leur en donne connoissance, aussitôt qu'elles le requièrent?

C'est même par là qu'on a suppléé à ce qui s'observoit autrefois à l'égard des arrêts mêmes qui se rendoient sur des instances, ou sur des procès par écrit.

La règle ancienne étoit de les prononcer aux parties, après qu'ils avoient été signés ; et si l'ordonnance de 1667 a aboli cette formalité comme inutile, elle n'a pas voulu pour cela que l'on pût faire un mystère aux parties du jugement qui a été rendu sur leur procès; c'est dans cette vue que l'article 6 de l'édit de 1673, a été dressé, pour tenir lieu de l'ancienne forme de prononcer les arrêts, et rien ne seroit plus onéreux aux plaideurs, ni plus contraire à la justice, que d'obliger les parties à acheter, en quelque manière, la connoissance de la décision des juges, en faisant les frais de la consignation des épices et de l'expédition d'un arrêt qui peut avoir été rendu contre leur prétention, ou qu'elles n'ont pas intérêt de lever et de faire signifier.

Il est enfin bien évident que tout ce qui est porté par l'article 6 de l'édit de 1673, à l'égard des greffiers, ne peut jamais être pratiqué par rapport aux juges. Comment les parties pourroient-elles contraindre un rapporteur à leur donner communication de l'arrêt qui est demeuré entre ses mains? Lui feront-elles une sommation, comme l'édit le leur permet, à l'égard du greffier ? et à quoi leur serviroit la menace d'une amende de 60 livres portée par le même article, si la minute de l'arrêt n'étoit pas remise au greffe, jusqu'à ce qu'en consignant les épices et vacations, l'une des parties se mît en état d'en obtenir l'expédition ?

Je suis donc persuadé que, quand MM. les officiers du parlement de Bordeaux auront fait toutes ces réflexions, dont les unes sont fondées sur l'équité naturelle, et les autres tirées du texte précis de la loi qui regarde cette matière, ils se porteront très-volontiers à abolir un usage que j'ai déjà fait changer dans un tribunal, moins instruit que votre compagnie des anciennes maximes du royaume; et ils ne pourront mieux commencer la séance du parlement prochain, qu'en prenant une délibération, par laquelle il sera dit que, dorénavant, toutes les minutes des arrêts rendus sur des instances ou des procès par écrit, seront remises au greffe aussitôt qu'elles auront été signées par le rapporteur et par le président, sans attendre qu'aucune des parties en demande l'expédition.

Du 3 *août* 1748.

Après un examen qui a duré environ dix heures, et la lecture des motifs qui ont été envoyés de Bretagne, pour justifier l'arrêt que le parlement de Bretagne avoit rendu dans le grand procès de MM. de...... et de MM. de......, le conseil du roi n'a pas cru devoir laisser subsister un jugement qui n'étoit fondé que sur l'idée nouvelle et singulière d'une prétendue qualité de codonataire, à laquelle l'acte où l'on avoit voulu la trouver répugnoit visiblement, aussi bien que la manière dont on juge de ces sortes d'actes dans tous les tribunaux du royaume. Mais il n'est pas question d'entrer ici dans une plus grande explication sur ce sujet, et l'unique objet de cette lettre est la longueur énorme des motifs qui ont été dressés dans cette affaire; ils ont donné lieu à ce que je n'ai point encore vu arriver au conseil, c'est-à-dire, qu'on ait été obligé d'employer trois séances très-longues au jugement d'une affaire, dans laquelle il n'y avoit, à proprement parler, qu'un seul moyen de cassation. Si c'est le rapporteur au parlement de Rennes qui a rédigé ces motifs, on lui doit la justice de reconnoître qu'on ne peut rien ajouter à la grande exactitude avec laquelle il a travaillé à cet ouvrage; mais il faut avouer qu'il étoit très-facile d'en retrancher beaucoup, sans rien diminuer de la force des raisons par lesquelles il a cru pouvoir soutenir la décision du parlement. Il étoit fort inutile de répéter, aussi longuement qu'on pourroit le faire en rapportant le fond d'un procès, le détail infini de tous les moyens dont les parties s'étoient servi au parlement de Rennes; on pouvoit se reposer sur le demandeur en cassation, du soin d'expliquer ceux qu'il avoit employés dans ce tribunal, et, sans s'étendre autant qu'on l'a fait sur tous les moyens dont ses adversaires s'étoient servi, il auroit fallu s'arrêter principalement à ceux qui avoient été les véritables motifs de la décision du parlement, pour répondre ensuite aux raisonnemens par lesquels on vouloit l'attaquer. C'est à ces deux points que devoient se réduire tous les motifs qu'on envoie au greffe du conseil, et l'expérience fait voir que plus on a d'attention à s'y réduire au nécessaire et à en retrancher le superflu, plus aussi ils font d'impression sur l'esprit des juges.

Il est d'ailleurs de la dignité des parlemens de s'expliquer avec la précision qui convient à des magistrats, et non pas avec la prolixité d'un avocat, qui croit n'en avoir jamais assez dit pour la défense de sa partie; ce sont toutes ces réflexions qui ont fait désirer au conseil du roi que je vous en fisse part, afin que MM. du parlement de Rennes, à qui vous pouvez communiquer cette lettre, soient dorénavant plus attentifs à renfermer de pareils ouvrages dans de justes bornes, et à mieux ménager le temps du conseil, qu'on ne l'a fait dans les motifs qui ont été envoyés en cette occasion.

Du 7 décembre 1749.

Avant que de répondre à la consultation que vous m'avez faite par votre lettre du 13 du mois dernier, j'ai été bien aise d'en conférer avec M. le président....., qui est dans ce pays-ci, et j'ai trouvé qu'il pensoit de la même manière que moi sur la difficulté qu'il s'agit de résoudre.

Elle a deux parties différentes, qui ont toutes deux pour objet de savoir de quelle manière on doit travailler à vider un partage qui s'est formé dans la chambre des eaux et forêts, en jugeant le procès qui est pendant en cette chambre entre le sieur...... et les habitans de......

Suivant votre lettre, on a douté en premier lieu si l'un des quatre conseillers qui avoient été tirés de la chambre des enquêtes pour terminer ce partage avec quatre conseillers tirés de la chambre de la tournelle, étant tombé malade après le rapport entièrement fait de ce procès, et l'opinion même du rapporteur, on pouvoit continuer l'examen, en son absence, avec les sept autres conseillers appelés des deux autres chambres, et trois conseillers de celle des eaux et forêts qui n'avoient point été juges de ce procès dans le temps du partage, et qui avoient été appelés avec raison pour concourir à le vider.

Cette difficulté s'est formée dès le mois d'août dernier, et le conseiller qui étoit malade alors a eu, depuis près de quatre mois, tout le temps de se guérir; ainsi, la première chose que j'aurois à vous demander, est de me faire savoir si sa santé est à présent rétablie. Le silence que vous avez gardé sur ce fait, sur lequel il étoit cependant si naturel de parler, me donne lieu de présumer que la maladie de cet officier subsiste encore, et le met hors d'état de reprendre l'exercice de ses fonctions.

Si cela est, je ne vois point de raison qui eût pu suffire dans le temps que la difficulté est née, pour empêcher qu'on n'achevât d'expédier le procès dont il s'agit, outre ceux qui en restoient juges : ils étoient au nombre de dix, et il y en avoit par conséquent plus qu'il n'en faut pour rendre un arrêt au parlement de Besançon.

L'esprit du réglement qui a été fait en l'année 1739, n'est pas plus favorable que sa lettre à l'opinion de ceux qui ont pensé le contraire. Lorsqu'il a été ordonné que pour vider les partages qui se formoient dans la chambre des eaux et forêts, on appelleroit quatre conseillers de la tournelle et quatre de la chambre des enquêtes, on n'a point prétendu les regarder comme des juges tellement nécessaires, qu'on ne pût y suppléer en cas que l'un d'eux tombât malade, ou fût obligé de s'absenter par des raisons indispensables; on a supposé seulement qu'il pouvoit arriver qu'il ne restât aucun officier de la chambre des eaux et forêts qui fût en état de donner sa voix pour vider le partage, ou que, s'il en restoit quelques-uns, il n'y en eût pas un nombre suffisant pour rendre un arrêt; c'est pour éviter l'embarras où l'on se trouveroit alors, qu'il a été ordonné qu'on auroit recours à deux des chambres du parlement, pour avoir un nombre de juges qui fussent en état de donner seuls, s'il le falloit, leurs suffrages sur le partage qui s'étoit formé; mais il en est de ces juges empruntés comme de ceux qui le sont naturellement, ou de droit commun; et toutes les fois que le rapport d'un procès a été commencé, et que le rapporteur même a opiné, la maladie qui survient à un des juges n'empêche pas que l'on ne continue la délibération et qu'on ne procède au jugement de l'affaire, pourvu qu'il reste encore le nombre requis dans chaque parlement pour former un arrêt.

A la vérité, s'il n'y avoit point eu d'autres juges du procès que les huit conseillers qu'on y avoit appelés de la chambre de la tournelle et de celle des enquêtes, et que l'un d'entr'eux fût tombé malade, il auroit fallu nécessairement s'arrêter pour le faire remplacer par un autre conseiller de sa chambre, devant lequel on auroit été obligé alors de recommencer le rapport et la visite du procès; mais les juges ne se sont pas trouvés en cet état dans l'affaire présente, puisqu'outre les huit conseillers tirés de deux autres chambres du parlement, il y en avoit encore trois de celle des eaux et forêts qui avoient assisté au rapport du procès. Le cas qu'on avoit prévu comme possible dans le temps du réglement de 1739, n'étoit donc point arrivé; on y avoit satisfait pleinement en appelant quatre conseillers de la tournelle et quatre de la chambre des enquêtes; et il auroit été contraire au bien de la justice d'interrompre les opinions pour aller emprunter à la chambre des enquêtes un nouveau conseiller dont la présence auroit exigé, comme je viens de le dire, qu'on recommençât entièrement le rapport et l'examen du procès, pendant qu'il restoit plus de juges qu'il n'en falloit pour achever la délibération.

Enfin, la liberté même qu'on a donnée aux trois conseillers de la chambre des eaux et forêts, qui n'étoient pas du nombre des juges entre lesquels le partage s'étoit formé, d'assister au rapport qui se faisoit pour vider ce partage, est une nouvelle raison pour faire voir que le réglement de 1739 ne doit être entendu dans le cas présent que comme je viens de l'expliquer.

S'il étoit vrai que l'intention du roi, dans ce réglement, eût été que les juges empruntés des deux chambres du parlement fussent regardés comme des juges nécessaires et uniques, il n'auroit pas fallu y joindre les trois conseillers de la chambre des eaux et forêts, qui avoient encore la liberté de leurs suffrages : on les y avoit appelés cependant, et l'on avoit bien fait de les y appeler, parce qu'il n'y avoit rien qui pût les exclure de faire la fonction de juges; mais de cela même il résulte que, si après que l'on s'est conformé au réglement de 1739, il arrive quelqu'accident à l'un des juges que l'on a appelés, qui ne lui permette pas d'assister au jugement d'un procès sur lequel le rapporteur a déjà opiné, les choses retombent dans les règles du droit commun, c'est-à-dire, que la délibération doit être continuée et achevée avec les juges qui sont présens en nombre suffisant.

En voilà assez, et peut-être plus qu'il n'en faut, pour résoudre le premier des doutes que vous me proposez; et je l'aurois fait de la même manière si j'avois été consulté dans le temps qu'il s'est formé, c'est-à-dire, au mois d'août dernier : les choses ont-elles changé de face par le laps de temps, et parce que les conseillers de deux chambres qui avoient été appelés pour vider le partage, ont changé de service depuis ce temps-là, et ont passé dans d'autres chambres à l'ouverture du parlement? C'est ce qui fait naître le second doute; mais il me paroît encore plus aisé à résoudre que le premier.

C'est une maxime certaine que les parties ont un droit acquis, si l'on peut parler ainsi, sur les juges qui ont assisté au rapport et à la visite d'un procès, et, ce qui est encore plus fort, à l'opinion du rapporteur. Ce seroit leur faire une espèce d'injustice de leur donner de nouveaux juges dans ces circonstances; et un retardement, auquel elles n'ont aucune part puisqu'il n'est venu que du fait des juges, ne sauroit changer leur état ni les mettre dans la nécessité d'en instruire de nouveau, et de courir le risque de la différence qui pourroit se trouver entre les sentimens des premiers et ceux des derniers.

Il n'est donc pas douteux qu'il ne faille, à cet égard, s'en tenir à la règle commune, et qu'on ne doive procéder à présent à finir le procès dont il s'agit, de la même manière que si on l'avoit jugé au mois d'août dernier. Il a été fixé dès-lors dans un état invariable et auquel, par conséquent, le changement de service qui est survenu depuis ne peut donner aucune atteinte : il est vrai seulement que si le conseiller dont la maladie s'est trouvée si mal placée, est à présent entièrement guéri, il doit continuer à faire ses fonctions dans ce procès, et ce ne sera pas y apporter un changement, ce sera, au contraire, le remettre précisément et entièrement dans la même situation où il étoit lorsqu'on y a interrompu le cours des opinions.

Du 5 juin 1750.

Le conseil du roi s'aperçoit souvent que les motifs qui lui sont envoyés par des cours supérieures, pour soutenir les arrêts dont on demande la cassation, sont l'ouvrage des conseils de ceux qui ont obtenu ces arrêts, plutôt que des juges qui les ont rendus, ou du ministère public; et il n'est pas difficile de sentir la différence qui se trouve naturellement entre le style d'un avocat, tout occupé des intérêts de son client, qu'il s'est accoutumé à défendre avec chaleur, et celui d'un magistrat toujours impartial, qui ne s'attache qu'à bien expliquer les véritables fondemens de la décision des juges, et à répondre précisément aux moyens par lesquels on veut l'attaquer.

De là vient que le premier, c'est-à-dire, un avocat, veut toujours traiter, et souvent même avec une grande étendue, le fond de la contestation qui a été jugée entre les parties, quoique la demande en cassation ne soit fondée que sur des moyens tirés de la forme; au lieu que le magistrat sait se renfermer plus exactement dans des justes bornes, et ne cherche à défendre son jugement que sur les points qui donnent un prétexte pour s'en plaindre.

De cette diversité de style il résulte une différence encore plus importante dans l'impression que les motifs peuvent faire lorsqu'on les lit au conseil, qui ne sauroit avoir aucune confiance dans un ouvrage qu'il ne regarde que comme un mémoire de la partie intéressée.

Il n'est pas même absolument impossible que celui qui en est l'auteur, n'étant pas assez instruit des véritables motifs de la décision, y en substitue d'étrangers qui donnent lieu de casser des arrêts dont on auroit reconnu le régularité, si ceux qui les ont rendus avoient expliqué eux-mêmes les raisons de leur sentiment.

Pour prévenir de si grands inconvéniens, et pour l'honneur même des cours supérieures, j'ai cru devoir vous marquer ce que vous aurez à faire dorénavant, lorsque vous enverrez des motifs au conseil, quoiqu'il soit naturel, et apparemment conforme à votre usage, que vous les receviez des mains du rapporteur, quand il s'agit d'un arrêt rendu sur un procès par écrit, et de celles de l'avocat-général, quand il est question d'un arrêt rendu à l'audience sur ses conclusions.

Il est bon cependant que vous revoyiez attentivement ceux qui auront été remis, afin que s'il manquoit quelque réflexion importante sur le fait ou sur le droit, vous soyez en état d'y suppléer de concert avec ceux qui les auront dressés.

Mais il peut arriver, ou que les conclusions de l'avocat-général, qui a porté la parole, n'aient pas été suivies, ou que l'arrêt qu'on attaque ait été rendu à l'audience sans conclusions du parquet.

Dans le premier cas, l'avocat-général n'est pas trop en état de vous fournir les motifs du jugement, et il peut avoir même la délicatesse de ne vouloir pas s'en charger; ainsi, il faut bien alors que vous vous fassiez instruire de ces motifs par celui qui aura présidé à l'audience où l'affaire aura été jugée.

Dans le second cas, il est encore plus évident que vous ne pouvez qu'en user de la même manière. Au surplus, toutes les fois qu'on a ordonné que les pièces seroient mises sur le bureau pour en être délibéré, soit que les conclusions des gens du roi aient été suivies par les juges ou qu'elles ne l'aient pas été, soit qu'ils n'en aient pas donné dans l'affaire dont il s'agissoit, c'est à celui qui a fait le rapport du délibéré de vous remettre les motifs de l'arrêt, de même que dans le cas d'un jugement par écrit.

Je n'ai pas besoin de vous dire que dans toutes les occasions où vous auriez été partie, ou fait des réquisitoires, vous serez plus en état que personne de travailler vous-même à la rédaction des motifs; mais, soit dans ce cas, soit dans tous ceux que je viens de marquer, la règle la plus importante à observer, est que les motifs soient dressés avec précision, et de telle manière qu'ils remplissent entièrement l'objet que le conseil se propose en les demandant, qui est de s'éclaircir sur les véritables moyens de cassation, tels que l'incompétence des contraventions aux ordonnances.

Il est très-rare que des moyens de cassation, tirés du fond même de la contestation, soient écoutés au conseil; il est dans l'usage de s'en remettre sur ce point à la religion des magistrats, et il a toujours pour principe qu'on ne doit pas confondre la demande en cassation avec la voie de l'appel ordinaire. Il est vrai que les plaideurs cherchent souvent à se faire un moyen de la prétendue injustice du fond de la décision; mais il est facile à ceux qui dressent les motifs de juger, par la requête du demandeur en cassation, de la qualité de ses moyens, et de faire un juste discernement de ceux qui peuvent faire impression sur l'esprit du conseil par la contravention à des ordonnances dans le fond même de la décision; et c'est à l'éclaircissement de ces sortes de moyens que l'on doit s'attacher presqu'uniquement dans les cas où la connoissance du fond peut influer dans le jugement de la demande en cassation : plus les motifs sont réduits à ce qui est essentiel, plus ils auront de succès lorsqu'ils paroîtront sous les yeux du conseil, et plus ils feront d'honneur à ceux qui les auront dressés.

Il est bon que vous fassiez part de cette lettre, non-seulement à MM. vos collégues, mais à M. le premier président de votre compagnie, afin qu'il puisse avoir toute l'attention que sa place, et encore plus son amour pour la justice, exigent de lui, à faire en sorte que les magistrats qui dresseront les motifs des arrêts rendus à leur rapport, y travaillent eux-mêmes dans l'esprit que je viens de vous expliquer.

Du 29 *juillet* 1750.

La question que vous me proposez, par votre lettre du 25 de ce mois (1), est encore plus aisée à résoudre

(1) *MÉMOIRE* JOINT A CETTE LETTRE.

Le 7 juillet 1750, le sieur........, conseiller en la grand'-chambre, rapporta un procès entre la dame veuve des Portes-Jan, d'une part; le sieur de Kermel-du-Pouilladon, et autres, d'autre part.

Le sieur de Kermel perdit son procès envers toutes les parque celle sur laquelle la seconde chambre des enquêtes de votre compagnie crut devoir me consulter en l'année 1734. Les principes généraux que j'expliquai alors dans la réponse que je fis à cette consultation, s'appliquent d'autant plus naturellement à

ties; le sieur.......... rédigea son arrêt, et le mit au greffe trois ou quatre jours après.

Le procureur de la dame des Portes-Jau se disposoit à se retirer, lorsqu'il sut d'une de ses clientes qu'il étoit allé voir, qu'elle avoit reçu une lettre, de Lannion, d'une demoiselle de Kermel, sœur du sieur de Kermel-Pouilladon; que cette demoiselle la prioit, au nom de son frère et de sa belle-sœur, qui étoient malades et hors d'état d'écrire, de parler au rapporteur de cette affaire, à laquelle ils se flattoient qu'il apporteroit d'autant plus d'attention, qu'il étoit parent au tiers de la dame de Kermel-Pouilladon.

Le procureur répondit que le procès étoit jugé et perdu, il y avoit déjà quelques jours, et demanda à sa cliente le nom de famille de la dame de Kermel-du-Pouilladon; cette cliente l'ignoroit.

Le procureur vint rendre compte de cette conversation au sieur.........., qui, étonné et inquiet, s'informa des autres procureurs de causes quel étoit le nom de cette dame? Aucun d'eux ne put lui donner d'éclaircissemens. Il s'adressa à quelques personnes de Basse-Bretagne, qui sont à Rennes: une lui dit qu'elle croyoit que le sieur de Kermel-Pouilladon avoit épousé, depuis quelques années, à Lannion, la demoiselle de Kerdunneau-Coroller, de qui véritablement le sieur......... est parent au troisième degré; cependant, pour mieux s'assurer du fait, il a écrit à Lannion, d'où il a reçu des lettres qui le lui ont confirmé.

Le sieur........... a exposé les choses à la grand'chambre, et l'a suppliée de lui marquer la conduite qu'il devoit tenir.

Il étoit un parti assez simple, qui étoit de lacérer la minute de l'arrêt, et de remettre le procès à la distribution.

Mais on pensa que l'arrêt acquerroit un droit aux parties, qu'il ne dépendoit pas des juges de leur ôter: d'ailleurs le procureur de la dame des Portes-Jau, qui avoit gagné son procès, avoit dit au rapporteur, au nom de sa cliente, qu'elle ne consentoit point à l'expédient.

La grand'chambre se rappela aussi ce qui se passa en 1734, à l'occasion d'un procès où le sieur.........., conseiller à la seconde des enquêtes, découvrit, après plus de vingt entrées, l'espèce présente, qu'il s'agit ici d'une affaire jugée définitivement à la pluralité des suffrages, et dont le jugement est entièrement consommé. Si tout ce qu'un juge a fait dans le temps qu'il ignoroit la cause de récusation qui devoit le porter à s'abstenir de lui-

qu'il étoit parent, dans le degré de l'ordonnance, d'une des parties. Il y avoit plusieurs chefs jugés; le sieur.......... avoit même été compartiteur dans quelques-uns; il avoit pris le parti de remettre au greffe le montant de toutes les vacations de commissaires consommées jusqu'alors.

Messieurs de la deuxième ne voulurent point prendre sur leur compte de regarder comme non avenu tout ce qui avoit été fait, et de recommencer le procès; ils eurent l'honneur d'exposer l'état des choses et leur embarras à Monseigneur le chancelier, et de lui demander une décision.

Monseigneur le chancelier leur marqua, par une lettre très-étendue, dont il les honora, en date du 21 juin 1734:

« Que tout juge qui connoissoit en lui des moyens de récu- » sation étoit obligé de les déclarer, suivant l'ordonnance, et » d'attendre ensuite que les autres juges eussent levé son scru- » pule, ou l'eussent approuvé; qu'il suivoit nécessairement, » de cette règle, que le doute sur la qualité de juge ne pouvoit » commencer que du jour qu'il avoit reconnu quelques causes » de récusation en sa personne; que, jusque-là, ou jusqu'à » ce qu'il eût été récusé par les plaideurs. tout ce qu'il y » avoit de fait dans la bonne foi et par une ignorance qui » n'avoit rien d'affecté, ne pouvoit être critiqué, ni même » paroître suspect ».

Monseigneur le chancelier terminoit sa lettre par marquer:

« Que les dix juges qui resteroient encore après la retraite » du sieur........, pourroient achever de finir le jugement » d'un procès, qu'il seroit aussi peu régulier que dangereux » de recommencer; que, si cependant la chambre avoit en- » core quelque inquiétude sur ce sujet, et que, pour prévenir » les démarches d'un plaideur téméraire mal conseillé, elle » vouloit qu'il parût qu'elle avoit désiré de savoir les inten- » tions du roi, sur le point dont il s'agissoit, elle pouvoit en » faire une délibération dont elle lui enverroit copie, et sur » laquelle il recevroit les ordres de Sa Majesté ».

La grand'chambre a cru devoir se conformer à la conduite de MM. de la deuxième; et c'est pour remplir cet objet que le sieur....... a rédigé ce mémoire. Le sieur....... étoit dans la bonne foi et dans une ignorance qui n'avoit rien d'affecté.

même, doit subsister en entier, suivant ma lettre de l'année 1734, il est encore plus indubitable qu'une connoissance qu'il n'acquiert qu'après l'arrêt rendu

Il y avoit déjà quelque temps que ce procès lui avoit été distribué, et qu'il avoit prévenu les procureurs qu'il se disposoit à le rapporter. Le procès étoit du chef du sieur de Kermel-Pouilladon, comme l'ayant repris en qualité d'héritier d'un autre sieur de Kermel, son frère aîné, marié dans le pays de Dinan, et resté veuf et donataire de sa femme, nommée Louise Jan.

Le sieur........, qui ne voyoit au procès que des Kermel et des personnes de la famille des Jan. Le sieur........ ne connoissoit et n'a jamais connu aucun de ces sieurs de Kermel et Jan. Il est vrai que le sieur........ connoissoit la demoiselle de Kerdunneau-Coroller, dame de Kermel, sa parente; il la vit pour la première fois, il y a environ seize ans, dans un voyage de deux jours qu'il fit à Lannion; il croit qu'il la vit encore dans un voyage aussi court qu'il fit, il y a cinq à six ans. Elle n'étoit point mariée alors. Il n'étoit point en correspondance avec elle ni avec sa famille, établie en ce pays-là; donc la demeure ordinaire du sieur........, lorsqu'il est hors de Rennes, n'a jamais été à Lannion, et est, depuis cinq ans, et avant le mariage de la demoiselle de Kerdunneau-Coroller, éloignée de près de vingt lieues.

Le sieur........ n'a jamais écrit ni reçu de lettres des sieur et dame de Kermel avant et depuis leur mariage.

La dame de Kermel ne porte ni le nom du sieur........ ni celui de sa mère.

Et, enfin, pour achever de justifier la bonne foi du sieur......, il a reçu, le 22 de ce mois, par la main du procureur du sieur de Kermel, deux lettres, une en date du 9 du même mois, et une autre d'une dame de ses parentes, en date du 10, par lesquelles l'une et l'autre de ces personnes apprennent au sieur........ la parenté, et le prient de vouloir bien, en cette considération, s'entremettre pour accommoder l'affaire, ou bien la remettre à la distribution.

Dans ces circonstances, le sieur........ a vu le procès, sans avoir aucun lieu de soupçonner qu'il eût aucune relation avec les parties. Il la rapporte avec cette particularité si flatteuse, que l'avis qu'il ouvrit, favorable au sieur de Kermel, ne fut adopté que par un seul des juges, et que l'arrêt passa de treize à quatorze voix contre deux.

Monseigneur le chancelier est supplié d'avoir la bonté de décider si l'arrêt tiendra, ou si la minute sera lacérée, et le procès remis à la distribution.

et signé, ne peut jamais fournir le moindre prétexte pour y donner atteinte; il n'est pas moins certain, comme la dame des Portes, qui a gagné son procès, le soutient, que la délibération des juges, pleinement affermie par la signature de l'arrêt, a formé un droit acquis irrévocablement à cette partie, qu'on ne peut lui ôter sous prétexte d'une découverte faite postérieurement à cette signature. Rien ne seroit, d'ailleurs, plus contraire à l'honneur de la magistrature, que de ne pas se fier, en pareil cas, à la déclaration du juge, et surtout à celle d'un magistrat du caractère et de la réputation de M........ On doit même y ajouter d'autant plus de foi, que la cause de récusation, qui ne lui a été connue qu'après coup, est fondée sur une alliance qu'il a entièrement ignorée, et dont il assure qu'on ne lui a donné aucune part. Tout concourt donc ici à laisser subsister un arrêt dont l'autorité ne peut être justement révoquée en doute; et l'on auroit pris un très-mauvais parti, si l'on avoit suivi la première pensée qui étoit venue dans l'esprit, et qui étoit de supprimer la minute d'un arrêt qui avoit toute sa perfection.

---

§. IV. — *Évocations.*

Du 18 septembre 1729.

Je voudrois pouvoir être toujours en état de n'avoir qu'à louer également la sagesse et la modération de toutes les chambres du parlement de Besançon, leur zèle pour la véritable dignité de cette compagnie, et leur attention à y faire régner, autant qu'il leur est possible, l'union et la tranquillité. Vous pouvez juger par là combien je suis affligé, lorsqu'il ne m'est pas permis d'en porter un jugement si favorable, et d'approuver entièrement leur conduite.

C'est le premier sentiment dont j'ai été touché à la lecture de la lettre que vous m'avez écrite, et du procès-verbal que vous avez pris soin de faire dresser au sujet de cette espèce de division, que j'ai vu naître avec douleur entre une chambre du parlement et celui qui en est le chef. Les lettres qu'il m'a écrites de son côté, sur le même sujet, n'ont presque rien ajouté aux réflexions que j'avois faites par avance en lisant la vôtre, et je suis obligé de vous dire que votre procès-verbal même auroit pu me suffire pour ne pas approuver les démarches que vous avez faites en cette occasion.

Pour m'expliquer plus exactement sur cette matière, je distinguerai deux choses dans tout ce qui s'est passé avant et depuis le refus de M. le premier président, dont vous vous plaignez : l'une, est le fond de l'affaire, qui a causé tant de mouvement dans l'intérieur de votre compagnie ; l'autre, est la forme du procédé, ou les moyens qu'on a cru pouvoir prendre, pour forcer, en quelque manière, M. le premier président à convoquer toutes les chambres du parlement.

J'aurois fort souhaité que vous eussiez fait d'abord plus de réflexions sur le premier point, c'est-à-dire, sur l'affaire considérée en elle-même, qui, en vérité, ne méritoit guère d'allumer un si grand feu. Je sais qu'en général les compagnies supportent avec quelque peine les arrêts d'évocation qui tendent à les dépouiller des affaires dont la connoissance leur appartient de droit commun ; mais, c'est aussi porter la délicatesse trop loin, que de vouloir, en pareil cas, émouvoir toute une compagnie, comme s'il s'agissoit du renversement des lois, et de l'anéantissement de sa dignité. Vous devez vous souvenir toujours que toutes les juridictions sont émanées du roi, comme de leur source, et que c'est de lui que tous les magistrats empruntent l'autorité qu'ils n'exercent qu'en son nom. Il a confié aux cours supérieures une partie de l'administration de la justice, et il a réglé lui-même l'étendue de leur pouvoir ; mais il ne s'est pas privé du droit de nommer des juges extraordinaires dans les cas où il croit que le bien de la justice, et l'intérêt de son service le demandent.

Quelle est donc la conduite qui convient véritablement aux grandes compagnies, lorsque le roi use de ce pouvoir qui est essentiellement attaché à la royauté ?

Le parti le plus simple et le meilleur, en général, est de laisser agir les parties qui sont intéressées à empêcher l'évocation, et de se reposer sur elles du soin de défendre la juridiction des juges ordinaires : ce qui est beaucoup plus décent que de commettre, en quelque manière, tout un parlement, en l'engageant à réclamer en corps une seule affaire dont on lui ôte la connoissance. C'étoit ce que M. le premier président vous avoit proposé au sujet de l'arrêt du conseil obtenu par M. le marquis de.....; et vous deviez avoir d'autant plus d'égard à son conseil, qu'il ne vous le donnoit pas de lui-même et par le seul effet de sa sagesse ordinaire, il y étoit autorisé, comme vous convenez qu'il le dit à vos députés, par la réponse qu'il avoit reçue de la part de M. le contrôleur-général, dont le sentiment avoit été que c'étoit aux parties adverses de M. de..... de se pourvoir contre cet arrêt, si elles croyoient que leurs droits et leurs intérêts y fussent blessés. Une pareille réponse devoit ralentir votre vivacité, en vous faisant sentir que vos représentations pourroient bien être inutiles, et qu'il n'étoit pas convenable d'engager tout un parlement à solenniser, pour ainsi dire, le refus qu'il devoit craindre d'essuyer sur l'évocation dont il s'agissoit.

La déférence que mérite toujours le chef d'une compagnie devoit faire plus d'impression sur votre esprit, en cette occasion, que dans une autre, après tout ce qui s'y étoit passé, et qui n'est touché que superficiellement dans votre lettre.

Je vois qu'au premier bruit qui s'éleva au sujet de la signification que M. de..... fit faire mal à propos, et avant le temps, au greffier en chef du parlement, les chambres furent assemblées, et qu'il y fut résolu de renvoyer aux commissaires établis pour la réformation des eaux et forêts, et ce qui regardoit les représentations que l'on pouvoit faire contre l'arrêt d'évocation, et la correction de ceux qui l'avoient fait signifier d'une manière irrégulière. Cette délibération fut exécutée, dès le même jour, par M. le premier président, qui n'est pas moins le chef des commissaires que celui du parlement. D'un côté, il y eut des décrets décernés contre un garde et contre un procureur, pour punir ou pour réparer le vice de la signification; de l'autre, M. le premier président, avec les autres commissaires, écrivirent une lettre très-forte pour faire voir que l'arrêt d'évocation avoit été obtenu sur un faux exposé, et pour en demander la rétractation par un autre arrêt, dont ils dressèrent eux-mêmes et envoyèrent le projet. Si cette lettre n'a pas eu tout l'effet qu'ils désiroient, on ne peut leur rien imputer sur ce sujet, et M. le premier président, qui avoit conduit toute cette affaire, méritoit que votre chambre lui fît des remercîmens, au lieu d'insister à provoquer, malgré lui, une assemblée de chambres, que sa prudence lui faisoit regarder comme inutile, et même comme dangereuse, dans de telles circonstances.

Je ne puis donc voir, sans une véritable peine, que les conseils de M. le premier président, et la réponse qu'il avoit reçue, concourant ici à la même fin, vous n'ayez pas eu plus de déférence pour son sentiment, en prenant le parti de garder le silence, après les représentations qu'il avoit faites, et qui contenoient tout ce que le parlement entier auroit pu dire quand il auroit été assemblé; vous n'auriez fait, en cela, que vous conformer exactement à la délibération de l'assemblée des chambres, qui avoit pris sagement la résolution de renvoyer cette affaire à la commission établie pour réformer les eaux et forêts, et de se reposer sur MM. les commissaires du soin d'agir pour la compagnie en cette matière.

Enfin, le prétexte sur lequel vous avez le plus insisté; je veux dire le déni de justice, dont vous avez cru que M. de...... accusoit, en quelque manière, votre chambre, ne peut être suffisant pour justifier la chaleur qui a régné dans toute la suite des faits que vous m'exposez.

Ce prétexte subsistoit dès le temps de l'assemblée des chambres, qui fut tenue au sujet de la signification de l'arrêt où se trouve l'exposé que vous regardez comme injurieux au parlement; mais, quoique votre compagnie en eut une pleine connoissance, elle ne crut pas néanmoins devoir s'échauffer sur un pareil sujet, et elle remit sa défense entre les mains des commissaires même auxquels l'affaire étoit renvoyée, en quoi elle prit certainement le parti qui convenoit le mieux à sa dignité.

Ces commissaires, d'ailleurs, avoient répondu parfaitement à la confiance, et on ne peut rien dire de plus fort en faveur de votre chambre que ce qu'ils ont écrit, pour la justifier d'un reproche qu'elle n'avoit pas mérité. Ce reproche même ne lui avoit pas été fait aussi durement qu'elle le prétend, par celui qui a obtenu l'arrêt d'évocation; il dit seulement, dans sa requête, qu'il a fait toutes les poursuites et diligences nécessaires dans le délai indiqué, sans avoir pu obtenir de décision, qui n'est point encore intervenue quoique le temps accordé par les commissaires soit doublement écoulé. Les termes de déni de justice ne se trouvent pas dans cette requête, où l'on ne dit rien qui tombe nécessairement ou directement sur votre tribunal. Personne n'ignore que le retardement de la décision d'un procès vient souvent de la faute des parties, et non pas de celle des juges. Ainsi, je ne sais pourquoi votre chambre a jugé à propos de se croire offensée par l'exposé de M. de....., qu'elle pouvoit bien expliquer d'une manière plus favorable et plus digne d'elle, outre que la fausseté de cet exposé avoit été tellement prouvée par la lettre de MM. les commissaires, qu'il ne vous restoit rien à désirer à cet égard.

Au surplus, ce n'étoit point cet exposé qui avoit servi de motif à l'arrêt d'évocation; c'étoit, suivant la réponse faite à M. le premier président, la connexité du procès qui étoit pendant en votre chambre, avec celui qui étoit de la compétence des commissaires de la réformation, et le désir d'éviter aux parties la peine d'avoir deux procès, en deux tribunaux différens, sur deux chefs, dont l'un avoit beaucoup de rapport avec l'autre.

J'ajoute, à toutes ces réflexions, qu'il auroit été peu décent à votre parlement de paroître se mouvoir sur un terme équivoque glissé mal à propos dans l'exposé d'une requête. Les grandes compagnies doivent ignorer ou mépriser des discours qui ne font aucune impression lorsqu'ils sont dans la bouche d'un plaideur, et se souvenir qu'il est souvent plus grand de ne pas reconnoître l'injure qu'il ne l'est même de la pardonner.

Le fond de l'affaire, considérée telle qu'elle est véritablement, ne devoit donc pas exciter toute la commotion qu'il a causée dans votre compagnie. C'est le premier point sur lequel je m'étois proposé de vous expliquer mon sentiment. Il me reste à vous parler du second; je veux dire de la forme ou de la manière d'y procéder, et c'est ce qui est encore beaucoup plus digne de mon attention.

Les règles sont certaines en cette matière; et, si vous aviez bien pesé tous les termes de la lettre de M. le chancelier de......, dont vous m'avez envoyé la copie, vous m'auriez épargné la peine de vous les expliquer.

Quoique l'assemblée des chambres soit nécessaire en certaines occasions, et utile en plusieurs autres, il y en a néanmoins où elle peut être dangereuse, et surtout lorsqu'il est à craindre qu'elle ne produise ou qu'elle n'augmente une fermentation dans les esprits, qui ne peut avoir de mauvaises suites, et engager les compagnies dans des démarches dont elles ont lieu de se repentir, quand la chaleur, qui fait désirer ces sortes d'assemblées, est entièrement refroidie.

C'est par cette raison que, dans le plus grand nombre des cours supérieures, il a été sagement établi que ce seroit au chef de la compagnie qu'il appartiendroit d'accorder ou de refuser l'assemblée extraordinaire des chambres, selon les vues de sa sagesse et de sa prudence, sans quoi il n'y auroit plus ni ordre, ni discipline, ni subordination dans les compagnies, qui tomberoient par là dans une espèce de confusion et d'anarchie, aussi contraires à leurs véritables intérêts qu'à la conservation de leur dignité.

Mais, comme il pourroit y avoir des chefs de compagnie qui abuseroient de cette autorité, et qu'il est du bon ordre que, dans toutes les places, ceux qui les remplissent aient des supérieurs de degrés en degrés, jusqu'à la personne du souverain, qui seule n'en connoît point d'autre que sa justice et sa sagesse, il reste toujours une ressource aux compagnies lorsque celui qui est à leur tête ne défère pas aux justes invitations qui lui sont faites de les assembler : c'est d'avoir recours au roi par le canal de celui qu'il veut bien charger de l'administration générale de la justice, et de faire décider par Sa Majesté même, si le refus du premier président est juste ou injuste. Telle est la règle qui vous a été expliquée par M. le chancelier de...... beaucoup mieux que je ne pourrois le faire.

Il vous marque d'abord, dans sa lettre du 22 juin 1706, *que l'ordre public, le service du roi et la subordination qui doit être dans une compagnie demandent que le droit de l'assemblée réside entièrement dans la personne du chef.* Il ajoute, à la vérité, *que ce chef ne doit pas refuser l'assemblée des chambres aux officiers des compagnies, quand ils la demandent pour des affaires qui les intéressent, ou qui peuvent même regarder le premier président*; et il est vrai, en effet, qu'il ne doit jamais s'y porter à un tel refus sans de puissantes considérations, comme la même lettre le marque. S'il en agissoit autrement, il ne perdroit pas son pouvoir, mais il en abuseroit, ce qui est fort différent, et c'est ce qui n'a pas échappé à la prévoyance de M. le chancelier de......, puisqu'il suppose, dans la suite de sa lettre, qu'il peut y avoir des conjonctures où le premier président, ne croyant pas pouvoir s'accorder sur ce sujet avec sa compagnie, persisteroit dans son refus de la convoquer, et rien n'est plus sage que la règle qu'il propose en ce cas, lorsqu'il marque qu'il faut alors que le chef, d'un côté, et de l'autre, les officiers de la compagnie lui expliquent leurs raisons contraires, afin que, sur le compte qu'il en rendra au roi, Sa Majesté fasse savoir ses intentions aux uns et aux autres.

C'est sur ce même principe que je juge de ce qui s'est passé dans l'affaire présente, où je vois que M. le premier président s'est conformé exactement à la lettre de M. le chancelier de......; il m'assure que, dès le temps de la première députation que la chambre des enquêtes fit vers lui, voyant que les députés persistoient dans leur demande, et croyant être obligé de persister aussi dans son refus, il leur proposa de m'en écrire, de concert avec lui, pour terminer cet incident d'une manière moins éclatante et plus honorable pour la compagnie. Il auroit été fort à désirer que vous eussiez d'abord accepté cette proposition qui auroit prévenu les scènes peu convenables auxquelles cette affaire a donné lieu dans la suite.

En effet, toutes les démarches qui ont suivi ce premier pas sont de telle nature, que vous deviez bien prévoir qu'il n'etoit pas possible que le roi les approuvât :

1.° Ces démarches devant être entièrement inutiles dans la contrariété absolue des résolutions de votre chambre et de celles de M. le premier président, elles devenoient dangereuses, et ne pouvoient plus servir qu'à exciter du trouble et de la division dans votre compagnie, sans aucun fruit, parce qu'il falloit nécessairement que tout ce qui se passeroit sur ce sujet se terminât à m'en écrire pour recevoir les ordres du roi, comme, en effet, il a fallu en revenir à cette voie, qu'on auroit, par conséquent, beaucoup mieux fait de prendre d'abord;

2.° Il étoit bien superflu, dans de telles circonstances, d'avoir recours aux autres chambres, qui n'ont pas plus de droit que la vôtre de forcer M. le premier président à assembler, malgré lui, le parlement. Toute démarche qui ne tend qu'à faire du bruit sans rien produire, est indigne de la sagesse et de la gravité d'une cour supérieure;

3.° La manière dont on a réclamé le concours des autres chambres, et surtout celui de la tournelle, mérite encore moins d'être tolérée par les grandes conséquences, dont une telle conduite pourroit être suivie. Le public même a été informé qu'il y a eu plusieurs allées et venues, et des conférences différentes entre les membres de votre chambre et ceux de la tournelle, qui ne conviennent nullement en pareil cas. Tout ce qui s'est fait en pareil cas a paru tendre à former une espèce d'association entre les deux chambres, ce qui est d'un très-mauvais exemple; et, quand même il seroit vrai que M. le premier président auroit dû, dans le commencement, ne pas s'opposer à l'assemblée des chambres, les démarches qui ont suivi son refus auroient été une raison suffisante pour ne pas l'obliger à ne pas déférer à une réquisition accompagnée de telles circonstances.

Je veux croire que vous n'avez eu que de très-bonnes intentions; mais elles deviennent inutiles, et souvent nuisibles, lorsqu'elles ne sont pas réglées par la prudence et la modération qui en doivent être inséparables. Que deviendroit la discipline et la tranquillité des compagnies, si une chambre se lioit ainsi par avance avec d'autres chambres, pour s'assurer un succès certain dans l'assemblée du parlement, et pour y dominer ou sur la grand'chambre ou sur une autre chambre qui n'entreroit pas dans leur parti?

Tout chef d'une compagnie qui y voit naître de tels mouvemens, est non-seulement dans le droit, mais dans l'obligation de les arrêter et de les rendre absolument inutiles, en refusant une assemblée de chambres qui ne serviroit qu'à faire triompher les efforts de ceux qui auroient su se ménager, par de semblables moyens, la pluralité des suffrages.

Au reste, on ne convient point que M. l'abbé de......., qui étoit le plus ancien conseiller de la grand'chambre, lorsque vos députés y entrèrent, le 31 août, ait insisté à faire prendre les suffrages de MM. de la grand'chambre, sur la proposition faite par les députés; et M. le premier président m'a envoyé un procès-verbal du 6 de ce mois, par lequel toute la grand'chambre atteste unanimement qu'après que M. le premier président eût proposé de me rendre compte de la difficulté qui se formoit, *MM. les députés se retirèrent, sans que qui que ce soit eût parlé, hors M. l'abbé de......., qui dit qu'il étoit inutile de prier M. le premier président de demander les suffrages, puisqu'il étoit déterminé à refuser l'assemblée des chambres*; ce qui est bien différent de l'exposé que je trouve dans votre procès-verbal, qui ne paroît pas moins douteux. On y marque que le premier président a refusé de montrer les ordres qu'il avoit reçus de la cour au sujet de l'arrêt d'évocation, et toute la grand'chambre atteste encore, dans le procès-verbal du 6 septembre, que la proposition ne lui en a point été faite; qu'il a expliqué de lui-même ce qui étoit contenu dans la réponse qu'il avoit reçue de M. de......, sans que personne lui ait demandé la lecture de cette réponse; à quoi M. le premier président ajoute qu'il n'auroit eu garde de refuser de la montrer si on l'avoit désiré, puisqu'il la fit voir à qui l'a voulu, et entr'autres à deux chanoines du chapitre de la cathédrale, à qui il offrit même de la leur confier pour en faire part à leur corps.

Ce n'est pas sans peine que je relève de si légères circonstances; mais elles servent à faire voir combien les premières semences de division sont à craindre dans une compagnie, puisque le moindre mal qu'elles produisent est de donner lieu à une aussi grande indécence que celle de voir des faits contraires, avancés et soutenus également des deux côtés entre des magistrats qui doivent tous se réunir dans la plus exacte vérité ;

4.° Enfin, la dernière ressource qui a été imaginée de proposer une députation pour parvenir à faire assembler les chambres, me fait autant de peine que tout le reste. On n'a pas osé former cette demande par rapport à la seule affaire de M. de......, il y auroit eu de la pudeur à la fonder sur un sujet si léger ; mais on a cru devoir dire, en général, qu'il importoit d'avoir un député à la cour, soit pour y suivre d'anciennes affaires, soit pour tâcher d'arrêter les différentes entreprises qui se font contre la juridiction du parlement, sans entrer néanmoins dans aucun détail, ni sur ces anciennes affaires, ni sur ces prétendues entreprises contre l'autorité du parlement. Il n'en faut pas davantage pour apercevoir d'un coup-d'œil qu'un exposé si vague n'étoit qu'un prétexte recherché pour donner une couleur nouvelle à la proposition de l'assemblée des chambres, pour parvenir, par cette voie, à ce qui n'avoit pu réussir par une autre. Je ne suis pas surpris, après cela, que M. le premier président ait démêlé tout d'un coup le véritable motif de cette nouvelle tentative, et qu'il ait redoublé de fermeté à mesure qu'on multiplioit les efforts que l'on faisoit pour lui arracher ce qu'il n'avoit pas cru devoir accorder.

Telles sont toutes les réflexions que j'ai faites sur une affaire dont la discussion est devenue beaucoup plus longue par ces divers incidens, qu'elle ne l'auroit été par le fond même de cette affaire. Tout se réduit à ces deux points, qui la renferment entièrement. Dans le fond, nul sujet réel et solide pour causer une si grande émotion dans votre compagnie, et pour vouloir y faire célébrer, dans l'assemblée des chambres, une difficulté sur laquelle M. le premier président avoit été au-delà de tout ce que la compagnie pouvoit attendre de son zèle. Dans la forme et dans le procédé, démarches inutiles d'un côté, puisqu'il n'y avoit point d'autre parti à prendre que de recourir à l'autorité du roi; dangereuse de l'autre, et de mauvais exemple, par toutes les circonstances que je vous ai marquées, non sans beaucoup de peine, d'être obligé de les relever, à l'égard d'une chambre dont je connois d'ailleurs le zèle pour le service du roi et pour le bien de la justice.

Sur le compte que j'ai été obligé, quoique à regret, d'en rendre à Sa Majesté, elle m'ordonne de vous faire savoir qu'elle n'a rien trouvé que de régulier dans la conduite que M. le premier président a tenue dans tout le cours de l'affaire dont il s'agit, qui auroit dû être regardée comme finie, au moins à l'égard du parlement, par la réponse que ce magistrat avoit reçue.

Ainsi, l'intention du roi est qu'il ne soit fait aucune assemblée ou délibération nouvelle au sujet de cette affaire; et, au surplus, s'il arrivoit, dans la suite, qu'il se formât une pareille difficulté entre les différentes chambres du parlement et M. le premier président, Sa Majesté entend qu'on suive l'ordre qui vous a été prescrit autrefois par M. le chancelier de Pontchartrain, c'est-à-dire, que l'on rende compte au roi des raisons qui peuvent appuyer les deux sentimens contraires, afin que Sa Majesté puisse donner ensuite les ordres qu'elle jugera nécessaires pour faire cesser la difficulté.

Je suis persuadé que tous les membres de votre compagnie entreront sans peine dans des vues si sages, et qui lui sont si convenables. Je connois trop le caractère de M. le premier président, pour craindre qu'il ne se porte, sans de justes et de grandes considérations, à refuser l'assemblée des chambres quand elle lui sera demandée; et je vous rends aussi trop de justice sur le fond de vos sentimens, malgré la vivacité qui a paru en cette occasion, pour ne pas présumer que, dans la suite, et après tout ce que je vous écris, vous n'insisterez point à demander l'assemblée des chambres contre le sentiment de M. le premier président, sans des raisons très-importantes, et auxquelles le roi puisse avoir égard. C'est même ce qui engage Sa Majesté à fermer les yeux en votre faveur sur les démarches qu'un excès de zèle pour l'honneur de votre compagnie vous a inspirées dans l'affaire présente, et elle espère qu'aucun des membres du parlement ne l'obligera jamais à lui faire éprouver son autorité pour maintenir la règle, la discipline, la subordination et la tranquillité dans un corps pour lequel elle a une si grande affection.

J'envoie la copie de cette lettre à M. le premier président, afin qu'il en fasse part aux officiers de votre compagnie dans le temps et de la manière qu'il jugera la plus convenable, et que tous ceux qui la composent soient également instruits des intentions du roi sur une matière si importante.

Il ne me reste, après cela, que de vous assurer que, si je n'ai pu m'empêcher de relever ici tout ce qui m'a paru contraire au bon ordre dans ce qui s'est passé en cette occasion, je n'y ai eu en vue que votre véritable dignité, aussi bien que celle de tout le parlement, et que je n'en aurai pas moins de plaisir à profiter de toutes les occasions qui se présenteront de vous donner des marques de l'estime sincère et de la parfaite considération avec laquelle je suis.

Du 18 septembre 1729.

Je ne saurois vous faire mieux connoître ce que je pense, soit sur le fond ou sur la forme de l'affaire, qui a excité une si grande commotion dans votre compagnie, et les intentions du roi sur ce sujet, qu'en vous envoyant la copie de la réponse que je fais à la chambre des enquêtes, et qui ne vous laissera rien à désirer à cet égard. Je signe cette copie pour la mettre en état de tenir lieu d'original.

Vous y verrez l'attention que j'ai eue à maintenir, en cette occasion, l'autorité du roi, en soutenant la vôtre, dont je suis persuadé que vous n'êtes jaloux, comme vos lettres me l'ont fait assez voir, que pour affermir le respect qui est dû aux ordres de Sa Majesté, et pour conserver cette discipline et cette subordination qui sont nécessaires dans toutes les grandes compagnies.

Si vous avez sujet d'être content du témoignage avantageux que j'ai rendu au roi de la droiture de vos intentions, et si vous êtes encore plus flatté de l'approbation dont Sa Majesté honore votre conduite, je vous rends la justice de croire que vous n'en serez que plus attentif encore à éviter, autant qu'il sera possible, toutes les occasions de vous commettre avec une compagnie dont vous êtes le chef, et à n'user du pouvoir qui vous appartient d'accorder ou de refuser l'assemblée des chambres qu'avec tant de sagesse, de prudence et de ménagement, que la décision du roi puisse vous être toujours aussi favorable qu'elle l'a été dans l'affaire présente. Vous avez prévenu de vous-même tout ce que je pourrois dire à un autre sur ce sujet, s'il est vrai, comme vous m'en assurez, que depuis quinze ans d'exercice de la charge de premier président, ce soit ici l'unique occasion dans laquelle vous ayez cru devoir persister dans le refus de consentir à une assemblée qui, comme je l'ai déjà dit dans ma lettre à MM. de la chambre des enquêtes, étoit non seulement inutile, mais dangereuse dans des circonstances délicates et toutes décisives pour le parti que vous avez pris.

Comme la reponse, dont je vous envoie la copie, ne regarde pas la seule chambre des enquêtes, et qu'il est important qu'elle soit également connue de toute la compagnie, je compte que vous lui en ferez part dans le temps et de la manière qui vous paroîtra la plus convenable, afin que tous les magistrats dont elle est composée, étant pleinement instruits de la volonté du roi sur les règles que l'on doit suivre dans des cas semblables à celui qui vient d'arriver, concourent avec vous à maintenir l'exécution de ces règles, et à les rendre aussi inviolables qu'elles sont importantes pour le service du roi, pour l'ordre public, pour l'honneur et la tranquillité de votre compagnie.

Du 2 mars 1738.

M. le procureur-général en votre compagnie doit recevoir incessamment deux ordonnances importantes que le roi a jugé à propos de faire; l'une sur la matière des instructions de faux, l'autre sur celle des évocations et des réglemens de juges.

La première, au sujet de laquelle je vous demandai des mémoires il y a quelques années, a paru susceptible de tant de difficultés, soit sur le fond des décisions, soit, et peut-être encore plus, sur la manière de les rédiger, que ce n'est qu'après un long et rigoureux examen que le projet de cet ouvrage a reçu sa dernière main. Il servira désormais à conduire les juges, comme pas à pas, dans un genre d'instruction dans lequel les plus habiles étoient souvent exposés à faire des fautes, parce que l'ordonnance de 1670 n'étoit pas entrée dans un assez grand détail sur cette matière, et qu'elle avoit laissé trop de choses à suppléer dans ses dispositions. Je regarde même comme un des avantages qui seront le fruit de cette nouvelle loi; que les plaideurs se porteront moins aisément dans la suite, à attaquer les arrêts des cours supérieures par la voie de la cassation, qui n'étoit que trop commune en matière de jugemens rendus sur une accusation de faux, parce que l'insuffisance des lois précédentes, les doutes qu'elles avoient fait naître, et les différentes jurisprudences qui s'étoient formées sur la manière de les exécuter, donnoient beaucoup plus de prétextes à ceux qui vouloient faire rétracter ces sortes de jugemens. Il ne tiendra désormais qu'aux tribunaux supérieurs de prévenir ces entreprises, parce que rien ne leur sera plus facile que de se conformer si exactement au style établi par la nouvelle ordonnance, qu'ils ne donnent aucune prise sur leurs arrêts, aux plaideurs même les plus téméraires.

La seconde ordonnance, qui concerne les évocations et les réglemens de juges, tend également au bien de la justice et à l'avantage des cours supérieures.

Non-seulement le roi a jugé à propos d'y comprendre et d'y faire insérer toutes les dispositions des déclarations postérieures à l'ordonnance du mois d'août 1669, afin que tout ce qui regarde la matière des évocations et des réglemens de juges se trouvât réuni dans la même loi; mais Sa Majesté a eu en vue d'éclaircir et de perfectionner les lois précédentes, de suppléer même ce qui pourroit y manquer, et surtout d'y prendre de nouvelles précautions, pour prévenir l'abus trop ordinaire que les plaideurs font des évocations et des réglemens de juges. C'est ce que vous reconnoîtrez aisément dans l'attention qu'on a eue, soit d'augmenter, ou de permettre d'augmenter les peines déjà établies contr'eux; soit de multiplier les cas où il seroit permis aux cours supérieures de passer outre aux jugemens des procès, nonobstant la signification des cédules évocatoires; soit enfin d'ajouter à l'ordonnance de 1669, tout ce qui pouvoit assurer encore plus l'honneur des juges contre la témérité de ceux qui les accusent mal à propos, d'avoir fait leur fait propre de la cause des parties, pour y trouver un prétexte d'évocation.

Je ne doute point que deux ordonnances si importantes, pour le bien de la justice et pour la dignité de ceux qui la rendent, ne soient reçues très-favorablement dans votre compagnie; et, comme elles ne sauroient être connues et exécutées trop promptement, je suis persuadé que vous ferez tout ce qui pourra dépendre de vos soins, pour en avancer l'enregistrement et la publication, non-seulement dans votre parlement, mais dans tout son ressort.

Du 27 mars 1738.

Comme il y a long-temps que l'ordonnance de 1669, sur les évocations, a été renvoyée au parlement de

Besançon, personne ne se souvenoit plus en ce pays-ci du changement qui avoit été fait dans l'exemplaire de cette ordonnance, qui fut adressé à votre compagnie; mais l'intention du roi n'étant point de la traiter, aussi bien que la province de Franche-Comté, moins favorablement que le feu roi l'avoit fait, vous n'avez qu'à me renvoyer l'exemplaire de la nouvelle ordonnance que M. le procureur-général a présenté au parlement, afin qu'il soit rendu conforme à celui de l'ordonnance de 1669, par rapport aux priviléges de votre province, et l'on se servira aussi de cette occasion pour corriger la faute du copiste, que vous avez remarquée dans un des articles de la même ordonnance.

Du 4 mai 1738.

J'APPRENDS par votre lettre du 26 avril, que les ordonnances sur les évocations et sur les instructions de faux ont été enregistrées au parlement de Bordeaux, et je ne doute pas que vous ne teniez exactement la main à leur exécution.

Ce qui regarde l'évocation des jurats pourra être plus susceptible de difficulté qu'une loi générale, je ne perds pas néanmoins cet objet de vue; au surplus, ils m'ont écrit sur le fait du jeune homme qu'ils ont retenu cinq jours en prison sans décret, et je souhaite qu'ils profitent des avis que je leur ai donnés sur ce sujet; le ménagement que vous avez eu pour eux en cette occasion, est digne de votre prudence ordinaire.

Du 3 juin 1738.

APRÈS avoir réfléchi sur le changement que le parlement de Besançon désire que l'on fasse dans le premier article de l'ordonnance générale que le roi a faite sur les évocations, je trouve beaucoup de difficultés à renouveler en termes exprès la disposition de l'article premier de l'ordonnance propre au parlement, que le feu roi donna en 1686. Cet article ne paroît pas avoir été rédigé avec beaucoup de soin et d'attention.

On y exclut, en termes indéfinis, toute évocation générale, qui tendroit à traduire les habitans de la province de Franche-Comté hors le ressort du parlement.

Cette disposition peut être bonne, quand il s'agit d'empêcher qu'on évoque leurs affaires pour les renvoyer dans un autre parlement, ou au grand-conseil; mais le roi ne peut jamais renoncer au droit qu'il a comme juge universel et comme source de toute justice, de retenir à sa personne la connoissance des matières qui lui paroissent assez importantes pour mériter qu'il y prononce lui-même. C'est ainsi que Sa Majesté en use à l'égard de toutes les provinces nouvellement réunies à la couronne, qui jouissent du même privilége que la vôtre, et elles ne s'en sont jamais plaint. C'est ce qui est aussi arrivé plusieurs fois à l'égard de la Franche-Comté; et il y a actuellement, comme vous le savez, plusieurs affaires pendantes au conseil du roi qui en ont été évoquées sans qu'on ait pensé à y réclamer le privilége de cette province. Ainsi, il semble que tout ce qu'elle peut désirer est que, sans rien changer à la disposition de l'article premier de l'ordonnance sur les évocations, on y ajoute un article conçu en ces termes : « N'entendons néanmoins déroger par l'article précédent » aux priviléges qu'ont nos sujets du comté de » Bourgogne, de ne pouvoir être traduits, même » sous prétexte d'évocation générale, dans les tribu» naux hors de la province, duquel privilége voulons » et entendons que nosdits sujets continuent de jouir, » ainsi qu'ils ont fait jusqu'à présent, en exécution » de l'article premier du titre sixième de l'ordon» nance du mois de mars 1684, enregistrée dans » notre parlement de Besançon, le 20 avril suivant ».

Il seroit peut-être encore mieux de renvoyer cet article à la fin de l'ordonnance entière des évocations, soit pour ne point couper la suite des articles du commencement, soit pour éviter la peine de faire une expédition entière de cette ordonnance, par la nécessité de changer tous les chiffres des articles, à cause de l'intercalation de celui qu'on inséreroit entre le premier et le second. Je n'ai pas voulu prendre une dernière résolution sur tout cela sans vous en avoir fait part auparavant ; et au surplus, pour ce qui est de la faute du copiste qui s'est glissée dans l'article 5, elle sera aisée à corriger, sans faire de changement considérable.

J'oubliois de vous marquer que si on prend le parti de mettre à la fin de l'ordonnance des évocations, l'article qui concerne les priviléges de la Franche-Comté, il faudra le commencer par ces termes : « N'entendons au surplus déroger par la » présente ordonnance aux priviléges de...... ».

Du 3 juillet 1738.

Le parlement n'a fait que suivre l'esprit et la lettre même des articles 38 et 39 de la nouvelle ordonnance sur les évocations, lorsqu'il n'a pas cru devoir s'arrêter à une évocation aussi téméraire que celle dont vous me rendez compte par votre lettre du 28 juin dernier.

---

§. V. — *Épices et Vacations.*

Du 26 janvier 1722.

Dès le moment qu'il s'agit de droits réglés par un édit enregistré au parlement, c'est à cette compagnie qu'il appartient de connoître si les officiers dont il s'agit n'ont rien entrepris au-delà de ce qui est réglé par cet édit. A la vérité, si depuis l'édit il étoit intervenu un arrêt du conseil qui augmentât ces droits et qui n'eût pas été revêtu de lettres-patentes registrées au parlement, ce seroit alors qu'il seroit plus sage et plus sûr de renvoyer les parties au conseil, pour y être réglées; mais si l'arrêt du conseil dont il parle, n'ajoute rien à la disposition de l'édit, je ne vois point de raisons suffisantes pour priver le parlement du droit qu'il a en général de réformer les officiers inférieurs de son ressort, lorsqu'ils prennent des droits plus forts que ceux qui leur appartiennent.

Du 13 *mars* 1728.

J'ai reçu la lettre que vous m'avez écrite le 19 février dernier, avec le mémoire que MM. les commissaires du parlement d'Aix vous ont remis sur l'usage de consigner les épices avant le jugement des procès. La règle générale est qu'il n'est permis à aucun juge, même à ceux des cours supérieures, de faire consigner les épices avant le rapport et le jugement des procès. Le seul cas des affaires qui se jugent de grand commissaire est excepté de cette règle, c'est la disposition expresse de trois déclarations du feu roi, qui furent données en l'année 1683 : l'une pour le parlement de Dijon, l'autre pour le parlement de Rouen, et la dernière pour celui de Rennes. On en auroit donné une sans doute pour le parlement de Provence, si l'on avoit cru que le même abus s'y fût introduit; mais il ne paroît pas y être si ancien, puisque vous m'assurez que ce n'est que depuis l'année 1722, qu'on y a exigé, par une espèce d'ordre commun, la consignation des épices avant le jugement du procès; c'est un usage qui ne peut jamais être toléré, et quand les officiers de votre compagnie disent qu'il n'y a aucune loi qui le condamne, c'est sans doute parce qu'ils n'ont pas bien compris la force de l'article 4 de l'édit de 1673, sur les épices et vacations, qui a été enregistré au parlement de Provence comme ailleurs. Cet article porte que celui qui aura présidé écrira de sa main la taxe des épices au bas des minutes des arrêts et jugemens; cette disposition marque suffisamment que des épices qui ne pourront être taxées qu'après le jugement, ne sauroient être consignées auparavant, parce qu'il est encore incertain à quelles sommes elles monteront, et qu'il seroit aussi indécent qu'irrégulier de faire dépendre cette espèce d'avance des épices de la volonté du rapporteur, qui n'a pas même le droit de les régler. C'est une des raisons qui ont fait distinguer en cette matière les procès ordinaires de ceux qui se jugent de grand commissaire, dans lesquels la taxe des épices est toujours la même, eu égard au nombre des vacations, qu'il est plus facile de prévoir par avance, qu'il ne l'est de régler le montant des épices d'un procès; qu'on n'a point encore vu l'exemple des autres tribunaux. S'il y en a qui fassent consigner les épices des procès ordinaires, c'est un abus à réprimer plutôt qu'un modèle à imiter; et MM. les commissaires de votre parlement ne sont pas bien instruits de ce que c'est que la consignation qui se fait aux requêtes de l'hôtel, quand ils veulent en tirer des conséquences. Cette consignation n'a été introduite que parce que MM. les maîtres des requêtes ont été regardés comme les commissaires naturels dont l'examen devoit précéder le rapport qui se fait au conseil, à peu près comme il se pratique au parlement de Paris, à l'égard des procès qui se voient, de petits commissaires; et d'ailleurs, la consignation qui se fait aux requêtes de l'hôtel étant toujours la même pour toutes sortes d'affaires, et de plus si modique, qu'elle ne mérite aucune attention, on ne peut s'en servir de quelque manière que ce soit, pour justifier l'usage qui s'est établi dans votre compagnie depuis l'année 1722.

La proposition que vous me faites de suivre au

parlement l'usage de la cour des comptes, aides et finances de Provence, ne me paroît pas encore assez digérée pour mériter d'être autorisée par le roi. Je n'entends pas bien comment, par l'usage de cette compagnie, on évite de faire la distinction des procès où il y a cinq chefs de demande d'avec ceux où il y en a moins. Comment peut-on savoir sans cette distinction, s'il y a lieu de faire consigner les vacations et de les donner aux dix anciens, qui auroient été commissaires, si l'on avoit suivi l'usage des autres compagnies? Il est bien à craindre que, sous ce prétexte, on ne fasse consigner les vacations en toute sorte de cas, et cela ne vaudroit pas mieux que l'usage de faire consigner les épices. Vous pouvez cependant vous expliquer plus précisément sur ce sujet; et si après avoir approfondi l'usage de la cour des comptes, vous le trouvez assez innocent et assez régulier pour m'être proposé, j'y donnerai toute l'attention que j'aurai toujours pour vos avis, persuadé que si vous devez ménager les intérêts des officiers de votre compagnie, vous serez toujours beaucoup occupé de ceux de la justice.

Du 20 *mars* 1728.

Le point sur lequel vous me consultez par votre lettre du 26 janvier dernier, est du nombre de ceux qui dépendent de l'usage et de la discipline intérieure des compagnies. Il seroit plus régulier, à la vérité, de n'admettre au partage des épices que les officiers qui ont assisté au jugement des procès; mais dès le moment que ceux mêmes qui auroient droit de s'y opposer consentent que les officiers malades ne soient pas privés de leur part dans les épices, et que c'est ainsi que le réglement qui a été fait sur cette matière, a été expliqué par l'usage de tous les siéges de Flandre, je crois que vous pouvez vous conformer sans scrupule à cet usage; et puisque vous en avez sur ce sujet, il n'est pas à craindre que vous abusiez jamais du prétexte de la maladie, pour manquer d'assiduité à l'exercice de vos fonctions, et recevoir cependant la récompense qui n'est due qu'à cette assiduité.

Du 14 novembre 1729.

Je loue fort la sincérité avec laquelle vous entrez dans une plus grande explication de l'usage sur lequel vous m'avez consulté; j'en avois conçu une idée fort différente que celle que vous m'en donnez. J'avois cru que dans votre siége, comme presque partout ailleurs, on régloit les épices *pro modo laboris*, et que la question qui faisoit naître votre doute regardoit l'intérêt des juges et non pas celui des parties auxquelles il est fort indifférent de savoir comment la somme qu'elle paie pour les épices, se partage entre les juges; mais je vois par votre lettre que ce que vous appelez des épices, mériteroit plutôt le nom de vacation que l'on donne par heure à chaque juge pour son assistance réelle, ou présumée à la plaidoirie ou rapport d'une affaire. Ainsi, admettre les absens, pour cause de maladie, à recevoir cette espèce de bénéfice, c'est, à la vérité, ne faire aucun tort aux officiers présens; mais c'est imposer une charge aux parties qu'il n'est pas juste de leur faire supporter, parce qu'elles ne profitent en aucune manière des lumières d'un juge qui, étant absent, ne peut contribuer par sa voix à leur faire rendre la justice qu'elles demandent. La délicatesse de conscience que vous avez sur ce sujet, me paroît donc très-bien fondée, dès le moment que la part qu'on donne aux absens ne se prend pas sur les juges, mais sur les parties; et afin qu'un scrupule si louable soit aussi utile au public qu'il le doit être, vous prendrez, s'il vous plaît, la peine de faire part de ma lettre aux officiers de votre siége. Je ne doute pas qu'ils n'entrent dans les mêmes sentimens que vous, et qu'ils ne profitent du bon exemple que vous leur donnez.

Du 16 *décembre* 1729.

Pour répondre à la lettre que vous m'avez écrite le 6 de ce mois, je ne puis rien faire de mieux que de vous renvoyer à l'article 16 de l'édit de 1673, sur les épices et vacations, qui vous apprendra suffisamment, sans que je sois obligé d'entrer dans une plus ample explication, que le parlement de Besançon a fait non-seulement ce qu'il pouvoit, mais ce qu'il devoit, et qui lui est expressément enjoint, par cet article, quand il a réduit des épices qu'il a trouvées excessives. Vous auriez fait plus sagement de garder le silence sur ce qu'il vous a prescrit, au lieu qu'en m'envoyant la sentence que vous avez rendue, pour montrer qu'il n'y avoit point d'excès dans les épices qui y sont taxées, vous m'avez mis en état de craindre que le parlement n'ait pêché à votre égard, par un excès d'indulgence plutôt que par un excès de sévérité.

A en juger par le vu de cette sentence, il ne paroît point qu'il y ait eu un procès par écrit régulièrement formé entre les parties, l'affaire ne consistoit originairement que dans deux informations et dans un décret; ainsi, c'étoit une véritable matière d'audience, n'y ayant jamais eu de réglement à l'extraordinaire.

C'étoit donc à l'audience, et non pas dans la chambre du conseil, que vous deviez convertir les informations en enquêtes, s'il y avoit lieu de le faire; et, comme depuis le jugement qui l'ordonne ainsi, il ne paroît pas qu'il y en ait eu aucun par lequel, après la confection des enquêtes, les parties aient été appointées à écrire et produire, il y a lieu de croire qu'une affaire qui, par sa nature, demeureroit toujours une cause d'audience, a été qualifiée d'instance très-mal à propos, et jugée comme telle, en prenant des épices qui n'étoient nullement dues en ce cas.

Si le parlement avoit donc rempli entièrement son devoir en cette occasion, il vous auroit condamné à rendre ces épices en entier; et s'il s'est contenté de les réduire, vous avez sujet, encore une fois, de vous louer de sa complaisance, au lieu de vous plaindre de sa rigueur. C'est sur ce point seul que je serai obligé de lui écrire, afin qu'il ait soin à l'avenir de réformer un pareil abus dans les siéges de son ressort, bien loin de l'autoriser, comme il semble l'avoir fait dans cette occasion, en regardant l'appel de votre sentence comme la matière d'un procès par écrit. Si cependant, par des faits qui me sont inconnus, vous étiez en état de justifier votre conduite sur ce point, que vous n'avez pas prévu dans votre lettre, vous pouvez me les expliquer, pourvu que vous le fassiez incessamment, sans quoi je ne pourrai me dispenser d'écrire au parlement, comme je viens de vous le marquer.

Du 7 juillet 1736.

J'AVOIS cru d'abord que la demande des notaires-enquêteurs de votre ressort pourroit souffrir quelque difficulté de la part de ceux qui sont chargés de l'administration des finances du roi; mais comme les droits attribués à ces officiers ne se prennent en aucun cas sur le domaine, ils n'ont pas cru devoir y prendre part. Ainsi, vous pouvez m'envoyer, quand vous le jugerez à propos, un projet de réglement pour l'augmentation des droits dont il s'agit, en les renfermant néanmoins dans les bornes qui vous paroîtront convenables, par rapport à l'intérêt des parties.

Du 21 septembre 1737.

Je n'ai pas eu le temps de répondre plus tôt à ce que vous m'avez écrit sur un mémoire qui avoit pour objet l'excès prétendu des épices et vacations que l'on taxe sur les jugemens rendus en dernier ressort à la table de marbre dans les matières de réformation d'eaux et forêts; par le compte que vous m'en avez rendu, je vois qu'on suit à cet égard un ancien usage qui s'observe aussi dans d'autres parlemens, quoique fort onéreux aux parties, et qu'ainsi ce qu'il y a de personnel et d'injurieux dans ce mémoire par rapport à feu M....., et à d'autres officiers, est très-répréhensible, et seroit même punissable, si l'auteur inconnu d'un mémoire anonime pouvoit être puni.

Une question plus importante qu'on pourroit agiter à l'occasion de ce mémoire, seroit de savoir si les procès qu'on y rappelle étoient bien de la compétence des juges des eaux et forêts. On fait souvent de grandes plaintes de l'extension qu'ils donnent à leur juridiction, et surtout dans votre province, où, sous prétexte qu'il s'agit d'un ruisseau ou d'un fossé, une question de propriété est aisément transformée en une matière de police d'eaux et forêts; c'est un abus presque général dans le royaume, qui naît en partie de la mauvaise rédaction de l'ordonnance de 1669, et qui, par cette raison même, ne peut guère être réformé que par l'autorité d'une nouvelle loi; mais, en attendant qu'il ait plu au roi d'en faire sur cette matière, vous ne sauriez tenir trop exactement la main à l'observation précise de l'article 10 du titre de la juridiction des eaux et forêts dans l'ordonnance de 1669.

Du 5 juin 1738.

Comme les principaux officiers des siéges de Pau, d'Orthez, de Morlas et d'Oloron renouvellent les plaintes qu'ils m'avoient portées il y a environ six ans sur la modicité du produit de leurs charges, je vous prie de me rappeler ce que j'ai écrit autrefois à M. votre père, et ce qu'il m'a répondu sur ce sujet; vous m'épargnerez par là la peine de le faire chercher.

RÉPONSE.

Les officiers des sénéchaussées de cette province se plaignent, dans le mémoire que vous aviez renvoyé à mon père, et que j'ai l'honneur de vous adresser selon vos ordres, de la modicité de leurs droits qui consistent dans les articles suivans :

1.° Quoique le roi leur ait permis, par un édit du mois de février 1641, de porter la taxe de leurs épices, pour chaque sentence définitive rendue par écrit, jusqu'à la somme de 6 livres, le parlement trouva néanmoins à propos de la réduire à 40 sous par un arrêt de l'année 1648, qui s'exécute encore aujourd'hui, de sorte qu'ils n'ont que cette modique somme pour une sentence rendue sur un procès par écrit, de quelque qualité qu'il soit;

2.° Ils perçoivent, pour les sentences par défaut, 4 sous 6 deniers, et pour les sermens, 6 sous;

3.° Pour les interrogatoires sur faits et articles, 6 sous;

4.° Pour les enquêtes et autres procédures qu'ils font dans la ville de leurs siégé, 27 sous par jour, et pour celles qu'ils font ailleurs, 6 livres.

Tous ces droits paroissent, en effet, bien modiques. A l'égard du premier article, il seroit assez naturel de leur donner la liberté de se taxer suivant l'usage commun du royaume; mais, comme ils se trouvent dans une circonstance particulière, par rapport au privilége que les habitans de cette province ont de porter leurs affaires en première instance au parlement, et que les procès qui sont par-devant les juges inférieurs sont, par cette raison, ordinairement de petite conséquence, il me semble qu'il suffiroit de leur permettre de porter la taxe de leurs épices jusqu'à la somme de 6 livres, conformément à l'édit de 1641.

Comme les sentences par défaut, qui sont de style, et les sermens que le juge reçoit dans un instant n'exigent aucun travail, je crois que le second article ne mérite point de changement ; mais je pense que le troisième, qui concerne les interrogatoires sur faits et articles, pourroit être réglé sur le pied de 12 sous.

Pour ce qui est du dernier article, comme les notaires-enquêteurs ont 40 sous par jour pour les procédures qu'ils font dans le lieu de leur résidence, et 5 livres pour celles qu'ils font ailleurs, et que les juges des sénéchaux méritent, par leur état, quelque chose de plus que les autres, il seroit convenable d'accorder à ceux-ci 2 livres 10 sous dans le premier cas, et 7 livres 10 sous dans le second.

Je n'ai point trouvé de lettre parmi les papiers que j'ai l'honneur de vous envoyer, mais il y a sur le dos du troisième mémoire une note écrite du temps de mon père, de laquelle il paroît, monseigneur, que vous aviez jugé à propos d'accorder quelque augmentation.

Du 5 août 1740.

J'ai reçu la lettre que vous m'avez écrite le 18 de ce mois, au sujet de l'arrêt du conseil, concernant l'augmentation des droits des juges sénéchaux de la province de Béarn. Puisque vous trouvez que l'augmentation qui leur a été accordée par le premier article de cet arrêt est trop modique, il faudra la porter jusqu'à quarante sous, et les égaler par là à la rétribution que les procureurs du Parsan perçoivent pour les vacations qu'ils font dans le lieu de leur domicile; vous n'avez qu'à prendre la peine de me renvoyer l'expédition de cet arrêt, et, en changeant la disposition de cet article, on réformera en même-temps la faute de copiste qui s'est glissée dans le second.

Du 20 février 1742.

J'ai reçu la lettre par laquelle vous me rendez compte de l'usage qui s'observe au parlement de Flandre, à l'égard des officiers de cette compagnie qui sont absens pour cause de maladie, et qu'on admét cependant, avec quelques distinctions, à avoir part aux vacations dues aux officiers qui assistent au jugement d'un procès. Comme cet usage paroît contraire à la règle étroite, qu'il n'est fondé que sur un esprit d'équité, et qu'il est plutôt toléré que véritablement autorisé, je crois qu'il vaut mieux que je ne réponde point à la lettre qui m'a été écrite par le sieur....., lieutenant-général de Bailleul, sur ce sujet. Vous pouvez lui écrire que je vous ai renvoyé sa lettre, et que vous croyez qu'on ne pourra pas blâmer les officiers de son siége, quand ils se conformeront exactement à l'usage observé au parlement de Flandre, et avec les mêmes distinctions.

Du 30 mars 1746.

Pour bien juger si la conduite de votre substitut au siége de Saint-Sever est aussi innocente qu'il le prétend par la lettre qu'il vous a écrite, il faudroit savoir :

1.° S'il avoit droit de prendre communication du procès, ce qui paroît assez incertain;

2.° Si le procès a été jugé, et à quoi monte la somme que les juges se sont taxée pour leurs épices;

Et enfin, s'il y a eu appel de la sentence au parlement de Bordeaux, auquel cas ce seroit aux officiers qui seroient juges du procès de modérer les épices, tant des conclusions que de la sentence, s'ils les trouvoient excessives. Comme ni la lettre de votre substitut ni la vôtre ne donnent aucun éclaircissement sur ces trois articles, j'attendrai que vous me les envoyiez pour juger si les plaintes de la dame......... sont bien ou mal fondées.

Du 25 avril 1746.

Si l'usage du parlement de Bordeaux est que les affaires des mineurs se communiquent au parquet, surtout lorsqu'il s'agit de lettres de restitution obtenues par eux, je ne vois pas qu'il y ait un excès assez marqué dans les épices que l'avocat du roi de Saint-Sever s'est taxées dans une affaire aussi considérable que celle de la dame de......, pour l'obliger à en restituer une partie comme cette dame le demande; et cela ne pourroit même se faire qu'après avoir vu et examiné tout le procès sur lequel elle a transigé, c'est ce que je vous prie de lui faire savoir.

Du 24 juillet 1748.

Par le compte que vous me rendez de l'arrêt qui est intervenu entre le sieur...... et ses habitans, le parlement de...... paroît avoir bien jugé dans le fond, lorsqu'il n'a pas cru que les preuves de l'idonéité d'un maître d'école dussent être soumises à l'examen d'une communauté d'habitans; mais j'ai de la peine à comprendre pourquoi il a pris des épices aussi fortes que celles de 100 livres sur une affaire si sommaire, et qui devoit se terminer sur un simple procès-verbal, sans autre instruction.

Du 21 janvier 1749.

Comme il est d'usage au parlement de Douai que dans les affaires civiles, les juges qui assistent au rapport et au jugement d'un procès par écrit, aient chacun des vacations qui se règlent par heure, et qui leur tiennent lieu des épices que l'on taxe dans les autres tribunaux, où elles se partagent dans des proportions différentes entre le rapporteur et les autres juges, je vous prie de me faire savoir exactement et en détail, de quelle manière cet usage s'observe dans votre compagnie : c'est ce qui peut se réduire aux points suivans :

1.° Sur quel pied ces vacations sont-elles réglées pour chacun des juges?

2.° La part du rapporteur n'est-elle pas plus forte que celle de ceux qui ne font que l'écouter ? et de combien l'est-elle ? ou lui taxe-t-on des épices particulières outre les vacations qui lui sont communes avec ses collègues ?

3.° Les présidens ont-ils quelque préciput ou quelqu'autre avantage en cette matière ?

4.° Les parties sont-elles obligées de consigner la somme nécessaire pour le paiement de ces vacations ? et comment en use-t-on pour arbitrer cette somme, dans l'incertitude où l'on est sur la durée du temps que le rapport et l'examen du procès pourront demander ?

Comme il y a eu d'anciennes ordonnances ou des placards des rois d'Espagne, qui ont établi et réglé cette forme de procéder au jugement des procès, je vous prie de joindre aux éclaircissemens que vous me donnerez, une copie de celles de ces ordonnances qui se sont expliquées le plus distinctement sur cette matière.

SIXIÈME DIVISION.

LETTRES ET ORDONNANCES SUR DIVERSES MATIÈRES DE DROIT CIVIL.

§. I. — *Actes de l'État civil.*

Du 29 août 1736.

Quoique je ne doute pas que M. le procureur-général ne vous fasse part de ce que je lui écris au sujet d'une déclaration sur les registres des baptêmes, mariages et sépultures, etc., qui lui doit être adressée incessamment, et que je l'en aie même chargé par cette lettre, je ne laisse pas de vous en écrire séparément, afin que vous preniez de votre part toutes les mesures nécessaires pour faire enregistrer promptement une déclaration si importante, et dont l'exécution doit commencer le premier janvier prochain : elle ne sauroit donc être rendue publique trop promptement, afin que ceux qui sont chargés de l'exécuter, aient le temps de s'y préparer et de se trouver en règle au premier janvier 1737. C'est par cette raison qu'on a mis dans l'adresse de cette loi, qu'elle seroit enregistrée même en temps des vacations, et cela ne pourra se faire autrement dans plusieurs parlemens.

Ce premier enregistrement n'empêchera pas qu'on n'en fasse un second, si on le juge à propos, après l'ouverture du parlement prochain ; mais le premier aura toujours produit son effet, en faisant connoître aux officiers et aux curés ce qu'ils ont à faire d'avance, pour se mettre en état de suivre l'année prochaine l'ordre qui est établi par cette déclaration. Vous aimez trop le bien public pour ne pas veiller avec la plus grande attention à l'entière exécution d'une ordonnance si utile et même si nécessaire, pour assurer la preuve de la naissance et de l'état des hommes.

Du 22 septembre 1736.

J'APPRENDS par votre lettre du 10 de ce mois, que la déclaration du roi sur les registres des baptêmes, mariages et sépultures, a été enregistrée au parlement de Pau ; les précautions que vous avez conseillé à M. le procureur-général de prendre, pour faire mieux connoître une loi si nécessaire, sont dignes de votre sagesse, et me répondent par avance de l'attention que vous donnerez à l'exécution de cette loi.

Du 27 janvier 1738.

C'EST en effet une matière bien mince que celle qui fait un sujet de querelle entre le curé de Saint-Philibert et le greffier du bailliage.

Les deux doubles registres des baptêmes, mariages et sépultures étant également authentiques, quoiqu'il n'y en ait qu'un qui soit en papier marqué, il paroît juste en général de laisser au curé le choix de celui des deux doubles qu'il doit remettre au greffe du bailliage.

Il est encore vrai qu'il suffit que le curé signe tous les actes qui sont contenus dans ses doubles registres, et qu'il n'est pas nécessaire qu'ils soient tous écrits de sa main.

Mais, puisque le curé de Saint-Philibert abuse de la liberté qu'il a sur ce sujet, en se servant d'une mauvaise main pour écrire les actes qui sont dans l'un des doubles registres, en sorte qu'il s'y trouve beaucoup de fautes, je crois qu'il seroit bon, pour cette fois seulement, de l'obliger à déposer au greffe le registre qui est en papier marqué, et de lui en dire les raisons, afin que cela l'engage à faire en sorte que les deux doubles soient également lisibles et corrects, moyennant quoi, il n'y aura plus d'inconvénient à lui laisser le choix du registre double qu'il remettra au greffe dans la suite.

Du 23 mars 1738.

Je ne vois en effet aucune raison, ni même aucun prétexte, pour dispenser le curé de la Magestat de se conformer exactement à toutes les dispositions de la déclaration du 9 avril 1736 sur les registres des baptêmes, mariages et sépultures, et vous ne sauriez tenir la main trop exactement à l'exécution d'une loi si importante. Vous prendrez, s'il vous plaît, la peine de faire part de ma réponse à ce curé, afin qu'il n'insiste plus dans les mauvaises excuses qu'il allégue, et qui ne m'ont paru mériter aucune attention.

Du 18 novembre 1742.

Comme les lois et les réglemens généraux de police, dont l'exécution est confiée à un très-grand nombre de personnes, sont sujets à être bientôt oubliés ou négligés, lorsqu'on ne veille pas attentivement sur la conduite de ceux qui sont chargés d'en maintenir l'observation, je vous prie de me faire savoir si vous avez soin d'obliger les officiers des siéges inférieurs à vous rendre compte de temps en temps de ce qui concerne l'exécution de la déclaration donnée par le roi, le 9 avril 1736, sur les registres des baptêmes, mariages et sépultures.

Quelque sages et quelque importantes que fussent les dispositions de l'ordonnance de 1667, sur cette matière, l'observation en étoit néanmoins si négligée, soit par les curés d'un grand nombre de paroisses, soit par les officiers royaux qui auroient dû y tenir la main, que des registres si nécessaires pour assurer l'état des hommes et le bien des familles, étoient tombés dans un désordre qui a obligé Sa Majesté à y remédier par une déclaration où, en renouvelant ce qui avoit été ordonné par le feu roi, elle l'a porté à une plus grande perfection; et il est à craindre que cette dernière loi n'ait le même sort que la première, si l'on ne donne une attention continuelle à la faire observer exactement.

C'est ce que vous devez regarder comme une des fonctions principales de votre ministère; ainsi, je vous prie de me faire savoir si vous êtes bien instruit de ce qui se passe dans l'étendue de votre ressort, sur une matière si intéressante; et, supposé que vous ne le soyez pas entièrement, vous aurez soin, s'il vous plaît, de vous en informer avec votre exactitude ordinaire, pour vous mettre en état de m'instruire en détail de ce qui regarde les points suivans :

1.° Si tous les curés de votre ressort ont soin de tenir de doubles registres originaux dans la forme prescrite par la déclaration du 9 avril 1736, et de les faire coter et parapher par le lieutenant-général du bailliage, dans l'étendue duquel leur paroisse est située, ou par le juge que la même déclaration permet à ce lieutenant-général de commettre à l'égard des paroisses éloignées du siége principal;

2.° Si les curés sont réguliers à porter ou à envoyer, à la fin de chaque année, un des doubles registres originaux au greffe du bailliage supérieur, et à observer ce qui est ordonné à cet égard par la même déclaration;

3.° S'il y a, au greffe de ce siége, un lieu sûr et suffisant pour contenir les registres qui s'y apportent, et s'ils y sont rangés et conservés en bon ordre;

4.° Si les communautés religieuses sont aussi attentives de leur part à se conformer exactement aux règles prescrites par la déclaration du 9 avril 1736, par rapport aux registres de vêture, de profession, de sépulture des religieux ou religieuses de ces communautés;

5.° Si les articles de cette loi, qui regardent les hôpitaux, sont fidèlement exécutés.

C'est sur ces différens points que je vous prie de prendre les éclaircissemens nécessaires, pour me les envoyer ensuite avec les réflexions dont vous croirez devoir les accompagner. S'il vous vient même dans l'esprit quelque nouveau moyen qui vous paroisse plus efficace que ceux qui sont marqués par la déclaration du 9 avril 1736, pour en assurer pleinement l'exécution, vous pouvez me les proposer, et je profiterai avec plaisir des vues que vous m'inspirerez sur ce sujet.

---

§. II. — *Mariages.*

Du 30 *juin* 1735.

Je vous envoie un placet que le sieur...... m'a adressé, afin que vous vous fassiez rendre compte du fait dont il s'y agit; et s'il est tel qu'on l'expose, vous prendrez, s'il vous plaît, toutes les mesures nécessaires, s'il en est encore temps, pour empêcher qu'on ne précipite la célébration de ce mariage par un complot qui paroisse contraire à toutes les règles, et qui paroît d'autant plus mériter votre attention, qu'on prétend que les officiers de justice qui doivent l'empêcher, ont été les principaux fauteurs.

Du 17 *août* 1735.

J'ai lu avec beaucoup d'attention les deux lettres que vous m'avez écrites, pour m'expliquer les motifs de l'arrêt qui a été rendu à votre rapport, au sujet du mariage de mademoiselle de...... avec M. de..... et j'y aurois répondu plus tôt, si je n'avois pas attendu de nouveaux éclaircissemens qu'on devoit me donner sur cette affaire.

Quelque prévenu que je sois en votre faveur, je ne puis m'empêcher de vous dire, que les raisons qui sont expliquées par vos lettres, ne sauroient effacer entièrement la première impression que l'arrêt dont il s'agit a fait sur mon esprit.

Il ne s'agit point d'examiner si le mariage considéré en lui-même étoit convenable; personne n'ignore la naissance distinguée de M....... Je suppose même très-volontiers, qu'il aura tout le bien qu'on lui promet, et je supposerai encore, si l'on veut, que tous les parens auroient dû se réunir tous en sa faveur; ce n'est point là ce qui forme mon objet en cette occasion, j'en écarte tout intérêt particulier pour n'envisager que ce qui concerne l'ordre public; et je le trouve si intéressé dans les conséquences de l'arrêt du parlement et de ce qui l'a suivi, que je n'ai pu me dispenser de relever ici en détail tout ce que j'y vois d'irrégulier.

Pour commencer par ce qui regarde l'arrêt, le premier objet qui me frappe est l'incompétence certaine du parlement.

C'est le juge d'église qui connoît des oppositions à la célébration des mariages, lorsqu'elles sont fondées sur des promesses, et qu'elles touchent à ce que l'on appelle le lien du mariage. C'est, au contraire, le juge séculier qui doit connoître de celles qui ne regardent que l'autorité des pères ou des mères, des tuteurs ou des curateurs, et l'intérêt des familles; mais en aucun cas le parlement n'est en droit de s'en rendre le juge en première instance. L'usage même qui s'observe en Bretagne, de donner ce qu'on appelle un décret de mariage, est une nouvelle raison pour établir la compétence du premier juge qui, ayant droit de rendre ce décret, est aussi le juge naturel des oppositions par lesquelles on veut empêcher et le décret et le mariage. Ainsi, lorsque le parlement le dépouille de la connoissance des oppositions pour se l'attribuer, il tombe dans un abus de son pouvoir, que les exemples, si l'on en rapportoit, ne pourroient justifier; ce qu'il y a même de fort singulier dans l'arrêt du 23 juin, c'est qu'on y reconnoît le droit du premier juge, puisqu'en rejetant les oppositions, le parlement lui ordonne de passer outre au décret de mariage: ainsi, par un partage qui paroît très-extraordinaire, on divise ce qui devoit être regardé comme inséparable, et il se trouve, d'un côté, que c'est le juge de Saint-Georges qui doit donner le décret de mariage, et que de l'autre côté, c'est le parlement qui prononce sur les oppositions à ce mariage, et par conséquent au décret, sans même qu'il ait évoqué ces oppositions, ni qu'il ait rendu aucun arrêt pour avertir les parties qu'il vouloit s'en établir le juge.

Quand on pourroit même regarder cette compagnie comme compétente, quel usage a-t-elle fait de l'autorité qu'elle s'attribuoit? Il s'y est glissé tant de défauts d'attention, que je ne sais comment, avec toutes les lumières que Dieu vous a données, vous n'en avez pas été plus frappé.

1.° Il est contre toutes les règles, et même en un sens contre le droit naturel, de statuer sur une demande sans entendre les parties, et l'obligation de le faire croît dans la même proportion que l'incompétence de la demande. La célébration d'un mariage n'a rien de provisoire, la promptitude de l'expédition, si recommandée aux juges dans d'autres cas, deviendroit une précipitation dangereuse dans les occasions où il s'agit de statuer sur ce qui est irréparable; et bien loin de craindre alors l'inconvénient de la lenteur ou du retardement, on doit au contraire les regarder souvent comme salutaires, pour mieux assurer la destinée d'un mariage, et parvenir plus sûrement à une conciliation toujours désirable dans les familles; enfin, qu'y avoit-il d'assez pressant dans l'engagement d'une mineure âgée de seize ans, et dont les principaux parens étoient absens de la province, pour obliger les juges à se dispenser de suivre les règles ordinaires ?

Un arrêt rendu en pareil cas sur une simple requête, sans entendre les parties, peut-il être excusé en disant, comme vous le faites, que les opposans n'avoient pas marqué leur domicile, ou qu'ils n'en avoient point élu dans leurs oppositions? Mais, étoit-ce des inconnus dont on eût pris le nom, pour hasarder une opposition frustratoire? c'étoient, au contraire, des parens distingués par leur naissance, par leurs dignités, par leur promixité avec la mineure qu'il s'agissoit d'établir; personne n'ignore et ne pouvoit ignorer le lieu de leur demeure. Il y en avoit dont le domicile étoit dans la ville de Rennes même; et d'ailleurs, est-ce par de pareilles minuties de procédure que les juges doivent se déterminer dans une matière si importante?

2.° On paroît avoir méprisé une autre règle qui n'est guère moins inviolable que la première, c'est la nécessité d'ordonner un avis de parens, lorsqu'il se forme un partage de sentimens dans la famille de la mineure sur son établissement. La disposition des ordonnances et l'usage constant des tribunaux sont parfaitement d'accord sur ce point; vous trouvez même cette règle écrite dans la loi particulière de votre province, c'est-à-dire, dans la coutume de Bretagne; et l'édit de 1732, sur les tutelles, ne le renferme pas moins. Comment donc a-t-on pu se dispenser de la suivre dans cette occasion? Je n'en trouve que deux raisons dans vos lettres; l'une de droit, et l'autre de fait:

La première est, qu'il ne faut pas mettre au nombre des parens qu'on doit consulter en cette matière, ceux qui n'ont pas concouru à la nomination du tuteur;

La seconde, qu'entre ceux qui avoient ici la qualité de nominateur, il y en avoit neuf, c'est-à-dire, les trois quarts qui avoient donné leur consentement au mariage.

Mais la première réponse ne me satisfait point; il faudroit, en effet, s'attacher bien servilement à la lettre de l'édit des tutelles, et en ignorer le véritable esprit, qui vous doit être plus connu qu'à personne, pour en conclure que parce qu'aux termes de cet édit il ne suffit pas de consulter sur le mariage des mineurs ceux des parens qui forment le conseil de la tutelle, et qu'il faut encore prendre l'avis de tous les parens nominateurs; le roi a prétendu par là ôter aux plus proches parens, le droit de s'opposer à un mariage qui ne leur paroîtroit pas convenable, et cela sous prétexte qu'ils n'ont pas assisté à l'acte de tutelle.

Je suis fort peu touché de la réflexion qui a été faite, quand on a dit que ceux qui n'ont pas voulu participer aux charges de la tutelle, méritoient d'être regardés comme ne devant aussi avoir aucune part aux honneurs de la tutelle. Ce n'est point pour faire honneur aux parens qu'on leur demande leur avis sur les mariages des mineurs mêmes; c'est encore pour l'honneur commun des familles, plutôt que pour celui de chaque parent en particulier; mais toutes ces considérations qui forment le véritable motif de la loi doivent-elles cesser, parce que les plus proches parens ont eu des titres ou des emplois, ou d'autres raisons pour ne pas assister à l'élection du tuteur? Faut-il que, si c'est une faute, comme c'en est souvent une, de se refuser aux charges de la tutelle, cette faute retombe sur les mineurs mêmes, en les privant du conseil, ou du secours de leurs plus proches parens, dans l'action la plus importante de leur vie? Prendre en ce cas l'avis de tous les parens nominateurs, c'est suivre exactement la disposition de l'édit des tutelles; mais aller plus loin et vouloir interdire la voie des oppositions aux parens souvent les plus proches, et les plus propres à donner un bon conseil aux mineurs, sous prétexte qu'ils n'ont pas été nominateurs, c'est ce que la lettre de l'édit des tutelles ne porte point, et qui est contraire à son véritable esprit.

Ainsi dans le droit, on ne peut se servir de cet édit pour justifier l'arrêt du 23 juin; et le moyen qu'on veut emprunter du fait pour soutenir le même arrêt, ne me paroît pas mieux fondé.

Il est vrai que neuf des parens nominateurs avoient consenti au mariage; mais il en restoit encore trois qui n'avoient point donné leur avis, et qui n'avoient même pas été appelés, quoique l'édit de 1732, auquel on veut faire dire sur l'article précédent beaucoup plus qu'il ne dit véritablement, en contienne une disposition expresse; pourquoi donc n'a-t-on pas suivi une loi si récente et si connue? Est-ce, comme vos lettres le font entendre, parce que neuf voix l'auroient toujours emporté sur trois?

Mais premièrement, si une telle raison pouvoit avoir lieu, on éluderoit toujours la nécessité d'assembler ou d'entendre tous les parens nominateurs, il suffiroit d'en mettre le plus grand nombre dans son parti et de joindre leurs consentemens à une requête, pour empêcher qu'il n'y eût un avis de parens dans les formes ordinaires.

Secondement, la pluralité des suffrages peut être d'un grand poids; mais, c'est lorsque tous les parens nominateurs ont été assemblés, et qu'ils ont pu s'entendre mutuellement. Il ne faut pas souvent, en ce cas, plus d'un seul avis pour ramener tous les autres; et c'est pour cela que dans toutes les occasions importantes, l'assemblée des parens est le seul moyen de pourvoir solidement à l'intérêt des mineurs; tous les suffrages qui se donnent séparément, et sans attendre cette assemblée, ont toujours quelque chose de suspect, et l'on ne peut jamais appliquer à ce cas la présomption favorable qui résulte de la pluralité des voix.

Enfin, lorsqu'il s'agit de mariage d'une mineure, ce n'est pas toujours le plus grand nombre de parens assemblés qui doit décider, et les juges, pour me servir de vos termes mêmes, *étant les tuteurs des tuteurs*, peuvent fort bien, en cette matière, préférer l'avis du moindre nombre, lorsqu'ils ont lieu de présumer une intelligence secrète entre ceux qui forment le plus grand, et qu'ils croient que leur avis est contraire au véritable avantage du mineur et de la mineure.

Je ne vois donc rien ici qui puisse autoriser l'extrême promptitude avec laquelle on a procédé au jugement d'une affaire qui n'en exigeoit aucune; et cela sans qu'il y eût eu un avis de parens assemblés, sans même qu'on eût ordonné que les nominateurs absens seroient appelés, omission qui mérite d'autant plus d'être relevée, que parmi ces absens il y en avoit qui étoient du conseil de la tutelle.

3°. Tous les défauts que je viens de remarquer pouvoient cependant être encore réparés par la voie de l'opposition; mais cette voie même a été fermée par ces termes de l'arrêt du 23 juin, *nonobstant oppositions faites ou à faire*.

Comment est-il possible, que lorsque ces termes ont été proposés dans les opinions, les juges n'aient pas senti qu'ils ne rendoient qu'un arrêt sur requête, et que c'étoit même le premier arrêt qu'ils donnoient sur une matière dont les parens opposans ne pouvoient savoir encore que le parlement en fût saisi; que par conséquent la voie de l'opposition étoit, plus qu'en tout autre cas, une voie de droit qui ne leur étoit pas permis d'exclure, surtout dans une matière où la précipitation étoit irréparable; c'est ce qu'il est bien difficile de comprendre, mais ce n'est pourtant pas encore tout ce que la même disposition renferme de singulier.

Comme ces termes, *nonobstant oppositions faites ou à faire*, suivent immédiatement ceux qui enjoignent aux curés ou aux recteurs de donner la bénédiction nuptiale aux contractans, ils doivent sans difficulté être appliqués à cette bénédiction, c'est-à-dire, à la célébration du mariage. Ainsi, la conséquence nécessaire de ces termes étoit que, quand même il seroit survenu une opposition de la part d'une personne qui auroit rapporté une promesse de mariage signée, par exemple, du contractant, les curés auroient été obligés de passer outre, sans donner aux parties intéressées le temps de faire statuer sur cette opposition. Le cas n'est pas arrivé, il est vrai, je crois même qu'on avoit toutes sortes de raisons, mais le défaut étoit toujours dans le fond de la disposition, et rien ne fait plus sentir combien un tel arrêt a été peu médité, que de voir qu'on n'y a pas même fait attention à un si grand inconvénient.

Malgré cette exclusion de toutes oppositions faites ou à faire, les parties intéressées crurent que rien ne pouvoit les empêcher de former leur opposition à un tel arrêt, qui en étoit si susceptible en cela même qu'il l'excluoit. La requête à fin d'opposition parut dès quatre heures après midi, vous en convenez; mais pourquoi ne fut-elle pas répondue? Voici les raisons que vous m'en expliquez par vos lettres:

Vous n'étiez pas au palais lorsque cette requête y fut portée, parce qu'on y voyoit un procès dont vous ne pouviez être juge. M. le président de ...... n'y étoit pas non plus, par une semblable raison; les conseillers, qui n'avoient pas assisté le matin au rapport de l'affaire, ne crurent pas pouvoir être juges de l'opposition à l'arrêt qui a été rendu sur ce rapport; il ne se trouva donc que neuf juges, et la requête d'opposition fut renvoyée au 25, c'est-à-dire, qu'on remit après la célébration du mariage, qui se fit le 24, à statuer sur une requête qui tendoit à l'empêcher.

Etoit-il donc bien difficile de surmonter de pareilles difficultés, et surtout dans un cas si pressant? Ne pouvoit-on pas vous envoyer prier, aussi bien que M. le president de ......, de venir au palais pour cette affaire? Devoit-on s'arrêter au scrupule de ceux qui, n'ayant pas été juges le matin, crurent ne pouvoir pas l'être l'après-dînée, comme si les oppositions aux arrêts, ne pouvoient être jugées que par ceux qui les ont rendus? Enfin, ne pouvoit-on pas trouver d'autres juges dans la ville de Rennes, et en auroit-on manqué dans toute autre affaire, où il y auroit eu autant de péril à différer que dans celle-ci ?

Je n'exige point que vous répondiez à des questions si naturelles ; je voudrois pouvoir me cacher à moi-même ce qu'on y pourroit répondre ; mais concluez au moins de toutes ces réflexions, qu'on tombe d'inconvéniens en inconvéniens, lorsqu'on s'écarte des routes communes, et que rien n'est plus difficile que d'y rentrer, lorsqu'on a eu une fois le malheur d'en sortir.

Enfin, ce qui a suivi l'arrêt du 23 juin achève de faire sentir combien il est important de s'attacher toujours à l'observation des règles les plus exactes.

Une dispense de deux bans, accordée au préjudice des ordonnances qui ne permettent aux évêques d'en donner aux mineurs que sur le consentement de leurs parens ; un mariage célébré tout au plus après la publication d'un seul ban, sans mettre l'intervalle ordinaire entre l'un et l'autre ; enfin, un mariage célébré au préjudice des oppositions réitérées d'une partie des parens de la mineure : quoique tout cela ne soit point précisément du fait des juges, on peut au moins le regarder comme l'effet de leur arrêt, et surtout de ces termes si impératifs, *nonobstant oppositions faites ou à faire*, qui ont servi de titre ou d'excuse à la précipitation des ministres de l'église.

Ainsi, je suis forcé de reconnoître, quoiqu'à regret, qu'il n'y a peut-être jamais eu de mariage où l'on pût trouver plus de moyens d'abus, que dans celui dont il s'agit ; et que jamais arrêt n'a paru aussi plus susceptible de moyens de cassation que celui qui en a été le fondement, si les égards dont les parens qui s'y sont opposés sont remplis pour un homme de la naissance de M...... Si ces raisons de sagesse et de bienséance les empêchent d'attaquer un mariage d'ailleurs très-convenable, et qui méritoit d'être contracté d'une manière plus régulière ; je n'en suis pas moins obligé de m'expliquer sur les dangereuses conséquences d'un tel exemple, et de vous rappeler aux véritables principes qui doivent être suivis inviolablement dans une matière si importante. Vous êtes plus capable que personne de les connoître et de les suivre; et c'est ce qui a fait que j'ai été affligé, lorsque j'ai appris que vous aviez été le rapporteur d'une affaire, où tout ce que l'on peut dire de plus favorable pour vous, est que la persuasion où vous étiez de la bonté du fond, vous a empêché de faire assez d'attention aux difficultés de la forme. Elle n'est jamais plus importante que lorsqu'il s'agit de l'engagement le plus solennel et le plus intéressant, soit pour les familles particulières, soit pour le bien général de la société. Cette lettre vous donnera lieu d'y faire toutes les réflexions nécessaires; vous pouvez en faire part en particulier à M. le président de......, et à ceux des juges qui sont comme vous, plus en état d'en profiter pour l'avenir. Il ne convient point de la rendre plus publique, à cause des conséquences qu'on en pourroit tirer, par rapport à un mariage que personne ne me paroît vouloir attaquer; je souhaite que cette lettre en prévienne les conséquences, et que je n'aie plus que des occasions plus agréables de vous assurer que je suis.

Du 20 *août* 1736.

Votre lettre du ...... me fait voir que la jurisprudence du parlement de Dijon, sur le juge qui doit connoître des oppositions formées à des mariages, par d'autres personnes que celles entre lesquelles il s'agit du lien du mariage, est entièrement conforme à celle des autres parlemens, et aux véritables maximes qui doivent avoir lieu dans cette matière; et je réponds à la lettre du vicaire-général de M. l'évêque de Châlons, d'une manière qui l'empêchera apparemment d'agiter dans la suite, des questions dont il entend aussi peu les principes, qu'il connoît mal les auteurs qui en ont traité.

Du 22 août 1741.

Je vous envoie l'extrait de deux lettres que j'ai reçues au sujet d'un procès qui a été porté depuis peu au parlement de Flandre. Ce que l'on y dit de la forme et du fond de l'arrêt qui a été rendu en la troisième chambre de ce parlement paroît si extraordinaire, que j'ai de la peine à concevoir par quels principes les juges se sont conduits en cette occasion. Il semble qu'on leur feroit injure, si l'on présumoit qu'ils regardent comme capable de produire des effets civils un mariage contracté *in extremis*, par un homme et une femme qui ont passé leur vie dans un état de concubinage. Le parlement ne peut pas ignorer la disposition de l'édit du mois de mars 1697, sur ce sujet, puisqu'il a enregistré cet édit; et quand il auroit douté si le mariage dont il s'agissoit avoit été véritablement contracté *in extremis*, il ne devoit pas au moins juger une affaire aussi importante sur une simple requête, et cela dans le temps qu'il y avoit un appel comme d'abus interjeté de la célébration du mariage sur lequel il étoit préalable de prononcer: ainsi, ou le fait qu'on a exposé est entièrement faux, ou la conduite des juges paroît incompréhensible. Vous prendrez donc la peine de m'expliquer cette énigme après avoir vérifié les faits, et de me faire savoir par quels motifs on peut excuser le jugement qui a été rendu dans la troisième chambre.

Du 17 septembre 1741.

Il y a environ sept à huit ans, et peut-être plus ou moins, qu'à l'occasion d'un arrêt rendu au parlement de Flandre, au sujet de la validité d'un mariage, j'appris que plusieurs anciennes ordonnances de nos rois, qui regardent la matière des mariages, comme la déclaration de Henri II de l'année 1556, sur l'exhérédation des enfans de famille qui se marient sans le consentement de leurs pères, comme quelques articles de l'ordonnance de Blois, et la déclaration du 28 novembre 1636, sur le rapt des enfans de famille et des mineurs, et sur les mariages contractés à l'extrémité de la vie, n'étoient pas observées dans votre compagnie, parce qu'on n'avoit pas pris le soin de les y envoyer depuis qu'elle y a été érigée en cour supérieure.

J'en écrivis alors à feu M......, et, autant que je peux m'en souvenir, à M. de...., premier président, et je commençai même à dresser un projet de lettres-patentes, pour ordonner l'exécution des lois que je viens de rappeler dans le ressort du parlement de Flandre, en insérant leurs dispositions dans ces lettres.

Le projet qui fut formé dans ce temps-là, de donner une loi nouvelle sur la matière des mariages et qui a été suspendue depuis par différentes raisons, m'empêcha de mettre la dernière main à l'ouvrage que j'avois commencé; mais comme je serois en état de le reprendre à présent, je serois bien aise que vous prissiez la peine de chercher dans les papiers de feu M......, ce qui peut s'y trouver par rapport au dessein que j'avois formé de faire expédier des lettres-patentes pour donner connoissance au parlement de Flandre des anciennes lois qui regardent les mariages et qui n'y ont pas été enregistrées. Comme je ne saurois me rappeler précisément en quelle année j'ai travaillé sur cette pensée, j'ai cru que les lettres que j'ai écrites à M. de......, ou que j'ai reçues de lui en cette occasion, pourroient vous mettre en état de m'en faire retrouver la date aussi bien que les projets que j'avois commencé de faire dans la vue que je viens de vous marquer; je vous prie donc de chercher dans les papiers de M. votre prédécesseur ce qui peut y avoir rapport, et de me faire part de ce que vous aurez pu trouver.

Du 18 novembre 1741.

J'envoie à M. le premier président de votre compagnie le même projet que je lui avois adressé en 1736, d'une déclaration qui contient toutes les ordonnances sur les mariages que le parlement de Flandre n'a pas encore enregistrées. J'y ai fait seulement quelques changemens qui tombent principalement sur le style; et comme il auroit été trop long d'en faire une seconde copie, je prie M. le premier président de vous faire part de celle que je lui envoie; je recevrai avec plaisir vos observations et les siennes, si vous estimez qu'il y ait lieu d'en faire pour perfectionner encore cet ouvrage.

Du 7 novembre 1742.

J'ai reçu les exemplaires imprimés que vous m'avez envoyés de l'édit du mois de septembre dernier qui concerne les mariages, et *de la déclaration donnée par le roi, le 25 du même mois, sur les peines qu'on doit imposer aux commis ou employés dans les postes, qui prévariquent dans l'exercice de leurs fonctions*, avec l'enregistrement qui en a été fait *de ces deux lois* au parlement de Flandre.

Il n'est pas difficile de répondre à l'observation que vous faites, sur ce que l'édit ne contient pas une dérogation formelle et expresse à toutes lois, déclarations ou usages contraires.

Premièrement, il ne s'agit point ici d'une loi nouvelle, et ce n'est, à proprement parler, qu'un recueil de plusieurs lois précédentes, dont le roi ordonne l'exécution, telle qu'elle auroit lieu, si toutes ces lois avoient été adressées au parlement de Flandre, et comme elles contiennent chacune une clause dérogatoire à toutes dispositions contraires, cette clause est comprise sans difficulté dans l'autorisation que le roi donne aux mêmes lois, pour toute l'étendue de votre ressort.

Secondement, la dérogation que l'on a accoutumé d'adopter à la fin des ordonnances, édits ou déclarations du roi, est de style plutôt que de nécessité, parce qu'il est certain que toutes lois postérieures dérogent de plein droit à toutes lois précédentes, lorsqu'elles contiennent des dispositions qui y sont contraires.

Enfin, par les deux dernières dispositions de l'édit, le roi déclare, qu'en ce qui concerne les peines portées par les différentes lois, dont il ordonne l'exécution en Flandre, cet édit n'aura point d'effet rétroactif dans les cas où ces lois seroient contraires aux lois, coutumes, statuts ou usages qui étoient ci-devant observés dans le même pays; et c'est une règle générale que le roi applique ensuite à la disposition de l'article second de la déclaration du 26 novembre 1639. On ne peut donc considérer cet endroit de l'édit que comme une exception qui confirme la règle, puisqu'il est évident que si les lois renfermées dans le dernier édit ne doivent point avoir un effet rétroactif dans les cas que l'exception contient, cet édit doit être pleinement exécuté dans tout le reste, comme le roi le marque expressément ensuite dans les derniers termes de l'édit, qui portent, comme je l'ai déjà remarqué, que les lois confirmées par Sa Majesté seront exécutées en Flandre, de même que si chacune d'elles avoit été adressée au parlement de Douai.

Ce seroit donc sans aucun fondement qu'on voudroit prétendre pouvoir suivre à l'avenir d'autres règles que celles qui sont établies par cet édit, et je ne dois pas présumer qu'il y ait des juges capables d'avoir une telle pensée.

Du 3 octobre 1742.

J'AI lu et relu la lettre que vous m'avez écrite pour me rendre compte de ce qui s'est passé à Toulon au sujet du mauvais mariage que la fille du nommé. . . . ., procureur, a contracté avec un pilote irlandais, qui sert sur la flotte d'Espagne. Je n'ai pas lu avec moins d'attention la lettre que vous avez reçue sur ce sujet, de M. l'évêque de Toulon, et qui est conforme à celle que j'ai reçue directement de ce prélat; mais je suis obligé de vous dire que la lecture de ce qui est contenu dans ces lettres, n'a pas fait la même impression sur mon esprit que sur le vôtre, et qu'il s'en faut bien que j'en juge comme vous paroissez l'avoir fait.

La conduite de M. l'évêque de Toulon, dans l'affaire dont il s'agit, n'a rien d'irrégulier ni de répréhensible, et les principes par lesquels il la justifie, lui sont communs avec tous les évêques du royaume.

Il y a quatre règles certaines dans cette matière :

La première, que lorsqu'il s'agit du mariage, ou d'un vagabond, ou d'une personne qui n'a aucun domicile fixe et certain, ou d'un étranger dont l'état ne peut être connu par le curé auquel il s'adresse pour recevoir la bénédiction nuptiale, on ne peut, et l'on doit encore moins procéder à la célébration de son mariage, qu'après qu'il a rapporté des témoignages non suspects et en forme suffisante, pour prouver son état libre, et exclure le soupçon d'un engagement précédent.

La seconde est, que cette précaution n'est pas moins nécessaire, lorsqu'il s'agit d'un homme né dans un pays où la religion d'une secte séparée de l'église est dominante, et où la religion catholique ne s'exerce que secrètement, la présomption générale étant, en ce cas, que l'étranger est au moins très-suspect d'hérésie, et qu'ainsi l'on ne doit point le marier en face de l'église, sans exiger de lui, auparavant, des preuves certaines, ou de son baptême dans l'église catholique, ou de sa conversion, s'il soutient avoir abjuré l'erreur dans laquelle il avoit eu le malheur de naître; et lorsque ces deux circonstances concourent, je veux dire, lorsqu'il est question d'un homme qui est étranger, et qui est né dans un pays d'hérétiques, il est évident que les ministres de l'église sont obligés de redoubler aussi leurs précautions, pour s'assurer de la liberté et de la religion de celui qui veut recevoir d'eux le sacrement de mariage.

La troisième règle est que dans une matière si importante, on ne devroit régulièrement admettre que des preuves par écrit; mais que, lorsqu'il est impossible de trouver de pareilles preuves, après avoir épuisé tous les moyens convenables pour y parvenir, ce n'est qu'à l'extrémité et au défaut de toute autre espèce de preuve, soit par la perte des registres, ou par d'autres raisons semblables, que l'on peut avoir recours à la preuve testimoniale ; encore faut-il, en ce cas, que les témoins qui sont entendus par le juge, soient du pays de celui dont on veut prouver l'état, ou qu'ils le connoissent assez intimement, et depuis un temps assez considérable, pour donner un poids suffisant à leur témoignage.

Enfin, la quatrième règle est que, lorsqu'il y a eu du doute sur les deux points essentiels dont je viens de vous parler, ce n'est point au curé seul qu'il appartient d'en décider, il ne peut qu'en rendre compte à son supérieur : c'est à l'évêque qu'il appartient de régler et de diriger sa conduite, soit pour procéder à la publication des bans et à la célébration du mariage, soit pour suspendre l'un et l'autre.

Le concile de Trente a supposé ces règles comme indubitables, lorsqu'en parlant des vagabonds ou de ceux qui ne peuvent prouver un domicile certain, il défend aux curés de prêter leur ministère aux mariages de ces sortes de personnes, si ce n'est après avoir fait les recherches les plus exactes pour en connoître l'état, et avoir reçu de l'évêque la permission de les marier. Il est vrai que ce concile n'est point regardé comme une loi en France, dans ce qui regarde la discipline ; mais cette maxime cesse d'avoir lieu dans tous les cas où nous avons adopté dans ce royaume les règles prescrites par ce concile, et que, par ce moyen, la discipline qu'il a établie est devenue la nôtre.

C'est ce qui se trouve dans la matière dont je suis obligé de rappeler ici les principes. Les rituels qui ont été rédigés avec le plus d'attention, comme ceux de Paris, de Rouen et beaucoup d'autres, s'accordent parfaitement sur ce point avec la disposition du concile de Trente ; et ils l'ont même expliquée encore plus exactement.

C'est ainsi qu'il est dit dans le rituel du diocèse de Paris, que les mariages et même les fiançailles des vagabonds ou des étrangers ne doivent être célébrés qu'après d'exactes recherches, et sur des témoignages par lesquels l'état de ces sortes de personnes ait été légitimement attesté ; qu'il faut après cela en rendre compte à l'évêque, pour recevoir de lui la permission de faire la célébration du mariage.

Tels sont les principes qui doivent être exactement suivis dans la matière présente : la raison et la religion ont dicté également ces principes, l'usage les a confirmés ; et, comme je vous l'ai dit d'abord, je crois qu'il n'y a aucun diocèse dans le royaume, où les règles que je viens de vous expliquer, ne soient religieusement observées.

Il est aisé après cela d'en faire l'application à l'espèce du pilote d'un des vaisseaux de l'escadre espagnole, et de la fille d'un procureur de Toulon.

A l'égard du pilote, il étoit dans une situation où toutes les circonstances se réunissoient pour inspirer un doute au curé de la paroisse de Toulon, et qui en ont formé un avec raison dans l'esprit de l'évêque, son supérieur : il est né en pays étranger et hérétique, il ne prouvoit point un domicile certain, et son état actuel de pilote ne pouvoit lui en donner aucun ; tout concouroit donc, non pas à rendre l'évêque facile, mais à rendre le curé plus difficile qu'il ne l'a été; et il faut que le curé soit bien peu instruit des règles et des usages de l'église, pour avoir fait les réponses que j'ai vues aux significations ou aux sommations qu'il a reçues.

M. l'évêque de Toulon a donc été indispensablement obligé de suppléer à l'ignorance ou à la facilité de son inférieur, et c'est sans aucun fondement, on peut dire même, avec une espèce de témérité, que ce curé a voulu faire entendre que ses droits étoient blessés, par les ordonnances de son évêque, pendant que la disposition du concile de Trente, approuvée en ce point dans le royaume, pendant que les rituels et l'usage des différens diocèses du royaume déclarent que les curés ne peuvent rien faire dans des occasions si délicates et si embarrassantes, qu'avec la permission de leur évêque. On a voulu aussi assez mal à propos vous faire craindre que tous les curés ne regardassent la cause de Toulon comme une cause commune, et ne voulussent, pour ainsi dire, élever autel contre autel, en prétendant qu'ils sont seuls juges des cas semblables à celui dont il s'agit, sans avoir besoin de recourir à la décision de leur évêque; ce seroit une prétention si insoutenable, qu'il n'est pas à présumer qu'aucun curé veuille s'exposer à la faire éclater aux yeux de la justice, et l'on doit encore moins croire qu'il y ait des juges capables de l'autoriser.

Il est vrai, qu'il n'est pas ordinaire que MM. les évêques rendent des ordonnances publiques dans des occasions pareilles à celle qui s'est présentée à Toulon; mais c'est parce qu'ils trouvent des curés assez dociles pour se conformer entièrement aux avis qu'ils leur donnent, et pour prendre toutes les précautions que leurs supérieurs jugent nécessaires. C'est donc au seul curé de Toulon que l'on doit imputer l'obligation où son évêque a cru se trouver de s'expliquer publiquement, pour empêcher que par une précipitation dangereuse, la sainteté du sacrement de mariage ne fût exposée à une profanation.

M. l'évêque de Toulon voyoit que le curé ne demandoit pas mieux que de recevoir le témoignage de trois aumôniers espagnols, comme une preuve suffisante de la religion et de la liberté du pilote, qui vouloit se marier en face d'église; et ce prélat, qui avoit raison de croire qu'il falloit prendre de plus grandes précautions pour s'assurer de deux points si importans, a jugé, et peut-être avec beaucoup de fondement, qu'il falloit absolument lier les mains à un curé si facile, pour prévenir les suites d'un mariage précipité, qui se trouveroit peut-être avoir été indignement célébré, quand on auroit reçu les éclaircissemens que ce prélat demandoit. Il n'y a donc rien en tout cela qui excède le pouvoir d'un évêque, ni qui donne aucune atteinte aux véritables droits des curés renfermés dans leurs bornes légitimes. C'étoit en quelque manière un parti forcé pour M. l'évêque de Toulon, de reprimer la complaisance du curé; et s'il paroît d'abord quelque singularité dans les ordonnances de ce prélat, elles n'en sont pas moins régulières, lorsqu'on envisage les circonstances dans lesquelles il s'est trouvé.

A l'égard de la fille qui s'étoit laissé séduire par le pilote, et qui a voulu couvrir son déshonneur par un mariage fait à la hâte, la conduite du curé n'a pas été moins répréhensible.

Le vrai certificat de la liberté d'une fille domiciliée dans la paroisse d'un curé, est l'acte de publication des bans; toute autre espèce de certificat est inconnue en ce pays-ci; et M. l'évêque de Toulon a raison de dire, que de pareilles attestations seroient sujettes à beaucoup d'inconvéniens. C'étoit d'ailleurs au curé de Toulon qu'il appartenoit de faire la célébration du mariage, et il n'avoit pas besoin de se donner un certificat à lui-même; toutes les instances qu'on a donc faites auprès de lui, pour avoir son certificat ou une publication de bans, et la disposition prochaine où l'on voit qu'il étoit de s'y prêter, tendoient visiblement à donner aux contractans la facilité de se marier devant un prétendu grand-vicaire de l'escadre espagnole; et c'est ce que M. l'évêque de Toulon avoit droit et raison de ne vouloir pas souffrir.

C'est donc encore une fois, sur le curé seul que doit tomber le reproche de tout ce qui s'est passé dans cette affaire; et c'est contre lui que votre ministère devroit s'élever plutôt que contre un évêque, qui n'a fait que suivre en cette occasion les règles canoniques.

S'il a eu recours depuis à la voie des lettres de cachet, c'est ce dont je n'avois eu aucune connoissance avant votre lettre; *ces sortes de voies ne sont guère plus de mon goût que du vôtre;* mais ce n'est pas de quoi il s'agit aujourd'hui, il est question seulement de voir par quel moyen on peut réparer en quelque manière le vice d'un mariage absolument nul selon les lois de l'église et de l'état. C'est ce qui ne se peut faire que par une réhabilitation permise et approuvée par l'évêque; mais, comme les mêmes difficultés qui s'opposoient à la première célébration du mariage se présenteront encore, lorsqu'il s'agira d'en faire une nouvelle, il faut nécessairement que les deux parties contractantes se soumettent à rapporter les actes et les témoignages que M. l'évêque de Toulon a eu raison d'exiger du pilote avant que de permettre son mariage; et il ne paroît pas par la lettre que j'ai reçue de lui, qu'il se rende trop difficile sur ce sujet, et en général on ne sauroit l'être trop en pareille matière.

Au surplus, je ne vois aucune raison, ni même aucun prétexte pour porter une affaire de cette nature dans un tribunal séculier. Prétendra-t-on qu'il y a abus dans les ordonnances où un évêque n'a fait que se conformer aux règles canoniques et au droit commun du royaume, en prenant les précautions que le cas où il se trouvoit rendoit absolument nécessaires?

Quand même, ce qu'il n'est pas possible de présumer, on déclareroit ces ordonnances abusives, qu'ordonneroit-on en conséquence? Obligeroit-on un curé à réhabiliter un mariage nul et vicieux en toute manière, sans y être autorisé par son évêque; c'est ce qui n'a point encore eu d'exemple, et ce qui seroit directement contraire à toutes les lois qui ont été faites sur la nécessité de la présence du propre curé dans les mariages. Ainsi, on ne peut que laisser cette affaire dans l'état où elle est, jusqu'à ce qu'on ait satisfait aux conditions exigées par M. l'évêque de Toulon; et vos avocats peuvent se dispenser de se préparer à traiter une matière que le roi ne souffrira pas, selon toutes les apparences, que l'on porte dans un tribunal séculier.

Il faut sans doute que les règles qui doivent être suivies dans la matière présente, n'aient pas été aussi connues jusqu'à présent en Provence, qu'elles auroient dû l'être, et qu'elles le sont ailleurs, puisqu'il paroît par votre lettre, que vous penchiez en cette occasion du côté du curé, plutôt que de celui de l'évêque; et c'étoit d'ailleurs votre bonté naturelle qui vous y portoit, aussi bien qu'un mouvement de compassion pour une famille qui est fort à plaindre. C'est ce qui m'a obligé à m'étendre autant que je l'ai fait dans cette lettre, afin de vous faire mieux connoître les principes que votre ministère vous oblige à soutenir dans des occasions semblables.

Du 4 avril 1743.

J'ai lu et relu avec la plus grande attention les deux lettres que vous m'avez écrites, l'une le 18 décembre 1742, l'autre le 9 du mois de mars dernier, sur l'usage où le parlement de Toulouse est depuis long-temps, d'ordonner la célébration des mariages de ceux qui offrent d'épouser les filles qu'ils sont accusés d'avoir séduites, sans que l'on observe, dans cette célébration, aucune des formalités prescrites par les saints décrets et par les ordonnances du royaume, comme si la présence d'un commissaire du parlement pouvoit suppléer à toutes ces formalités.

Mais, plus j'ai examiné tout ce que vous m'avez écrit sur cette matière, plus il m'a paru que vous vous étiez contenté de traiter ce qu'on ne peut en regarder que comme les branches, sans aller jusqu'à la tige qui les produit, c'est-à-dire, au fond même de la jurisprudence dont il s'agit et sans en discuter les motifs.

Je vois, en effet, par vos lettres, qu'on suppose à Toulouse, que le choix accordé à un accusé, ou d'épouser son accusatrice, ou de lui payer les dommages et intérêts auxquels on le condamne, n'a rien d'irrégulier en lui-même, et qu'on réduit toute la question à l'examen des précautions qu'il convient de prendre, ou des formalités qui doivent être observées pour assurer la validité de ces mariages.

C'est précisément supposer pour principe, ce qui est en question, et prendre l'accessoire pour le principal; ainsi, pour suppléer à ce qu'on auroit dû faire à Toulouse, je m'attacherai principalement, dans ma lettre, à examiner le premier et le plus essentiel objet de la matière présente, je veux dire la légitimité de la jurisprudence de ce parlement, considérée en elle-même, et dans ce qui en est comme le fond.

Je distingue donc d'abord deux cas où la question peut se présenter:

Le premier, seroit celui d'un arrêt par lequel il auroit été ordonné d'office et sans aucunes offres faites par l'accusé, qu'il seroit tenu de payer la somme arbitrée par les juges, pour les dommages et intérêts, si mieux il n'aimoit épouser la fille séduite;

Le deuxième, est le cas des offres faites par l'accusé de se marier avec cette fille, pour faire tomber la demande des dommages et intérêts.

Je ne parle ici du premier cas, que pour ne rien omettre de ce qui peut arriver; et je serois fort porté à ce retranchement, parce qu'il n'est pas vraisemblable qu'un parlement aussi éclairé que celui de

Toulouse rende d'office de pareils arrêts ; mais, ce qui me fait naître quelque doute dans l'esprit sur ce point, c'est la sentence qui a été rendue à Montpellier contre le sieur......, par laquelle, après l'avoir condamné en 5,000 livres de dommages et intérêts, on a ajouté ces mots : *si mieux il n'aime épouser la demoiselle, etc.*, sans que jusque-là il eût offert de le faire ; et, comme cette sentence paroît avoir été confirmée purement et simplement par un arrêt contradictoire du parlement, il ne seroit pas impossible qu'on n'y fût pas dans l'usage de mettre d'office, cette espèce d'alternative entre le paiement des réparations pécuniaires et ce mariage ; c'est sur quoi vous me donnerez sans doute des éclaircissemens qui ne me laisseront rien à désirer.

Je me renferme donc, quant à présent, dans l'examen du second cas, je veux dire de celui où il y a eu des offres faites par l'accusé ; et je conçois aisément que pour soutenir la jurisprudence du parlement de Toulouse à cet égard, on peut dire que lorsqu'il s'agit d'un mariage qui n'a rien de déshonorant pour une famille, et qui ne renferme aucune inégalité considérable du côté de la naissance ou de la fortune, il seroit dur d'imposer aux juges l'obligation de refuser à une fille séduite, la plus grande de toutes les réparations qui lui est offerte par le séducteur même.

Mais la chose ne change-t-elle pas de face, dès qu'on la considère dans la sévérité des principes, qui tendent à assurer la liberté des mariages, l'honneur et l'intérêt des familles, la décence des mœurs et l'honnêteté publique ; et si l'on envisage l'objet présent dans ce point de vue, les magistrats et le législateur même ne doivent-ils pas être frappés des considérations suivantes ?

1.° Rien ne paroît plus dangereux que de faire connoître aux filles, qui ne cherchent communément dans cette matière à tirer avantage de leurs fautes mêmes, qu'une séduction qui vient souvent de leur part, où une débauche volontaire peut non-seulement être un dégré pour parvenir à un mariage, mais le rendre presque nécessaire et forcé, par la crainte d'une condamnation à des dommages et intérêts exorbitans. C'est exposer tous les fils de famille à tomber dans les filets d'une séduction qui, par une complaisance à laquelle l'intérêt a plus de part que la passion, croit acheter un établissement honorable et avantageux, auquel elle sent bien qu'elle ne peut parvenir que par le crime. S'il y avoit à opter entre deux lois, dont l'une interdiroit tout mariage entre ceux qui ont commencé *ab illicitis*, et dont l'autre favoriseroit au contraire leur engagement; la première ne paroîtroit-elle pas bien plus digne de la sagesse et de la gravité du législateur, plus propre à conserver l'innocence des mœurs, et la véritable dignité du mariage : mais il n'est pas même nécessaire d'aller jusqu'à cette rigueur, quoique salutaire, il ne s'agit que de ne pas aplanir la route du crime par l'espérance d'un mariage forcé, et il est moins question de punir le désordre que de ne le pas récompenser.

2.° L'état où se trouve celui qu'on engage à contracter un pareil mariage, est une seconde raison qui ne s'élève pas moins que la première, contre la jurisprudence du parlement de Toulouse.

Personne n'ignore combien tous les actes passés dans les fers et dictés par le désir de les rompre, paroissent suspects aux yeux de la justice même. Il faut, pour les laisser subsister, qu'ils soient fondés sur de plus grandes raisons que les autres, et qu'ils paroissent exempts de toute suspicion de surprise, de lésion, en un mot, de l'abus qu'on a pu faire de la situation où étoit le contractant; il ne s'agit néanmoins dans la plupart de ces actes que d'un intérêt pécuniaire, plus ou moins considérable.

Que doit-on donc penser de ces offres de mariage, que la crainte d'une longue captivité arrache en quelque manière à un prisonnier, et qui doit décider de son état, de sa fortune, et souvent de son honneur et de sa tranquillité pour tout le temps de sa vie?

Il y a même cette grande différence entre toutes les autres espèces d'engagemens et celui du mariage, que l'on peut protester contre les premiers, comme ceux qui ont passé des actes en prison le font souvent aussitôt qu'ils ont recouvré leur liberté, et il leur reste au moins la ressource d'implorer le bénéfice de la restitution contre ces actes. Mais on protesteroit en vain contre un mariage célébré avant que de sortir de la prison; on tenteroit aussi inutilement la voie de la restitution contre un engagement irrévocable par sa nature, et encore plus, s'il est possible, lorsque c'est la justice même qui en a formé les liens et qui les a affirmés par sa présence.

Ainsi, bien loin de distinguer ces mariages des actes d'une autre nature par lesquels une personne achète sa liberté, ce sont au contraire ceux de tous les engagemens contractés dans les fers, qui méritent le moins la faveur et la protection de la justice.

Si ceux qui sont juges des offres faites par un accusé d'épouser son accusatrice, se contentoient de lui en donner acte et d'ordonner, lorsque la fille y consent, qu'il seroit tenu, dans un certain temps, d'accomplir sa promesse par un mariage célébré dans les formes prescrites par les canons et par les ordonnances, à l'effet de quoi il seroit mis hors de prison; s'ils y ajoutoient que, faute d'y satisfaire, il seroit obligé de payer des dommages et intérêts considérables, et qu'il pourroit même y être contraint par corps, en haine du violement d'une parole donnée à la face de la justice : un tel jugement n'auroit rien de répréhensible, et ce seroit peut-être le moyen le plus naturel de concilier cette espèce d'équité, qui a servi de fondement à la jurisprudence du parlement de Toulouse, avec ces principes plus austères et que la vue du bien public doit inspirer au législateur.

Mais vouloir que dans le cas d'une simple débauche, c'est-à-dire, d'un crime commun aux deux parties, leur condition soit si inégale, par le moyen d'une condamnation excessive à des réparations disproportionnées, que l'un des deux coupables soit puni, pendant que l'autre est récompensé, c'est à quoi je serois tenté d'appliquer ces vers d'Horace :

Sensus moresque repugnant
Atque ipsa utilitas, justi prope mater et æqui.

3.° Enfin, la question que j'ai cru devoir approfondir dans cette lettre est tellement préjugée, pour ne pas dire décidée par la déclaration du 22 novembre 1730, si l'on en prend bien l'esprit, qu'il semble que la jurisprudence du parlement de Toulouse, auroit dû cesser d'elle-même à la vue de cette loi.

Il est vrai que le rapt de séduction en a été l'objet direct et principal ; mais, après y avoir pourvu dans les deux premiers articles, le roi a pourvu dans le troisième, le cas d'un simple commerce illicite, qui n'auroit point les caractères d'un rapt de séduction ; et Sa Majesté a confié aux juges le soin d'imposer en ce cas, telles peines qu'il appartiendroit. Or, en quelque occasion que ce soit, l'obligation de contracter un mariage ne peut jamais être regardée par la justice comme une peine qu'elle puisse imposer ; et elle l'imposeroit indirectement, si elle réduisoit l'accusé à la nécessité, ou de supporter une condamnation ruineuse pour lui, ou de ne pouvoir s'y soustraire qu'en épousant celle qui a obtenu cette condamnation.

Tel a été l'esprit de la déclaration du 22 novembre 1730, soit lorsqu'elle a aboli en Bretagne l'usage de condamner à mort les coupables de rapt de séduction, *si mieux ils n'aimoient épouser la personne ravie*, soit lorsqu'en supposant, comme cela est vrai, qu'il y a des cas où le simple commerce illicite, peut, dans certaines circonstances et à l'égard de certaines personnes, être jugé digne du dernier supplice. La même déclaration a ordonné, en termes généraux, qu'en aucun cas les juges ne pourront décharger de la peine de mort, *sous la condamnation* ou *sous l'offre faite par les parties de s'unir par le lien du mariage.*

Ce n'est donc pas entendre cette loi, c'est en suivre seulement les principes, de l'appliquer à tous cas où l'accusé ne peut s'exempter d'une condamnation qui est au-dessus de ses forces, qu'en offrant de contracter un mariage qui en fasse cesser l'effet.

Il est bon même de remarquer ici que l'odieuse alternative entre la peine prononcée par les juges et le mariage, paroît avoir été imaginée originairement pour le seul cas du rapt de violence ou de séduction, c'est tout le genre de crime auquel on appliquoit cette espèce de formalité, *aut nuptias, aut mortem*; et je doute fort qu'on trouve d'anciens exemples d'une simple condamnation en des dommages et intérêts, qui ait été prononcée sous cette réserve, *si mieux n'aimoit l'accusé* épouser celle qui obtenoit cette condamnation. Quand même cette manière de prononcer ne seroit pas nouvelle, il seroit toujours naturel de penser qu'elle ne s'est introduite au parlement de Toulouse, qu'à l'exemple de ce qui s'observoit dans le cas du rapt, et principalement du rapt de séduction. Ainsi, le roi ayant jugé à propos, par de grandes et justes considérations, d'abolir l'alternative entre la mort et le mariage qui avoit eu d'abord lieu dans le cas du rapt; il est aisé d'en conclure que cette même manière de prononcer, qu'on avoit étendue jusqu'à de simples condamnations à des peines pécuniaires, auroit dû cesser en même temps que celle qui en avoit été le modèle et comme le premier original; c'est la conséquence qui résulte naturellement de la déclaration de 1730, si l'on en étudie bien le véritable esprit.

Le préambule même de cette loi le fait assez connoître, puisqu'un de ses principaux motifs a été, comme le roi le déclare expressément, que par la faveur trop grande qu'on avoit donnée au mariage, il étoit arrivé, *contre l'intention des lois*, qu'une sévère apparité ne serviroit plus *qu'à donner un nouvel appas au crime*, *et qu'au lieu que le véritable rapt de séduction, devoit mettre un obstacle au mariage, la débauche à laquelle on donnoit le nom de rapt, devenoit un degré pour y parvenir.*

Il n'y a rien dans ces réflexions qui ne puisse être appliqué à une condamnation en des dommages et intérêts, dès le moment qu'on la rend assez forte pour en faire comme une espèce de contrainte, qui oblige le condamné à acheter, non pas sa vie, mais sa fortune, par un mariage qu'il ne contracteroit jamais, s'il pouvoit agir avec une entière liberté.

Je n'ai traité cette matière avec tant d'étendue, que parce qu'il m'a paru qu'on n'en avoit pas encore senti à Toulouse la véritable difficulté; c'est ce qui a rendu cette lettre beaucoup plus longue que je ne m'y attendois moi-même, lorsque je l'ai commencée. Mais j'ai toujours eu pour principe, que lorsqu'on parle à des juges éclairés, il falloit que le langage de la raison précédât celui de l'autorité; et, après avoir encore suivi cette règle dans l'occasion présente, il ne me reste plus que de tirer une juste conséquence des différentes réflexions que j'ai réunies dans cette lettre.

Il est évident, par tout ce qu'elle contient, que c'est le fond même de la jurisprudence de votre compagnie qu'il s'agit aujourd'hui de réformer, au lieu de chercher seulement à remédier aux inconvéniens qui en sont une suite naturelle, et qui ont excité principalement l'attention ou les plaintes du clergé.

Ainsi, la déclaration du 22 novembre 1730 n'ayant pas encore été adressée au parlement de Toulouse, il paroît absolument nécessaire de la lui envoyer, et d'y ajouter un article, pour proscrire entièrement l'usage de recevoir les offres de mariage faites par un accusé qui ne peut être condamné qu'à des réparations civiles; de même que le roi a aboli l'usage de cette réserve dans les jugemens qui interviennent sur les accusations de rapt.

Cet article ne sera, comme je l'ai déjà dit, qu'une suite et une conséquence naturelle de l'esprit général de la déclaration de 1730; et d'ailleurs on ira par là jusqu'à la racine et à la source du mal, en sorte que les inconvéniens qui ont alarmé les évêques, et auxquels il seroit fort difficile d'apporter des remèdes suffisans, ne pourront plus arriver. En détruisant le principe, on fera tomber toutes les conséquences; et cette manière de remettre les choses en règle par rapport aux lois de l'église et de l'état, est non-seulement la voie convenable au bien public et à l'intérêt des familles, mais la plus simple et la plus courte de toutes celles qu'on peut employer.

Si vous entrez dans cette vue, aussi bien que les meilleures têtes du parlement de Toulouse, comme je ne dois pas en douter, vous prendrez, s'il vous plaît, la peine de me le faire savoir, afin que je puisse recevoir les derniers ordres du roi sur une matière si importante, et faire envoyer ensuite au parlement une déclaration rédigée dans l'esprit que je viens de vous marquer.

Du 6 novembre 1743.

J'AI reçu la lettre par laquelle vous m'informez exactement de tout ce qui regarde la nommée..... et le reste de sa famille, qui ne vaut pas mieux qu'elle, et qui paroît même encore plus coupable. Je ne vois rien d'assez grave dans la conduite déréglée de cette créature, pour exiger que le ministère public s'élève d'office contre elle; et la circonstance du mauvais mariage que le sieur...... veut contracter avec elle, et de l'appel interjeté au parlement, de la sentence qui a débouté ses parens de l'opposition qu'ils avoient formée au mariage, est une raison de plus pour vous engager d'agir directement en cette occasion; sans cela, ce que l'on auroit pu faire de mieux, auroit été de traiter l'affaire par voie de police, pour faire enfermer dans un hôpital une malheureuse qui vit avec un si grand scandale. Je ne puis donc que me rapporter pleinement à vous sur la conduite que vous devez avoir, soit à son égard, soit par rapport au reste de sa famille.

Du 21 juillet 1744.

Sur la réponse que vous me fîtes, au mois de mars dernier, au sujet de l'affaire du sieur......, je vous écrivis, le 24 du même mois, que je n'y entrerois en aucune manière, et que je ne donnerois aucun ordre pour lui en procurer l'expédition, qu'autant qu'il voudroit bien se rendre à vos conseils, et consentir, en se mariant, à assurer des pensions à ses enfans du premier lit. Mais, comme je reçois toujours de nouvelles plaintes de sa part, au sujet des longueurs qu'il prétend qu'on lui fait essuyer très-injustement, puisque le sort de ses enfans du premier lit est pleinement assuré par une substitution faite à leur profit de tous les biens qui lui sont échus par la succession de son père, il ne paroît pas juste, si ce fait est véritable, de différer plus long-temps de lui accorder l'expédition qu'il demande; au surplus, je ne saurois mieux faire que de m'en rapporter sur cela à votre prudence ordinaire.

Du 12 mai 1746.

J'apprends que, quoique la grand'chambre du parlement de Bordeaux eût rendu un arrêt le 2 avril dernier, par lequel, sur le réquisitoire de M. le procureur-général, elle auroit enjoint tant à...... et à......, qu'au nommé...... et à la demoiselle......, de se séparer, en réservant à ce magistrat à se pourvoir par telle voie qu'il aviseroit, au sujet des contraventions et du faux pratiqué dans les mariages contractés par ces particuliers; cependant le lieutenant-général en la sénéchaussée de Bordeaux s'est présenté en la grand'chambre pour revendiquer la connoissance de cette affaire, qu'il prétend lui appartenir en première instance, aux termes de la déclaration du 15 juin 1697, et que, M. le procureur-général s'étant opposé à cette demande, la décision a été renvoyée par-devant deux commissaires. Je répète ces termes sans les entendre, parce que ce sont ceux dont M. le procureur-général se sert dans la lettre qu'il m'a écrite pour me consulter sur ce sujet.

J'avoue, premièrement, que je ne comprends point par quelle raison la grand'chambre paroît s'être dépouillée en quelque manière, par ces termes, d'une décision si importante, pour la remettre entre les mains de deux seuls commissaires. Il y a apparence que c'est une espèce de délibéré qu'elle a voulu ordonner, et que si elle a nommé deux commissaires, c'est uniquement pour lui faire le rapport des pièces et des moyens sur lesquels elle rendra un arrêt définitif.

J'ajoute, et c'est ce qui est encore plus important, que je ne vois pas sur quel fondement la grande chambre a pu douter de son pouvoir en cette occasion, et suspendre son jugement sur une question si facile à décider entre M. le procureur-général et le lieutenant-général en la sénéchaussée.

Il est vrai que la déclaration du 15 juin 1697 suppose, que ce seront ordinairement les officiers des bailliages et sénéchaussées qui seront chargés de son exécution, et devant qui les procureurs du roi feront leurs poursuites dans les cas où ils sont obligés d'agir en cette matière; mais, en admettant les substituts des procureurs-généraux, il seroit singulier de prétendre que ce qui est permis à l'inférieur fût défendu à son supérieur.

A la vérité, dans les affaires qui n'intéressent que les particuliers, il ne seroit pas libre à un procureur-général d'interposer son ministère pour les faire introduire directement à la grand'chambre, et il doit, au contraire, veiller à l'observation de l'ordre des juridictions, et au maintien des droits qui appartiennent aux premiers juges, suivant la disposition de l'ordonnance; mais il n'en est pas de même dans ce qui intéresse directement la police, la discipline et l'honnêteté publique. Il est non-seulement permis, mais louable, à un procureur-général de prévenir, dans ces sortes de matières, l'attention des officiers inférieurs, et de remédier par là plus promptement et plus efficacement aux abus qui peuvent s'y commettre. C'est ce qui arrive souvent dans tous les tribunaux, et jusqu'à présent, on n'y a point contesté aux procureurs-généraux l'usage d'un pouvoir renfermé dans la disposition des ordonnances, qui leur enjoignent de tenir perpétuellement la main à leur observation.

Il n'est pas douteux d'ailleurs que les parlemens n'aient la liberté de suppléer à la négligence des officiers qui leur sont subordonnés, et de connoître par droit de dévolution des faits qui ont échappé à leur vigilance dans les cas qui intéressent directement le public, et où il s'agit de crimes ou de délits, que les officiers inférieurs auroient dû poursuivre, et qu'ils n'ont pas poursuivis.

Tels étoient les deux mariages ou les deux concubinages notoires dont il est ici question, et sur lesquels le substitut de M. le procureur-général en la sénéchaussée de Bordeaux n'ayant fait aucune diligence, ni lui, ni le lieutenant-général au même siége n'étoient plus en droit de réclamer la connoissance d'une affaire dans laquelle ils avoient été prévenus par le zèle d'un ministère supérieur.

Le parlement lui-même en avoit jugé ainsi en déférant, comme il l'avoit fait par son arrêt du 2 avril, à la réquisition de M. le procureur-général, et les parties intéressées avoient aussi reconnu que le parlement étoit le seul tribunal auquel elles pussent avoir recours, comme elles l'avoient fait effectivement par l'opposition qu'elles avoient formée à l'arrêt rendu par cette compagnie.

Il y a enfin une dernière considération à ajouter à tout ce que je viens de dire, c'est que le lieutenant-général en la sénéchaussée de Bordeaux ne pourroit connoître tout au plus que de la moindre partie des affaires dont il s'agit, quand même il seroit dans le cas d'en demander le renvoi. Il pourroit, à la vérité, être compétent sur ce qui regarde la cohabitation scandaleuse des contractans; mais il seroit obligé de s'arrêter sur-le-champ, aussitôt qu'ils auroient représenté devant lui l'acte de célébration de leur prétendu mariage. Outre qu'on ne permet plus depuis long-temps à aucun siége inférieur aux parlemens de connoître de la validité ou invalidité des mariages, il s'agit ici de mariages contractés à Paris, et par conséquent dans un lieu bien éloigné du ressort de la sénéchaussée de Guyenne; ce qui rend ce siége aussi incompétent en cette occasion, que la nature de la matière sur laquelle il est question de prononcer.

Comment pourroit-il en prendre connoissance, puisque l'on peut douter, avec quelque fondement, si le parlement même peut en être juge? C'est une question problématique qui a été agitée plus d'une fois entre le parlement qui étoit le juge du domicile des contractans, et celui qui l'étoit du lieu du délit, c'est-à-dire, du mariage abusif. Il y a des raisons spécieuses pour l'un et pour l'autre, et je crois par cette raison que pour lever toute difficulté, et pour prévenir une instance de réglement de juges, il sera fort à propos d'expédier un arrêt du conseil, qui attribue au parlement de Bordeaux, comme par droit de suite, la connoissance des mauvais mariages qui ont été célébrés à Paris, afin que la cause soit remise toute entière dans le même tribunal; mais c'est encore une nouvelle raison pour rejeter la demande du lieutenant-général de Bordeaux, et pour aplanir tous les obstacles qu'on cherche à faire naître pour empêcher l'exemple que le public a droit d'attendre dans les deux affaires dont il s'agit. Après l'éclat qu'elles ont fait, il y a bien lieu de craindre que ces obstacles ne soient suscités secrètement par les religionnaires mal convertis, et ce motif seul seroit suffisant pour engager le roi à soutenir l'autorité du parlement en cette occasion.

J'écris dans les mêmes termes à M. le procureur-général, en le chargeant de dresser le projet d'arrêt du conseil dont je viens de vous parler, et sur lequel je compte de faire expédier cet arrêt aussitôt que je l'aurai reçu.

---

§. III. — *Tutelles.*

Du 14 octobre 1730.

Le projet d'édit sur les tutelles, que je vous envoie, a été long-temps médité et digéré avec grande attention par l'avis de messieurs du conseil et de tous ceux que j'ai cru devoir consulter sur une matière qui est aussi difficile qu'importante.

Le principal objet que je m'y suis proposé, a été de ne point abroger entièrement le recours contre les nominateurs, qui a également lieu dans d'autres provinces, comme dans celle de Bretagne, et qui n'y a été établi, selon toutes les apparences, que par une longue expérience de la nécessité de ce recours, fondé sur le génie ou sur les mœurs des habitans du pays, et sur la nature des biens qui appartiennent à une grande partie des mineurs.

Mais, en laissant subsister ce recours pour ne pas faire un trop grand changement dans vos usages, et pour éviter de passer d'un excès de rigueur à un excès d'indulgence, j'ai pensé, comme tous ceux qui ont examiné la matière avec moi, qu'il falloit tempérer la dureté de la dernière jurisprudence par des dispositions et des précautions qui, tendant directement et principalement au bien et à l'avantage du mineur, fussent propres en même temps à opérer indirectement, mais efficacement, la sûreté et la décharge des nominateurs.

C'est dans cet esprit que le projet d'édit, dont je vous envoie la copie, a été dressé, et vous le sentirez encore mieux par la lecture de ce projet en entier, que par tout ce que je pourrois vous en dire. Mais comme la connoissance du local peut vous donner de plus grandes lumières sur ce sujet, qu'à ceux qui ne sont pas aussi instruits que vous l'êtes des usages de votre province, j'ai cru qu'afin de ne rien négliger pour la perfection d'une loi si importante, je devois vous en communiquer le projet, avant que d'y mettre la dernière main. Les mémoires que vous m'avez envoyés sur ce qui en fait la matière, et dont vous verrez que j'ai suivi l'esprit dans cet ouvrage, me répondent de la bonté des observations que vous y ferez ; je les recevrai avec toute la confiance que j'ai dans vos sentimens, et je serai très-aise de partager avec vous le mérite d'une loi où je n'envisage, comme vous, que le bien public.

Du 7 décembre 1730.

Je serois très-fâché, monsieur, que votre application à faire des remarques sur le projet d'édit qui regarde les tutelles, eût pu faire quelque préjudice à votre santé ou retarder votre convalescence. Il ne m'a pas paru, en lisant ces remarques, qu'elles fussent l'ouvrage d'un homme relevant de maladie ; mais c'est peut-être par cette raison même qu'elles ont pu vous incommoder ; leur solidité m'a bien dédommagé d'un retardement involontaire de votre part ; vous verrez qu'il n'y en a presque aucune dont je n'aie fait usage, en retouchant le projet d'édit. Je comptois en effet de le faire expédier promptement, afin qu'il pût être adressé au parlement avant la séparation des états ; mais, comme j'ai appris qu'il y avoit à peine dix officiers du parlement qui fussent à Rennes, et que les principaux ne doivent y revenir qu'après la fin des états, j'ai pris le parti de différer jusque-là l'expédition de cet édit : achevez cependant de rétablir votre santé, et soyez persuadé que personne ne s'y intéresse plus véritablement que moi, et n'est à vous, monsieur, plus parfaitement.

Du 30 *janvier* 1731.

J'AI appris par M. le maréchal d'Estrées et par d'autres voies, que la déclaration sur la matière des tutelles pourroit souffrir des difficultés en Bretagne, parce que le vœu, peut-être intéressé de ceux qui ont excité les états à demander une loi, a été de passer d'une extrémité à l'autre, et de faire abolir entièrement le fond de la jurisprudence du parlement, ce qui n'a paru nullement convenable au conseil du roi et aux personnes les plus sages de la province même; c'est ce que j'ai expliqué plus au long dans une lettre que j'écris à un officier du parlement de Bretagne, et dont je vous envoie la copie avec celle du projet de déclaration. Je compte entièrement sur votre secret à l'égard de l'une et de l'autre, comme je vous le promets réciproquement sur tout ce que vous pouvez m'écrire; mais, sans le blesser, il vous sera facile de sonder les esprits et d'en découvrir la véritable disposition, dont il est important que je sois informé avant que de prendre une dernière résolution sur aucune matière. Vous aurez donc agréable de m'expliquer ce que vous en aurez appris; et si vous voulez y joindre vos avis, vous savez le plaisir que j'aurai à profiter de vos lumières et de votre sagesse, pour me mettre en état de faire un bien solide à la province de Bretagne, et peut-être plus qu'elle n'en désire, faute de bien entendre ses véritables intérêts.

Du 30 janvier 1731.

Quoique j'aie profité, monsieur, de presque toutes les remarques que vous avez faites, et de celles que j'ai reçues d'ailleurs sur le projet de la nouvelle loi qui regarde les tutelles, je crains cependant que, pour vouloir faire une loi trop parfaite, nous ne parvenions à n'en faire aucune, ou à exciter une contradiction dans la province de Bretagne, qui empêchera que la déclaration dont il s'agit n'y ait tout le succès qu'il seroit à désirer.

Il y a surtout deux dispositions, qu'on m'assure qui souffriront beaucoup de difficultés dans le parlement :

La première, est celle que vous avez relevée vous-même, et qui tend à charger du péril de la tutelle ceux mêmes des parens dont le juge n'aura pas suivi l'avis.

Depuis vos dernières remarques, j'ai tourné cette disposition en plusieurs manières différentes, et je me suis fixé enfin à celle qui en fait mieux entendre le motif, et qui présente l'objet sous la face la plus favorable. Vous en jugerez par la copie que je joins à cette lettre, et vous verrez par là qu'après avoir consulté les personnes les plus éclairées sur cette matière, je persiste à croire comme elles que la règle qu'il s'agit d'établir, est nécessaire pour prévenir les fraudes par lesquelles des parens peuvent se décharger du péril de la tutelle, en donnant leur voix à un sujet si incapable, qu'ils n'aient pas à craindre que leur avis soit suivi.

Cette fraude devroit les rendre encore plus responsables, s'il étoit possible, de l'événement de la tutelle, que les parens qui ont été de meilleure foi, et qui souffriroient cependant un préjudice réel, si l'on ne prévenoit ce genre de fraude, puisque l'obligation qui devroit naturellement se partager également entre les douze nominateurs, ne tomberoit plus que sur ceux dont le suffrage auroit été suivi par le juge.

Indépendamment même de la fraude, le principe général sur lequel est fondée la règle qui rend les parens responsables de la tutelle, suffit pour autoriser la disposition dont il s'agit : ce principe est que tous les parens, au moins les plus proches, sont obligés naturellement de veiller aux intérêts du mineur et à la conduite de son tuteur ; que cette obligation ne dépend nullement du choix de ce tuteur, et que sur quelque personne que ce choix soit tombé, et sans examiner si tous les suffrages se sont réunis en sa faveur, ou s'ils ont été partagés, tous les parens demeurent toujours les inspecteurs naturels et légitimes de la gestion du tuteur ; fonction dont les obligations ne peuvent cesser, sous prétexte que le plus grand nombre des parens a déféré la tutelle à un sujet que les autres parens n'avoient pas nommé, tous les nominateurs devant être considérés, en ce cas, comme des associés qui sont obligés de suivre la loi de la pluralité, et ne sont pas dispensés pour cela de veiller sur les intérêts communs de la société.

Si le contraire est établi par un réglement du parlement de Rouen, l'expérience m'en a fait voir l'inconvénient ; et les personnes les plus capables et les mieux intentionnées désirent que l'on réforme ce réglement à cet égard.

La jurisprudence de plusieurs autres parlemens est conforme à la disposition dont il s'agit, et elle a prévenu dans leur ressort les inconvéniens dont on se plaint dans celui du parlement de Normandie.

La seconde disposition, qui paroît devoir faire de la difficulté, est celle par laquelle, après avoir divisé l'effet de l'action de garantie entre les douze parens nominateurs, on accorde cependant un recours subsidiaire contre eux pour les parts des insolvables.

Cette décision est précisément la même que celle que les officiers du parlement de Bretagne avoient proposé de faire autrefois, comme on le voit dans le Commentaire de Sauvageau, sur l'article 484 de la coutume de Bretagne : elle a lieu dans plusieurs parlemens du royaume, qui suivent à peu près la même jurisprudence sur les tutelles que votre compagnie; et si le réglement qui a été fait en Normandie sur cette matière, a établi une règle différente, l'expérience n'a pas justifié l'utilité de cette règle.

En effet, il n'y a que la crainte de la solidité, au moins subsidiaire pour les parts des insolvables, qui puisse animer également la vigilance et l'attention de tous les parens nominateurs, en les excitant, par le motif d'un intérêt considérable, à réunir tous leurs soins pour le bien du mineur.

Toutes les nouveautés qui tendent à changer le fond d'une ancienne jurisprudence, sont toujours suspectes, et surtout quand il s'agit d'une jurisprudence dont la rigueur a fait toujours un nouveau progrès, comme il est arrivé à l'égard de celle qui a lieu en Bretagne sur les tutelles. La dernière réformation de la coutume a enchéri sur la précédente, et la jurisprudence du parlement a été encore beaucoup plus loin. On ne peut attribuer cette augmentation successive de rigueur qu'à une expérience qui a fait voir que, soit par rapport au génie des habitans du pays, soit par rapport à la nature des biens de la plus grande partie des mineurs, on ne pouvoit trop multiplier les précautions, ni établir des règles trop sévères contre les parens nominateurs. On sent les inconvéniens de la jurisprudence présente, et c'est ce qui a porté à en désirer le changement ; mais on ne sent point ceux du nouveau droit qu'on voudroit établir. Et pourquoi voudroit-on les éprouver, puisqu'on ne peut guère douter que ce ne soit l'expérience qu'on en a faite qui ait inspiré une sévérité qui a paru si nécessaire, et aux réformateurs de la coutume, et encore plus au parlement.

Il semble donc que, puisqu'il y a tant de péril à changer entièrement le fond d'une telle jurisprudence, le véritable objet de l'attention du législateur en cette occasion, doit être de tempérer ce qu'elle peut avoir d'excessif, et d'établir des précautions qui mettent, pour ainsi dire, le sort des nominateurs entre leurs mains, en sorte qu'il ne tient qu'à eux de prévenir le péril de la tutelle, en veillant, comme ils le doivent, sur la conduite du tuteur, en l'empêchant par là de ruiner le mineur, ou de les ruiner eux-mêmes.

Tel est le plan que l'on s'est proposé dans le projet de la loi nouvelle; et il seroit difficile de rien ajouter aux facilités que l'on donne aux nominateurs pour réduire presqu'à rien les suites d'une garantie et d'une solidité qu'il a paru trop dangereux d'abolir entièrement, et les inconvéniens d'une jurisprudence plus indulgente, qu'on observe tous les jours au parlement de Paris, ont encore servi à confirmer le conseil du roi dans cette pensée.

J'aurois pu me passer avec vous de cette explication, parce que c'est votre avis même qu'on a suivi sur ce point; mais, comme vous pourrez en raisonner avec d'autres magistrats du parlement de Bretagne, j'ai cru qu'il n'étoit point inutile de réunir ici, en peu de mots, les principaux motifs de la disposition qui regarde la solidité.

C'est en effet, et sur ce point, et sur la disposition qui concerne l'obligation des parens dont le juge n'aura pas suivi l'avis, que je vous prie de sonder les esprits des magistrats les plus éclairés de votre compagnie, et de tâcher de découvrir s'il est vrai, comme on m'en a assuré, qu'il y a lieu de croire que le plus grand nombre ne se porte à faire des remontrances qui auront principalement pour objet les deux dispositions dont il s'agit.

Ce seroit à la vérité une chose assez extraordinaire de voir des remontrances faites par un parlement, au sujet d'une loi qui ne tend qu'à confirmer la jurisprudence qu'il a lui-même établie, en y apportant seulement les adoucissemens les plus équitables et les plus favorables aux nominateurs.

Mais, comme vous avez fort bien observé vous-même, que le parlement est composé de majeurs aussi bien que les états; que d'ailleurs il y a peu de magistrats qui ne puissent craindre, ou pour eux, ou pour leurs parens, la rigueur de votre jurisprudence, et que l'intérêt personnel est presque toujours plus puissant sur le cœur des hommes que l'intérêt public, il peut y avoir quelque fondement dans les avis qu'on m'a donnés sur la disposition présente du parlement; et il n'est pas impossible que cette compagnie ne se laisse entraîner au vœu le plus commun de la province qui paroît désirer que l'on passe d'une extrémité à l'autre, et d'un excès de rigueur à un excès de relâchement, sans faire assez de réflexion sur les inconvéniens qui leur donneroient peut-être bientôt un juste sujet de se repentir d'un tel changement.

C'est sur quoi je vous prie de vous assurer, autant qu'il est possible, des sentimens de ceux qui ont le plus de poids dans le parlement, et de m'en rendre ensuite un compte exact avec votre sincérité ordinaire, afin que le roi puisse prendre, avec une entière connoissance de cause, le parti que Sa Majesté jugera le plus convenable. La réponse la plus prompte, lorsque vous serez suffisamment instruit, est celle qui me conviendra le mieux.

Du 9 novembre 1732.

Vous avez très-bien fait de ne point penser à faire enregistrer, pendant la chambre des vacations, la déclaration du roi qui doit servir de réglement définitif entre le parlement et les présidiaux de Bretagne. Ce qui s'est passé aux états, au sujet de l'arrêt du conseil qui a précédé cette déclaration, est à peu près du même genre que tout le reste, excepté qu'il n'est pas à beaucoup près d'une si grande conséquence; mais, comme la déclaration pourroit donner lieu de réchauffer les esprits sur ce sujet, je crois qu'il faut attendre la fin des états pour la faire enregistrer; et je ne doute pas que vous ne vous y fussiez porté de vous-même, quand je ne vous en aurois point écrit.

Du 7 janvier 1733.

L'Édit que votre province désire depuis si long-temps sur la matière des tutelles, a été enfin expédié, et M. de la. . . . . doit le recevoir incessamment; vous en avez vu autrefois le projet, et j'ai profité avec plaisir des observations que vous y aviez faites. Il est survenu depuis ce temps-là de nouvelles vues et des réflexions importantes, qui ont exigé qu'on y fît plusieurs changemens dont l'objet commun a toujours été de faire en sorte que cette loi fût véritablement utile aux mineurs, sans être trop onéreuse à leurs parens. La difficulté de concilier des intérêts si différens, et qu'il faut néanmoins tâcher de réunir, a rendu l'ouvrage beaucoup plus long qu'il ne l'avoit paru d'abord; mais, après avoir pris toutes les précautions nécessaires pour y mettre la dernière main, il est temps que le public commence à en profiter. L'exécution de la loi et l'expérience en apprendront peut-être encore plus sur cette matière, que toutes les réflexions précédentes; et si elles vous montroient dans la suite, que l'on pût parvenir à une plus grande perfection, je serai toujours disposé à mettre à profit tout ce que vous croirez devoir me proposer pour le bien de la justice et pour l'utilité publique.

Du 7 janvier 1733.

Vous recevrez incessamment, par le canal ordinaire de M. de. . . . . , l'édit des tutelles, auquel le Roi a jugé à propos de faire mettre enfin la dernière main. Je dis enfin, parce que vous savez qu'il y a long-temps que l'on travaille à dresser une loi si désirée et si nécessaire, en effet, dans votre province; la multiplicité des vues que différentes personnes ont proposées successivement sur cette matière, la diversité des sentimens, la difficulté de les réunir et de les concilier d'une manière qui fût véritablement utile aux mineurs, sans être trop onéreuse à leurs parens, ont rendu l'ouvrage beaucoup plus long qu'il ne l'avoit paru d'abord. On y a profité et de vos avis, et de ceux des magistrats les plus éclairés, soit au dedans ou au dehors de votre province; et il ne reste, après tant de précautions, qu'à désirer que le succès réponde aux bonnes intentions avec lesquelles cette loi a été rédigée. Je ne doute pas que vous n'y teniez la main avec votre zèle ordinaire pour le service du public, et que si l'expérience vous montroit que l'on pût parvenir encore à une plus grande perfection, vous aurez soin de m'en informer. Je n'ai pas besoin de vous assurer que vous me trouverez toujours disposé à entrer dans tout ce qui vous paroîtra convenable au bien de la justice.

Du 7 janvier 1733.

Je compte, Monsieur, que l'édit des tutelles partira samedi prochain, ainsi vous n'aurez pas de temps à perdre pour vous rendre à Rennes à peu près dans le même temps que l'édit y arrivera. Vous y avez eu tant de part, qu'il n'y a personne dont la présence puisse être plus nécessaire ou plus utile, lorsqu'il s'agira de l'enregistrement de cet édit. Je suis fâché que cela interrompe le loisir que vous aviez compté de goûter encore pendant quelques jours à votre campagne; mais vous les sacrifierez sans peine à l'importance d'une loi qui est attendue depuis si long-temps dans votre province.

Vous pourriez vous épargner, à mon égard, le compliment de la nouvelle année, je compte trop sur votre amitié pour avoir besoin d'en recevoir de nouvelles assurances, et vous ne devez pas avoir moins de confiance dans la sincérité des sentimens,

Du 30 janvier 1733.

J'ai toujours bien cru, Monsieur, qu'il y auroit quelques difficultés à combattre, pour parvenir à l'enregistrement de l'édit des tutelles, et je serois surpris qu'elles vinssent en partie de la part de M. de....., si je n'étois accoutumé à son caractère. Mais plus on examinera la nouvelle loi, et plus on reconnoîtra la nécessité et l'utilité des tempéramens que le Roi a pris pour concilier les deux intérêts qui sembloient être contraires dans cette matière.

Vous avez eu raison de faire remarquer qu'il n'étoit point nécessaire que Sa Majesté se réservât le pouvoir de déroger à l'édit, pour avancer l'âge des émancipations dans les cas où le bien des mineurs peut le demander; mais il n'étoit pas possible de confier un pareil pouvoir aux officiers des petites chancelleries, et les choses seront, à cet égard, dans l'exécution de l'édit, comme elles auroient toujours dû être dans le passé.

Il est singulier que la prévention contre M. de...... agisse dans les choses mêmes auxquelles il a eu le moins de part. Il y a deux ans qu'il n'a entendu parler du projet de l'édit, qui a bien changé de face depuis qu'il l'a vu; vous savez, comme M. le président de....., qui sont ceux en qui j'ai eu plus de confiance pour y mettre la dernière main. Il n'y a donc qu'à vous laisser faire aussi bien que lui; personne n'est plus en état de faire sentir les raisons de cette loi, et de lever toutes les difficultés qui peuvent naître dans l'esprit sur ce sujet, et des intérêts particuliers y ont quelquefois plus de part, dans certains esprits, que le bien public.

Si, dans l'assemblée des commissaires qui rendront compte des sentimens des chambres, on formoit des difficultés qui vous paroissent mériter plus d'attention, et auxquelles on dût avoir quelque égard, le meilleur parti sera de convenir qu'avant que de porter cette matière à l'assemblée des chambres, on m'enverra un mémoire de ces difficultés, afin que je puisse voir s'il y auroit quelque adoucissement ou quelque explication à donner. Mais la matière a été discutée avec tant de réflexion, que le mieux est de faire passer la chose dans l'état où elle est, et il est bien sûr que vous y contribuerez plus que personne, avec ceux qui ont d'aussi bonnes intentions que vous.

Du 31 *janvier* 1733.

La nature de l'édit des tutelles est si importante, qu'il n'est pas surprenant qu'on ait cru devoir l'examiner avec plus d'attention qu'on ne pouvoit le faire dans une première lecture; mais je suis persuadé que plus on en discutera toutes les dispositions, plus on reconnoîtra la sagesse des précautions que le roi y a prises pour assurer d'abord l'intérêt des mineurs, qui doit être, en pareille matière, le principal objet de la loi, et pour le concilier ensuite avec celui des parens nominateurs par des adoucissemens propres à tempérer la rigueur des anciens usages.

Si, après l'examen qui sera fait dans les chambres, il restoit encore des difficultés qui vous parussent assez importantes pour mériter que vous m'en rendissiez compte, avant que de mettre la matière en délibération dans l'assemblée des chambres, vous pouvez prendre ce parti; mais il y a lieu de croire que vous n'en aurez pas besoin, et que tous les doutes se dissiperont quand on aura eu le temps d'examiner et de comparer attentivement toutes les parties d'une loi qui ne tend qu'à établir ce qui doit être observé dans les pays mêmes où les parens nominateurs ne courent aucun risque; ce qui, en Bretagne, où leur condition est plus dure, leur fera trouver leur sûreté et leur décharge dans les précautions mêmes qui ont le bien des mineurs pour premier objet.

Du 31 janvier 1733.

La résolution qu'on a prise au parlement de Bretagne, lorsque vous y avez présenté l'édit des tutelles, est digne de la sagesse de cette compagnie et propre à éclairer des difficultés qu'une première lecture fait naître dans une matière si importante, ce qu'une réflexion plus sérieuse et plus profonde dissipe dans la suite, à mesure qu'on examine les dispositions de la loi avec plus d'attention.

Comme un des plus sages magistrats du parlement m'a fait part des doutes qui se sont formés sur quelques-unes de ces dispositions, en me priant de lui en marquer la solution, je crois devoir vous confier la copie de la réponse que je lui fais, afin que vous puissiez vous servir de ce qu'elle contient, pour résoudre les difficultés qui pourront y être portées chez M. le premier président, sans néanmoins y montrer cette réponse, parce que cela feroit peut-être un mauvais effet pour ceux qu'on soupçonneroit de m'avoir écrit d'avance sur ce sujet; mais vous pourrez raisonner dans l'esprit de cette réponse avec ceux qui vous proposeront les mêmes doutes, et principalement avec M. le premier président, M. de......, M. de......, M....., s'il est à Rennes: ce sont ceux qui sont le plus au fait, aussi bien que vous, de ce qui regarde la nouvelle loi, et qui sont plus en état d'en faire sentir le véritable esprit.

Si l'on croit qu'avant de la porter à l'assemblée des chambres, il est bon de me communiquer des difficultés qui paroîtront importantes, il n'y aura pas un grand inconvénient à prendre ce parti; mais, comme il s'agit d'une loi où tout a été discuté avec beaucoup de réflexion et de maturité, il sera beaucoup mieux de disposer les esprits à n'en pas différer plus long-temps l'enregistrement.

Du 31 *janvier* 1733.

J'AI lû avec beaucoup de plaisir les réflexions que vous avez faites sur l'édit des tutelles. On y reconnoît le caractère d'un sage et zélé magistrat, qui sent les difficultés, qui y répond de la manière la plus solide, et toujours dans la seule vue du bien public. Vous m'avez donc laissé très-peu de chose à faire dans les instructions que vous me demandez ; celles que je vous envoie vous feront voir que je n'ai fait presque qu'adopter vos pensées, et y ajouter seulement quelques nouvelles réflexions pour confirmer les vôtres. Je suis persuadé qu'à mesure qu'on examinera avec plus de loisir et d'attention les dispositions de la nouvelle loi, on reconnoîtra qu'il étoit difficile de mieux concilier les deux intérêts qui se combattent souvent en cette matière, je veux dire, celui des mineurs et celui des parens nominateurs ; vous êtes déjà entré parfaitement dans cette pensée, et je ne doute pas que vous n'acheviez de dissiper, par vos lumières et par votre sagesse toutes les difficultés qu'on pourroit former sur une matière si importante.

On ne peut rien ajouter à l'estime et à la considération avec laquelle je suis.

Du 17 *février* 1733.

J'AI vu avec plaisir, par votre lettre du 8 de ce mois, qu'on ne peut rien ajouter à la discussion exacte que les deux chambres des enquêtes du parlement de Bretagne ont faite des principaux points de l'édit des tutelles. Je suis surtout fort édifié de l'application que la jeunesse même a donnée à ce travail, et si le goût de l'étude s'y joint aux talens naturels, il n'y a rien qu'on ne doive attendre d'une compagnie qui renferme autant de sujets distingués que la vôtre.

Je n'entrerai point, après cela, dans le détail des remarques dont vous m'avez rendu un compte si exact par votre lettre, elles me paroissent toutes faites à bonne intention, et dans la seule vue du bien public; mais avant que de déterminer sur les réflexions dont on pourra se servir dans la suite pour faciliter ou perfectionner l'exécution de la nouvelle loi, il faut que l'enregistrement en soit fait, et que l'on sache précisément quelles sont les observations auxquelles votre compagnie aura cru devoir se fixer dans le mémoire que vous prévoyez qu'elle jugera à propos de m'envoyer.

Je ne tends qu'au même but qu'elle se propose, c'est-à-dire, à ce qui sera le plus avantageux au public dans l'exécution de l'édit; ainsi, je profiterai avec plaisir de ses lumières; et, s'il est nécessaire d'entrer dans une plus grande explication de certains articles, ou d'ajouter quelques précautions pour diminuer les frais, pour soulager les familles dont la fortune est souvent au-dessous du médiocre, soit dans les villes ou à la campagne, en un mot, pour faire en sorte que l'on jouisse plus aisément des principaux avantages de la nouvelle loi, il sera aisé d'y suppléer par une déclaration du roi, et je me chargerai avec plaisir de recevoir les ordres de sa majesté sur une matière si intéressante pour toute la Bretagne.

Il est donc question à présent de procéder à l'enregistrement de l'édit, et je ne doute pas que la matière ayant été suffisamment préparée, M. le premier président n'assemble les chambres dans le commencement du carême, pour finir cette affaire; après quoi il n'y aura qu'à dresser le mémoire des remarques dont on sera convenu, afin que je puisse l'examiner promptement avec l'attention que j'aurai toujours à entrer dans les vues de votre compagnie, sur tout ce qui peut regarder le bon ordre et les intérêts des peuples de votre province.

Du 18 *février* 1733.

J'AI cru devoir laisser à MM. du parlement tout le temps nécessaire pour examiner attentivement les dispositions de l'édit des Tutelles; et, comme à présent la matière doit être suffisamment préparée, je vous prie de me faire savoir quand vous comptez d'assembler les chambres pour l'enregistrement de cet édit. Si en finissant cette affaire, il vous venoit dans l'esprit, ou à quelques-uns de MM. du parlement, qu'il fût bon d'expliquer plus en détail quelques articles de cette loi, ou d'y ajouter quelques précautions pour mettre les familles les plus médiocres en état de jouir, plus aisément et à moins de frais, des avantages de cette loi, je serai très-aise de profiter de vos lumières et de celles de votre compagnie, et vous pourrez, après l'enregistrement de l'édit, m'envoyer un mémoire des remarques qu'on aura faites dans cet esprit. Je n'ai pas besoin de vous assurer du plaisir que j'aurai toujours à entrer dans tout ce qui pourra être avantageux aux peuples de votre province, et à le proposer à Sa Majesté, qui y donnera toujours beaucoup d'attention.

Du 20 *février* 1733.

LA conduite que vous avez tenue à l'égard des lettres d'émancipation qui vous ont été présentées à la chancellerie, est conforme à la règle, et digne de votre prudence. Il n'y a pas d'apparence qu'elle vous expose à aucun reproche dans le parlement; et d'ailleurs, toutes les difficultés cesseront à cet égard, par l'enregistrement de l'édit des tutelles, pour lequel vous me marquez que vous assemblerez les chambres la semaine prochaine.

Du 20 *mars* 1733.

J'AI reçu la lettre et le mémoire du parlement qui contient ses observations sur quelques articles de l'édit des tutelles, et je n'ai garde de trouver mauvais que vous ayez donné tout le temps nécessaire pour faire ce mémoire, ni que vous vous soyez prêté à tout ce que votre compagnie a désiré de vous sur ce sujet; vous pouvez l'assurer de l'attention avec laquelle j'examinerai ce qu'elle propose dans la vue du bien public, et je compte y travailler incessamment. Vous me ferez plaisir de m'envoyer vos réflexions particulières sur les différens points du mémoire, et j'en profiterai sans vous commettre.

Du 20 *mars* 1733.

J'AI reçu, monsieur, les deux lettres que vous m'avez écrites au sujet de l'enregistrement de l'édit des tutelles; je ne doute point que vous n'ayez eu besoin de toute votre sagesse et de toute votre habileté, pour amener les choses au point où elles sont; j'en sais plus sur tout cela que je n'en dis, mais ce que je sens le mieux, c'est tout le mérite que vous avez eu en cette occasion.

Il est aisé de reconnoître votre style et votre caractère dans le mémoire que le parlement m'a adressé, et il ne sera guère plus difficile d'entrer dans une grande partie des vues qui y sont indiquées. Je remarque seulement, dans une première lecture, deux articles qui pourront souffrir plus de difficultés que les autres :

L'un est celui des priviléges des nominateurs auxquels le parlement désire que le roi déroge d'une manière plus générale; votre lettre, qui est en ce point le commentaire de votre mémoire, fait sentir la délicatesse de cette matière par l'énumération de ceux qui y sont intéressés, et qui ont en leur faveur, non des édits bursaux et une finance souvent très-modique, mais une longue possession fondée sur des dignités et des rangs considérables, ou sur des services actuels qu'ils rendent au public;

Le second article est celui des émancipations, sur lequel on peut dire que, quelque favorables que soient les exceptions proposées, il est à craindre qu'elles ne se terminent enfin à détruire presqu'entièrement la règle.

Je me hâte de vous marquer les points les plus difficiles à traiter, afin que vous puissiez y faire plus promptement vos réflexions, en vous détachant d'une opinion qui est la seule chose que je blâme dans votre lettre, je veux dire, en cessant de croire qu'il ne seroit pas convenable que vous proposassiez les moyens de remédier aux inconvéniens qui ont été relevés; c'est, au contraire, ce que j'attends de vos lumières et de votre amitié pour moi: j'y répondrai toujours, monsieur.

Du 10 *avril* 1733.

Il est vrai que je vous suis redevable de plusieurs réponses, et vous ne devez attribuer ce retardement à aucun changement dans les sentimens que j'ai pour vous; vous les auriez augmentés encore s'il eut été possible, par toute la conduite que vous avez eue dans ce qui a précédé et accompagné l'enregistrement de l'édit des tutelles. J'y ai reconnu pleinement tout ce que je savois déjà de la droiture de votre cœur et des lumières de votre esprit; mais, lorsque je reçus la lettre par laquelle vous m'informiez de cet enregistrement, je crus devoir attendre, pour vous faire réponse, le mémoire qui devoit m'être envoyé par le parlement, afin de pouvoir m'expliquer plus précisément avec vous sur les points qui seroient traités dans ce mémoire ; et, en le recevant, je trouvai qu'il y manquoit quelques éclaircissemens qui ne m'ont pas encore été entièrement envoyés. Je les attendois pour être plus en état de vous écrire sur ce sujet ; si je faisois moins de cas de votre sentiment, et que j'eusse voulu me contenter de vous faire une réponse générale, il y a long-temps que vous l'auriez reçue : ne soyez donc point en peine d'un retardement qui ne vient que de l'estime que j'ai pour vous.

A l'égard de l'affaire que vous avez au conseil, puisqu'elle ne vous paroît pas mériter que vous fassiez un voyage en ce pays-ci, et que vous avez d'ailleurs des raisons qui vous retiennent en Bretagne, vous pouvez m'envoyer un mémoire pour y suppléer, et j'y donnerai toute l'attention dont je suis capable.

Du 20 juillet 1733.

J'AI lu avec beaucoup d'attention les observations du parlement de Bretagne sur l'édit qui concerne les tutelles, et j'ai trouvé qu'il y a quelques-unes de ces observations qui tombent sur des points sur lesquels il est difficile que Sa Majesté explique ses intentions d'une manière plus particulière, ou différente de ce qui est porté dans cet édit ; et qu'il y en a d'autres, au contraire, sur lesquelles il ne paroît aucun inconvénient de donner dès-à-présent une déclaration conforme en général aux vues et aux désirs de votre compagnie.

On peut mettre l'article 6 au rang des articles auxquels il paroît difficile de rien ajouter, du moins présentement. Le roi s'est contenté, par cet article, d'ordonner que ceux qui sont exempts d'être élus tuteurs à l'occasion d'offices qu'ils ont acquis, ne pourront cependant se dispenser d'assister aux avis de parens et d'être du nombre des nominateurs, quoique leurs titres portassent expressément cette dernière exemption. Il faudroit entrer dans une discussion exacte de toutes les exemptions accordées à titre gratuit, pour pouvoir les comprendre expressément dans cette disposition, et sans cela il seroit également dangereux, ou de les révoquer toutes, ou de les confirmer toutes en général. En effet, il y a des priviléges dont la révocation ne seroit ni possible ni convenable, comme ceux qui ont pour cause un service assidu auprès de la personne du roi, ou des fonctions nécessaires et continuelles pour la garde et la sûreté de la province, ou pour la défense de l'état. Au contraire, il y a des priviléges accordés à titre gratuit, qui ne sont fondés sur aucune cause suffisante, et d'autres qui peuvent servir, à la vérité, pour exempter ceux qui les ont obtenus d'être élus tuteurs; mais qui n'ont peut-être pas assez d'étendue dans les termes dans lesquels ils ont été conçus, ni assez de faveur dans leurs motifs, pour affranchir un parent du devoir naturel de donner son avis sur la nomination du tuteur, et des suites de cette obligation.

Ainsi, comme il est impossible de faire un loi générale sur cette matière, qui dépend de l'examen des titres particuliers, du moins sans avoir une plus grande instruction à cet égard, ce sera au parlement à y pourvoir dans les occasions qui se présenteront, lorsque les titres que l'on rapportera seront insuffisans pour dispenser des fonctions et des charges attachées à la qualité de nominateurs; et s'il y en a qui paroissent suffisans en eux-mêmes, mais destitués de fondement, ou donnés pour des causes peu considérables, et qui ne doivent pas l'emporter sur l'intérêt des mineurs, le parlement pourra m'en informer, afin que je lui fasse savoir les intentions du roi à ce sujet.

Les réflexions que le parlement a faites sur la difficulté de rassembler les parens, surtout dans les familles nobles, pour délibérer sur l'emploi des deniers du mineur, ne paroissent pas devoir porter à rien changer à la disposition de l'article 24, qui fixe le nombre des parens qui seront appelés en ce cas, à trois du côté paternel, et trois du côté maternel. Il est facile aux parens qui seront trop éloignés d'envoyer des procurations; mais, quand le remède à cet inconvénient ne seroit pas aussi aisé, on ne pouvoit, sans doute, rien faire de moins que de réduire le nombre des parens qui doivent délibérer sur l'emploi des deniers du mineur à la moitié de celui qui est nécessaire pour la nomination du tuteur. Le parlement observe avec raison, que *c'est l'opération la plus importante de la tutelle.* C'est en la faisant, ou en négligeant de la faire que les parens nominateurs sont déchargés, ou demeurent chargés des deniers que le tuteur auroit dû employer. On ne peut donc apporter trop de précautions pour en faire un emploi utile, soit que l'on considère l'intérêt du mineur, soit que l'on fasse attention à celui des nominateurs.

Ce qui est expliqué à la fin du mémoire du parlement au sujet des effets et des suites de la puissance paternelle, et des raisons qui peuvent porter un père de famille à émanciper et mettre son fils hors de sa puissance, ne peut entrer dans la matière des tutelles. C'est un objet entièrement distinct et séparé, qui pourroit donner lieu à une loi nouvelle, en cas que le parlement croie qu'il y ait quelque chose à changer ou à déterminer plus exactement dans les dispositions de la coutume de Bretagne, et dans la jurisprudence qui y a été observée, au sujet de la puissance paternelle.

Il ne reste donc que trois objets qui puissent faire présentement la matière d'une déclaration.

Le premier est l'addition que le parlement propose de faire à l'article 16, pour autoriser le juge de la tutelle à ordonner que le compte, dont il est parlé à la fin de cet article, sera fait aux frais du tuteur, s'il paroît que la contumace, la négligence ou l'infidélité du tuteur aient donné lieu d'avoir recours contre lui à l'autorité de la justice. Cette addition souffre d'autant moins de difficulté qu'elle est entièrement conforme à l'esprit de l'article 16, par lequel, en marquant que le compte seroit rendu aux frais de celui qui le requerra, ou du mineur, *ainsi qu'il sera ordonné par le juge*, on avoit supposé que le juge auroit toujours la liberté de prendre le parti qu'il jugeroit le plus conforme à la justice, pour charger de ces frais celui qui y auroit donné occasion.

La seconde addition que le parlement désire pour le cas du décès d'un ou de plusieurs des parens nominateurs pendant le cours de la tutelle, paroît également convenable; et, s'il n'a point été inséré d'article à cet égard dans l'édit, c'est que cet objet n'étoit pas du nombre de ceux sur lesquels la loi étoit demandée, et que l'on a présumé que le parlement avoit une jurisprudence certaine sur ce sujet, qui n'avoit pas besoin que le roi expliquât précisément ses intentions. Cependant, comme cette addition peut servir à rendre la loi plus complète, et à prévenir des procès, vous trouverez dans le projet de déclaration que je vous envoie, une disposition conforme à ce que le parlement a proposé à cet égard.

Le troisième objet, qui peut demander quelque explication, est ce qui regarde les émancipations, que l'article 34 de l'édit fixe à l'âge de vingt ans accomplis pour les nobles, et dix-sept ans aussi accomplis pour les roturiers; ce qui doit être regardé non comme une loi nouvelle, mais comme la répétition des articles de la coutume qui sont rappelés par le nouveau réglement. Ceux qui ont rédigé ou réformé la coutume de Bretagne, ont sans doute été parfaitement instruits de la situation de la province, et ils ont pesé les circonstances et les inconvéniens que le parlement relève dans son mémoire. On peut même penser que c'est en partie ce qui les a portés à faire une distinction entre les nobles et les roturiers; et on ne peut guère aller plus loin qu'ils n'ont fait pour ces derniers, ni présumer qu'un mineur puisse être capable de se conduire lui-même, et de se passer de tuteur avant dix-sept ans accomplis. L'inconvénient d'une famille où il y auroit plusieurs enfans majeurs et un seul mineur, est une de ces considérations qui ne peuvent rien prouver, parce qu'elles prouvent trop; et en effet, elle conduiroit à ne point faire de tutelle dans l'espèce proposée dans le mémoire du parlement, où la part du mineur se trouve aussi modique qu'on le suppose. Aussi, l'on établit dans le même mémoire en général, que cet article est très-sage. S'il arrive quelques cas rares et extraordinaires qui demandent que l'on en accorde une dispense, on ne peut s'adresser pour l'obtenir qu'à Sa Majesté, comme pour toute autre dispense; et elle doit être revêtue de la forme nécessaire pour les dispenses d'âge et autres semblables, c'est-à-dire, de lettres du grand sceau. Tout ce que la providence peut désirer de mieux à cet égard, est une modération des droits, qui fasse que ces lettres ne soient pas plus onéreuses aux parties que celles qui s'expédient dans les petites chancelleries; et vous prendrez, s'il vous plaît, la peine de m'envoyer un état des droits qui se prennent dans la chancellerie établie près le parlement de Bretagne. Mais, comme il n'est pas moins important de prévenir les surprises, et de faire enregistrer ces lettres en connoissance de cause sur les conclusions de la partie publique, et dans un tribunal où les mineurs puissent trouver une protection assurée, on a cru ne pouvoir prendre un parti plus sûr et plus convenable en même temps pour le parlement, que celui que vous trouverez dans le projet que je vous envoie. J'attends incessamment les réflexions que vous y ferez aussi bien que votre compagnie, et je ne doute pas qu'elles ne soient conformes à son amour pour le bien public et au zèle qu'elle fait paroître, pour porter à la dernière perfection un réglement aussi nécessaire que celui dont il s'agit.

Du 27 juillet 1733.

Je vois, par ce que vous m'écrivez, ce qui s'est passé dans l'affaire des......, que M. de...... n'a pas eu l'avantage dans la discussion dont vous avez été le témoin ; j'attends incessamment le procès-verbal qui achèvera de m'en instruire.

A l'égard de la déclaration qu'on a demandée sur l'édit des tutelles, j'ai écrit depuis peu à M. de..... sur ce sujet, et j'ai joint à ma lettre un projet de la déclaration que le roi pourroit donner sur les points qui peuvent être retouchés ; je ne doute pas que M. le premier président ne vous fasse part de ce que je lui ai écrit, et vous y verrez que je suis entré, autant que je l'ai pu, dans votre pensée sur l'article des émancipations.

Vous me ferez plaisir de m'envoyer vos réflexions sur le nouveau projet dont il s'agit, et de m'instruire de ce qui se sera passé à cette occasion.

Du............ 1733.

Après une mure délibération où l'on a pesé exactement toutes les difficultés et tous les inconvéniens que l'on pouvoit envisager dans la matière des tutelles, et après avoir pris l'avis de ce qu'il y a de plus éclairé dans le conseil du roi, Sa Majesté s'est déterminée à faire expédier la déclaration qui sera incessamment adressée à M. de....., pour la présenter au parlement ; et, quoique le préambule en marque assez les motifs, je crois néanmoins devoir y ajouter quelques réflexions pour vous en faire sentir le véritable esprit.

On a cru devoir faire attention aux plaintes de la province contre le grand nombre d'exemptions qui faisoient tomber la garantie sur les parens les moins opulens, et quelquefois les plus éloignés ; la crainte du mal à venir, qui résulteroit du rétablissement de ces exemptions, ne doit pas empêcher de faire le bien présent, que la province retirera de l'article 6 du projet.

La disposition de l'article 8, qui obligeoit les parens nominateurs à se réduire à deux avis, a été retranchée, conformément à vos observations qui m'ont paru très-solides. Mais la décision contenue dans le même article, qui rend les douze parens nominateurs également responsables de la solvabilité du tuteur qui aura été nommé, soit par le premier juge, soit par le parlement, a été conservée comme très-conforme à l'objet de la nouvelle loi, et même très-importante par des raisons générales, et tirées de l'exemple des autres pays.

Le réglement particulier à la Normandie, loin de pouvoir y être opposé, ne sert qu'à en faire sentir la nécessité, par les plaintes continuelles que l'on reçoit des abus et des fraudes qui se font en conséquence de ce réglement. On remarque que, partout où l'on suit la règle qu'il autorise, les parens sont uniquement attentifs, non pas à chercher quel est le meilleur sujet, pour lui donner leur suffrage, mais à prévoir celui qui sera élu, pour ne pas lui donner leur voix, et proposer au contraire quelque personne incapable, ou qu'ils savent bien ne devoir pas être préférée, en sorte qu'au lieu de concourir à faire un bon choix, ils ne songent qu'à donner un avis qui ne soit pas suivi; et, comme ce sont les plus éclairés et les plus solvables qui usent de cette adresse, les mineurs sont livrés à ce qu'il y a de moins habile et de moins considérable dans leur famille, et quelquefois sacrifiés aux vues secrètes de quelque personne proche, qui, pour s'en rendre maître, ou faire valoir contre eux des prétentions injustes, s'assure d'un tuteur qui lui soit dévoué, dont elle s'expose à être garant dans l'assurance de l'avantage qu'elle en doit retirer. Le choix du tuteur se fait encore plus mal dans les pays où l'on n'admet point de garantie contre les parens nominateurs. On leur fait signer un avis de parens sans réflexion, et quelquefois sans le lire, et ils sont ensuite étonnés de voir tout ce qui se passe au préjudice des mineurs, de concert avec le tuteur, ou par sa négligence.

Mais il est rare qu'ils entreprennent d'y remédier, n'y étant point portés par leur propre intérêt. Après avoir pesé tous ces inconvéniens, on a cru qu'on ne pouvoit prendre de meilleur parti pour les éviter, que d'intéresser tous les parens nominateurs également à veiller à l'administration de la tutelle, en décidant qu'ils en seront tous garans, sans faire dépendre l'effet de cette garantie de la question de savoir, s'ils auront été, ou non, de l'avis qui aura prévalu lors de la nomination.

Ce parti est même le seul qui paroisse s'accorder avec le principe de la jurisprudence que l'on juge nécessaire de conserver en la tempérant seulement. En effet, le fondement de cette jurisprudence est l'obligation naturelle imposée à tous les parens, de veiller à la défense et à la conservation des biens et de la personne du mineur; obligation qui est commune à tous ceux qui sont appelés à la tutelle, comme étant les plus proches, et qui forme entr'eux une espèce de société.

Cet engagement ne se borne pas à proposer de bonne foi celui qu'ils estiment le plus propre à être tuteur, il exige encore qu'ils apportent une exacte vigilance à la gestion des affaires de la tutelle; et ils seront encore plus inexcusables à l'avenir, si la tutelle est mal administrée, après toutes les précautions que la nouvelle loi leur indique. Voilà les vrais motifs de la garantie introduite par le droit romain, et autorisée par le parlement de Bretagne, comme par plusieurs autres cours. On les a même marqués dans l'article 23 de l'édit. Mais ces motifs sont communs à tous les parens nominateurs, de quelque sentiment qu'ils aient été. Que leur avis ait prévalu, ou qu'il n'ait pas été suivi, ils ne doivent pas montrer moins d'attention et de zèle pour conserver le patrimoine du mineur; et ils ne sont pas moins responsables envers lui de ce qui arrive, faute d'avoir veillé sur la conduite du tuteur. Autrement ce seroit faire dépendre la garantie du seul hasard d'avoir rencontré dans son opinion celui qui aura été préféré.

Il n'y auroit, d'ailleurs, rien de plus contraire à

l'équité, que de faire tomber la garantie sur ceux dont l'avis a été approuvé par la justice, et d'en décharger au contraire ceux dont l'avis a été rejeté. Par là les plus honnêtes gens seroient exposés, pendant que les plus fins et les plus adroits, en opinant contre l'intérêt du mineur, seroient toujours en sûreté; et, comme le nombre de ces derniers est ordinairement le plus grand, tout le poids de la tutelle tomberoit sur trois ou quatre parens, ou peut-être moins, qui auroient assez de vertu pour donner leur avis de bonne foi.

Quand les parens nominateurs sauront qu'ils seront tous également garans de la tutelle, ils n'auront plus recours à de pareilles voies, et ils se réuniront pour travailler de concert à l'avantage du mineur.

Enfin, il seroit inutile de faire une loi, si l'on ne cherchoit les moyens d'en assurer l'exécution. Il est donc absolument nécessaire de prévenir l'unique ressource qui resteroit pour éluder la loi, et qui seroit d'autant plus dangereuse, qu'elle engageroit les parens dans des détours et des intrigues aussi contraires à la bonne foi, qu'aux intérêts des mineurs.

Si l'on ajoute à toutes ces raisons, qu'au moyen de cette décision la charge de la garantie sera toujours partagée entre douze personnes, et par conséquent sera bien plus facile à porter, on sentira aisément qu'elle est aussi favorable aux familles, qu'elle paroît juste et même nécessaire.

Sur l'article 12 on a conservé la mention des procureurs du roi ou des seigneurs, ces officiers étant, par leurs fonctions mêmes, les défenseurs des mineurs, et dépendans d'ailleurs du parlement, qui pourra toujours réprimer ceux d'entr'eux qui seroient capables d'abuser de leur ministère.

A l'égard de l'article 25, en vous expliquant les raisons qui portent à conserver la disposition de l'article 8, j'ai déjà répondu aux difficultés qu'on peut faire contre celui-ci. Le réglement de Normandie n'a pas paru devoir être imité en tout, outre qu'il n'a pas prévu expressément le cas dont il s'agit dans cet article; au fond, on ne peut douter que tous les parens en commun, et chacun d'eux en particulier, ne soient obligés de faire attention à l'administration du tuteur; chaque parent y est même autorisé expressément par l'édit.

S'il néglige ce devoir, il doit s'imputer tout le dommage qui en arrive; et il en est responsable de son chef et comme une suite de sa propre négligence. D'ailleurs, il ne faut pas perdre de vue, que l'esprit de tous ceux qui ont travaillé dans tous les temps à la coutume de Bretagne, a été que les tuteurs fussent obligés de donner caution, afin que les mineurs eussent une ressource assurée en cas que leurs tuteurs fussent infidèles. L'expérience ayant appris qu'il étoit presqu'impossible de les obliger de fournir cette caution, la jurisprudence a établi que les nominateurs seroient garans de l'administration du tuteur, faute d'avoir exigé cette caution. Il faut donc regarder les douze parens nominateurs comme douze cautions établies par la loi. Or, il n'est pas douteux qu'entre plusieurs cautions un seul peut être attaqué pour le tout, et que les solvables sont tenus des portions des insolvables. L'esprit de la coutume de votre province, et même celui de toutes les lois anciennes et nouvelles, exige donc que l'on conserve la solidité entre les douze parens nominateurs, au moins pour qu'ils puissent être attaqués pour les portions de ceux d'entr'eux qui seroient insolvables; sans quoi les mineurs seroient le plus souvent exposés à perdre peut-être la plus grande partie de leur patrimoine, si le plus plus grand nombre des nominateurs se trouvoient insolvables. Ainsi, ce seroit presque abolir entièrement la garantie, et retomber dans tous les inconvéniens qu'on a voulu éviter, et qui ne se font que trop sentir dans les pays où il n'y a nulle garantie. On ne peut donc, sans s'écarter des véritables principes, et faire une loi qui se contredise elle-même, ôter tout vestige de solidité; et c'est une grande faveur que de la faire cesser en quelque sorte dans l'exécution, en obligeant de discuter préalablement le tuteur et ensuite chacun des nominateurs; en sorte qu'au lieu de se pourvoir pour le tout contre un seul, le mineur sera réduit à former son action séparément contre les douze parens, et, dans le cas même de l'insolvabilité de quelques-uns d'entr'eux, le recours qu'on lui laisse se divisera encore entre ceux qui seront solvables. En prenant ce tempérament il ne peut rester aucun sujet légitime de plainte aux parens nominateurs, puisque ce recours solidaire se trouvera réellement presque réduit à rien; mais si on alloit plus loin, il seroit à craindre qu'ils ne devinssent aussi négligens qu'on l'est dans les pays où la garantie n'a pas lieu, voyant cette garantie presque anéantie, et limitée dans tous les cas à une douzième partie; au lieu que la pensée qu'ils pourroient être poursuivis pour une plus grande portion rendra chacun d'entr'eux plus attentif, et produira par là un grand avantage pour tout, qui est que, la tutelle étant bien administrée, il n'y aura point lieu à la garantie contre aucun d'eux.

Après tout, il faut considérer quelle est la jurisprudence présente, et combien cette jurisprudence se trouvera changée et adoucie en faveur de chaque parent nominateur : 1.° par rapport à l'emploi des deniers du mineur, dont ils ne seront point responsables, en suivant ce qui est prescrit par l'édit; 2.° par rapport à l'administration qui donne lieu à la garantie, dont il ne tiendra qu'à eux de se faire rendre compte, et même la vigilance d'un seul suffira pour procurer la sûreté de tous les autres; 3.° par rapport à la collusion entre le tuteur et le mineur dont ils seront en état d'empêcher l'effet; 4.° par rapport à la durée de l'action en garantie, qui n'aura lieu qu'en cas que le compte soit jugé dans un temps fatal; 5°. par rapport au nombre de personnes entre lesquelles la garantie sera partagée, en sorte que si toutes sont solvables elle n'aura lieu contre chacune que pour un douzième; 6.° enfin, par la manière d'exercer cette action, et à la nécessité de discuter le tuteur avant tous les parens, et les nominateurs insolvables avant que de demander plus d'un douzième aux autres. Il semble qu'il n'est pas possible de porter plus loin la facilité pour des personnes qui, dans le cas que l'on suppose, ne peuvent s'en prendre qu'à elles-mêmes et à la faute qu'elles ont faite, de négliger les moyens que la loi elle-même leur a préparés. On peut même ajouter que, comme au moyen de la nouvelle loi, les tutelles seront bien moins périlleuses, soit pour les tuteurs, soit pour les nominateurs, il sera plus facile désormais de trouver de bons tuteurs et des nominateurs vigilans, puisque les parens les plus riches ne pourront plus se dispenser de la nomination, en acquérant des charges qui les exemptent de la tutelle. Ainsi, ce recours solidaire sera si rare ou d'une si petite conséquence, qu'il ne sera nullement à craindre.

Si l'on se portoit à de plus grands changemens, ce seroit passer d'une extrémité à une autre, et pour éviter les inconvéniens que l'on sent à présent, s'exposer à d'autres inconvéniens dont on s'apercevroit bientôt, comme on le fait à Paris et dans d'autres pays, où, faute de pareilles précautions, on ne voit point de tutelles qui ne tournent au désavantage des mineurs.

A l'égard des émancipations, l'âge de dix-sept ans pour les roturiers, qui est porté par l'article 30, est le même qui a été fixé par la coutume, et le seul convenable : un enfant de quatorze ans, quoique roturier, n'étant pas capable de conduire son bien ; et, s'il n'a point de bien, ou presque point, cela n'excitera point l'attention des juges, et ne peut être prévu par une loi.

Vous ferez usage de ces raisons, monsieur, avec votre zèle et votre prudence ordinaires. Vous sentez qu'il n'est pas possible d'attendre de changement sur des dispositions formées après le plus mûr examen, qui sont de l'essence même de la loi, et sans lesquelles elle seroit inutile et illusoire. Vous m'informerez cependant de ce qui se passera à ce sujet dans votre compagnie ; et, si elle se portoit à nommer des commissaires, cequi n'arrivera peut-être pas, vous me manderez, en ce cas, le sentiment dont les commissaires se trouveroient, avant qu'ils en rendent compte à la compagnie, afin d'aplanir toutes les difficultés pour l'enregistrement d'une loi qui sera si utile à la province, et pourra servir d'exemple à toutes les autres qui suivent la même jurisprudence.

Du............ 1733.

J'AI reçu toutes les observations que vous m'avez envoyées au sujet du projet d'édit concernant les tutelles. Vous trouverez l'article 4 changé, et rédigé d'une manière plus nette et plus précise, afin d'y renfermer plus expressément la décision de la question que vous proposez. L'esprit de cet article ayant toujours été conforme à ce que vous pensez avec beaucoup de raison, qu'il faut appeler tous ceux qui sont dans le degré de cousins germains, avant les cousins issus de germains, et ainsi de suite. Mais, comme il peut se trouver qu'il y ait plusieurs cousins germains, enfans de plusieurs oncles, il faudra appeler, par préférence, l'aîné des enfans de chaque oncle, ensuite les seconds, etc.; et c'est ce que l'on entend par le terme d'aîné et de second de chaque branche. La même règle aura lieu entre les cousins issus de germains, et autres, étant dans un degré plus éloigné, en cas qu'il faille venir à eux, faute d'y avoir le nombre suffisant dans les degrés plus proches.

La disposition insérée au commencement de l'article 8, sur la nécessité de se réduire à deux avis dans les actes de tutelle en a été ôtée, à cause des difficultés que vous trouvez qu'elle auroit dans l'exécution. C'est aussi le sentiment de M. le premier président. Je vous envoie la copie de la réponse que je fais à ses observations, où vous trouverez les raisons importantes de quelques articles qui vous avoient paru pouvoir donner lieu à des difficultés. Il paroît qu'elles doivent céder à ces considérations. Personne n'est plus en état que vous d'en sentir toute la force, n'ayant pas moins de zèle pour le bien public, dont la défense des mineurs fait partie, que de lumières et d'expérience.

Du............ 1734.

La connoissance que j'ai par moi-même de votre caractère, monsieur, et tout ce qui m'est revenu d'ailleurs, par les voies les moins suspectes, sur la dernière scène qui s'est passée dans votre parlement, me font voir que la vérité pure et sans mélange de partialité se trouve dans vos lettres. Je supprime des réflexions que vous suppléerez aisément ; et, d'ailleurs, elles seroient inutiles sur une affaire finie ; on ne doit pas être en peine de la manière dont les remontrances seront dressées, puisque vous y aurez la plus grande part. Vous allez apparemment enregistrer la déclaration qui regarde les présidiaux, et couvrir par là ce qui s'est passé d'irrégulier aux états, au sujet de l'arrêt du conseil, qu'elle réduit à sa juste valeur. Les efforts qu'on a faits en dernier lieu, pour faire retrancher du contrat la soumission aux requêtes du palais, montrent l'intention qu'on avoit eue lorsqu'on a demandé l'enregistrement d'un arrêt informe à des états qui n'avoient aucun droit de l'accorder ; mais la fermeté de MM. les commissaires a remis les choses en règle à cet égard.

Il me reste à présent de finir ce qui regarde l'édit des tutelles ; j'en ai retrouvé encore le petit mémoire que vous me laissâtes avant votre départ, et vous me ferez plaisir de m'en envoyer promptement un semblable. Vous ne m'avez pas répondu bien précisément sur la pensée qui m'étoit venue dans l'esprit, de communiquer d'abord à des commissaires, le nouvel édit en projet, que le parlement nommeroit, et dont j'attendrois l'avis pour faire expédier cet édit. Vous avez encore le temps de vous expliquer clairement sur cette vue, et vous pouvez le faire avec une confiance proportionnée à l'estime avec laquelle je suis.

Du 13 *août* 1739.

M. de....., lieutenant de la capitainerie d'Avray, m'écrit qu'il craint d'être appelé comme nominateur à la tutelle des enfans de M. le marquis........, quoique l'exemption des capitaines gardes-côtes, et des officiers qui en dépendent, ait toujours été maintenue dans ces derniers temps par l'autorité du roi. Vous prendrez, s'il vous plaît, la peine d'écrire aux officiers de la justice de Blain, où la tutelle doit être réglée, que l'intention de Sa Majesté est que les officiers qui sont chargés de la garde des côtes de Bretagne continuent de jouir de la même exemption, et qu'ainsi M....... ne doit point être compris dans le nombre des parens nominateurs; et je vous prie aussi de lui faire part de ce que je vous écris, afin qu'il ait l'esprit en repos sur ce sujet.

Du 23 *décembre* 1741.

J'AI reçu dans son temps la lettre que vous m'avez écrite, en me renvoyant celle que j'avois reçue de votre substitut en la sénéchaussée d'Acqs, au sujet de la multiplication excessive des prétendues exemptions de tutelles.

Il y en a qui ont été acquises moyennant finances, ou dont les employés dans les fermes du roi sont en possession, et vous avez prévu avec raison qu'elles seroient difficiles à attaquer, surtout dans le temps présent.

Mais il y en a d'autres qui ne paroissent fondées sur rien, telles que celles que les religieux de différens ordres se donnent la liberté d'accorder, et l'autorité du parlement est suffisante pour y mettre ordre, sans qu'il soit nécessaire que le roi s'explique lui-même sur ce sujet.

Vous pouvez donc faire rendre un arrêt sur votre réquisition, par lequel il sera ordonné que tous ceux qui se prétendent exempts de tutelle en vertu de commission de père temporel de communautés religieuses, ou de quelque autre administration semblable, seront tenus de représenter les commissions ou autres pouvoirs par-devant les officiers des sénéchaussées que le parlement jugera à propos de commettre; par-devant lesquels les supérieurs des maisons religieuses dont ils tiennent leur prétendu privilége, seront pareillement tenus de représenter leurs titres, s'ils en ont, dans le délai qui sera prescrit aux uns et aux autres par le même arrêt, pour y être ensuite pourvu ainsi qu'il appartiendra sur le vu de ces titres, et sur les avis qui seront donnés par les officiers que le parlement aura commis; et cependant, comme les exemptions prétendues sur le fondement que je viens de vous marquer ne paroissent avoir aucune solidité, le parlement peut défendre par provision, à ceux qui n'ont point d'autres titres, de s'en servir, et aux juges d'y avoir aucun égard, dans les donations de tutelle et curatelle.

Vous aurez soin ensuite d'envoyer l'arrêt du parlement aux officiers des siéges qui seront chargés de l'exécuter, et vous commencerez sans doute par ce qui regarde la sénéchaussée d'Acqs, puisqu'elle a le mérite d'avoir été la première qui ait donné avis d'un si grand abus par l'organe de votre substitut.

Je vous prie de faire part de cette lettre à M. le premier président de votre compagnie, avec lequel vous concerterez la réquisition que vous ferez sur cette matière.

Du 22 mars 1748.

Si les faits qu'on vous a expliqués sur la conduite du sieur...... se trouvent véritables, le parlement aura encore plus sujet de se repentir de l'arrêt fort irrégulier qu'il a rendu en faveur de ce tuteur. Toute la difficulté consistera à avoir la preuve de ces faits. Je crois cependant que, quand même ils ne seraient que probables, il est du devoir de votre ministère de mettre la justice en état de prendre les précautions nécessaires pour la conservation des biens du mineur, et pour prévenir l'abus que le sieur....... pourroit faire du pouvoir trop grand que le père du mineur lui a donné par son testament. Vous ne sauriez donc vous dispenser d'exposer au parlement les faits dont vous me rendez compte par votre lettre, et de requérir que par-devant un des commissaires de la grand'chambre, les parens et amis du mineur, compris dans une liste qui sera arrêtée par vous, seront assemblés pour donner leur avis sur ce qu'il conviendra d'ordonner pour le bien et l'avantage de ce mineur; à l'effet de quoi le sieur........ sera assigné pour être entendu devant le commissaire du parlement, en présence des parens et amis par vous choisis, et y dire et représenter ce qu'il jugera à propos.

Qu'y aura-t-il lieu d'ordonner en conséquence? c'est ce qu'on ne sauroit prévoir, quant à présent, et qui dépendra, soit de la connoissance qu'on aura des faits avancés contre le tuteur, soit de l'avis des parens. Mais indépendamment de ce qui regarde le passé, pour la réparation du préjudice que le mineur peut avoir souffert par la soustraction d'une partie des deniers laissés par le père, ou autrement, la prévention qui paroîtroit la plus sûre par rapport à l'avenir, seroit de donner d'office un adjoint au tuteur, qui seroit comme le surveillant de sa conduite, en nommant aussi un avocat pour être le conseil de tutelle, qui décideroit entre le sieur...... et l'adjoint qu'on lui auroit donné, dans les cas où ils seroient d'avis différent. Je laisse à votre prudence de faire usage de ces vues, selon ce qui vous paroîtra le plus convenable.

Du 4 juin 1750.

J'ai reçu la lettre que vous m'avez écrite au sujet de la forme qui doit être observée pour appeler les parens des mineurs à l'élection de leurs tuteurs.

La voie des assignations données à la requête de vos substituts et des procureurs-fiscaux, paroît la plus régulière et la plus conforme à la disposition de l'article 3 de l'édit de 1732. On peut dire même qu'elle est plus nécessaire en Bretagne qu'ailleurs, parce que les charges et les obligations imposées aux parens nominateurs, portent souvent ceux qui sont le plus en état de répondre de la gestion du tuteur, à éviter d'assister aux actes de tutelle, ou à vouloir s'en exempter sous prétexte de différens priviléges : il peut donc être nécessaire en plusieurs occasions de les contumacer, et c'est ce qui ne peut se faire que par une assignation régulière.

D'un autre côté, rien n'est plus favorable que de diminuer les frais qui tombent toujours sur les mineurs; et, comme la lettre de l'édit n'exige pas absolument que les parens soient appelés par voie d'assignation, je ne vois pas d'inconvénient à faire rendre sur votre réquisition un arrêt, par lequel il sera dit que vos substituts et les procureurs-fiscaux pourront exposer aux juges de la tutelle qu'ils ont fait avertir les parens des mineurs de comparoître par-devant eux, pour procéder à l'élection d'un tuteur, et qu'ils sont prêts à donner leurs avis; sur quoi le juge ordonnera qu'ils seront entendus sur-le-champ, et rendra ensuite sa sentence sur les conclusions de la partie publique, sans qu'elle soit obligée de faire donner des assignations, si ce n'est aux parens absens, qui n'auroient point envoyé de procuration, ou qui affecteroient, sous de mauvais prétextes, de n'être pas au nombre des nominateurs.

C'est ce que vous pourrez rédiger avec encore plus d'exactitude, après en avoir conféré avec M. le premier président, et ceux de Messieurs du parlement qu'il croira devoir consulter sur ce sujet.

---

§. IV. — *Donations.*

Ordonnance de Louis XV, pour fixer la jurisprudence sur la nature, la forme, les charges ou les conditions des donations, donnée à Versailles, au mois de février 1731 (1).

Louis, par la grâce de Dieu, roi de France et de Navarre, à tous présens et à venir, salut. La justice devroit être aussi uniforme dans ses jugemens, que la loi est une dans sa disposition, et ne pas dépendre de la différence des temps et des lieux, comme elle fait gloire d'ignorer celles des personnes; tel a été l'esprit de tous les législateurs, et il n'est point de loi qui ne renferme le vœu de la perpétuité et de l'uniformité : leur principal objet est de prévenir les procès, encore plus que de les terminer, et la route la plus sûre pour y parvenir, est de faire régner une telle conformité dans les décisions, que si les plaideurs ne sont pas assez sages pour être leurs premiers juges, ils sachent au moins que dans tous les tribunaux ils trouveront une justice toujours semblable à elle-même par l'observation constante des mêmes règles; mais, comme si les lois

(1) Voir la circulaire du 10 novembre 1728, et les questions y jointes, pages 280 et 284 ci-après.

et les jugemens devoient éprouver ce caractère d'incertitude et d'instabilité qui est presque inséparable de tous les ouvrages humains, il arrive quelquefois que, soit par un défaut d'expression, soit par les différentes manières d'envisager les mêmes objets, la variété des jugemens forme d'une seule loi, comme autant de lois différentes, dont la diversité et souvent l'opposition, contraires à l'honneur de la justice, le sont encore plus au bien public : de là naît en effet cette multitude de conflits de juridiction, qui ne sont formés par un plaideur trop habile, que pour éviter par le changement de juges, la jurisprudence qui lui est contraire, et s'assurer celle qui lui est favorable; en sorte que le fond même de la contestation se trouve décidé par le seul jugement qui régle la compétence du tribunal : notre amour pour la justice, dont nous regardons l'administration comme le premier devoir de la royauté, et le désir que nous avons de la faire respecter également dans tous nos états, ne nous permettent pas de tolérer plus long-temps une diversité de jurisprudence, qui produit de si grands inconvéniens. Nous aurions pu la faire cesser avec plus d'éclat et de satisfaction pour nous, si nous avions différé de faire publier le corps des lois qui seront faites dans cette vue, jusqu'à ce que toutes les parties d'un projet si important eussent été également achevées; mais l'utilité qu'on doit attendre de la perfection de cet ouvrage, ne pouvant être aussi prompte que nous le désirerions, notre affection pour nos peuples, dont nous préférerons toujours l'intérêt à toute autre considération, nous a déterminé à leur procurer l'avantage présent de profiter, au moins en partie, d'un travail dont nous nous hâterons de leur faire bientôt recueillir tout le fruit, et nous leur en donnons comme les prémices, par la décision des questions qui regardent la nature, la forme et les charges, ou les conditions essentielles des donations; matière qui, soit par sa simplicité, soit par le peu d'opposition qui s'y trouve entre les principes du droit Romain et ceux du droit Français, nous a paru la plus propre à fournir le premier exemple de l'exécution du plan que nous nous sommes proposé. Avant que d'y établir des règles invariables, nous avons jugé à propos de nous faire informer exactement par les principaux magistrats de nos parlemens et de nos conseils supérieurs, des différentes jurisprudences qui s'y observent; et nous avons eu la satisfaction de voir dans l'exposition des moyens propres à les concilier, que ces magistrats, uniquement occupés du bien de la justice, nous ont proposé souvent de préférer la jurisprudence la plus simple, et par là même, la plus utile à celle que le préjugé de la naissance et une ancienne habitude pouvoient leur rendre plus respectable; ou s'il y a eu de la diversité de sentimens sur quelques points, elle n'a servi, par le compte qui nous a été rendu dans notre conseil, qu'à développer encore plus les véritables principes que nous devons suivre, pour rétablir successivement dans les différentes matières de la jurisprudence où l'on observe les mêmes lois, cette uniformité parfaite qui n'est pas moins honorable au législateur, qu'avantageuse à ses sujets: A CES CAUSES, et autres à ce nous mouvans, de l'avis de notre conseil, et de notre certaine science, pleine puissance et autorité royale, nous avons dit, déclaré et ordonné, disons, déclarons ordonnons, et nous plaît ce qui suit:

Art. 1.er Tous actes portant donation entre-vifs, seront passés par-devant notaires, et il en restera minute, à peine de nullité (1).

2. Les donations entre-vifs seront faites dans la forme ordinaire des contrats et actes passés par-devant notaires, et en y observant les autres formalités

(1) La perte de la minute, dont l'existence seroit légalement prouvée avoir eu lieu, ne seroit pas une cause de nullité, conformément à la lettre du 22 mai 1731, page 302 ci-après.

L'acte notarié n'est pas nécessaire pour les donations mobiliaires accompagnées de tradition, suivant la lettre du 25 juin 1731, page 310 ci-après.

qui y ont eu lieu jusqu'à présent, suivant les différentes lois, coutumes et usages du pays, soumis à notre domination.

3. Toutes donations à cause de mort, à l'exception de celles qui se feront par contrat de mariage, ne pourront dorénavant avoir aucun effet, dans les pays même où elles sont expressément autorisées par les lois ou par les coutumes, que lorsqu'elles auront été faites dans la même forme que les testamens ou les codicilles; en sorte qu'il n'y ait à l'avenir, dans nos états, que deux formes de disposer de ses biens à titre gratuit, dont l'une sera celle des donations entre-vifs, et l'autre celle des testamens ou des codicilles (1).

4. Toute donation entre-vifs, qui ne seroit valable qu'en cette qualité, ne pourra valoir comme donation ou disposition à cause de mort ou testamentaire de quelque formalité qu'elle soit revêtue (2).

5. Les donations entre-vifs, même celles qui seroient faites en faveur de l'église, ou pour causes pies, ne pourront engager le donateur, ni produire aucun autre effet que du jour qu'elles auront été acceptées par le donataire ou par son procureur-général ou spécial, dont la procuration demeurera annexée à la minute de la donation, et, en cas qu'elle eût été acceptée par une personne qui auroit déclaré se porter fort pour le donataire absent, ladite donation n'aura effet que du jour de la ratification expresse que ledit donataire en aura faite par acte passé

(1) Voir, sur le doute qui s'étoit élevé, si cet article abolissoit la faculté que les fils de famille avoient de faire des donations à cause de mort, la lettre du 24 avril 1731, page 295 ci-après; celle du 19 mai 1731, page 297; celle du 22 mai, page 302; celle du 25 juin, page 310, et celle du 30 juin, page 322.

(2) Sur la question de savoir si les libéralités faites à l'extrémité de la vie, sous le nom et avec les seules formes des donations entre-vifs, sont valables, voir la lettre du 13 mai 1730, page 292, et celle du 22 juillet 1731, page 331.

par-devant notaires, duquel acte il restera minute. Défendons à tous notaires et tabellions d'accepter les donations comme stipulans pour les donataires absens, à peine de nullité desdites stipulations.

6. L'acceptation de la donation sera expresse, sans que les juges puissent avoir aucun égard aux circonstances dont on prétendroit induire une acceptation tacite ou présumée, et ce quand même le donataire auroit été présent à l'acte de donation, et qu'il l'auroit signé, ou quand il seroit entré en possession des choses données.

7. Si le donataire est mineur de vingt-cinq ans, ou interdit par autorité de justice, l'acceptation pourra être faite pour lui, soit par son tuteur, ou son curateur, soit par ses père ou mère, ou autres ascendans, même du vivant du père et de la mère, sans qu'il soit besoin d'aucun avis de parent pour rendre ladite acceptation valable (1).

8. L'acceptation pourra aussi être faite par les administrateurs des hôpitaux, hôtels-dieu ou autres semblables établissemens de charité, autorisés par nos lettres-patentes registrées en nos cours, et par les curés et marguilliers, lorsqu'il s'agira de donations entre-vifs faites pour le service divin, pour fondations particulières, ou pour la subsistance et le soulagement des pauvres de leur paroisse.

9. Les femmes mariées, même celles qui ne seront communes en biens, ou qui auront été séparées par sentence ou par arrêt, ne pourront accepter aucunes donations entre-vifs sans être autorisées par leurs maris, ou par justice à leur refus. N'entendons néanmoins rien innover sur ce point à l'égard des donations qui seroient faites à la femme pour lui tenir lieu de bien paraphernal dans les pays où les femmes mariées peuvent avoir des biens de cette qualité.

(1) Voir, sur les motifs de la nullité d'une donation acceptée par le mineur seul, la lettre du 25 juin 1731, page 310, et celle du 30 juin, page 322.

10. N'entendons pareillement comprendre dans la disposition des articles précédens sur la nécessité et la forme de l'acceptation dans les donations entre-vifs, celles qui seroient faites par contrat de mariage aux conjoints, ou à leurs enfans à naître, soit par les conjoints mêmes, ou par les ascendans, ou parens collatéraux, même par des étrangers ; lesquelles donations ne pourront être attaquées ni déclarées nulles sous prétexte de défaut d'acceptation.

11. Lorsqu'une donation aura été faite en faveur du donataire et des enfans qui en naîtront, ou qu'elle aura été chargée de substitution au profit desdits enfans, ou autres personnes nées ou à naître, elle vaudra en faveur desdits enfans, ou autres personnes, par la seule acceptation dudit donataire, encore qu'elle ne soit pas faite par contrat de mariage, et que les donateurs soient des collatéraux ou des étrangers.

12. Voulons pareillement qu'en cas qu'une donation faite à des enfans nés et à naître ait été acceptée par ceux qui étoient déjà nés dans le temps de la donation, ou par leurs tuteurs et autres dénommés dans l'article 7, elle vaille, même à l'égard des enfans qui naîtront dans la suite, nonobstant le défaut d'acceptation faite de leur part, ou pour eux, encore qu'elle ne soit pas faite par contrat de mariage, et que les donateurs soient des collatéraux ou des étrangers.

13. Les institutions contractuelles et les dispositions à cause de mort qui seroient faites dans un contrat de mariage, même par des collatéraux ou par des étrangers, ne pourront être attaquées par le défaut d'acceptation.

14. Les mineurs, les interdits, l'église, les hôpitaux, communautés, ou autres qui jouissent des priviléges des mineurs, ne pourront être restitués contre le défaut d'acceptation des donations entre-vifs : le tout sans préjudice du recours tel que de droit desdits mineurs ou interdits, contre leurs tuteurs ou curateurs, et desdites églises, hôpitaux, commu-

nautés ou autres, jouissant des priviléges des mineurs contre leurs administrateurs, sans qu'en aucun cas la donation puisse être confirmée, sous prétexte de l'insolvabilité de ceux contre lesquels ledit recours pourra être exercé.

15. Aucune donation entre-vifs ne pourra comprendre d'autres biens que ceux qui appartiendront au donateur dans le temps de la donation; et si elle renferme des meubles ou effets mobiliers, dont la donation ne contienne pas une tradition réelle, il en sera fait un état signé des parties, qui demeurera annexé à la minute de ladite donation, faute de quoi le donataire ne pourra prétendre aucuns desdits meubles ou effets mobiliers, même contre le donateur ou ses héritiers. Défendons de faire dorénavant aucunes donations des biens présens et à venir (si ce n'est dans le cas ci-après marqué), à peine de nullité desdites donations, même pour les biens présens; et ce encore que le donataire eût été mis en possession du vivant du donateur desdits biens présens, en tout ou en partie (1).

16. Les donations qui ne comprendroient que les biens présens seront pareillement déclarées nulles, lorsqu'elles seront faites à condition de payer les dettes et charges de la succession du donateur en tout ou en partie, ou autres dettes et charges que celles qui existoient lors de la donation, même de payer les légitimes des enfans du donateur, au-delà de ce dont ledit donataire peut en être tenu de droit, ainsi qu'il sera réglé ci-après. Laquelle disposition sera observée généralement à l'égard de toutes les donations faites sous des conditions dont l'exécution dépend de la seule volonté du donateur; et en cas qu'il se soit réservé la liberté de disposer d'un effet compris dans la donation ou d'une somme fixe à

(1) Sur les motifs qui ont fait prononcer la nullité absolue, même pour les *biens présens*, voir la lettre du 19 mai 1731, page 297 ci-après; celle du 22 mai, page 302; celle du 25 juin, page 310; et celle du 30 juin, page 322.

prendre sur les biens donnés, voulons que ledit effet, ou ladite somme ne puisse être censé compris dans la donation, quand même le donateur seroit mort sans en avoir disposé ; auquel cas ledit effet, ou ladite somme, appartiendra aux héritiers du donateur, nonobstant toutes clauses ou stipulations à ce contraires.

17. Voulons néanmoins que les donations faites par contrat de mariage en faveur des conjoints ou de leurs descendans, même par des collatéraux ou par des étrangers, soient exceptées de la disposition de l'article 15 ci-dessus, et que lesdites donations faites par contrat de mariage puissent comprendre tant les biens à venir que les biens présens, en tout ou en partie ; auquel cas il sera, au choix du donataire, de prendre les biens tels qu'ils se trouveront au jour du décès du donateur, en payant toutes les dettes et charges, même celles qui seroient postérieures à la donation, ou de s'en tenir aux biens qui existoient dans le temps qu'elle aura été faite, en payant seulement les dettes et charges existantes audit temps (1).

18. Entendons pareillement que les donations des biens présens, faites à condition de payer indistinctement toutes les dettes et charges de la succession du donateur, même les légitimes indéfiniment, ou sous d'autres conditions dont l'exécution dépendroit de la volonté du donateur, puissent avoir lieu dans les contrats de mariage en faveur des conjoints ou de leurs descendans, par quelques personnes que lesdites donations soient faites, et que le donataire soit tenu d'accomplir lesdites conditions, s'il n'aime mieux renoncer à ladite donation ; et en cas que ledit donateur par contrat de mariage se soit réservé la liberté de disposer d'un effet compris dans la donation

(1) Sur les motifs particuliers de cet article, qui font exception à la règle posée dans l'article 15, voir la lettre du 19 mai 1731, page 297 ci-après ; celle du 22 mai, page 302 ; celle du 25 juin, page 310, et celle du 30 juin, page 322.

de ses biens présens, ou d'une somme fixe, à prendre sur lesdits biens, voulons que s'il meurt sans en avoir disposé, ledit effet ou ladite somme appartienne au donataire ou à ses héritiers, et soit censé compris dans ladite donation (1).

19. Les donations faites dans les contrats de mariage en ligne directe, ne seront pas sujettes à la formalité de l'insinuation.

20. Toutes les autres donations, même les donations rémunératoires ou mutuelles, quand même elles seroient entièrement égales, ou celles qui seroient faites à la charge de services et de fondations, seront insinuées suivant la disposition des ordonnances, à peine de nullité.

21. Ladite peine de nullité n'aura pas lieu néanmoins à l'égard des dons mobiles, augmens, contre-augmens, engagemens, droits de rétention, agencemens, gains de noces et de survie, dans les pays où ils sont en usage; à l'égard de toutes lesquelles stipulations ou conventions, à quelque somme ou valeur qu'elles puissent monter, notre déclaration du 25 juin 1729 sera exécutée suivant sa forme et teneur.

22. L'exception portée par l'article précédent et par ladite déclaration aura pareillement lieu à l'égard des donations de choses mobilières, quand il y aura tradition réelle, ou quand elles n'excéderont pas la somme de mille livres une fois payée.

23. Dans tous les cas où l'insinuation est nécessaire, à peine de nullité, les donations d'immeubles réels, ou de ceux qui sans être réels, ont une assiette selon les lois, coutumes, ou usage des lieux, et ne suivent pas la personne du donateur, seront insinuées, sous ladite peine de nullité, aux greffes des bailliages ou sénéchaussées royales, ou autre siége royal ressortissant nûment en nos cours, tant du

(1) Les motifs de la dernière disposition de cet article sont expliqués dans la lettre du 22 mai 1731, page 302 ci-après.

domicile du donateur, que du lieu dans lequel les biens donnés sont situés ou ont leur assiette; et, à l'égard des donations de choses mobilières, même des immobilières qui n'ont point d'assiette et suivent la personne, l'insinuation s'en fera seulement au greffe du bailliage ou sénéchaussée royale, ou autre siége royal ressortissant nûment en nos cours du domicile du donateur. Défendons de faire aucunes insinuations dans d'autres juridictions royales, ou dans les justices seigneuriales, même dans celles des pairies; et, en cas que le donateur y ait son domicile, ou que les biens donnés y soient situés, l'insinuation sera faite au greffe du siége qui a la connoissance des cas royaux dans le lieu dudit domicile ou de la situation des biens donnés, le tout à peine de nullité.

24. Sera tenu à l'avenir dans chaque bailliage ou sénéchaussée royale un registre particulier qui sera cotté et paraphé à chaque feuillet par le premier officier du siége, clos et arrêté à la fin de chaque année par ledit officier, dans lequel registre sera transcrit en entier l'acte de donation, si elle est faite par un acte séparé, sinon la partie de l'acte qui contiendra la donation, ses charges ou conditions sans en rien omettre; à l'effet de quoi la grosse ou expédition dudit acte sera représentée, sans qu'il soit nécessaire de rapporter la minute.

25. Le dépositaire dudit registre sera tenu d'en donner communication toutes les fois qu'il en sera requis, et sans ordonnance de justice, même d'en délivrer un extrait signé de lui, si les parties le demandent : le tout sauf son salaire raisonnable, et ainsi qu'il est réglé par notre déclaration du 17 du présent mois.

26. Lorsque l'insinuation aura été faite dans les délais portés par les ordonnances, même après le décès du donateur ou du donataire, la donation aura son effet du jour de sa date, à l'égard de toutes sortes de personnes. Pourra néanmoins être insinuée après

lesdits délais, même après le décès du donataire, pourvu que le donateur soit encore vivant, mais elle n'aura effet, en ce cas, que du jour de l'insinuation.

27. Le défaut d'insinuation des donations qui y sont sujettes, à peine de nullité, pourra être opposé tant par les tiers-acquéreurs et créanciers du donateur, que par ses héritiers donataires postérieurs ou légataires, et généralement par tous ceux qui y auront intérêt, autres néanmoins que le donateur : et la disposition du présent article aura lieu encore que le donateur se fût chargé expressément de faire insinuer la donation, à peine de tous dépens, dommages et intérêts, laquelle clause sera regardée comme nulle et de nul effet (1).

28. Le défaut d'insinuation pourra pareillement être opposé à la femme commune en biens ou séparée d'avec son mari, et à ses héritiers, pour toutes les donations faites à son profit, même à titre de dot, et ce dans tous les cas où l'insinuation est nécessaire, à peine de nullité; sauf à elle ou à ses héritiers, d'exercer leur recours, s'il y échoit, contre le mari ou ses héritiers, sans que sous prétexte de leur insolvabilité, la donation puisse être confirmée en aucun cas, nonobstant le défaut d'insinuation.

29. N'entendons néanmoins qu'en aucun cas ledit recours puisse avoir lieu, quand il s'agira de donations faites à la femme pour lui tenir lieu de bien paraphernal, si ce n'est seulement lorsque le mari aura eu la jouissance de cette nature de bien du consentement exprès ou tacite de la femme.

30. Le mari ni ses héritiers ou ayans cause ne pourront en aucun cas, et quand même il s'agiroit de donation faite par d'autres que par le mari, opposer le défaut d'insinuation à la femme commune ou séparée,

(1) Voir, pour les motifs qui ont fait accorder, aux héritiers du donateur, le droit d'invoquer la nullité pour défaut d'insinuation, la lettre du 25 juin 1731, page 310 ci-après.

ou à ses héritiers ou ayans cause, si ce n'est que ladite donation eût été faite pour tenir lieu à la femme de bien paraphernal, et qu'elle en eût eu la libre jouissance et administration.

31. Les tuteurs, curateurs, administrateurs ou autres, qui par leur qualité sont tenus de faire insinuer les donations faites par eux ou par d'autres personnes aux mineurs ou autres étant sous leur autorité, ne pourront pareillement, ni leurs héritiers ou ayans cause, opposer le défaut d'insinuation auxdits mineurs ou autres donataires, dont ils ont eu l'administration, ni à leurs héritiers ou ayans cause.

32. Les mineurs, l'église, les hôpitaux, communautés ou autres qui jouissent du privilége des mineurs, ne pourront être restitués contre le défaut d'insinuation, sauf le recours tel que de droit contre leurs tuteurs ou administrateurs, et sans que la restitution puisse avoir lieu, quand même lesdits tuteurs ou administrateurs se trouveroient insolvables.

33. N'entendons comprendre dans les dispositions des articles précédens qui concernent l'insinuation, les pays du ressort de notre cour de parlement de Flandre.

34. Si les biens que le donateur aura laissés en mourant sans en avoir disposé, ou sans l'avoir fait autrement que par des dispositions de dernière volonté, ne suffisent pas pour fournir la légitime des enfans, eu égard à la totalité des biens compris dans les donations entre-vifs par lui faites, et de ceux qui n'y sont pas renfermés, ladite légitime sera prise, premièrement sur la dernière donation, et subsidiairement sur les autres, en remontant des dernières aux premières; et en cas qu'un ou plusieurs des donataires soient du nombre des enfans du donateur qui auroient eu droit de demander leur légitime sans la donation qui leur a été faite, ils retiendront les biens à eux donnés jusqu'à concurrence de la valeur de leur légitime, et ils ne seront tenus de la légitime des autres que pour l'excédant.

35. La dot, même celle qui aura été fournie en deniers, sera pareillement sujette au retranchement pour la légitime dans l'ordre prescrit par l'article précédent : ce qui aura lieu, soit que la légitime soit demandée pendant la vie du mari, ou qu'elle ne le soit qu'après sa mort, et quand il auroit joui de la dot pendant plus de trente ans, ou quand même la fille dotée auroit renoncé à la succession par son contrat de mariage ou autrement, ou qu'elle en seroit excluse de droit suivant la disposition des lois, coutumes ou usages.

36. Dans le cas où la donation des biens présens et à venir pour le tout ou pour partie, a été autorisée par l'article 17, si elle comprend la totalité des biens présens et à venir, le donataire sera tenu indéfiniment de payer les légitimes des enfans du donateur, soit qu'il en ait été chargé nommément par la donation, soit que cette charge n'y ait pas été exprimée ; et lorsque la donation ne contiendra qu'une partie des biens présens et à venir, le donataire ne sera obligé de payer lesdites légitimes au-delà de ce dont il en peut être tenu de droit, suivant l'art. 34, qu'en cas qu'il en ait été expressément chargé par la donation, et non autrement ; auquel cas d'expression de ladite charge, le donataire sera tenu directement et avant tous les autres donataires, quoique postérieurs, d'acquitter lesdites légitimes, pour la part et portion dont il aura été chargé dans la donation ; et si ladite portion n'y a pas été expressément déterminée, elle demeurera fixée à telle et semblable portion que celle pour laquelle les biens présens et à venir se trouveront compris dans la donation, sauf au donataire dans tous les cas portés par le présent article, de renoncer, si bon lui semble, à la donation (1).

37. Si néanmoins le donataire par contrat de mariage de la totalité ou de partie des biens présens

(1) Voir l'explication des motifs de cet article et du suivant dans la lettre du 25 juin 1731, page 310 ci-après.

et à venir, déclare qu'il opte de s'en tenir aux biens qui appartenoient au donateur au temps de la donation, et qu'il renonce aux biens postérieurement acquis par ledit donateur, suivant la faculté qui lui est accordée par l'article 17, les légitimes des enfans se prendront sur lesdits biens postérieurement acquis, s'ils suffisent; sinon ce qui s'en manquera sera pris sur tous les biens qui appartenoient au donateur dans le temps de la donation, si elle comprend la totalité desdits biens : et en cas que la donation ne soit que d'une partie des biens, et qu'il y ait plusieurs donataires, la disposition de l'article 34 sera observée entr'eux selon sa forme et teneur.

38. La prescription ne pourra commencer à courir en faveur des donataires contre les légitimaires que du jour de la mort de ceux sur les biens desquels la légitime sera demandée.

39. Toutes donations entre-vifs faites par personnes qui n'avoient point d'enfans ou de descendans actuellement vivans dans le temps de la donation de quelque valeur que lesdites donations puissent être, et à quelque titre qu'elles aient été faites, et encore qu'elles fussent mutuelles ou rémunératoires, même celles qui auroient été faites en faveur de mariage par autres que par les conjoints ou les ascendans, demeureront révoquées de plein droit, par la survenance d'un enfant légitime du donateur, même d'un posthume, ou par la légitimation d'un enfant naturel par mariage subséquent, et non par aucune autre sorte de légitimation (1).

40. Ladite révocation aura lieu, encore que l'enfant du donateur ou de la donatrice fût conçu au temps de la donation.

41. La donation demeurera pareillement révoquée, quand même le donataire seroit entré en possession des biens donnés, et qu'il y auroit été laissé par le

(1) Voir le développement des motifs de cet article et des 42.e et 45.e dans la lettre du 25 juin 1731, page 310 ci-après.

donateur depuis la survenance de l'enfant, sans néanmoins que ledit donataire soit tenu de restituer les fruits par lui perçus de quelque nature qu'ils soient, si ce n'est du jour que la naissance de l'enfant, ou sa légitimation par mariage subséquent, lui aura été notifiée par exploit ou autre acte en bonne forme, et ce, quand même la demande pour rentrer dans les bien donnés n'auroit été formée que postérieurement à ladite notification.

42. Les biens compris dans la donation révoqués de plein droit, rentreront dans le patrimoine du donateur, libres de toutes charges et hypothèques du chef du donataire, sans qu'ils puissent demeurer affectés, même subsidiairement, à la restitution de la dot de la femme dudit donataire, reprises, douaires ou autres conventions matrimoniales : ce qui aura lieu quand même la donation auroit été faite en faveur du mariage du donataire et insérée dans le contrat, et que le donateur se seroit obligé, comme caution, par ladite donation, à l'exécution du contrat de mariage.

43. Les donations ainsi révoquées ne pourront revivre ou avoir de nouveau leur effet, ni par la mort de l'enfant du donateur, ni par aucun acte confirmatif; et si le donateur veut donner les mêmes biens au même donataire, soit avant ou après la mort de l'enfant, par la naissance duquel la donation avoit été révoquée, il ne le pourra faire que par une nouvelle disposition.

44. Toute clause ou convention par laquelle le donateur auroit renoncé à la révocation de la donation pour survenance d'enfans, sera regardée comme nulle, et ne pourra produire aucun effet.

45. Le donataire, ses héritiers ou ayans cause, ou autres détenteurs des choses données, ne pourront opposer la prescription pour faire valoir la donation révoquée par la survenance d'enfant, qu'après une possession de trente années, qui ne pourront commencer à courir que du jour de la naissance du

dernier enfant du donateur, même posthume, et ce, sans préjudice des interruptions telles que de droit.

46. N'entendons comprendre dans les dispositions de la présente ordonnance, ce qui concerne les dons mutuels et autres donations faites entre maris et femmes, autrement que par le contrat de mariage, ni pareillement les donations faites par le père de famille aux enfans étant en sa puissance : à l'égard de toutes lesquelles donations il ne sera rien innové, jusqu'à ce qu'il y ait été autrement par nous pourvu ;

47. Voulons au surplus que la présente ordonnance soit gardée et observée dans tout notre royaume, terres et pays de notre obéissance, à compter du jour de la publication qui en sera faite ; abrogeons toutes ordonnances, lois, coutumes, statuts et usages différens, ou qui seroient contraires aux dispositions y contenues, sans néanmoins que les donations faites avant ladite publication puissent être attaquées sous prétexte qu'elles ne seroient pas conformes aux règles par nous prescrites, notre intention étant qu'elles soient exécutées ainsi qu'elles auroient pu et dû l'être auparavant, et que les contestations nées et à naître sur leur exécution soient décidées suivant les lois et la jurisprudence qui ont eu lieu jusqu'à présent dans nos cours à cet égard.

Si donnons en mandement, etc.

Du 10 *novembre* 1728 (1).

Ce n'est pas d'aujourd'hui que tous ceux qui aiment véritablement la justice et le bien public sont blessés de voir que, dans le même royaume, les

(1) Cette lettre étoit circulaire, et accompagnoit les questions imprimées page 284 ci-après.

mêmes questions, quoiqu'elles soient purement de droit, sont jugées d'une manière différente, et souvent opposée dans les différens tribunaux. Si cela n'arrivoit que parce que les provinces qui sont de leur ressort sont régies par des lois différentes, et quelquefois contraires les unes aux autres, il n'y auroit rien à réformer dans la jurisprudence des compagnies qui ne peuvent s'empêcher de suivre les lois qu'elles trouvent établies dans chaque pays, jusqu'à ce qu'il ait plu au législateur de les ramener toutes à l'uniformité; mais, ce qu'il y a de plus singulier, et à quoi il est en même temps plus facile de remédier qu'à la diversité ou à la contrariété des coutumes, c'est que, quoiqu'il ne s'agisse que de l'exécution des mêmes lois, les juges les expliquent d'une manière si différente, qu'il en résulte, sur certains points, des maximes et des jurisprudences directement opposées dans les divers tribunaux de ce royaume; c'est un abus qui résiste à la nature de la justice même, dont un des principaux caractères est d'être uniforme, sans aucune distinction de temps ou de lieux; et l'indécence de cette diversité de maxime n'est pas moins sensible, rien n'étant plus contraire à l'honneur de la justice et de ses ministres, que de voir que ce qui paroît juste dans un tribunal soit regardé comme injuste dans l'autre, quoiqu'ils ne jugent tous deux que sur les mêmes lois. Il en naît d'ailleurs un très-grand inconvénient, que la place où j'ai l'honneur d'être, et une partie des affaires qui se portent au conseil, me donnent lieu de remarquer tous les jours, c'est la multitude de demandes en réglement de juges ou d'évocations dont le motif secret est d'éviter le parlement qui suit des maximes opposées à leurs prétentions, et d'être renvoyée dans celui dont elles savent que la jurisprudence leur est favorable; en sorte que le jugement de ces sortes de contestations décide, en quelque manière, du sort des parties dans ce qui fait le sujet principal de leur différend, et que, en paroissant ne prononcer que sur la compétence des tribunaux, le conseil prononce, en quelque manière, sur le fond.

Toutes ces réflexions, que je fais depuis long-temps, m'ont engagé à proposer au roi de faire cesser, par son autorité, des diversités de jurisprudence dont il y en a au moins une qui est contraire à la justice, et qui sont toutes également indécentes et nuisibles aux plaideurs, par les procès préliminaires qu'elles les obligent souvent à essuyer. Sa Majesté a bien voulu entrer dans une vue si digne de son amour pour la règle et pour l'ordre public; mais, comme elle ne veut rien faire sur ce sujet sans une entière connoissance et une mûre délibération, elle a jugé à propos que je vous envoyasse successivement un état des questions qui ne se jugent pas de la même manière dans les différens tribunaux, quoiqu'elles y doivent être décidées par les mêmes lois, afin qu'après avoir reçu les avis des principaux officiers de ses cours supérieures, elle puisse préférer celle des jurisprudences différentes ou contraires qui lui paroîtra la plus conforme aux règles de la justice et la plus convenable au bien de ses sujets, et autoriser cette jurisprudence par une loi qui deviendra le principe des décisions uniformes qui seront prononcées dans tous les tribunaux sur les mêmes questions.

J'aurai soin de faire arranger toutes ces questions par matières, afin qu'aussitôt qu'elles auront été épuisées entièrement sur chacune de ces matières, le roi puisse publier la loi qui devra être observée à cet égard, afin que le public soit bientôt en état de jouir, au moins en partie, du fruit d'un travail qui ne pourra être entièrement fini aussitôt qu'il seroit à désirer.

Je commence aujourd'hui par vous envoyer ce qui regarde la matière des donations; et, pour vous faire bien entendre ce que le roi attend de vous sur cette matière, et sur celles qui la suivront de près, je dois vous dire que l'intention de Sa Majesté est que, de concert avec *MM. les gens du roi et un petit nombre des principaux officiers de votre compagnie que vous jugerez à propos d'associer à cet ouvrage*, vous fassiez un mémoire où vous vous expliquerez sur les points suivans :

1.° Vous y marquerez d'abord exactement qu'elle est la véritable jurisprudence de votre parlement sur les questions proposées ; et, en cas que cette jurisprudence n'ait pas toujours été la même, vous prendrez la peine d'en observer les progrès et les différentes variations ;

2.° Vous aurez soin d'expliquer en abrégé la substance des principales raisons sur lesquelles votre jurisprudence actuelle est fondée ;

3.° Vous donnerez ensuite votre avis sur la manière dans laquelle vous croirez que chaque question doit être décidée, soit en confirmant votre jurisprudence ou en la réformant, ou en se contentant d'y suppléer ce qui peut y manquer, et la perfectionner ;

4.° Si par hasard il étoit échappé, dans ce que je vous enverrai sur chaque matière, quelque question qui n'y eût pas été prévue, et sur laquelle vous sussiez cependant que la jurisprudence d'une autre compagnie ne s'accorde pas avec la vôtre, vous ajouterez cette question à celles que vous aurez reçues de ma part, et vous la traiterez de la même manière.

Après vous avoir donné une idée générale de cet ouvrage, il ne me reste que de vous prier d'y travailler le plus promptement, et avec le plus de diligence qu'il vous sera possible, sans rien diminuer de l'exactitude qui y est encore plus désirable. Je compte donc qu'aussitôt après l'ouverture de votre parlement vous prendrez les mesures nécessaires pour mettre ce travail en mouvement. Aussitôt qu'une matière sera achevée, vous prendrez la peine de m'envoyer le mémoire que vous aurez fait sur les différentes questions qu'elle renferme ; et si, dans la suite de votre travail, il se présente quelques difficultés imprévues, ou quelques doutes sur la manière de le continuer, vous aurez soin de m'en instruire, afin qu'après avoir reçu les ordres du roi je puisse lever ces difficultés ou ces doutes de la manière qui conviendra le mieux à la fin que Sa Majesté se propose. Quand même il ne surviendroit rien de nouveau qui méritât que vous me consultassiez sur ce sujet, je vous prie d'avoir attention de me rendre compte, au moins une fois par mois, de l'état où sera votre travail.

Questions sur les Donations.

QUEST. 1.re Si la stipulation du notaire, qui accepte la donation pour le donataire absent, rend la donation parfaite en pays de droit écrit, dans les lieux où l'ordonnance de 1539 n'est pas observée ?

2. Si l'acceptation est nécessaire pour les donations à cause de mort ?

3. Si la donation des biens présens et à venir est regardée comme absolument nulle, même pour les biens présens ?

Si elle est approuvée, au moins pour les biens présens, lorsque le donataire déclare qu'il se tient à ces biens ?

Si on l'autorise, même pour les biens à venir, mais à la charge que le donataire paiera toutes les dettes, comme celles qui sont postérieures à la donation ?

4. Si une donation qui ne peut valoir comme donation entre-vifs, étant faite à l'extrémité de la vie, peut valoir comme disposition à cause de mort ?

5. Si l'insinuation est nécessaire pour les donations à cause de mariages faits par père ou mère ?

6. Si le défaut d'insinuation peut être proposé par les héritiers du donateur ?

7. Si le défaut d'insinuation peut être opposé à une femme, pendant le mariage, pour les donations faites par le contrat de mariage ?

S'il peut lui être opposé du moins :

1.° Par les créanciers ?

2.° Pour les biens paraphernaux?

3.° Par toutes sortes de personnes, et pour toutes espèces de biens, quand elle est séparée?

Si ce défaut peut être opposé aux héritiers de la femme, après la dissolution du mariage, arrivée par son prédécès?

8. Si le mineur, l'église et autres jouissant du privilége des mineurs, sont restituables envers le défaut d'insinuation?

9. Si la légitime se prend par contribution sur toutes les donations, ou d'abord sur la dernière, et ensuite subsidiairement sur chacune des autres, en remontant de celles qui sont postérieures à celles qui sont antérieures?

10. Si la dot des filles mariées est sujette au retranchement de la légitime?

11. Si le donataire des biens pour moitié, à condition de payer la moitié des dettes et charges, doit payer la moitié de la légitime?

12. La révocation des donations pour survenance d'enfans se fait-elle de plein droit, ou doit-elle être demandée?

Si l'enfant dont la naissance auroit pu opérer la révocation, vient à mourir avant le donateur, la donation subsiste-t-elle, ou est-elle censée révoquée?

Faut-il distinguer, en ce cas, si le donateur a laissé jouir le donataire des choses données, ou s'il en a repris la possession?

13. Si une donation faite par une femme ou par un mari est révoquée par la naissance d'un enfant conçu lors de la donation?

14. Si le donateur peut renoncer au bénéfice de la loi *Si unquam*, cod. *De revoc. donat.*?

15. Si les biens compris dans une donation faite en faveur de mariage, en supposant qu'elle soit révoquée par la survenance d'enfans au donateur, demeurent néanmoins hypothéqués subsidiairement au douaire et autres conventions matrimoniales?

16. Si l'on peut demander la restitution des fruits, lorsque la donation a été révoquée par la survenance des enfans, et de quel jour ?

Du 24 novembre 1728.

Je crois, comme vous, qu'il y aura peu de choses à faire dans votre parlement, par rapport aux questions que je vous ai envoyées, parce qu'elles regardent plus le droit écrit que le droit coutumier. Je n'ai pas de peine à penser aussi, quoique à regret, que vous tirerez peu de secours dans l'ouvrage qu'il s'agit de commencer, de la plupart des conseillers de votre compagnie, dont l'application à l'étude n'est pas le caractère dominant. Je crois donc que vous ferez fort bien, comme vous me le proposez, de travailler d'abord en particulier, aussi bien que MM. du parquet, sur les questions que je vous ai adressées, et de faire travailler aussi vos plus habiles avocats; mais, quand vous aurez pris votre parti sur l'avis que vous aurez à me donner, je crois qu'il sera bon de communiquer vos vues à quelques-uns des principaux magistrats de votre parlement, soit parce qu'on y recevra plus volontiers des lois auxquelles les différens membres du corps auront eu quelque part, et que vous préviendrez par là une espèce de jalousie que l'on pourroit concevoir contre vous et MM. du parquet, si je paroissois n'en avoir point consulté d'autres; soit parce qu'il est utile, pour réveiller l'amour de la science, et pour exciter en ce point une louable émulation, d'engager au moins quelques-uns des présidens et des conseillers à étudier le fond des matières, comme l'ouvrage présent peut leur en fournir une occasion.

Au surplus, malgré le peu de soin que les magistrats prennent de s'instruire, il n'est pas possible que, dans une aussi grande compagnie que la vôtre, il n'y en ait au moins quelques-uns qui sachent mieux les principes de la jurisprudence, et qui soient en état de donner des avis dont il sera bon de profiter. Je laisse à votre prudence d'examiner, quand il en sera temps, s'il conviendra que ce soit vous seul qui choisissiez ceux que vous jugerez à propos de consulter, ou s'il vaudra mieux que vous en déferiez le choix à votre compagnie, en lui faisant part de la première lettre que je vous ai écrite sur ce sujet. Vous prendrez la peine de m'expliquer, avant que de rien faire, ce que vous pensez à cet égard.

Du 24 novembre 1728.

La lettre que je vous ai écrite, le........, vous a assez fait voir que je pensois comme vous sur l'utilité d'associer quelques-uns des présidens et conseillers du parlement au travail que je vous ai proposé. J'écris à M. le premier président que je persiste dans le même sentiment, mais que je vois qu'il faut qu'il travaille d'abord en particulier sur les questions que je vous ai envoyées; que MM. du parquet en fassent autant de leur côté, et que, quand la matière sera à peu près digérée, M. le premier président communique ses vues et les vôtres à un petit nombre de magitrats choisis entre ceux du parlement qui ont le plus de capacité et de zèle pour le bien public.

Du 7 janvier 1729.

J'ai lu avec plaisir les réponses que vous m'avez envoyées sur les seize questions sur lesquelles j'ai voulu être instruit de la jurisprudence qui s'observe dans votre compagnie. Vous êtes entré pleinement dans mon esprit, aussi bien que ceux de MM. du parlement que vous avez jugé à propos d'associer à cet ouvrage. Les réponses sont faites avec une précision qui retranche tout le superflu, et qui ne laisse rien à désirer sur le nécessaire. Je compte de vous envoyer bientôt la suite des questions sur lesquelles les parlemens du royaume ont une jurisprudence différente; l'ouvrage iroit bien vîte, si toutes les autres compagnies que j'ai consultées comme la vôtre, s'y portoient avec le même zèle et la même diligence. Je vous prie de témoigner à tous MM. les conseillers du parlement qui ont travaillé avec vous en cette occasion, combien je suis édifié de la promptitude avec laquelle ils ont répondu à mon attente; vous y avez, sans doute, plus contribué que personne, quoique votre modestie vous empêche d'en convenir; mais elle ne doit pas m'empêcher de vous rendre la justice que vous vous refusez à vous-même.

Du 23 avril 1729.

L'ÉMULATION qui paroît avoir été entre vous et M. le président....., soit par rapport à la rédaction des questions que je vous ai adressées comme à lui, soit par rapport à l'envoi de ces mêmes réponses, ne sauroit que me faire beaucoup de plaisir. C'est une preuve de votre zèle commun pour le bien de la justice, et pour entrer dans les vues que je vous propose; mais je suis si satisfait de la manière dont les réponses ont été rédigées, soit pour le fond, soit pour la forme, que je crois qu'il n'y a rien à changer à cet égard. Il y a apparence que MM. les conseillers ont partagé entr'eux l'examen des questions qu'il s'agissoit de résoudre, et que celui qui s'est trouvé comme rapporteur d'une question, a été chargé d'en rédiger la réponse par écrit; je vois que cela s'est pratiqué de la même manière dans d'autres parlemens. De toutes les voies que l'on peut prendre pour avancer et pour faciliter un travail de cette nature, il n'y en a guère de meilleure ni de plus convenable; comme il est naturel que vous soyez aussi chargé en particulier de l'examen du rapport de quelqu'une des questions, je ne doute pas que vous ne remplissiez sur ce sujet tout ce qu'on peut attendre de votre capacité, et il me semble que cela vous convient même beaucoup mieux, par rapport à l'étendue de vos occupations, que d'être chargé vous seul du soin de rédiger la réponse à toutes les questions; en un mot, l'ouvrage que j'ai reçu est très-bien fait, et je me ferois une espèce de scrupule d'apporter quelque changement à l'ordre qu'on a suivi pour la rédaction des réponses, après que cet ordre a si bien réussi. Vous recevrez incessamment une lettre de moi, par laquelle je vous adresse de nouvelles questions, sur lesquelles je ne doute pas que vous ne travailliez avec le même zèle et la même application.

Du 3 *mai* 1730 (1).

DANS la vue que le roi s'est proposée, Monsieur, de fixer la jurisprudence sur les questions qui se jugent diversement dans les différens tribunaux du royaume, quoique sur le fondement des mêmes lois, j'ai cru devoir en faire le premier essai sur la matière des donations, comme une des plus simples et des moins difficiles.

Tous les parlemens et les conseils supérieurs des provinces ont été consultés sur les seize questions où j'ai renfermé tous les points qui se jugent différemment dans cette matière, et ils m'ont tous envoyé leur avis. J'ai pris enfin celui du parlement de Paris, dont les sentimens méritent d'autant plus d'attention qu'en profitant de l'ouvrage des autres, il y a joint des lumières supérieures.

Il s'agit à présent de se servir de tant de bons matériaux, pour en former une loi qui puisse paroître bientôt, soit pour exciter l'émulation de ceux qui doivent concourir à l'exécution entière du projet

(1) Cette lettre fut écrite à M. de Machault, conseiller d'état, chargé de résumer les observations des Cours.

en leur faisant voir le fruit de leur travail, soit pour donner au public la satisfaction de jouir du bien présent qu'on lui procure, et d'y joindre l'espérance de celui qu'il recueillera successivement à mesure que l'ouvrage fera un plus grand progrès.

C'est donc dans cette vue que je vous prie, Monsieur, de travailler avec MM. de Fortia, d'Argenson et d'Aguesseau (1), à mettre la dernière main par votre avis à ce qui regarde la matière des donations.

J'ai choisi pour en faire le rapport deux maîtres des requêtes, dont l'un doit être de votre goût, et l'autre n'y sera pas contraire; le premier est M. votre fils, et le second est le mien; ils ont partagé l'ouvrage entr'eux, et comme ils ont vu tout ce qui a été remis entre mes mains sur la matière présente, ils sont en état de commencer à en faire le rapport aussitôt que vous voudrez bien donner un jour pour l'entendre.

Il y a des parlemens qui ont proposé de décider quelques nouvelles questions, outre les seize que je leur avois envoyées; et, comme il pourra s'en présenter encore d'autres à votre esprit, je crois devoir m'expliquer ici, avec vous et avec MM. les commissaires, sur le juste milieu auquel il m'a paru que l'on pouvoit se fixer sur ce sujet.

Il ne s'agit point, quant à présent, de faire une loi générale, et comme un corps entier de législation qui embrasse toutes les matières de la jurisprudence; plût à Dieu qu'il fut aussi aisé d'exécuter un tel ouvrage, qu'il l'est de le concevoir, et encore plus de le désirer! Mais comme le dessein en a paru trop vaste et trop difficile, on s'est réduit à établir des règles certaines et uniformes sur ce qui fait le sujet d'une diversité de jurisprudence aussi peu honorable à la justice qu'onéreuse, et souvent nuisible à ceux qui sont obligés de la réclamer.

C'est donc à cet objet, qu'il paroît nécessaire de s'attacher principalement et presque uniquement :

(1) Fils de M. le Chancelier.

mais, comme il peut y avoir des questions tellement liées avec celles qui forment notre objet présent, que la décision des dernières ne seroit pas entièrement complète, si le roi ne s'expliquoit en même-temps sur les autres, nous pouvons regarder les questions de ce genre, comme une espèce d'accessoire qui doit suivre le principal, et entrer dans le plan de la loi nouvelle.

En un mot, tout ce qui est absolument étranger aux questions sur lesquelles la jurisprudence est différente, ne fait point partie de l'ouvrage qu'il s'agit de finir, sauf à y revenir dans la suite, quand l'utilité du travail présent aura inspiré aux uns le désir d'avoir des lois qui comprennent toutes les parties de la jurisprudence, et aux autres, le courage nécessaire pour une telle entreprise.

Mais tout ce qui ne tend qu'à perfectionner la législation renfermée dans les bornes présentes du plan qu'on a formé, est soumis à votre examen, comme les 16 questions mêmes qui ont été communiquées à tous les parlemens et conseils supérieurs.

Si cependant il vous venoit quelqu'autre pensée dans l'esprit sur ce sujet, vous ne doutez pas du plaisir que j'aurai à en profiter.

A mesure que vous vous serez fixé avec MM. les commissaires sur chaque question particulière, il sera bon que vous preniez la peine de rédiger le résultat de votre délibération le plus exactement qu'il sera possible. La loi se trouvera presque toute faite par ce moyen, quand nous nous assemblerons pour conférer sur la matière présente, puisqu'il n'y aura plus qu'à réunir tous les arrêtés que vous aurez faits sur chaque article.

Vous regretterez sans doute comme moi, de n'avoir point M. de Saint-Contest pour associé à ce travail, comme il s'y étoit engagé; mais, puisque l'état de sa santé nous refuse à présent son secours, ma consolation est que vous y suppléerez par vos lumières qui peuvent seules me dédommager de la privation d'un si digne et si utile conseil. Vous pouvez juger par là de la confiance que j'ai dans vos avis, et des sentimens avec lesquels je suis, monsieur, parfaitement à vous.

Du 13 *mai* 1730.

ENTRE les différens parlemens des pays de droit écrit, dont j'ai reçu les avis sur les questions qui se jugent différemment dans la matière des donations, il y en a un dont les commissaires ont cru que dans la loi nouvelle que l'on se propose de faire, il seroit de la justice du roi *de déclarer nulles les donations entre-vifs faites à l'extrémité de la vie, parce que ces sortes d'actes ne requérant pas autant de formalités que les dispositions* testamentaires, *ils sont plus susceptibles de suggestions que les autres.*

Ce que ces magistrats désirent est déjà observé dans une grande partie du royaume, mais avec quelque différence.

Dans plusieurs provinces on déclare nulles les donations entre-vifs, qui ont été faites dans tout le cours de la dernière maladie; ce qui oblige souvent les juges à ordonner des preuves testimoniales, et engage les parties dans une longue suite de contestations.

Dans d'autres provinces on a suivi un parti plus simple, qui consiste à déclarer nulles ces donations quand elles sont faites dans un certain nombre de jours avant la mort, sans entrer dans l'examen d'aucune autre circonstance.

Les raisons, qui porteroient plusieurs personnes à croire qu'il seroit utile de faire de cette dernière règle une loi générale, sont, qu'il n'y a rien de si désirable qu'une loi également simple et facile dans son exécution, qui prévienne les suggestions, les surprises et toutes les voies indirectes auxquelles un donateur peut être exposé à la fin de sa vie; c'est un des principaux objets de toutes les formalités qui ont été établies pour les testamens ou pour les codiciles, et des détractions qui ont lieu en faveur des héritiers sur les legs et les fidéicommis. On remarque d'ailleurs qu'une donation surprise ou suggérée à un homme qui ne se dépouille en apparence que de ce qu'il ne peut plus conserver en effet, n'est réellement ni une donation entre-vifs ni une disposition testamentaire, mais un acte contraire à la nature de l'une et de l'autre, et qui pêche même par le défaut de la volonté nécessaire pour tous les actes; puisque, d'un côté, le donateur n'a aucune des vues qui determine à faire un acte entre-vifs, et que, d'un autre côté, il ne fait pas cependant une disposition à cause de mort. On ajoute, qu'au lieu que la nécessité de faire la preuve de la fraude ou de la surprise produit tous les jours un grand nombre de procès, on n'en voit point, et on n'en sauroit voir de semblables dans les pays où la condition de la survie du donateur pendant un certain temps est établie par la loi. Quand même cette précaution rendroit inutiles quelques donations faites dans des circonstances exemptes de tout soupçon, cet inconvénient, si c'en est un, ne peut être comparé à celui de faire subsister une disposition surprise ou suggérée, ni au danger souvent inévitable de laisser l'une ou l'autre impunie, par la difficulté de la preuve.

Quelque fortes que ces raisons puissent paroître, je n'ai pas cru devoir proposer encore au roi de décider cette question, sur laquelle MM. les commissaires de votre compagnie ne se sont pas expliqués, parce qu'elle n'étoit pas du nombre des questions que je vous ai envoyées. Vous prendrez donc, s'il vous plaît, la peine de leur communiquer cette lettre, aussitôt que vous l'aurez reçue; et je vous prie de m'envoyer leur avis le plus promptement qu'il vous sera possible, parce que je n'attends plus que votre réponse sur cet article, pour mettre la dernière main à la rédaction de la loi, qui aura pour objet de fixer la jurisprudence sur la matière des donations.

Du 17 *avril* 1731.

L'APPROBATION que votre compagnie a donnée à la rédaction de l'ordonnance que le roi vient de publier sur les donations, est plus propre que toute autre raison, à m'inspirer une nouvelle ardeur pour contribuer à l'exécution du plan que le roi s'est formé; le succès ne doit point m'en être attribué, puisque tout mon mérite, en cette occasion, a été de mettre à profit les lumières de votre compagnie, comme celles des autres parlemens du royaume. Je continuerai, avec le même plaisir, de faire le même usage de leurs avis dans la suite de cet ouvrage, et je compte que la loi qui doit regarder les testamens, suivra de près celle qui a été faite sur les donations. Soyez bien persuadé, s'il vous plaît, que votre approbation personnelle ne me flatte pas moins que celle du parlement auquel vous présidez, et que personne n'est plus parfaitement que moi.

Du 21 *avril* 1731.

J'ATTENDS incessamment les réflexions que vous me promettez de faire avec MM. les conseillers de votre compagnie, sur la proposition d'établir une forme commune pour les testamens.

Je ne comprends point ce que vous m'écrivez au sujet de l'ordonnance générale qui regarde les donations; il n'y a certainement rien dans cette loi qui soit contraire, ni à l'esprit, ni aux plus purs principes du droit écrit, auxquels je suis aussi attaché que votre compagnie peut l'être. Les personnes les mieux instruites et les plus délicates sur ce sujet, à qui j'ai communiqué le projet de l'ordonnance, en ont porté le même jugement, et elle a déjà été enregistrée avec une grande approbation dans plusieurs parlemens, qui n'ont d'autres règles que le droit romain. Il est vrai que, sur certains points, les sentimens de ceux mêmes qui observent ce droit étoient partagés dans l'application qu'ils en faisoient, mais c'est cela même qui étoit l'objet de la nouvelle loi; et, quand il a fallu choisir entre ces sentimens contraires, on n'a donné la préférence qu'à celui qui a paru non-seulement le plus conforme aux vrais principes, mais le plus capable de prévenir les procès. Je suis donc persuadé que plus vous examinerez attentivement et sans prévention avec MM. les conseillers de votre compagnie tous les articles de l'ordonnance dont il s'agit, plus vous reconnoîtrez qu'elle a été pesée avec toute l'exactitude et toute la maturité que demandoit l'importance de l'objet que le roi s'est proposé. Si néanmoins il vous restoit encore quelque doute dans l'esprit, vous pouvez m'en envoyer un mémoire de concert avec MM. les commissaires, et j'espère qu'il ne sera pas difficile de lever jusqu'au moindre scrupule à cet égard.

Du 24 *avril* 1731.

J'ai reçu la lettre que vous m'avez écrite au sujet de l'ordonnance que le roi vient de faire sur les donations, et j'y ai vu avec beaucoup de satisfaction les sentimens que les officiers de votre compagnie ont témoignés, lorsqu'ils ont vu un ouvrage que leur zèle pour le bien public leur avoit fait désirer, et auquel ils ont eu tant de part par des avis qui font également honneur à leur capacité et à leur amour pour la justice.

Les doutes, qui sont la matière des observations que vous joignez à votre lettre, sur l'article 3 de la nouvelle ordonnance, peuvent être facilement éclaircis, en considérant que cet article n'a pour objet, comme votre compagnie le pense avec raison, que de régler la forme extrinsèque des donations à cause de mort.

Cet objet est clairement déterminé, non-seulement par la manière dont tout l'article est conçu, mais encore par ces expressions qui sont rappelées dans vos observations, *forme de testament ou codicille, en sorte qu'il n'y aura à l'avenir que deux formes de disposer, etc.*, termes qui ne peuvent s'appliquer qu'à la formalité extérieure, ou à la manière de faire la disposition, et non pas à la substance ou au fonds même de la disposition. Le roi a voulu régler par cet article, comment la donation à cause de mort doit se faire, et non pas abolir cette disposition dans les lieux où elle est en usage. Il a ordonné que la forme en seroit semblable, au moins à celle des dispositions de dernière volonté qui exigent le moins de solennité, c'est-à-dire, des codicilles; d'où il suit évidemment que, suivant l'esprit et la lettre même de la loi, l'institution d'héritier n'est nullement nécessaire dans les donations à cause de mort. En les assujétissant à une forme qui leur sera commune avec les codiciles, l'intention du roi n'a pas été d'en changer la nature, ni d'en faire dépendre le sort de la fortune du testament. La solution de cette difficulté est clairement renfermée dans le principe que je vous ai expliqué d'abord, et qui est que l'article 3 de l'ordonnance tombe uniquement sur ce qui regarde la forme des donations à cause de mort, sans apporter d'ailleurs le moindre changement aux règles et à la jurisprudence qui s'observoient à l'égard de ces donations, lorsqu'elles pouvoient être revêtues de la forme des actes entre-vifs.

C'est ce qui décide encore la question que vous me proposez à l'égard des fils de famille, la forme de l'acte qui est le seul objet du même article 3, n'ayant rien de commun avec la capacité de la personne qui le peut faire, comme elle n'a rien de commun non plus avec le fond de la disposition.

Pour ce qui est des actes par lesquels un père de famille fait le partage de ses biens entre ses enfans, c'est un point qui n'a pas été regardé comme appartenant à la matière des donations, et qui a paru avoir plus de liaison avec celle des testamens; il fait partie des questions proposées sur cette matière, sur lesquelles j'ai reçu l'avis de MM. les commissaires de votre compagnie, et qui doivent être décidées par l'ordonnance à laquelle on travaille actuellement. C'est une réflexion qui peut s'appliquer aussi à presque toutes les difficultés auxquelles je viens de répondre. En traitant la matière des donations, il a fallu se renfermer dans ce qui étoit propre à cet objet, sans vouloir prévenir ce qui a un rapport plus direct avec la matière des testamens; plus l'ouvrage s'avancera, plus ces sortes de difficultés s'aplaniront par la relation qui est entre les différentes parties de la jurisprudence, et par la lumière qu'elles se prêtent mutuellement. Je ne doute pas qu'une compagnie aussi éclairée que la vôtre n'entre également dans toutes ces réflexions, et qu'elle ne continue de concourir avec autant de zèle, d'application et de diligence qu'elle l'a fait jusqu'à présent, à l'exécution d'un dessein, dont elle connoît si parfaitement l'utilité.

Du 19 *mai* 1731.

Le roi n'a pas jugé à propos d'admettre les remontrances que le parlement de Grenoble a cru lui pouvoir faire sur l'ordonnance du mois de février dernier, dont l'objet a été de fixer la jurisprudence sur la nature, la forme, les charges ou les conditions des donations. Sa Majesté a regardé ces remontrances comme peu convenables, après la précaution qu'elle a bien voulu prendre de demander à tous les parlemens de son royaume des mémoires sur tous les points qui devoient être réglés par la loi qu'elle se proposoit de faire, précaution qui se trouveroit avoir été bien inutile, s'ils pouvoient encore, après cela, faire des remontrances pour traiter de nouveau une partie des mêmes points.

En effet, tout ce que l'on expose dans celles que

vous m'avez envoyées, étoit dans les mémoires qui ont précédé la loi, et sur lesquels elle a été faite. On y a attesté la jurisprudence de chaque compagnie; on en a expliqué les raisons; on y a joint enfin un avis sur la décision que chaque parlement a cru la meilleure, pour remplir la vue que le roi s'étoit proposée. Sa Majesté a décidé avec une entière connoissance de cause; tout est consommé; et, après que la loi est faite, il est inutile de répéter tout ce qui a été dit avant qu'elle le fût, et qui n'a pas empêché que le roi ne se déterminât à la faire, en préférant, dans toutes les jurisprudences également connues et pleinement discutées, celle qui lui a paru la plus conforme à la régle, et la plus avantageuse à ses sujets.

Des remontrances en cet état ne peuvent servir qu'à prouver encore plus la nécessité de la loi qui a été faite, et il seroit impossible d'en tirer aucune autre conséquence. Le plus grand nombre des parlemens et des conseils supérieurs ont reçu la nouvelle loi, non-seulement avec déférence, mais avec une entière satisfaction; ceux qui ont cru devoir faire quelques représentations sur ce sujet, ne sont pas d'accord entr'eux; la même disposition est approuvée par les uns, pendant que les autres supplient le roi de la changer. Quel parti pourroit-on donc prendre sur des remontrances qui se combattent réciproquement? Déroger à la loi dans quelques parlemens, et la laisser subsister dans d'autres, ce seroit établir une diversité de jurisprudence à l'occasion de la loi même qui n'a été faite que pour l'abolir. Faire un choix entre les sentimens opposés que quelques compagnies font éclater par leurs remontrances, pour donner par une loi générale la préférence à celui qui paroîtroit le meilleur, c'est le seul parti que l'on pourroit prendre; mais c'est précisément ce qui a déjà été fait par l'ordonnance dont il s'agit, et à l'égard de laquelle on peut dire, que le roi s'est conduit moins en législateur qu'en juge, puisque Sa Majesté ne s'est déterminée sur aucune question, qu'après avoir entendu tout ce que les différens parlemens du royaume ont jugé à propos de lui représenter, pour soutenir la jurisprudence qui leur étoit particulière.

Le roi m'ordonne donc de vous faire savoir, que Sa Majesté n'a reçu, ni ne recevra aucune représentation sur une ordonnance qui a été rendue avec des précautions dont on n'a peut-être jamais vu d'exemple, et que son intention est que le parlement de Grenoble procède incessamment à l'enregistrement pur et simple de cette loi. C'est à ce parlement et à ceux à qui il confie le soin de dresser les mémoires que le roi veut bien lui demander, de les rendre aussi exacts ou aussi parfaits qu'il est possible, et de prendre les mesures convenables pour s'assurer qu'ils y exposent le vœu le plus commun de la compagnie; mais quand elle a ainsi rempli tout ce qu'elle doit au roi et à la justice, suivant sa manière de penser, c'est à elle de se soumettre, après cela, à une décision qui ne peut être faite que par le roi seul, et qui ne paroîtroit jamais s'il falloit attendre, pour la rendre publique, que les suffrages de tous les parlemens fussent entièrement uniformes.

Jusqu'ici je vous ai parlé au nom de Sa Majesté, à qui il ne conviendroit pas d'entrer dans un plus grand détail; mais la considération singulière que j'ai pour votre compagnie me porte à aller plus loin en mon nom, et à lui donner les éclaircissemens dont je vois, par ses remontrances, qu'elle peut avoir besoin, pour entrer parfaitement dans l'esprit des articles de l'ordonnance du mois de février, qui lui ont paru susceptibles de quelque difficulté.

La disposition de l'article 3 n'a rien qui doive l'alarmer : il y a trois choses à distinguer dans les donations à cause de mort :

1.° La capacité du donateur ou du donataire;

2.° La substance ou le fond des dispositions de l'acte;

3.° La forme ou la solennité extérieure dont il doit être revêtu.

De ces trois choses, les deux premières ne sont point l'objet de l'article 3, qui n'a rien innové, ni même rien décidé à cet égard; et la dernière est la seule que le roi ait eu en vue dans cet article.

Sa Majesté n'a donc jamais pensé à ôter au fils de famille la liberté de faire des donations à cause de mort, avec la permission de leur père. Elle a voulu seulement les assujettir à suivre la forme extérieure des codicilles, quand ils useroient de cette liberté, c'est-à-dire, à appeler cinq témoins, et les termes de l'article 3, qui tombent évidemment sur la seule forme extrinsèque de l'acte, ne devoient vous laisser aucun doute sur le véritable esprit de cet article, qui a été, encore une fois, non pas d'empêcher les fils de famille de faire des donations à cause de mort, et de leur permettre de faire des codicilles; mais seulement de les assujettir en faisant ces sortes de donations, à les revêtir de ce que je viens d'appeler la forme extrinsèque des codicilles.

C'est ce qui sera expliqué encore plus exactement, quand le roi réglera ce qui regarde la capacité des donateurs et des donataires, aussi bien que celle des testateurs et celle des héritiers ou des légataires. Il n'est pas possible de tout régler en même temps; et pour bien juger d'un ouvrage aussi étendu que celui dont il s'agit, il faut attendre que toutes les parties en soient achevées, et qu'elles se prêtent un secours mutuel par leur réunion.

A l'égard de l'article 15, qui déclare nulles les donations des biens présens et à venir, même par rapport aux biens présens, il n'y a aucun point dans toute l'ordonnance du mois de février dernier, qui ait été plus amplement et plus exactement discuté; et quoiqu'il y eut des raisons considérables de part et d'autre, on a cru néanmoins qu'il étoit contraire aux principes d'une saine jurisprudence de diviser un acte en le faisant valoir pour une partie, et en le détruisant pour l'autre; que les choses n'étant plus entières lorsqu'on fait cette distinction, on ne pouvoit savoir précisément si elle n'étoit pas entièrement contraire à l'intention du donateur ; qu'il pouvoit en naître souvent des questions embarrassantes, par rapport aux charges et aux conditions de la donation ; et qu'ainsi la jurisprudence qui favorisoit la séparation des biens présens et des biens à venir, étoit une source de procès directement opposée à l'intention du roi, dont le principal objet est de les prévenir.

Le parlement de Grenoble n'ignore pas d'ailleurs, que les plus graves jurisconsultes ont regardé la donation des biens présens et à venir comme un acte de folie, qui, par conséquent, ne mérite aucune faveur ; et il n'y a personne qui puisse craindre sérieusement que le terme de biens à venir ne se glisse par inadvertance dans une donation, n'ayant rien à quoi les hommes aient naturellement plus de répugnance qu'à tout ce qui tend, non-seulement à les dépouiller du présent, mais à les priver de toute espérance pour l'avenir.

Enfin, si dans l'article 17 le roi a autorisé les donations des biens présens et à venir, lorsqu'elles seroient faites en faveur de mariage, sans exiger que le donateur se réservât une portion de ses biens dont il pût disposer, c'est, d'un côté, parce que cette faveur est si grande qu'elle l'emporte sur les règles les plus générales, et de l'autre, parce qu'une pareille donation dans un contrat de mariage n'est, à parler correctement, qu'une véritable institution contractuelle, qui est regardée comme une des dispositions les plus favorables dans la plus grande partie des pays qui se régissent; soit par le droit romain, soit par le droit français; et d'ailleurs, dans les provinces mêmes où l'on observoit l'usage d'obliger le donateur à se conserver quelque bien dont il pût disposer, on se contentoit d'une réserve si médiocre, que cette réserve ne pouvoit plus être considérée que comme une vaine formalité, qui tomboit sur les mots plutôt que sur les choses.

Mais, quoi qu'il en soit, tout ce que l'on relève à cet égard dans les remontrances a été dit, prévu, examiné et jugé avant que de faire la loi; et si je suis entré dans une discussion si peu nécessaire, c'est uniquement pour vous donner des marques de l'attention que j'ai pour tout ce qui vient de la part de votre compagnie.

Je compte que vous lui ferez part de cette lettre, et je ne doute pas qu'elle ne se conforme aux intentions du roi, avec tout le respect que Sa Majesté en doit attendre. Vous y contribuerez plus que personne, par le zèle dont vous êtes rempli pour son service et le bien public.

Du 22 *mai* 1731.

Les remontrances en forme que le parlement de Besançon a jugé à propos de faire au roi, sur l'ordonnance du mois de février dernier, qui regarde les donations, ont paru peu convenables à Sa Majesté, après la précaution qu'elle a bien voulu prendre de demander, à tous les parlemens de son royaume, des mémoires sur tous les points qui devoient être réglés par cette loi, précaution qui se trouveroit avoir été bien inutile, s'ils pouvoient encore après cela faire des remontrances qui se réduisent à traiter de nouveau une partie des mêmes points.

En effet, tout ce que l'on expose dans celles qui m'ont été envoyées, étoit dans les mémoires qui ont précédé la loi, et sur lesquels elle étoit faite. La matière y étoit épuisée, et Sa Majesté a décidé avec une entière connoissance de cause. Tout est consommé, et après que la loi est faite, il est inutile de répéter tout ce qui a été dit avant qu'elle le fût, et qui n'a pas empêché que le roi ne se déterminât à la faire, en préférant dans toutes les jurisprudences également connues et pleinement discutées, celle qui lui a paru la plus conforme à la règle et la plus avantageuse à ses sujets.

Des remontrances en cet état ne peuvent servir qu'à prouver encore plus la nécessité de la loi qui a été faite, et il seroit impossible d'en tirer aucune autre conséquence. Le plus grand nombre des parlemens et des conseils supérieurs ont reçu la nouvelle loi, non-seulement avec déférence, mais avec une entière satisfaction. Ceux qui ont cru devoir faire des représentations sur ce sujet et ceux qui ont pris ce parti, ne sont pas d'accord entr'eux. La même disposition est approuvée par les uns, pendant que les autres supplient le roi de la changer. Quel parti pourroit-on donc prendre sur des remontrances qui se combattent réciproquement? Déroger à l'ordonnance dans quelques parlemens, et la laisser subsister dans d'autres, ce seroit établir une diversité de jurisprudence à l'occasion de la loi même, qui n'a été faite que pour l'abolir. Faire un choix entre les sentimens opposés que quelques compagnies rappellent encore par leurs remontrances pour donner par une loi générale la préférence à celui qui paroîtroit le meilleur, c'est le seul parti que l'on pourroit prendre; mais c'est précisément ce qui a déjà été fait par l'ordonnance dont il s'agit, et à l'égard de laquelle on peut dire que le roi s'est conduit, moins en législateur qu'en juge, puisque Sa Majesté ne s'est déterminée sur aucune question, qu'après avoir entendu tout ce que les différens parlemens du royaume ont jugé à propos de lui représenter, pour soutenir la jurisprudence qui leur étoit particulière.

Le roi m'ordonne donc de vous faire savoir, que Sa Majesté ne peut plus admettre aucun changement dans une ordonnance qui a été rendue avec des précautions dont on n'a peut-être jamais vu d'exemple, et que son intention est que le parlement de Besançon procède incessamment à l'enregistrement pur et simple de cette loi. Cette compagnie ne sauroit apporter trop d'attention (comme je suis persuadé qu'elle le fait) à la rédaction des mémoires que le roi veut bien lui demander, pour les mettre dans un état où Sa Majesté puisse les regarder, comme renfermant l'avis et le vœu le plus commun de tout le parlement; mais quand il a ainsi rempli tout ce qu'il doit au roi et à la justice, suivant sa manière de penser, c'est à cette compagnie de se conformer, après cela, à une décision qui ne peut être faite que par le roi seul, et qui ne paroîtroit jamais, s'il falloit attendre pour la rendre publique, que les suffrages de tous les parlemens fussent entièrement uniformes.

Jusqu'ici je vous ai parlé au nom de Sa Majesté, à qui il ne conviendroit pas d'entrer dans un plus grand détail, mais la considération singulière que j'ai pour votre compagnie me porte à aller plus loin en mon nom, et à lui donner les éclaircissemens, dont je vois, par ses remontrances, qu'elle peut avoir besoin, pour entrer parfaitement dans l'esprit des articles de l'ordonnance du mois de février, qui lui ont paru susceptibles de quelque difficulté.

Le sens de l'article 1.er ne peut faire naître aucun doute: ces termes, *à peine de nullité*, tombent et sur la nécessité de passer les donations entre-vifs pardevant notaires, et sur l'obligation d'en laisser une minute; il suffit, sans doute, que ces deux règles aient été observées dans le temps de la donation. L'article 1.er décide seulement, qu'il doit rester une minute de toute donation; il ne porte point, (et il ne pouvoit le porter) que la soustraction postérieure de cette minute opérera la nullité d'un acte qui avoit toute sa perfection dans le temps qu'il a été fait. Tout autre acte, dont il est nécessaire qu'il reste une minute, peut être exposé au même événement, et il ne s'agissoit pas ici de régler ce que les juges doivent ordonner en ce cas; c'est ce qui dépend presque toujours des circonstances particulières de chaque fait, et il seroit bien difficile d'établir une règle générale à cet égard; mais, quoi qu'il en soit, il n'y a rien en cela qui regarde plus les donations que toute autre espèce d'acte dont il doit y avoir une minute.

La disposition de l'article 3 ne renferme rien qui doive alarmer les plus zélés défenseurs des usages de votre *province*.

Il y a trois choses à distinguer dans les donations à cause de mort :

1.° La capacité du donateur ou du donataire ;

2.° La substance ou le fonds des dispositions de l'acte ;

3.° La forme ou la solennité extérieure dont il doit être revêtu.

De ces trois choses, les deux premières ne sont point l'objet de l'article 3, qui n'a rien innové, ni même rien décidé à cet égard ; et la dernière est la seule que le roi ait eu en vue dans cet article.

Sa Majesté n'a donc jamais pensé à ôter aux fils de famille la liberté de faire des donations à cause de mort, avec la permission de leur père ; elle a voulu seulement les assujettir à suivre la forme extérieure des codiciles, quand ils useroient de cette liberté, c'est-à-dire, à appeler cinq témoins ; et les termes de l'article 3, qui tombent évidemment sur la seule forme extrinsèque de l'acte, ne devoient vous laisser aucun doute sur le véritable esprit de cet article, qui a été, encore une fois, non pas d'empêcher les fils de famille de faire des donations à cause de mort, et de leur permettre de faire des codicilles, mais seulement de les assujettir en faisant ces sortes de donations, à les revêtir de ce que je viens d'appeler la forme extrinsèque des codicilles.

C'est ce qui sera développé encore plus exactement, quand le roi s'expliquera sur ce qui regarde la capacité des donateurs et des donataires, aussi bien que celle des testateurs et celle des héritiers ou des légataires. Il n'est pas possible de tout régler en même temps ; et, pour bien juger d'un ouvrage aussi étendu que celui dont il s'agit, il faut attendre que toutes les parties en soient achevées, et qu'elles se prêtent un secours mutuel par leur réunion.

Je ne parle point ici de ce qui est dit dans les remontrances sur les articles 5 et 6, parce que les remarques qu'on y fait sur ces articles tendent à justifier seulement l'ancienne jurisprudence de votre compagnie, mais en préférant la règle que le roi a établie par son ordonnance.

L'observation sur l'article 7 n'a point de rapport au véritable objet de cet article.

Il n'y étoit pas question de distinguer les mineurs qui peuvent agir par eux-mêmes avec l'assistance de leur curateur, et ceux qui doivent être représentés par leur tuteur stipulant pour eux. C'est ce qui dépend des différentes lois ou des divers usages qu'on observe dans le royaume; lois ou usages qui ne sont point abrogés par l'ordonnance du mois de février, et auxquels le roi donnera son attention, quand il s'agira de la matière des tutelles et des curatelles. On ne pouvoit donc, ni on ne devoit entrer, quant à présent, dans la distinction des différens états des mineurs; et Sa Majesté s'est contentée d'établir ou de confirmer cette règle générale, que les tuteurs peuvent accepter les donations qui sont faites à leurs mineurs, ce qui doit avoir lieu, sans doute, dans tous les lieux et dans tous les cas où les mineurs ne sont pas capables de les accepter eux-mêmes.

Les termes *d'interdits par autorité de justice* supposent et indiquent toutes les causes d'interdiction dont la démence ou l'imbécillité sont les principales; et je n'entends point ce qu'on ajoute dans les remontrances, que, sans qu'il y ait aucune interdiction prononcée, on peut ordonner qu'à la diligence des parens il sera donné un curateur à un imbécille pour accepter une donation. Toute nomination de curateur suppose nécessairement une interdiction précédente; et les premiers principes de l'ordre public ne souffrent point qu'on nomme un curateur à un majeur qui n'a jamais été interdit. Si l'usage y étoit contraire dans votre ressort, la réformation d'un tel usage sera un bien que la nouvelle loi aura fait par occasion, et sans qu'on y ait pensé en la faisant.

A l'égard de la remarque que l'on fait sur le même article 14, par rapport aux communautés, votre compagnie sait que toute comparaison devient vicieuse, quand on l'étend hors de son véritable sens.

Il ne s'agit point ici, en général, de la restitution en entier ; on ne compare les communautés avec les mineurs qu'en ce que ni les uns ni les autres ne sont restituables contre le défaut d'acceptation ; et il n'étoit nullement question d'examiner, quant à présent, si la comparaison étoit entière dans tous les cas, où la restitution doit ou ne doit pas être accordée.

La question décidée par l'article 9, sur les donations faites aux femmes mariées, a été pleinement discutée. Le roi a cru devoir prendre le parti le plus conforme à la rigueur des principes ; et s'il l'a regardé en même temps comme le plus utile à ses peuples, c'est précisément parce qu'il retranche toutes les distinctions dont on parle dans les remontrances, et qui pouvoient donner lieu à un grand nombre de procès. Il ne faut jamais oublier ce principe des jurisconsultes romains, que les lois se font sur ce qui arrive communément ; ni cette autre maxime de la législation, que les lois les plus simples et les plus générales sont aussi les meilleures de toutes, parce qu'elles tarissent plus sûrement la source des procès qui troublent la société civile.

Pour ce qui est de l'article 15, qui déclare nulles les donations des biens présens et à venir, même par rapport aux biens présens, il n'y a aucun point dans toute l'ordonnance du mois de février dernier, qui ait été plus amplement ni plus exactement traité ; et quoiqu'il y eût des raisons considérables de part et d'autre, on a cru néanmoins qu'il étoit contraire aux principes d'une saine jurisprudence de diviser un acte en le faisant valoir pour une partie et en le détruisant pour l'autre ; que, les choses n'étant plus entières lorsqu'on fait cette distinction, on ne pouvoit savoir précisément si elle n'étoit pas entièrement contraire à l'intention du donateur ; qu'il pouvoit en naître souvent des questions embarrassantes, par rapport aux charges et aux conditions de la donation ; et qu'ainsi la jurisprudence, qui favorisoit la séparation des biens présens et des biens à venir, étoit une source de procès directement opposée à l'intention du roi, dont le principal objet est de les prévenir.

Le parlement de Besançon n'ignore pas, d'ailleurs, que les plus graves jurisconsultes ont regardé la donation des biens présens et à venir, comme un acte de folie qui, par conséquent, ne mérite aucune faveur, si ce n'est dans les contrats de mariage, où une telle disposition peut être regardée comme une institution contractuelle et justifiée par le vœu commun des pères et des familles qui s'unissent.

Au reste, le sens de la maxime, *que donner et retenir ne vaut*, n'est point que la tradition feinte ne puisse avoir lieu dans les donations; et personne, dans les pays coutumiers mêmes n'a jamais pensé à exiger des donateurs une tradition réelle; tout ce que cette maxime signifie est que le donateur ne peut se réserver, ni la propriété des choses données dans le temps qu'il la donne, ni le droit d'en priver le donataire quand il le jugera à propos; et en ce sens, la maxime est, en quelque manière, de droit naturel.

Si dans l'article 17, le roi a autorisé les donations des biens présens et à venir, lorsqu'elles seroient faites en faveur de mariage, sans exiger que le donateur se réservât une portion de ses biens dont il pût disposer, c'est, d'un côté, parce que cette faveur est si grande qu'elle l'emporte sur les règles les plus générales; et de l'autre, parce qu'une pareille donation dans un contrat de mariage n'est, à parler correctement, qu'une véritable institution contractuelle, qui est regardée comme une des dispositions les plus favorables dans la plus grande partie des pays qui se régissent, soit par le droit romain, soit par le droit français; et d'ailleurs, dans les provinces mêmes où l'on observoit l'usage d'obliger le donateur à se conserver quelque bien dont il pût disposer, on se contentoit d'une réserve si médiocre, que cette réserve ne pouvoit plus être considérée que comme une vaine formalité qui tomboit sur les mots plutôt que sur les choses.

On ne peut pas demander sur l'article 18, quel est

le titre en vertu duquel l'effet dont le donateur s'étoit réservé la liberté de disposer, se réunit aux autres biens dans la personne du donataire, lorsque le donateur n'a pas usé de la faculté qu'il s'étoit réservée. Ce titre est l'universalité même de la donation, dans laquelle l'effet dont le donateur pouvoit disposer se trouve compris comme tous les autres. Il est vrai que le donateur avoit droit de l'ôter de l'universalité, par la disposition qu'il étoit le maître d'en faire; mais lorsqu'il n'a pas usé de son pouvoir, les choses se trouvent dans le même état que s'il n'avoit fait aucune réserve dans la donation, et c'est le cas de dire comme les jurisconsultes romains, *dedit, dum non ademit.* Il en seroit autrement s'il avoit déclaré, en faisant la donation, qu'un certain effet n'y seroit pas compris, parce qu'alors l'exception seroit faite par l'acte même, au lieu que lorsqu'il se réserve seulement le droit de faire cette exception, et qu'il ne la fait pas dans la suite, la règle ou la disposition générale subsiste en son entier.

A l'égard du lieu où les donations doivent être insinuées, on ne pouvoit guère prévoir qu'un parlement voulût prendre en quelque manière la défense des justices seigneuriales contre les droits des siéges royaux, qui ont toujours été regardés comme ceux où les insinuations devoient être faites; et le bien public l'exige évidemment.

L'ordonnance déclare suffisamment en quel bailliage il faut insinuer la donation d'un bien situé dans une justice seigneuriale, quand elle marque que ce sera au bailliage qui a la connoissance des cas royaux dans l'étendue de cette justice.

Il n'y a enfin aucune opposition entre l'article 23 de l'ordonnance du mois de février, et l'article premier de la déclaration qui regarde les insinuations; l'article 23 porte que les insinuations seront faites au greffe des bailliages ou sénéchaussées, pour exclure les prévôtés royales et les justices des seigneurs. La déclaration ordonne que les donations seront insinuées aux bureaux établis près les bailliages ou sénéchaussées, c'est dire précisément la même chose; excepté que dans l'ordonnance on parle le langage de la justice, qui s'exprime ordinairement par le terme *de greffe*, terme d'ailleurs plus durable que celui *de bureau*, et par là plus convenable au style d'une loi perpétuelle, au lieu que dans la déclaration on s'est accommodé au langage de la finance qui s'explique par le terme de bureaux; mais les bureaux des insinuations étant une espèce de démembrement du greffe, j'avoue qu'après avoir bien lu et relu l'article 23 de l'ordonnance et l'article premier de la déclaration, il ne m'a pas été possible d'y apercevoir la moindre différence, comme en effet personne n'y en a trouvé dans le temps de la rédaction de ces deux lois, et depuis que vos remontrances sont arrivées.

Je ne vois donc rien dans toutes les difficultés que je viens d'examiner, qui n'ait été prévu, discuté et jugé avec une entière connoissance, avant que la loi ait été faite; et si je suis entré dans une discussion si peu nécessaire, c'est uniquement pour vous donner des marques de la grande attention que j'ai pour tout ce qui vient de votre part, et de celle de votre compagnie.

Je compte que vous luiferez part de cette lettre, et je ne doute pas qu'elle ne se conforme aux intentions du roi avec tout le respect que Sa Majesté en doit attendre; vous y contribuerez, sans doute, plus que personne, par le zèle dont vous êtes rempli pour son service et le bien public.

Du 25 juin 1731.

La considération singulière que j'ai pour votre compagnie me porte à lui donner les éclaircissemens dont je vois, par ses remontrances, qu'elle peut avoir besoin pour entrer parfaitement dans l'esprit des articles de l'ordonnance du mois de février, qui lui ont paru susceptibles de quelque difficulté.

L'objet général du plan que le roi s'est proposé, et dont votre compagnie relève les avantages d'une manière qui fait honneur à son zèle et à son amour pour le bien public, a été, comme je vous l'ai marqué dès le commencement, de faire cesser la diversité de jurisprudence qui s'étoit formée sur l'exécution des mêmes lois. Dans cette vue, la loi a dû être nécessairement commune à tout le royaume, dans les matières où les règles sont aussi communes; et telle est celle des donations, au moins pour ce qui regarde la nature, la forme, les charges ou les conditions de ces actes. Ce n'est pas sur ces différens points que l'on peut opposer les maximes du droit coutumier à celles du droit romain, c'est dans ce qui regarde les successions et les testamens. On peut dire, au contraire, que par rapport à ce qui a fait le sujet de la nouvelle ordonnance, c'est dans les lois romaines que les pays qui se régissent par les coutumes ont puisé les principes généraux qui y sont suivis.

Mais, comme ces principes ont été différemment appliqués dans les différens tribunaux, il étoit nécessaire que le roi les réunît tous en fixant le véritable esprit des lois, qui sont le fondement commun de leurs jugemens; et Sa Majesté n'a fait, en cela, que suivre l'exemple des jurisconsultes et des empereurs romains qui n'ont jamais cessé de travailler à expliquer les lois précédentes, à suppléer ce qui pouvoit y manquer, et, en général, à perfectionner le droit écrit, sans changer le fond et le système d'un droit si respectable.

C'est en entrant parfaitement dans ces vues que, de neuf parlemens ou conseils supérieurs, dans lesquels le droit écrit est regardé comme le droit commun, il y en a cinq qui ont enregistré la nouvelle ordonnance, non-seulement avec respect, mais avec les marques de la plus grande satisfaction; deux seulement avoient relevé quelques difficultés qui tomboient même plutôt sur quelques usages particuliers à leurs provinces, que sur les principes généraux de la jurisprudence, et ils ont suivi l'exemple des premiers aussitôt que je leur ai eu expliqué le véritable esprit de la loi, quoiqu'ils n'aient pas moins de zèle que votre compagnie pour l'observation du droit romain.

Ces réflexions générales influent également sur tous les articles qui font le sujet des remontrances du parlement de Bordeaux, et me dispensent d'entrer dans un long détail sur ces différens articles. Je me contenterai donc de vous dire, pour lever jusqu'au moindre scrupule,

Qu'a l'égard de l'article 1.er, sa disposition a paru d'autant plus nécessaire que la donation entre-vifs étant irrévocable, il est plus important d'y prévenir les fraudes et les surprises par la solennité extérieure de l'acte, suivant l'esprit de la loi 25, *Cod. de donat.* Depuis que dans cette vue la formalité d'insinuer les donations a été prescrite, soit par les constitutions des empereurs, soit par les ordonnances de nos rois pour les rendre plus connues de tous ceux qui peuvent y avoir intérêt, il n'est plus permis de penser qu'il convienne de faire un pareil acte secrètement et sous signature privée; et à l'égard du cas d'un don qui se consommeroit sans acte par la tradition réelle d'un meuble ou d'une somme modique, l'article 1.er de l'ordonnance nouvelle ne parlant que *des actes portant donation*, n'a point d'application à ce cas, qui n'a besoin d'aucune loi aussi, quoique la même question puisse se présenter également dans les différentes provinces du royaume; aucune autre compagnie que la vôtre n'a été touchée de cet inconvénient.

La disposition de l'article 3, n'a rien qui doive l'alarmer.

Il y a trois choses à distinguer dans les donations à cause de mort:

1.° La capacité du donateur ou du donataire;

2.° La substance ou le fond des dispositions de l'acte;

3.° La forme ou la solennité extérieure dont il doit être revêtu.

De ces trois choses les deux premières ne sont point l'objet de l'article 3, qui n'a rien innové, ni même décidé à cet égard, et la dernière est la seule que le roi ait eu en vue dans cet article.

Sa Majesté n'a donc jamais pensé à ôter aux fils de famille la liberté de faire les donations à cause de mort avec la permission de leur père, elle a voulu seulement les assujettir à suivre la forme exterieure des codicilles, quand ils useroient de cette liberté, c'est-à-dire, à appeler cinq témoins; et les termes de l'article 3, qui tombent évidemment sur la seule forme extrinsèque de l'acte, ne doivent vous laisser aucun doute sur le véritable esprit de cet article, qui, encore une fois, n'ayant pour objet que la solennité extérieure, ne fait aucun changement, ni sur la capacité du donateur, ni sur le fonds de la donation.

C'est ce qui sera développé encore plus exactement, quand le roi s'expliquera sur ce qui regarde la capacité des donateurs et des donataires, aussi bien que celle des testateurs et celle des héritiers ou des légataires. Il n'est pas possible de tout régler en même temps; et, pour bien juger d'un ouvrage aussi étendu que celui dont il s'agit, il faut attendre que toutes les parties en soient achevées, et qu'elles se prêtent un secours mutuel par leur réunion.

La décision de l'article 7 est fondée sur l'intérêt même des mineurs de vingt-cinq ans; si cet article leur est favorable d'un côté, en ordonnant que les donations faites à leur profit pourront être acceptées, même par leur père, mère ou autres ascendans, il ne leur est pas moins avantageux de l'autre, en les empêchant de se précipiter dans les engagemens surpris, sous l'apparence d'une donation. Il est vrai qu'ils ne peuvent contracter que sous le bénéfice de la restitution en entier; mais les lois romaines mêmes nous avertissent qu'il vaut mieux prévenir le mal, que d'attendre qu'il soit fait pour y apporter le remède.

Enfin, l'usage d'une très-grande partie du royaume, étant d'exiger l'autorité du tuteur ou du curateur pour la validité de l'acceptation ; c'est un des points dans lesquels l'avantage de l'uniformité et l'intérêt public doivent l'emporter sur toute autre considération.

L'article 15 n'a fait que confirmer les principes que votre compagnie avoit adoptés dans son avis, où elle regardoit avec beaucoup de raison une donation universelle de tous biens présens et à venir comme *tellement nulle, qu'elle ne pourroit valoir pour les biens présens, et qu'il ne seroit point au pouvoir du donateur de s'en tenir à ces biens pour les faire subsister*. Il est vrai qu'en établissant aussi le principe général dans toute son étendue, elle croyoit devoir en excepter les donations dans lesquelles le donateur se seroit réservé quelque portion de ses biens ou droits, pour n'être pas privé de la faculté de tester ; mais ce dernier point ayant été discuté peut-être plus exactement qu'aucun autre, on a considéré que cette réserve se réduisant presque à rien dans l'usage, et ne faisant point cesser réellement le véritable inconvénient des donations de tous les biens présens et à venir, elle ne doit être regardée que comme une vaine formalité, qui tomboit sur les mots plutôt que sur les choses ; que d'ailleurs l'usage de ces sortes de réserves n'ayant point été établi par le droit romain, il falloit ou s'arrêter aux principes de la dernière jurisprudence romaine, qui admettoit les donations universelles sans aucune restriction, ou revenir aux principes beaucoup plus exacts de l'ancien droit, qui réprouvoit ces sortes de donations ; et l'on s'est porté d'autant plus volontiers à prendre le dernier parti, que les plus graves jurisconsultes n'ont pas loué le changement que Justinien avoit introduit en cette matière, regardant même les donations de tous biens présens et à venir comme une espèce d'acte de folie ; et c'est sans doute ce qui avoit fait introduire dans vos mœurs le tempérament de la réserve stipulée par la donation, tempérament qui, comme je viens de le dire, étoit contraire au dernier droit romain, et qui dans l'effet ne produisoit aucune utilité.

Les maximes du droit coutumier que vous comparez avec celles du droit romain, sont en effet très-différentes de ces dernières, en ce qui regarde la liberté de disposer de ses biens par des actes de dernière volonté. Mais les unes et les autres s'accordent parfaitement en ce qui concerne l'irrévocabilité des donations entre-vifs, et c'est ce qui la distingue des dispositions testamentaires; c'est aussi ce qui avoit fait exiger dans l'ancien droit romain une tradition réelle dans l'instant même de la donation; si le nouveau droit a adouci la rigueur de cette règle, on s'y est conformé dans les pays qui suivent la maxime, *donner et retenir ne vaut;* maxime dont le véritable sens est, que le caractère propre et essentiel de la donation entre-vifs est de rendre le donataire propriétaire incommutable des choses données, quoique la jouissance puisse en demeurer au donateur; mais comment pourroit-on dire que le donataire devient propriétaire incommutable, et que la donation ne peut plus être révoquée, lorsqu'on y comprend, ou qu'on y suppose ce qui n'existe pas encore, et que l'on rend ainsi la donation susceptible d'augmentation ou de diminution par le fait du donateur postérieur à la donation? Un pareil acte n'est autre chose, dans le fond, qu'une véritable institution d'héritier; et, comme cette institution entraîne avec elle la nécessité de supporter les charges de la succession, le donateur devient le maître, par ce moyen, en augmentant ces charges à son gré, d'épuiser ou même d'anéantir entièrement la donation, et par là de révoquer indistinctement un acte qu'il ne pourroit révoquer directement. Les lois romaines et les règles de l'équité naturelle s'opposent également à cet abus, et c'est le cas où l'on peut dire après Justinien, que le donateur, maître de donner ou de ne pas donner, doit, *vel minimè ad hoc prosilire, vel cùm ad hoc venire properaverit, non quibusdam excogitatis artibus suum propositum defraudare.*

L'inconvénient que l'on relève par rapport aux personnes rustiques et ignorantes paroît peu digne d'attention, soit que l'on considère que ces sortes de gens ne sont guère en état de faire de pareils actes, soit que l'on s'attache à ce principe du droit romain, dont on ne peut jamais s'écarter en matière de législation, que personne ne doit être censé ignorer les lois; on pourroit dire avec autant de vraisemblance, qu'un paysan peut ignorer la nécessité de l'insinuation. A-t-on jamais pensé à en conclure qu'il dût être exempt de cette nécessité?

Votre compagnie auroit pu résoudre aisément les difficultés qu'elle propose sur les articles suivans, si elle eût fait plus d'attention au même principe de l'irrévocabilité des donations entre-vifs qui en est le motif.

Il est facile, en effet, d'en tirer cette conséquence, que (comme il est porté dans l'article 16) le donataire ne peut être chargé *d'aucunes autres dettes et charges que celles qui existoient lors de la donation*, parce que s'il pouvoit l'être *en tout ou en partie*, ce seroit ouvrir une voie au donateur, pour détruire ou pour diminuer, par des engagemens postérieurs, une donation qu'il n'est plus en son pouvoir de changer. Le donateur peut, à la vérité, se réserver une certaine somme pour en disposer; mais alors cette somme n'étant pas censée comprise dans la donation, doit passer à ses héritiers, s'il n'en a pas disposé suivant la décision du même article 16, conforme à cet égard aux principes de votre compagnie. L'espèce dans laquelle le donataire auroit été chargé de contribuer aux charges de la succession du donateur jusqu'à concurrence d'une somme certaine, n'est pas différente du cas qui est décidé par l'article 16. La somme entière, jusqu'à concurrence de laquelle le donateur se réserve la faculté de disposer, n'est point censée comprise dans la donation, et s'il meurt sans user de cette faculté, c'est à ses héritiers, et non pas au donataire, qu'elle doit appartenir, parce qu'en un mot, il n'y a point de différence réelle entre se réserver la faculté de disposer d'une certaine somme, et se réserver la faculté d'en charger sa succession.

Si l'article 18 contient une disposition contraire, elle sert à confirmer encore le principe de la décision, parce que cet article se trouve dans le cas opposé, qui est celui où la donation des biens présens ou à venir est permise par contrat de mariage. Or, dans ce cas, le donataire est *loco heredis*; et comme il a un titre universel, il n'est pas surprenant que la somme, dont le donateur s'étoit réservé la liberté de disposer et dont il n'a pas disposé, se réunisse à l'universalité des biens compris dans une donation dont le titre est d'ailleurs si favorable. Il est vrai que le donateur avoit droit de l'en ôter, par la disposition qu'il étoit le maître d'en faire; mais lorsqu'il n'a pas usé de son pouvoir, les choses se trouvent dans le même état que s'il n'avoit fait aucune réserve dans la donation, et c'est le cas de dire comme les jurisconsultes romains, *dedit, dum non ademit.*

Il n'y a rien de contraire entre l'article 36 et l'article 37 que je réunis, parce qu'ils sont une suite des mêmes principes; dès que le donataire des biens présens et à venir par contrat de mariage est à la place de l'héritier et successeur à titre universel, c'est une suite de cette qualité, qu'il soit tenu des légitimes et des autres charges de la succession, suivant qu'il est expliqué dans l'article 36; mais comme la nouvelle ordonnance, conforme en cela aux usages et aux avis de plusieurs parlemens de droit écrit, lui laisse la liberté, ou de prendre les biens tels qu'ils se trouveront au jour du décès du donateur, ou de s'en tenir aux biens qui existoient dans le temps de la donation, s'il prend ce dernier parti, il n'est plus *loco heredis*, et il rentre dans la condition commune des donations des biens présens. On doit donc en ce cas suivre entièrement l'ordre qui a été prescrit pour les donataires en général, et il seroit injuste de favoriser à son préjudice, des donataires qui ont un titre postérieur au sien.

La difficulté que votre compagnie propose sur l'article 23 est absolument étrangère à la matière de la loi, et, d'ailleurs, les siéges dont on y parle n'en demeurent pas moins des siéges royaux, parce que quelques-uns des officiers négligent de prendre des provisions du roi; et c'est à votre compagnie de faire cesser cette négligence.

Pour ce qui est de la disposition de l'article 27, suivant le texte même des ordonnances anciennes et nouvelles, la formalité de l'insinuation est établie en faveur non-seulement des tiers acquéreurs et des créanciers, mais des héritiers du donateur; et il a paru plus convenable de réformer sur ce point l'usage peu régulier d'un petit nombre de parlemens, que de déroger à la disposition des ordonnances les plus respectables. Presque toutes les compagnies, qui suivoient la même jurisprudence que la vôtre, ont reçu avec plaisir la nouvelle loi, comme plus conforme au bon ordre.

Au reste, cette disposition n'est point fondée sur les principes qui s'observent dans le pays coutumier. Il est vrai que la plupart des coutumes ne connoissent que l'héritier du sang; mais cet héritier n'y succède pas moins aux obligations de son auteur que l'héritier, ou testamentaire, ou légitime, dans les pays de droit écrit; et cette considération n'a pas empêché les législateurs de se déterminer avec raison contre un donataire qui ne peut ignorer que la loi l'oblige de faire insinuer la donation, à peine de nullité, et qui ne doit imputer qu'à lui-même les suites de sa négligence.

Le parti qu'on a pris dans les articles 39, 42 et 45, est le plus conforme aux règles de la justice et de l'équité.

Le défaut d'enfant né du mariage, en faveur duquel les conjoints se sont fait des donations, et la naissance de ceux qui sont venus d'un second mariage, ne sont pas des raisons suffisantes pour donner atteinte à une donation qui doit être regardée moins comme une libéralité, que comme une convention ou une condition essentielle du premier contrat de mariage.

Si dans le cas des donations faites par d'autres que par les conjoints, la nouvelle loi décide que les biens donnés retourneront au donateur, libres de toutes charges et même de l'hypothèque subsidiaire de la femme du donataire, c'est ce qui est renfermé dans les termes mêmes de la loi, *si unquam*, et la femme ne sauroit s'en plaindre, parce qu'elle a dû prévoir le cas de la survenance des enfans du donateur, qui ne doivent pas être privés du bien de leur père, par un recours qui rendroit la révocation inutile dans la diversité de jurisprudence qui avoit lieu sur ce point; on a cru devoir préférer celle qui étoit la plus conforme au texte de la loi et au vœu de la nature.

La prescription en pareil cas, étant contraire à ce vœu et par conséquent odieuse, on a cru qu'elle ne devoit commencer à courir que du jour de la naissance du dernier enfant; et on s'y est porté d'autant plus volontiers, qu'on a considéré que tous les enfans étant compris dans le motif d'une loi qui a été introduite en leur faveur, ils avoient tous un égal droit d'en profiter, et que par conséquent c'étoit du jour que ce droit étoit ouvert en faveur du dernier, que la prescription devoit être comptée.

Enfin, ce qui tranche toute difficulté sur ce qui regarde ces trois derniers articles, c'est que votre compagnie est la seule dans tout le royaume qui ait formé les doutes sur lesquels je viens de m'expliquer. Ainsi, dans la vue que le roi a de rétablir l'uniformité sur l'exécution des mêmes lois, il ne seroit ni naturel ni convenable que Sa Majesté préférât le sentiment d'une seule compagnie à celui de toutes les autres.

Du 25 juin 1731.

J'envoie à M. le premier président la réponse que le roi m'a ordonné de faire aux remontrances du parlement de Bordeaux, sur l'ordonnance qui regarde les donations ; je lui marque dans cette réponse, que l'intention de Sa Majesté est de n'admettre aucune espèce de changement dans cette ordonnance, où il n'y en a en effet aucun qui puisse être approuvé, en suivant même les principes les plus exacts du droit romain, comme je l'ai fait voir en peu de mots dans ce que j'ai dit sur chacun des articles qui ont été relevés dans les remontrances : c'est ce qui n'étoit nullement nécessaire, après les ordres que le roi m'a chargé de donner au parlement; mais j'ai cru devoir en user ainsi, pour donner de nouvelles marques à votre compagnie de la grande considération que j'ai pour elle. Ainsi, comme il ne manque rien à la loi dont il s'agit, ni du côté de l'autorité du législateur, ni du côté des justes motifs de la décision, je ne doute pas que vous ne m'appreniez bientôt la diligence avec laquelle le parlement se sera porté à satisfaire exactement aux intentions de Sa Majesté. Si vous faites imprimer l'ordonnance du mois de février, comme je n'en doute pas, vous ne sauriez avoir trop d'attention à la correction de l'impression; et il seroit bon même que vous m'en envoyassiez une épreuve avant que l'on en tire des exemplaires, parce que je vois qu'il s'est glissé quelques fautes dans une des éditions qui en ont été faites.

Du 28 juin 1731.

Depuis que je suis ici, j'ai eu tant d'occupations extraordinaires, que je n'ai pu trouver plus tôt le loisir de vous faire réponse au sujet de l'enregistrement qui a été fait au parlement de Dijon, de l'ordonnance que le roi a faite sur ce qui regarde les donations.

Ce qui m'avoit porté à vous écrire de faire surseoir l'impression de cette ordonnance, étoit que j'aurois souhaité de voir, avant qu'elle fût achevée, dans quels termes le parlement se seroit expliqué sur ce qu'il a cru devoir marquer dans cet enregistrement, par rapport à l'article 3 de la nouvelle loi; mais, après avoir reçu l'exemplaire que vous m'avez envoyé, j'ai vu avec plaisir que ma précaution n'étoit nullement nécessaire. Celle que le parlement a prise est surabondante, à la vérité, parce qu'il n'y a rien, ni dans la lettre ni dans l'esprit de l'article dont il s'agit, qui puisse favoriser la mauvaise conséquence qu'on voudroit en tirer, par rapport aux donations à cause de mort, faites par des fils de famille, et aux partages que les pères peuvent faire entre leurs enfans: deux points sur lesquels le roi n'a rien décidé par son ordonnance.

La lettre que j'avois écrite à M. le premier président, sur ce sujet, pouvoit rassurer pleinement votre compagnie, et il auroit suffi d'en faire mention, si elle l'avoit jugé à propos, dans ses registres; mais, après tout, dès le moment qu'elle n'a pris des précautions que contre ceux qui raisonneroient mal, et qui voudroient faire dire au roi ce que Sa Majesté n'a point eu intention de dire, c'est le cas où l'on peut se servir de la règle ordinaire, que ce qui abonde ne vicie pas.

Il s'agit donc ici d'une précaution qui ne sauroit nuire, et non pas d'une modification que le roi n'auroit pu tolérer; c'est ce qui a fait même que je ne me suis pas pressé de vous écrire sur cet article, et je ne le fais aujourd'hui qu'afin que vous n'ayez aucune inquiétude sur ce que ma lettre précédente étoit arrivée trop tard pour vous mettre en état de suivre ce que je vous y avois marqué.

Du 30 juin 1731.

Les remontrances en forme que le parlement de Toulouse a jugé à propos de faire au roi sur l'ordonnance du mois de février dernier, qui regarde les donations, ont paru peu convenables à Sa Majesté, après la précaution qu'elle a bien voulu prendre, de demander à tous les parlemens de son royaume des mémoires sur tous les points qui devoient être réglés par cette loi : précaution qui se trouveroit avoir été bien inutile, s'ils pouvoient encore, après cela, faire les remontrances qui se réduisent à traiter de nouveau une partie des mêmes points.

En effet, tout ce que l'on expose dans celles de votre compagnie étoit dans les mémoires qui ont précédé la loi, et sur lesquels elle a été faite. La matière y étoit épuisée, et Sa Majesté a décidé avec une entière connoissance de cause. Tout est consommé; et, après que la loi est faite, il est inutile de répéter tout ce qui a été dit avant qu'elle le fût, et qui n'a pas empêché que le roi ne se déterminât à la faire, en préférant dans toutes les jurisprudences également connues et pleinement discutées, celle qui lui a paru la plus conforme à la règle, et la plus avantageuse à ses sujets ?

Des remontrances en cet état ne peuvent servir qu'à prouver encore plus la nécessité de la loi qui a été faite, et il seroit impossible d'en tirer aucune autre conséquence. Il n'y a qu'un très-petit nombre de parlemens qui aient cru devoir faire des représentations sur ce sujet, et ceux qui ont pris ce parti ne sont pas d'accord entr'eux. La même disposition en est approuvée par les uns, pendant que les autres supplient le roi de la changer. Quel parti pourroit-on donc prendre sur des remontrances qui se combattent réciproquement? Déroger à l'ordonnance dans quelques parlemens, et la laisser subsister dans d'autres, ce seroit établir une diversité de jurisprudence à l'occasion de la loi même qui n'a été faite que pour l'abolir. Faire un choix entre les sentimens opposés que quelques compagnies rappellent encore par leurs remontrances, pour donner, par une loi générale, la préférence à celui qui paroîtroit le meilleur, c'est le seul parti que l'on pourroit prendre; mais c'est précisément ce qui a déjà été fait par l'ordonnance dont il s'agit, et à l'égard de laquelle on peut dire que le roi s'est conduit moins en législateur qu'en juge, puisque Sa Majesté ne s'est déterminée sur aucune question qu'après avoir entendu tout ce que les différens parlemens du royaume ont jugé à propos de lui représenter pour soutenir la jurisprudence qui leur étoit particulière.

Le roi m'ordonne donc de vous faire savoir que Sa Majesté ne peut plus admettre aucun changement dans une ordonnance qui a été rendue avec des précautions dont on n'a peut-être jamais vu d'exemple, et que son intention est que le parlement de Toulouse procède incessamment à l'enregistrement pur et simple de cette loi. Cette compagnie ne sauroit apporter trop d'attention (comme je suis persuadé qu'elle le fait) à la rédaction des mémoires que le roi veut bien lui demander, pour les mettre dans un état où Sa Majesté puisse les regarder comme renfermant l'avis et le vœu le plus commun de tout le parlement; mais, quand il a ainsi rempli tout ce qu'il doit au roi et à la justice, suivant sa manière de penser, c'est à cette compagnie de se conformer, après cela, à une décision qui ne peut être faite que par le roi seul, et qui ne paroîtroit jamais s'il falloit attendre, pour la rendre publique, que les suffrages de tous les parlemens fussent entièrement uniformes.

Jusqu'ici je vous ai parlé au nom de Sa Majesté, à qui il ne conviendroit pas d'entrer dans un plus grand détail; mais la considération singulière que j'ai pour votre compagnie me porte à aller plus loin en mon nom, et à lui donner des éclaircissemens dont je vois, par ses remontrances, qu'elle peut avoir besoin, pour entrer parfaitement dans l'esprit des articles de l'ordonnance du mois de février, qui lui ont paru susceptibles de quelque difficulté.

Le roi est bien éloigné de vouloir donner la moindre atteinte aux priviléges que les peuples du Languedoc ont d'être gouvernés par le droit écrit, et personne n'est plus prévenu que moi en faveur de la sagesse et de la profondeur des lois romaines. La nouvelle ordonnance en est une preuve, puisqu'elle est conforme, dans toutes ses dispositions, aux plus saines maximes d'un droit si respectable. Mais il faut considérer que le corps de ce droit ne s'est pas formé tout d'un coup, et qu'il est composé d'une longue suite de décisions et de lois, dont le progrès a été tel, que les lois du code se sont éloignées, en plusieurs points, de la jurisprudence du digeste; que les novelles de Justinien ont dérogé à quelques dispositions du code; que ces novelles mêmes ont reçu plusieurs changemens par celles des empereurs postérieurs; et qu'enfin le corps du droit civil, tel que nous l'avons, n'est ni interprété ni observé de la même manière dans les parlemens qui font gloire d'y être attachés. Or, tout le droit qu'avoient les législateurs romains ayant passé en la personne de nos rois, ils n'ont pas moins qu'eux le pouvoir de faire des dispositions nouvelles qui, sans altérer le fond et ce qu'on peut appeler le système entier du droit écrit, n'y font des changemens légers que pour le perfectionner, et pour choisir entre les différentes interprétations qu'on y a données dans différens tribunaux qui suivent ce droit, celle qui doit être préférée pour le bien public.

C'est en entrant parfaitement dans des vues si sages que, de neuf parlemens ou conseils supérieurs dans lesquels le droit écrit est regardé comme le droit commun, il y en a cinq qui ont enregistré la nouvelle ordonnance, non-seulement avec respect, mais avec les marques de la plus grande satisfaction; deux seulement avoient relevé quelques difficultés qui tomboient même plutôt sur quelques usages particuliers à leurs provinces que sur les principes généraux de la jurisprudence, et ils ont suivi l'exemple des premiers aussitôt que je leur ai eu expliqué le véritable esprit de la loi, quoiqu'ils n'aient pas moins de zèle que votre compagnie pour l'observation du droit romain.

Ces réflexions générales influent également sur tous les articles qui font le sujet des remontrances du parlement de Toulouse, et me dispensent d'entrer dans un long détail sur ces différens articles; je me contenterai donc de vous dire, pour lever jusqu'au moindre scrupule,

Que le bien public et général du royaume, tant dans les pays qui se régissent par le droit écrit, que dans ceux qui suivent le droit coutumier, a été l'unique motif de l'article 1.er, qui a établi, avec raison, une forme également nécessaire et conforme à l'esprit de la loi 25, C. *De donat.*, pour prévenir partout les surprises et les fraudes dans un acte d'autant plus important, qu'il est irrévocable. Depuis que, dans cette vue, la formalité d'insinuer les donations a été prescrite, soit par les constitutions des empereurs romains, soit par les ordonnances de nos rois, il n'est plus permis de prétendre qu'une donation entre-vifs puisse être un acte secret; et la nécessité de le rendre public; déclarée par tant de lois, répond entièrement à toutes les difficultés de votre compagnie à cet égard.

La disposition de l'article 3 n'a rien qui doive l'alarmer.

Il y a trois choses à distinguer dans les donations à cause de mort :

1.° La capacité du donateur ou du donataire;

2.° La substance ou le fond des dispositions de l'acte;

3.° La forme ou la solennité extérieure dont il doit être revêtu.

De ces trois choses, les deux premières ne sont point l'objet de l'article 3, qui n'a rien innové, ni même rien décidé à cet égard, et la dernière est la seule que le roi ait eu en vue dans cet article.

Sa Majesté n'a donc jamais pensé à ôter, aux fils de famille, la liberté de faire des donations à cause de mort, avec la permission de leur père; elle a voulu seulement les assujettir à suivre la forme extérieure des codicilles, quand ils useroient de cette liberté, c'est-à-dire, appeler cinq témoins; et les termes de l'article 3, qui tombent évidemment sur la seule forme extrinsèque de l'acte, ne devoient vous laisser aucun doute sur le véritable esprit de cet article, qui, encore une fois, n'ayant pour objet que la solennité extérieure, ne fait aucun changement, ni sur la capacité du donateur, ni sur le fond de la donation.

C'est ce qui sera développé encore plus exactement, quand le roi s'expliquera sur ce qui regarde la capacité des donateurs et des donataires, aussi bien que celle des testateurs et celle des héritiers ou des légataires. Il n'est pas possible de tout régler en même temps; et, pour bien juger d'un ouvrage aussi étendu que celui dont il s'agit, il faut attendre que toutes les parties en soient achevées, et qu'elles se prêtent un secours mutuel par leur réunion.

Il n'est pas bien aisé de concevoir le sens de la question que le parlement fait, quand il demande si la procuration générale, qui est regardée comme suffisante dans l'article 5, doit contenir *un mandat spécial*. Si cela étoit, il auroit été inutile de dire que l'acceptation pourroit être faite par un procureur-général ou spécial. L'intention du roi a été sans doute que le porteur d'une procuration générale, pouvant engager celui qu'il représente, pouvoit, à plus forte raison, accepter une libéralité.

La décision de l'article 7 est fondée sur l'intérêt même des mineurs de vingt-cinq ans. Si cet article leur est favorable d'un côté, en ordonnant que les donations faites à leur profit pourront être acceptées, même par leur père, mère ou autres ascendans, il ne leur est pas moins avantageux que l'autre, en les empêchant de se précipiter dans des engagemens surpris sous l'apparence de donation.

Il est vrai qu'ils ne peuvent contracter que sous le bénéfice de la restitution en entier ; mais les lois romaines mêmes nous avertissent qu'il vaut mieux prévenir le mal que d'attendre qu'il soit fait pour y apporter le remède. Enfin, l'usage d'une très-grande partie du royaume étant d'exiger l'autorité du tuteur ou du curateur, pour la validité de l'acceptation, c'est un des points dans lesquels l'avantage de l'uniformité et l'intérêt public doivent l'emporter sur toute autre considération.

Ce n'est ni la communauté de biens, ni le genre d'autorité que le mari a sur la femme en pays coutumier, qui ont été le motif de la première partie de l'article 9 ; c'est l'intérêt légitime que le mari a d'empêcher que la femme ne contracte des engagemens qui puissent charger ou diminuer la dot, et c'est ce que la seconde partie du même article fait entendre clairement, en exceptant les donations faites à la femme, pour lui tenir lieu de bien paraphernal. Le principe de cette décision, qui n'a été arrêté qu'après avoir consulté ce qu'il y a de plus éclairé et au dedans et au dehors de votre compagnie est que, de quelque manière que le mari ait cette jouissance, l'obligation de faire insinuer la donation faite à la femme en est une charge naturelle.

Pour ce qui est de la disposition de l'article 15, il n'y a point de compagnie qui ait dû en être moins surprise que la vôtre, puisque aucune ne s'est élevée plus fortement dans son avis, contre les donations universelles, c'est-à-dire, celles de tous les biens présens et à venir, et cela même par rapport aux biens présens.

Il est vrai qu'en établissant, avec beaucoup de raison, que ces sortes de donations sont nulles, le parlement de Toulouse avoit proposé deux exceptions : la première, en faveur des contrats de mariage, exception que le roi a approuvée dans son ordonnance ; la seconde, à l'égard des donations dans lesquelles le donateur se seroit réservé quelque portion de ses biens ou droits, pour n'être pas privé de la faculté de tester ; mais, ce dernier point ayant été discuté peut-être plus exactement qu'aucun autre, on a considéré que cette réserve se réduisant presque à rien dans l'usage, et ne faisant point cesser réellement le véritable inconvénient des donations de tous les biens présens et à venir, elle ne devoit être regardée que comme une vaine formalité qui tomboit sur les mots plutôt que sur les choses ; que, d'ailleurs, l'usage de ces sortes de réserves n'ayant point été établi par le droit romain, il falloit ou s'arrêter aux principes de la dernière jurisprudence romaine, qui admettoit les donations universelles sans aucune restriction, ou revenir aux principes beaucoup plus exacts de l'ancien droit, qui réprouvoit ces sortes de donations, et l'on s'est porté d'autant plus volontiers à prendre le dernier parti, que les plus graves jurisconsultes n'ont pas loué le changement que Justinien avoit introduit en cette matière, regardant même les donations de tous biens présens et à venir comme une espèce de folie, et c'est sans doute ce qui avoit fait introduire dans vos mœurs le tempérament de la réserve stipulée par la donation ; tempérament qui, comme je viens de le dire, étoit contraire au dernier droit romain, et qui, dans l'effet, ne produiroit aucune utilité.

Si le roi n'a pas jugé à propos de permettre la séparation des biens présens et des biens à venir, c'est parce qu'il a paru contraire aux véritables principes de diviser un acte qui a été originairement un, dans l'esprit des contractans ; ce qui a paru d'autant plus injuste, que les choses n'étant plus entières lorsqu'on feroit cette distinction, il seroit impossible de savoir si elle étoit conforme à l'intention du donateur ; admettre, en ce cas, des conjectures de volonté, comme on l'a fait dans la matière des testamens, ç'auroit été ouvrir la porte à un grand nombre de procès, que le premier objet de la loi est de prévenir ; c'étoit, d'ailleurs, le sentiment de votre compagnie, dont l'avis porte qu'*il ne faut pas être surpris si les donations dont il s'agit sont nulles, même pour les biens présens, les vices des contrats dans lesquels on blesse l'esprit et l'intention de la loi les rendant entièrement nuls.*

On auroit retranché les observations qui regardent l'article 16, si l'on avoit fait plus d'attention à l'irrévocabilité des donations entre-vifs qui appartient à l'essence de ces actes et à l'équité naturelle, qui ne permet pas d'autoriser un donateur à révoquer, par des voies indirectes, ce qu'il ne peut révoquer directement. Quoique le donateur ait droit d'imposer telles conditions qu'il lui plaît à sa libéralité, il ne seroit pas juste néanmoins qu'il abusât de cette liberté jusqu'au point d'anéantir ou de diminuer la donation par des dispositions postérieures qui dépendroient absolument de sa volonté.

Il n'en est pas ainsi dans le cas où les donations des biens présens et à venir sont permises, qui est celui de l'article 36, et de la dernière disposition de l'article 18, parce qu'alors le donataire est *loco hæredis*. Il n'est donc pas surprenant qu'il soit tenu indéfiniment des légitimes et des autres charges de la succession, lorsque la donation est véritablement universelle, ou à proportion, lorsqu'elle est faite *per modum quotæ*.

Si, par l'article 18, l'effet dont le donateur s'étoit réservé la liberté de disposer, se réunit aux autres biens dans la personne du donataire, par contrat de mariage des biens présens et à venir, lorsque le donateur n'a pas usé de la faculté qu'il s'étoit réservée, c'est parce que cet effet se trouve compris dans l'universalité même de la donation. Il est vrai que le donateur avoit droit de l'en ôter par la disposition qu'il étoit le maître d'en faire, mais lorsqu'il n'a pas usé de son pouvoir, les choses se trouvent dans le même état que s'il n'avoit fait aucune réserve dans la donation; et c'est le cas de dire, comme les jurisconsultes romains, *dedit dum non adimet.*

Suivant le texte même des ordonnances anciennes et nouvelles, la formalité de l'insinuation est établie en faveur, non-seulement des tiers-acquéreurs et des créanciers, mais des héritiers du donateur; et il a paru plus convenable de réformer sur ce point l'usage peu régulier d'un petit nombre de parlemens, que de déroger à la disposition des ordonnances les plus respectables. Toutes les compagnies qui suivoient la même jurisprudence que la vôtre ont reçu avec plaisir la nouvelle loi, comme plus conforme au bon ordre, et il n'y a point de comparaison à faire entre l'insinuation des donations et la publication des substitutions dans les premières, c'est au donataire à s'imputer de n'avoir pas rempli la forme prescrite par la loi, et tout est en faveur de l'héritier du sang; au lieu qu'à l'égard des substitutions, on ne peut rien reprocher au substitué, c'est l'héritier, au contraire, qui est chargé de faire faire la publication, et il profiteroit de sa faute ou de sa négligence s'il pouvoit en opposer le défaut au substitué.

Je ne vois donc rien, dans toutes les difficultés que je viens de résoudre, qui n'ait été prévu, discuté, approfondi et décidé avec une entière connoissance, avant que la loi ait été faite. On y a suivi, avec une attention scrupuleuse, les principes les plus solides du droit romain, sans donner la moindre atteinte à ce qui appartient à la substance, et, comme je l'ai déjà dit, au système général de ce droit. La loi est faite aujourd'hui, elle est enregistrée dans presque tous les parlemens du royaume; elle est donc irrévocable. Et si, après vous avoir expliqué d'abord les intentions et les ordres du roi sur ce sujet, je suis entré dans une discussion qui n'étoit nullement nécessaire, c'est uniquement pour vous donner des marques de la grande attention que j'ai pour tout ce qui vient de la part de votre compagnie.

Je compte que vous lui ferez part de cette lettre, et je ne doute pas qu'elle ne se conforme à la volonté du roi avec tout le respect que Sa Majesté en doit attendre; vous y contribuerez sûrement, plus que personne, par le zèle dont vous êtes rempli pour son service et pour le bien public.

Du 13 juillet 1731.

Le déplaisir que vous avez de la délibération du parlement, dont vous m'avez envoyé la copie, fait voir que vous connoissez parfaitement en quoi consiste sa véritable dignité. C'étoit par ménagement et par considération pour cette compagnie que je m'étois contenté d'une simple lettre, pour lui expliquer les intentions du roi sur l'enregistrement de l'ordonnance des donations. D'autres parlemens, qui avoient fait des remontrances comme la vôtre, l'ont bien compris, puisqu'aussitôt après avoir reçu ma lettre, ils ont procédé à l'enregistrement de la même ordonnance; mais puisque le parlement de Bordeaux n'a pas pensé comme eux, et qu'il désire lui-même des lettres de Jussion, le roi en a fait expédier, et M. le procureur-général les recevra incessamment; et, quoique je sois fâché de voir le parlement trop attaché à une forme que j'aurois voulu lui épargner, je n'en rends pas moins de justice à son respect et à sa soumission pour les ordres du roi, dont vous m'assurez par votre lettre.

Du 22 juillet 1731.

Les remontrances en forme que le parlement de Normandie a jugé à propos de faire au roi sur l'ordonnance du mois de février dernier, qui regarde les donations, ont paru peu convenables à Sa Majesté, après la précaution qu'elle a bien voulu prendre de demander à tous les parlemens de son royaume des mémoires sur tous les points qui devoient être réglés par cette loi; précaution qui se trouveroit avoir été bien inutile, s'ils pouvoient encore après cela faire des remontrances qui se réduisent à traiter de nouveau une partie des mêmes points, ou à y ajouter quelques réflexions qu'il n'a tenu qu'à chaque parlement de proposer et de faire valoir dans son avis.

C'étoit alors le temps de représenter tout ce qui pouvoit servir à appuyer les sentimens de votre compagnie, et elle n'a pas manqué de le faire. Mais lorsque tous les avis ont été pleinement discutés, et que le roi a préféré entre les différentes jurisprudences, celle qui lui a paru la plus avantageuse à tous ses sujets, des remontrances ne peuvent servir qu'à prouver encore plus la nécessité de la loi qui a été faite, et il seroit impossible d'en tirer aucune autre conséquence. Tous les parlemens et les conseils-supérieurs ont reçu la nouvelle loi, non-seulement avec déférence, mais avec une entière satisfaction. Ceux-mêmes qui, par attachement pour le droit écrit, avoient cru devoir d'abord faire des représentations sur des articles que votre compagnie approuve, ont suivi depuis l'exemple des autres cours; la loi est publiée à présent dans toute l'étendue du royaume; elle ne l'auroit jamais pu être, s'il avoit fallu attendre, pour la publier, que les suffrages de tous les parlemens eussent été entièrement uniformes.

Le roi m'ordonne donc de vous faire savoir, que Sa Majesté ne peut plus admettre aucun changement dans une ordonnance qui a été rendue avec des précautions dont on n'a peut-être jamais vu d'exemple, et que son intention est que le parlement de Normandie procède incessamment à l'enregistrement de cette loi, avec le respect et la soumission qui sont dus à ses volontés.

Jusqu'ici je vous ai parlé au nom de Sa Majesté, à qui il ne conviendroit pas d'entrer dans un plus grand détail; mais la considération singulière que j'ai pour votre compagnie me porte à aller plus loin en mon nom, et à lui donner des éclaircissemens, dont je vois par ses remontrances qu'elle peut avoir besoin, pour entrer parfaitement dans l'esprit des articles de l'ordonnance du mois de février, qui lui ont paru susceptibles de quelque difficulté.

Le seul préambule de la nouvelle ordonnance suffisoit pour dissiper les alarmes de votre compagnie sur la conservation de la coutume de Normandie, puisqu'il est marqué expressément, qu'il ne s'agit de rétablir l'uniformité que dans *les différentes matières de jurisprudence où l'on observe les mêmes lois*. Ce dessein est donc bien différent de celui de réduire toutes les coutumes en une seule; et si Sa Majesté se porte très-volontiers à conserver à chaque province sa loi municipale, celle qui s'observe en Normandie mérite, sans doute, une considération particulière.

Mais il faut observer, en premier lieu, que cette loi, dont votre compagnie relève l'ancienneté, a éprouvé différentes corrections ou changemens de la part de ceux qui l'ont réformée; que le parlement même, loin de la regarder comme une loi entièrement accomplie, a fait plusieurs arrêtés, dans la vue de demander au roi, qu'il lui plût de la porter à une plus grande perfection, et que ce travail laisse encore à désirer qu'il y ait sur plusieurs points des règles fixes et certaines, non pour détruire les dispositions essentielles, et qui forment ce qu'on peut appeler la substance de la coutume, mais au contraire, pour suppléer ce qui peut y manquer et prévenir les doutes qui se sont élevés dans son exécution.

Il faut encore ajouter qu'il y a deux sortes de dispositions dans la coutume de Normandie. Les unes lui sont propres, et la distinguent des coutumes qui s'observent ailleurs. Les autres sont fondées sur des principes du droit coutumier, ou même du droit écrit, qui sont communs à la Normandie avec les autres provinces du royaume. L'intention du roi n'est point de rien innover à l'égard des premières; et si les autres sont plus susceptibles de quelques changemens à cause des interprétations contraires qu'on y a données, le seul objet de Sa Majesté est de ne faire ces changemens qu'autant qu'ils peuvent être nécessaires, pour empêcher que ses cours ne tirent des conséquences différentes des principes généraux qui leur sont communs.

Après avoir ainsi déterminé l'objet précis de la loi, je n'aurois pas besoin d'entrer dans un détail qu'il vous seroit aisé de suppléer ; mais pour lever jusqu'au moindre doute, et vous faire voir quels sont les articles de la nouvelle ordonnance qui font quelque changement à la jurisprudence de votre compagnie, et quels sont ceux qui n'y en apportent aucun. Je vous dirai d'abord, sur le premier article, que depuis la nécessité établie par les ordonnances les plus respectables de rendre les donations entre-vifs publiques par la formalité de l'insinuation, il n'est plus permis de penser que ces donations puissent être un acte secret ; que la faveur des mariages n'est pas plus grande en Normandie que dans les autres provinces du royaume, où l'on ne voit pas d'ailleurs qu'ils soient moins communs, parce qu'on n'y connoît point l'usage de passer des contrats de mariage sous signature privée ; et qu'enfin, la nouvelle ordonnance ne décide rien sur cet usage ; elle ne fait mention que des donations, et non pas des stipulations ou conventions matrimoniales, qui sont conformes à la coutume, et auxquelles le roi a eu un si grand égard, que par sa déclaration du 25 juin 1729, et par l'article 21 de l'ordonnance, qui confirme le don mobile, a été mis au nombre des conventions que le défaut d'insinuation ne peut rendre nulles.

Ce n'est pas ici le lieu d'examiner ce que votre compagnie représente sur les inconvéniens du droit de contrôle, qui ne peuvent être une raison suffisante pour abolir les formalités les plus nécessaires à la sûreté des familles ; et si l'on avoit égard à ces inconvéniens, on en pourroit conclure avec autant de fondement, qu'il faudroit abolir aussi la nécessité de l'insinuation.

Votre compagnie ne fait que répéter sur les articles 3 et 4, ce qu'elle avoit déjà dit dans son avis ; et il ne paroît pas qu'elle soit entrée dans le véritable esprit de l'article 4, qui forme sa principale difficulté.

La question que le roi y a décidée tomboit uniquement sur ces termes, *à cause de mort ou testamentaire*, qui se trouvent dans la coutume de Paris, comme dans la vôtre et dans plusieurs autres. Les sentimens des différentes compagnies étoient fort partagés sur la force et l'effet de ces expressions. Les unes en concluoient qu'il falloit que la disposition fût revêtue de la forme des actes de dernière volonté, puisqu'elle devoit valoir comme donation *à cause de mort ou testamentaire*; et ces cours ne pouvoient concevoir qu'une telle disposition pût être faite en forme de contrat. D'autres parlemens soutenoient l'opinion contraire, et se fondoient sur les mêmes raisons que votre compagnie; c'est pour terminer cette diversité de jurisprudence, que le roi a pris le parti le plus propre à prévenir les suggestions que la forme d'un acte entre-vifs, qui effraye moins un malade, peut rendre plus dangereuse. Ce parti est en même-temps le plus favorable aux héritiers du sang, et par conséquent le plus conforme à l'esprit de la coutume de Normandie; ainsi, après que toutes les cours, et celles mêmes dont la jurisprudence étoit conforme à la vôtre, se sont soumises sans aucune peine à cette décision, il paroît assez surprenant que le parlement de Rouen soit le seul qui propose en cette occasion de favoriser la liberté de disposer entre-vifs, que la coutume de Normandie a voulu restreindre plus qu'aucune autre du royaume.

A l'égard de l'article 15, si un malade trouve de la difficulté à remplir la disposition de cet article sur l'état des effets mobiliers, cette disposition même l'avertira de prendre la seule voie qui convienne à sa situation, c'est-à-dire, celle d'une disposition testamentaire; et s'il se croit en état de faire une donation entre-vifs, comment pourroit-on prétendre qu'il ne dût pas en suivre les formes?

Ce que je viens d'observer en passant sur la faveur

que la coutume de votre province accorde aux héritiers du sang, répond suffisamment aux difficultés de votre compagnie au sujet des articles 39, 40, 41, 42, 43 et 44, il n'est pas douteux que le vœu de la coutume ne soit de perpétuer les biens dans la ligne directe et de les transmettre aux enfans plutôt que les faire passer à un donataire étranger, ou à des parens plus éloignés. La nouvelle ordonnance n'a donc fait que perfectionner la coutume de Normandie, en se déterminant pour le parti qui est le plus avantageux aux enfans du donateur; et elle a suivi au moins l'esprit de cette coutume, aussi bien que les véritables principes, lorsqu'elle a décidé qu'une donation qui n'auroit pas été faite, si le donateur avoit pensé qu'il dût avoir des enfans, demeure révoquée de plein droit lorsqu'il lui en survient; et, ce qui en est une conséquence naturelle, que les biens donnés rentrent dans son patrimoine, libres de toutes charges du chef du donataire, tant en usufruit qu'en propriété.

Si l'article 42, qui contient cette conséquence, n'est pas conforme à la lettre de la coutume de Normandie, c'est que les rédacteurs de cette coutume, conduits visiblement par les opinions de quelques interprêtes du droit écrit, avoient suivi un principe différent, et que le roi, au contraire, n'a pas cru devoir donner la préférence au sentiment de ces interprêtes sur des principes plus justes et plus conformes à l'esprit général du droit coutumier, et surtout de la coutume de Normandie.

Cette coutume, en parlant des enfans *procréés en loyal mariage*, n'a pas exclu ceux que le mariage subséquent fait regarder comme tels, et qui en cette qualité jouissent en Normandie, comme ailleurs, du droit d'aînesse et de tous les autres avantages des enfans légitimes, auxquels ils sont égalés par le mariage, dans la vue duquel la loi présume qu'ils sont nés.

L'observation qui a été faite sur l'article 45 auroit été retranchée, si l'on eût fait attention que l'article 456, de la coutume ne parle en aucune manière des donations qui sont révoquées par survenance d'enfans, et qu'il n'a rapport qu'à celles qu'on peut faire révoquer, c'est-à-dire, faire déclarer nulles ou réduire comme faites contre la coutume. Puisqu'elle ne contient aucune disposition à cet égard sur les premières, la prescription n'a pu être fixée qu'à trente ans, qui est le terme du droit commun à l'égard de toutes les actions personnelles.

Votre compagnie est trop éclairée pour ne pas reconnoître, après ce que je viens d'expliquer, qu'il n'y a rien dans les articles 1, 3, 4, 15, 39, 40, 41, 42, 43, 44 et 45, qui puisse faire la matière d'une véritable difficulté; et l'intention du roi est que ces articles soient exécutés nonobstant ce qui y seroit contraire dans les maximes que votre compagnie a pu suivre jusqu'à présent

A l'égard des doutes qu'elle a proposés sur les articles 7, 16, 17, 34 et 35, ils sont encore plus faciles à lever, parce que ces articles n'ont pas même de rapport aux cas réglés par les dispositions de la coutume de Normandie, que votre compagnie rappelle dans ses remontrances.

L'objet de l'art. 7 a été de réformer l'usage de quelques provinces, où l'on permettoit aux mineurs, depuis l'âge de quatorze ans jusqu'à celui de vingt-cinq, d'accepter des donations sans l'assistance d'aucun de ceux qui peuvent veiller à leurs intérêts. Mais l'intention du roi n'a pas été de fixer l'âge de la pleine majorité par cet article, ni de déroger aux coutumes qui l'avancent jusqu'à vingt ans; et votre compagnie auroit pu remarquer, qu'au lieu de se servir de termes négatifs dans cet article, on n'y a employé que des termes positifs, en disant seulement que *l'acceptation de la donation pourra être faite, etc.* ce qui suppose manifestement que la loi ne peut être appliquée qu'aux pays où la pleine majorité n'étant acquise qu'à vingt-cinq ans, les donataires au-dessous de cet âge ne peuvent accepter seuls les donations qui leur sont faites.

C'est encore avec réflexion, qu'on n'a pas jugé à propos de parler de la nouvelle ordonnance des démissions de biens et des donations faites en avancement d'hoirie, ou sous la condition tacite d'être héritiers, cela regarde la matière des partages et des dispositions faites entre enfans qui forment un autre objet, sur lequel le roi pourra s'expliquer dans la suite. Il n'est pas possible d'embrasser toutes les matières en même-temps, et pour bien juger d'un ouvrage tel que celui dont il s'agit, il faut attendre que toutes les parties en étant achevées, elles se prêtent un secours mutuel par le rapport et le concert de leurs dispositions.

Votre compagnie peut donc être assurée que l'article 279 de la coutume de Normandie, sur le tiers de Caux, subsiste et subsistera en son entier; loin de déroger à cet article, le roi l'auroit confirmé très-volontiers, si cela eût convenu à la matière qu'il étoit question de régler.

On en peut dire autant à l'égard des principes qui sont propres à la même coutume, c'est-à-dire, sur ce que les filles n'y sont regardées que comme créancières, tant qu'il y a des mâles, sur le mariage avenant ; et sur la différence qui peut se trouver entre le tiers coutumier de Normandie et la légitime des autres pays. Tout cela ne pouvoit être l'objet de la nouvelle loi, comme votre compagnie l'a fort bien remarqué; ainsi, la disposition de la nouvelle ordonnance sur les dots fournies en deniers, ne regarde point la coutume de Normandie dans tous les cas où il y a des mâles héritiers, et il seroit inutile, après cela, de s'étendre sur les motifs de cette disposition par rapport aux autres pays, puisque la justice en est à présent reconnue par tous les parlemens du royaume ; mais, si elle ne sauroit s'appliquer également à la Normandie, il y a cependant des cas où elle y sera utile. Tel est celui où n'y ayant que des filles, elles sont regardées comme héritières légitimes et non comme créancières. Tel est encore celui où le donateur ayant fait d'abord des libéralités qui n'épuisoient pas la quotité dont il pouvoit disposer, en fait une dernière qui l'excède. Il faudra alors que cette dernière donation soit retranchée, suivant l'ordre prescrit par l'article 34.

Mais, sans examiner s'il peut se présenter encore d'autres exemples de l'utilité de cette décision, il suffit à votre compagnie de savoir que le roi n'a rien innové, par son ordonnance, sur ce qui regarde le tiers des enfans, ou le mariage des filles; et s'il pouvoit survenir dans la suite quelque contestation sur ce sujet, si le parlement s'apercevoit qu'on donne une mauvaise interprétation à cet égard aux articles 34 et 35, il seroit pleinement en état de la rejeter, après ce que je viens de vous marquer, et c'est ce que le roi même pourra faire, s'il le juge à propos, dans la suite, à l'occasion de la continuation du travail commencé, pour fixer la jurisprudence sur les différentes matières où l'on observe les mêmes lois.

Les réflexions générales de votre compagnie sur ce travail ne demandent aucune réponse; et la manière dont toutes les compagnies du royaume sont entrées dans une vue si utile à la justice, montre assez que, s'il est difficile de réunir tous les suffrages à un seul avis, il est non-seulement possible, mais avantageux au public, que le législateur fasse une seule loi sur l'examen de tous les avis différens. Il paroît même assez singulier, que le parlement de Normandie trouve trop de conformité entre la nouvelle ordonnance et le droit écrit, pendant que des parlemens attachés à ce droit ont prétendu qu'on y avoit trop suivi l'esprit du droit coutumier. Des remarques si opposées ne peuvent servir qu'à faire voir combien le roi y a pris un juste milieu entre les extrémités contraires, et avec quelle attention Sa Majesté s'est attachée à suivre et à renfermer dans leurs véritables bornes ces premiers principes généraux, qui doivent fixer l'une et l'autre jurisprudences sur les questions qui leur sont communes, sans donner aucune atteinte à ce qui est propre aux coutumes de chaque province, et en particulier à celle de Normandie.

Je ne vois donc rien dans la nouvelle ordonnance

dont je vous ai marqué le véritable esprit, soit dans ce qu'elle décide ou dans ce qu'elle ne décide point, qui puisse faire aucune peine à ceux qui sont le plus attachés à votre coutume; et, si après vous avoir expliqué d'abord les intentions et les ordres du roi, je suis entré dans une discussion qui n'étoit nullement nécessaire, c'est uniquement pour vous donner des marques de la grande attention que j'ai pour tout ce qui vient de la part de votre compagnie.

Je compte que vous lui ferez part de cette lettre, et je ne doute pas qu'elle ne se conforme à la volonté du roi avec tout le respect que Sa Majesté en doit attendre; vous y contribuerez sûrement plus que personne, par le zèle dont vous êtes rempli pour son service et pour le bien public.

Du 24 juillet 1731.

J'APPRENDS avec plaisir, par votre lettre du ...., que le parlement de Toulouse a enregistré l'ordonnance que le roi a faite au mois de février dernier sur les donations; et je ne puis que louer entièrement la sagesse de votre conduite, depuis le commencement jusqu'à la fin de cette affaire. Des représentations auroient été, sans doute, beaucoup plus convenables que des remontrances; mais vous avez très-bien fait de n'y pas insister, prévoyant, comme vous le faisiez, que les représentations n'auroient servi qu'à gagner du temps, et se seroient terminées à produire ensuite des remontrances. Au surplus, le parlement a eu grande raison de croire que c'étoit par ménagement pour lui que je n'avois point proposé au roi de prendre la voie des lettres de Jussion; et en effet, il est toujours plus honorable aux compagnies de prévenir cette voie, que d'obliger le roi à s'en servir, quand une fois ses intentions leur sont pleinement connues d'une manière qui doit leur être beaucoup plus agréable.

Du 7 juillet 1736.

Après avoir conféré avec M......, sur la question que vous m'expliquez par votre lettre du 20 juin, je pense, comme lui, que l'insinuation qui a été faite au bailliage de Montivilliers, où le donateur a son domicile, est suffisante. Ce n'est pas ici le cas d'assujettir le donataire à en faire faire une seconde au bailliage de Falaise, dans l'étendue duquel les biens affectés à l'exécution de l'acte de donation sont situés; il faudroit, pour cela, que la rente viagère qui a été donnée à la demoiselle...... eût une assiette, et fût devenue par là un droit réel. Une hypothèque générale ou spéciale ne suffit pas pour cela; et il ne résulte ici, de la dernière, qu'une simple délégation sur un fermier pour la facilité du paiement, qui ne forme point une charge réelle ou foncière, comme il faudroit que cela fût pour imposer la nécessité d'une seconde insinuation dans le siége royal, où les biens affectés à la rente sont situés, autrement il faudroit assujettir les donataires, en pareil cas, à faire insinuer leur donation autant de fois qu'il y auroit de différens siéges dans l'étendue desquels les biens qui y sont hypothéqués seroient situés. Ainsi, je crois que la demoiselle...... peut négliger l'avis officieux que le commis au contrôle lui a fait donner, par rapport à l'insinuation de la donation, et n'en être pas moins en sûreté.

Du 10 septembre 1739.

Les plaintes de la dame de Partanaix, dont vous m'avez rendu compte, par votre lettre du 2 de ce mois, sont bien fondées, et j'en porte le même jugement que vous. Les donations ne sont sujettes qu'à l'insinuation; et il n'y a que les substitutions qui exigent nécessairement la solennité de la publication : ainsi, les officiers de la sénéchaussée de Toulouse et de Castelnaudary n'ont pu obliger la dame de Partanaix à faire faire une publication inutile ; et ils doivent d'autant plus restituer les droits qui leur ont été payés à cette occasion, que, comme vous le remarquez fort bien, il ne leur en seroit dû aucun, quand même la publication auroit été nécessaire ; c'est ce que je vous prie de faire savoir aux juges de ces deux sénéchaussées. Il convient que ce soit par vous qu'ils soient instruits du jugement que j'ai porté sur leur conduite en cette occasion.

Au surplus, le doute que vous me proposez sur le lieu où les donations peuvent être insinuées, n'est pas difficile à résoudre ; il n'y a point de double insinuation à faire par rapport aux donations : la déclaration du 17 février 1731 est très-claire sur ce point ; il n'y a qu'à suivre sa disposition littérale. Il est vrai que, suivant l'article 24 de l'ordonnance de 1731, sur les donations, elles doivent être insinuées dans les bailliages et sénéchaussées ; et la déclaration du 17 février n'y a porté aucun changement : elle a seulement expliqué plus en détail la manière de faire cette insinuation, pour concilier sur ce point les règles de la justice avec les établissemens qui ont été faits dans dans des vues de finance. Comme, suivant ces dernières vues, il y a un bureau d'insinuation établi auprès de chaque bailliage ou sénéchaussée, on a voulu que ce fût le commis de ce bureau qui tînt le registre dans lequel les donations sont enregistrées ; mais il n'agit en cela que comme représentant le greffier du juge : et c'est pour cette raison qu'il a été ordonné par l'article 2 de la déclaration, que les commis des bureaux dont il s'agit seront tenus de prêter serment par-devant le lieutenant-général du bailliage ou de la sénéchaussée, par lequel le registre de l'insinuation seroit coté et paraphé.

C'est aussi dans le même esprit qu'il est porté par l'article 4 de la même déclaration, que les registres des insinuations seront clos et arrêtés à la fin de chaque année, par le lieutenant-général, ou par l'officier qui le représente en son absence; et que, quatre mois après, ils seront remis au greffe du siége; à quoi faire les commis des bureaux seront contraints par corps, à la diligence des procureurs-généraux.

Ainsi d'un côté, l'insinuation des donations doit se faire aux bailliages et sénéchaussées; et de l'autre, ce sont les commis des bureaux établis auprès de ces siéges, qui doivent faire l'insinuation ou l'enregistrement, mais comme ayant prêté serment au premier officier, et sur des registres qui ont été cotés et paraphés par lui, et qui doivent être déposés, à la fin de chaque année, au greffe du même siége; en sorte qu'il ne doit jamais y avoir qu'une seule insinuation, et un seul enregistrement, dans la forme que je viens d'expliquer; et je ne comprends pas sur quoi a pu être fondée l'opinion de ceux qui ont cru qu'il devoit y avoir un double enregistrement, ou une double insinuation, quoique rien ne soit plus contraire, soit à l'art. 24 de l'ordonnance sur les donations, soit à la lettre et à l'esprit de la déclaration du 17 février 1731. Leur erreur est venue apparemment de ce qu'ils n'ont pas compris que, dans cette matière, le bureau des insinuations ne doit être considéré que comme une suite et un accessoire du greffe du bailliage, ou de la sénéchaussée; parce que, comme je l'ai déjà dit, le commis du bureau ne fait qu'exercer la fonction, que le greffier rempliroit, si l'on n'avoit point établi le bureau d'insinuation.

J'ai cru devoir m'expliquer avec quelque étendue sur ce sujet, non-seulement pour faire cesser dans votre esprit un doute, dont il m'a paru que vous étiez frappé jusqu'à un certain point, mais pour vous mettre en état de faire bien connoître, dans tout votre ressort, la règle qu'on doit suivre dans cette matière, et d'empêcher qu'on abuse de l'ignorance des parties pour les engager à faire faire des doubles enregistremens, et payer aussi de doubles droits.

Du 13 *avril* 1740.

Par le mémoire que je vous envoie, il semble qu'il y ait de mauvais usages qui se soient introduits dans des siéges de votre ressort, par rapport à l'insinuation des donations entre-vifs, et que, les principes de cette matiére n'y étant pas suffisamment connus, on y charge les parties intéressées de frais entièrement superflus; c'est de quoi vous prendrez la peine de m'instruire exactement, afin que, s'il y a en effet quelques abus dans certains siéges à l'égard de l'insinuation des donations, je puisse prendre les mesures nécessaires pour les faire cesser.

Du 16 *août* 1741.

J'ai examiné le projet de réquisitoire que vous m'avez envoyé, dont l'objet est de faire cesser les usages contraires aux dispositions de l'ordonnance de 1731, et de la déclaration du 17 février de la même année, sur l'insinuation des donations; je n'ai rien trouvé à y changer pour le fond, mais j'ai cru seulement qu'il étoit à propos d'y faire quelques additions et quelques changemens pour l'expression, qui pourront servir à faire encore mieux sentir le véritable esprit de ces lois aux officiers qui ne s'y sont pas encore entièrement conformés dans l'exécution: c'est ce qui m'a donné lieu de dresser le nouveau projet que je vous envoie et que vous pourrez communiquer à M. le premier président, afin que l'arrêt qui interviendra sur votre réquisitoire puisse être rendu avant la séparation du parlement, et que les officiers de son ressort ne demeurent pas plus longtemps dans une erreur qui porteroit préjudice aux parties intéressées, si l'on attaquoit des donations faute d'avoir été insinuées conformément à l'ordonnance et à la déclaration de 1731.

Du 14 *septembre* 1741.

J'ai reçu les deux exemplaires imprimés que vous m'avez envoyés de l'arrêt qui a été rendu sur votre réquisition, pour faire cesser les abus qui s'étoient introduits en différens siéges, soit sur la forme de l'insinuation des donations, soit à l'occasion de la publication des testamens ou autres actes contenant substitution. J'ai trouvé votre réquisitoire et l'arrêt qui l'a suivi, entièrement conformes au projet que j'avois approuvé, et je vous prie de m'envoyer une douzaine d'exemplaires du même arrêt, parce qu'il pourra servir de modèle à d'autres parlemens, où il est nécessaire de fixer aussi le véritable sens de l'ordonnance du mois de février 1731, et de la déclaration du 17 du même mois.

Du 19 *mars* 1747.

J'ai examiné, avec plusieurs de MM. du conseil, et le mémoire des notaires de Cambrai, que je vous avois envoyé, et la lettre que vous m'avez écrite sur ce qui en fait l'objet, et j'ai trouvé les réflexions qu'elle contient aussi judicieuses que tout ce qui vient de votre part; mais, après les avoir pesées avec toute l'attention qu'elles méritoient, je n'ai pas cru qu'il convînt, en aucune manière, de prévenir, par ma décision, les suffrages des juges qui sont saisis, et qui pourront l'être dans la suite, de la contestation dont le contrat de mariage du sieur de..... fait la matière. La seule raison qui m'avoit fait d'abord hésiter à cet égard, étoit qu'on avoit voulu me faire entendre que, même depuis l'ordonnance qui a été faite sur les donations, en l'année 1731, celles qui étoient contenues dans un contrat de mariage avoient été regardées comme valables dans l'étendue de votre ressort, quoique le contrat n'eût pas été passé pardevant notaires, et qu'il n'en fût resté aucune minute; en sorte qu'on pouvoit craindre de donner lieu à un grand nombre de contestations qui troubleroient la paix des familles, si le roi n'avoit la bonté d'y pourvoir par son autorité; mais j'ai vu, par votre lettre, que l'affaire dont il s'agit entre le sieur de..... et les héritiers de sa femme, est le premier exemple d'une contestation portée en justice dans cette matière; et il paroît même fort vraisemblable que c'est le sieur de..... qui a excité secrètement les notaires de Cambrai à m'envoyer le mémoire que vous avez examiné. Il n'y a donc ici rien qui doive engager à s'écarter de cette règle générale du droit: *Non licet imperatori in medio litis preces offerre.*

Tous les juges, d'ailleurs, sont présumés être instruits des lois; ils doivent les avoir devant les yeux quand ils rendent leurs jugemens, et elles ne sont faites que pour ne les pas mettre dans la nécessité de consulter le roi sur chaque question qui se présente, et de lui faire prendre à tous momens la qualité de juge, qui lui convient beaucoup moins que celle de législateur; c'est donc aux parties intéressées dans l'affaire présente, à soutenir leurs droits, si elles les croient légitimes, et à attendre ensuite la décision de leurs juges, qui ne la donneront, sans doute, qu'après y avoir fait toutes les reflexions nécessaires sur la disposition de la loi, qui doit leur servir de règle en cette occasion.

La question incidente qu'elle vous a donné lieu de traiter dans votre lettre, est encore plus importante que celle qui en étoit le premier objet.

Elle consiste à savoir si l'on doit laisser subsister l'usage des contrats de mariage passés sous signature privée, et sans qu'il en reste minute chez les notaires, ou s'il y a lieu de l'abroger entièrement; mais comme cet usage n'est pas renfermé dans les bornes de votre province ; et qu'il a lieu dans le ressort de quelque autre parlement, c'est une matière qui mérite qu'on prenne de plus grands éclaircissemens, avant que d'y statuer par l'autorité du roi ; et je pourrai bien prendre le parti de vous écrire dans un plus grand détail sur cet article, de la même manière que je le ferai à l'égard des autres procureurs-généraux, que je consulterai sur cette matière.

---

§. V. — *Testamens.*

Ordonnance de Louis XV, concernant les Testamens, donnée à Versailles, au mois d'août 1735 (1).

Louis, par la grâce de Dieu, roi de France et de Navarre, à tous présens et à venir, salut.

Dans la résolution générale que nous avons prise, de faire cesser toute diversité de jurisprudence entre les différentes cours de notre royaume, sur les matières où elles suivent les mêmes lois, nous avons donné notre première attention aux questions qui naissent sur les dispositions que les hommes font de leurs biens à titre gratuit; et c'est dans cet esprit que nous avons fait publier notre ordonnance du mois de février 1731, qui fixe la jurisprudence sur ce qui regarde la nature, la forme, les charges et les conditions des donations entre-vifs. Nous suivons à présent l'ordre naturel, en portant nos vues sur un autre genre de dipositions gratuites, c'est-à-dire, sur celles qui se font à cause de mort, et où la loi permet aux hommes d'exercer un pouvoir qui s'étend au-delà des bornes de leur vie. L'opposition qui règne à cet égard entre l'esprit du droit romain, toujours favorable à la li-

(1) Voir les Questions soumises aux Cours supérieures, page 370 ci-après.

berté indéfinie des testateurs, et celui du droit français, qui semble n'avoir travaillé qu'à restreindre et à limiter leur pouvoir, peut être regardée, à la vérité, comme la première origine d'une variété de jurisprudence qui se fait sentir dans cette matière, encore plus que dans aucune autre; mais la principale cause d'une si grande diversité a été l'incertitude que les sentimens des interprètes, souvent contraires les uns aux autres et quelquefois aux lois mêmes qu'ils expliquent, semblent avoir répandu dans les jugemens. Ce n'est pas seulement sur des questions peu intéressantes que les esprits se sont partagés, c'est sur les points même les plus essentiels de la jurisprudence pour assurer la validité et l'effet des dernières volontés. Tels sont la solennité ou la forme extérieure des dispositions testamentaires, l'institution d'héritier, le vice de la prétérition des enfans du testateur, la manière de laisser ou de fixer la légitime, les différentes détractions soit de cette portion sacrée, dont le privilége est fondé sur la loi naturelle, soit de celles que des lois positives accordent aux héritiers institués sous le nom de quarte-falcidie, et de quarte-trébellianique; le droit d'élection donné par le testateur à son héritier; enfin l'exécution et l'effet des dispositions que le domicile du testateur, le lieu où le testament a été fait, et la situation des biens, semblent assujettir à des lois différentes ou même contraires. C'est sur des matières si importantes, que nous jugeons à propos de rendre la jurisprudence entièrement uniforme dans tous les tribunaux de notre royaume; notre intention n'est point de faire, dans cette vue, un changement réel aux dispositions des lois qu'ils ont observées jusqu'à présent. Nous voulons au contraire en affermir l'autorité par des règles tirées de ces lois mêmes, et expliquées d'une manière si précise, que l'incertitude ou la variété des maximes ne soit plus désormais une matière toujours nouvelle d'inquiétude pour les testateurs, de doutes pour les juges, et de procès ruineux pour ceux mêmes qui les gagnent. Nous ne pouvions parvenir plus sûrement à un si grand bien, qu'en nous faisant rendre un compte exact des usages et des maximes de chaque parlement, ou conseil supérieur de notre royaume, sur la matière des testamens, ainsi que nous l'avons fait sur celle des donations entre-vifs; et nous y avons eu la même satisfaction de voir ces compagnies souvent divisées dans leurs opinions, mais toujours unies par l'amour de la justice, tendre également, quoique par des voies différentes, au grand objet du bien public. Quand nous n'aurions fait que nous déterminer entre ces voies pour en autoriser une seule, l'établissement d'une règle fixe et certaine auroit toujours été un grand avantage pour nos sujets, mais notre affection pour eux a été encore plus loin; et, dans le choix que nous étions obligés de faire, nous avons toujours préféré la règle la plus conforme à cette simplicité qui a été appelée l'amie des lois, parce qu'elle prévient ces distinctions ou ces interprétations spécieuses dont on abuse si souvent pour en éluder la disposition, sous prétexte d'en mieux pénétrer l'esprit. C'est ainsi qu'en éloignant tout ce qui peut rendre les jugemens incertains et arbitraires, nous remplirons le principal objet de la loi, qui est de tarir, autant qu'il est possible, la source des procès, d'affermir la tranquillité et l'union des citoyens, et de leur faire goûter les fruits de cette justice, que nous regardons comme le fondement du bonheur des peuples, et de la gloire la plus solide des rois. A ces causes, et autres à ce nous mouvans, de l'avis de notre conseil, et de notre certaine science, pleine puissance et autorité royale, nous avons dit, déclaré et ordonné, disons, déclarons et ordonnons, voulons et nous plaît ce qui suit :

Art. 1.er Toutes dispositions testamentaires ou à cause de mort, de quelque nature qu'elles soient, seront faites par écrit. Déclarons nulles toutes celles qui ne seroient faites que verbalement; et défendons d'en admettre la preuve par témoins, même sous prétexte de la modicité de la somme dont il auroit été disposé.

2. Déclarons pareillement nulles toutes dispositions qui ne seroient faites que par signes, encore qu'elles eussent été rédigées par écrit sur les fondemens desdits signes.

3. Voulons aussi que les dispositions qui seroient faites par lettres missives, soient regardées comme nulles et de nul effet.

4. L'usage des testamens nuncupatifs écrits, et des testamens mystiques ou secrets, continuera d'avoir lieu dans les pays de droit écrit, et autres, où lesdites formes de tester sont autorisées par les coutumes ou statuts (1).

5. Lorsque le testateur voudra faire un testament nuncupatif écrit, il en prononcera intelligiblement toutes les dispositions, en présence au moins de sept témoins, y compris le notaire ou tabellion, lequel écrira lesdites dispositions, à mesure qu'elles seront prononcées par le testateur, après quoi sera fait lecture du testament entier audit testateur, de laquelle lecture il sera fait mention par ledit notaire ou tabellion, et le testament sera signé par le testateur, ensemble par le notaire ou tabellion et par les autres témoins, le tout de suite et sans divertir à autres actes; et en cas que le testateur déclare qu'il ne sait ou ne peut signer, il en sera fait mention (2).

6. Il suffira que les témoins qui assisteront au testament nuncupatif écrit, y aient été présens tous ensemble, sans qu'il soit nécessaire de faire mention

(1) Voir la lettre du 29 juillet 1736, page 387, et celle du 11 février 1737, page 417.

(2) Voir la lettre du 29 juillet 1736, page 387; celle du 11 février 1737, page 417; celle du 23 novembre même année, page 426; celle du 30 décembre 1742, page 445; celle du 31 mars 1745, page 450, et celle du 30 octobre 1748, page 453.

qu'ils aient été priés et convoqués à cet effet; ce qui aura lieu pareillement à l'égard de tous les testamens et autres actes de dernière volonté, où la présence des témoins est nécessaire (1).

7. Si le testateur est aveugle, ou si dans le temps du testament, il n'a pas l'usage de la vue, il sera appelé un témoin outre le nombre porté par l'article 5, lequel signera le testament avec les autres témoins.

8. Si le testateur ne peut parler, soit par un défaut naturel, ou autrement, il ne pourra faire de disposition à cause de mort, que dans la forme portée par les articles 9 et 12 ci-après (2).

9. Lorsque le testateur voudra faire un testament mystique ou secret, il sera tenu de signer ses dispositions, soit qu'il les ait écrites lui-même, ou qu'il les ait fait écrire par un autre, sur le papier qui contiendra lesdites dispositions, ensemble le papier qui servira d'enveloppe, s'il y en a une, clos et scellé avec les précautions en tel cas requises et accoutumées; le testateur présentera ledit papier, ainsi clos et scellé, à sept témoins au moins, y compris le notaire ou tabellion, où il le fera clore et sceller en leur présence, et il déclarera que le contenu audit papier est son testament écrit et signé de lui, ou écrit par un autre, et signé de lui; ledit notaire ou tabellion en dressera l'acte de suscription, qui sera écrit sur ledit papier ou sur la feuille qui servira d'enveloppe, et sera ledit acte signé, tant par le testateur, que par le notaire ou tabellion, ensemble par les autres témoins, sans qu'il soit nécessaire d'y apposer le sceau de chacun desdits témoins. Tout ce que dessus sera fait de suite et sans divertir à autres actes; et en cas que le testateur, par un empêchement survenu depuis la signature du testament, ne puisse signer l'acte de suscription, il sera fait men-

(1) Voir la lettre du 23 novembre 1737, page 426.

(2) Voir la lettre du 11 février 1737, page 417.

tion de la déclaration qu'il en aura faite, sans qu'il soit besoin, en ce cas, d'augmenter le nombre des témoins (1).

10. Si le testateur ne sait signer, ou s'il n'a pu le faire lorsqu'il a fait écrire ses dispositions, il sera appelé à l'acte de suscription un témoin, outre le nombre porté par l'article précédent, lequel signera ledit acte avec les autres témoins, et il y sera fait mention de la cause pour laquelle ledit témoin aura été appelé

11. Ceux qui ne savent ou ne peuvent lire, ne pourront faire de disposition dans la forme du testament mystique.

12. En cas que le testateur ne puisse parler, mais qu'il puisse écrire, il pourra faire un testament mystique, à la charge que ledit testament sera entièrement écrit, daté et signé de sa main; qu'il le présentera au notaire ou tabellion, et aux autres témoins, et qu'au haut de l'acte de suscription il écrira, en leur présence, que le papier qu'il présente est son testament; après quoi ledit notaire ou tabellion écrira l'acte de suscription, dans lequel il sera fait mention que le testateur a écrit ces mots en présence dudit notaire ou tabellion et des témoins; et sera au surplus observé tout ce qui est prescrit par l'article 9 (2).

13. N'entendons par les dispositions des articles 5 et 9, déroger aux statuts ou coutumes observées dans les lieux régis par le droit écrit, qui exigent un nombre de témoins moindre que celui qui est porté auxdits articles, à la charge néanmoins d'appeler un témoin, outre le nombre requis par lesdites coutumes ou statuts, dans les cas mentionnés aux articles 7 et 10.

(1) Voir la lettre du 23 novembre 1737, page 426, et celle du 26 janvier 1750, page 458.

(2) Voir la lettre du 14 juillet 1736, page 377.

14. La forme qui a eu lieu jusqu'à présent à l'égard des codicilles, continuera d'être observée, et il suffira qu'ils soient faits en présence de cinq témoins, y compris le notaire ou tabellion : n'entendons pareillement déroger aux statuts ou coutumes qui exigent un moindre nombre de témoins pour les codicilles.

15. Le nombre de témoins requis par les articles 5, 7, 9 et 10 ne sera point nécessaire pour la validité des testamens codicilles ou autres actes de dernière volonté, faits entre enfans et descendans, dans les pays qui sont régis par le droit écrit, et il suffira que lesdits testamens, codicilles ou autres actes, soient faits en présence de deux notaires ou tabellions, ou d'un notaire et de deux témoins.

16. Voulons pareillement que les testamens, codicilles, ou autres dispositions à cause de mort, qui seront entièrement écrits, datés et signés de la main du testateur ou de la testatrice, soient valables dans lesdits pays de droit écrit entre les enfans et descendans. Déclarons nuls tous ceux qui ne seroient pas revêtus au moins d'une des formes portées par le présent article et par le précédent.

17. Les actes de partage faits entre enfans et descendans, pour avoir lieu après la mort de ceux qui les font dans les pays où ces actes sont en usage, ne seront valables, s'ils ne sont pareillement revêtus d'une des formes portées par les deux articles précédens; et seront en outre observées les autres formalités prescrites par les lois, coutumes ou statuts qui autorisent lesdits actes (1).

18. Les dispositions qui seront faites au profit d'autres que lesdits enfans et descendans dans les testamens et autres actes mentionnés aux articles 15, 16 et 17, seront regardées comme de nul effet; et ne seront exécutées que celles qui concerneront lesdits enfans ou descendans.

(1) Voir la lettre du 5 août 1736, page 395.

19. L'usage des testamens, codicilles et autres dernières dispositions olographes, continuera d'avoir lieu dans les pays et dans les cas où ils ont été admis jusqu'à présent (1).

20. Les testamens, codicilles et dispositions mentionnées dans l'article précédent, seront entièrement écrits, datés et signés de la main de celui ou celle qui les aura faits.

21. Lorsque ceux ou celles qui auront fait des testamens, codicilles ou autres dernières dispositions olographes, voudront faire des vœux solennels de religion, ils seront tenus de reconnoître lesdits actes par-devant notaires, avant que de faire lesdits vœux, sinon lesdits testamens, codicilles ou autres dispositions, demeureront nuls et de nul effet.

22. Dans tous les pays où les formalités établies par le droit écrit pour les dispositions de dernière volonté, ne sont pas autorisées par les lois, statuts ou coutumes, il n'y aura à l'avenir que deux formes qui puissent avoir lieu pour lesdites dispositions; savoir celle des testamens, codicilles ou autres dispositions olographes, suivant ce qui est porté à cet égard par les articles précédens, et celle des testamens, codicilles ou autres dispositions reçues par personnes publiques, selon ce qui sera prescrit ci-après; abrogeons toutes autres formes de disposer à cause de mort dans lesdits pays.

23. Les testamens, codicilles et autres dispositions de dernière volonté, qui se feront devant une personne publique, seront reçus par deux notaires ou tabellions, ou par un notaire ou tabellion en présence de deux témoins, lesquels notaires ou tabellions, ou l'un d'eux, écriront les dernières volontés du testateur, telles qu'il les dictera, et lui en feront ensuite la lecture, de laquelle il sera fait une mention expresse, sans néanmoins qu'il soit nécessaire de se servir précisément de ces termes : *dicté*, *nommé*, *lu*

(1) Voir la lettre du 29 juillet 1736, page 387.

et relu sans suggestion, ou autres requis par les coutumes ou statuts; après quoi ledit testament, codicille ou autre disposition de dernière volonté, sera signé par le testateur, ensemble par les deux notaires ou tabellions, ou par le notaire ou tabellion, et les deux témoins; et en cas que le testateur déclare qu'il ne sait ou ne peut signer il en sera fait mention (1).

24. N'entendons déroger aux coutumes et usages des pays où les officiers de justice, y compris les greffiers ou les officiers municipaux, sont mis au nombre des personnes publiques qui peuvent recevoir des testamens ou autres dispositions à cause de mort; ce que nous voulons pareillement avoir lieu dans les provinces régies par le droit écrit, où le même usage seroit établi.

25. Les curés séculiers ou réguliers pourront recevoir des testamens ou autres dispositions à cause de mort, dans l'étendue de leurs paroisses, et ce seulement dans les lieux où les coutumes ou statuts les y autorisent expressément, et en y appelant avec eux deux témoins; ce qui sera pareillement permis aux prêtres séculiers préposés par l'évêque à la desserte des cures, pendant qu'ils les desserviront, sans que les vicaires, ni aucunes autres personnes ecclésiastiques, puissent recevoir des testamens ou autres dernières dispositions. N'entendons rien innover aux réglemens et usages observés dans quelques hôpitaux, par rapport à ceux qui peuvent y recevoir des testamens ou autres dispositions à cause de mort (2).

26. Les curés ou les desservans seront tenus incontinent après la mort du testateur, s'ils ne l'ont fait

(1) Voir la lettre du 5 août 1736, page 395; celle du 11 février 1737, page 417; celle du 30 décembre 1742, page 445, et la lettre sans date, qui se trouve à la page 460.

(2) Voir la lettre du 14 juillet 1736, page 377; celle du 13 août même année, page 402, et celle du 11 février 1737, page 417.

auparavant, de déposer le testament ou autre dernière disposition, qu'ils auront reçue, chez le notaire ou tabellion du lieu, et s'il n'y en a point, chez le plus prochain notaire royal dans l'étendue du bailliage et sénéchaussée dans laquelle la paroisse est située, sans que lesdits curés ou desservans puissent en délivrer aucunes expéditions, à peine de nullité desdites expéditions, et des dommages et intérêts des notaires ou tabellions, et des parties qui pourroient en prétendre.

27. Les testamens, codicilles et autres dispositions à cause de mort de ceux qui servent dans nos armées, en quelque pays que ce soit, pourront être faits en présence de deux notaires ou tabellions, ou d'un notaire ou tabellion, et de deux témoins, ou en présence de deux des officiers ci-après nommés, savoir : les majors et les officiers d'un rang supérieur; les prévôts des camps et armées, leurs lieutenans ou greffiers, et les commissaires des guerres, ou de l'un desdits officiers avec deux témoins : et en cas que le testateur soit malade ou blessé, il pourra aussi faire ses dernières dispositions en présence d'un des aumôniers de nos troupes, ou des hôpitaux, avec deux témoins; et ce, encore que lesdits aumôniers fussent réguliers.

28. Le testateur signera les testamens, codicilles ou autres dernières dispositions mentionnées dans l'article précédent, s'il sait ou peut signer; et en cas qu'il déclare ne savoir ou ne pouvoir le faire, il en sera fait mention. Seront lesdits actes pareillement signés par celui ou ceux qui les recevront, ensemble par les témoins; sans néanmoins qu'il soit nécessaire d'appeler des témoins qui sachent et puissent signer, si ce n'est lorsque le testateur ne saura ou ne pourra le faire; et, à la réserve de ce cas, lorsque les témoins ou l'un d'eux déclareront qu'ils ne savent ou ne peuvent signer, il suffira d'en faire mention.

29. Seront aussi valables les testamens, codicilles et autres dispositions à cause de mort de ceux qui

servent dans nos armées, en quelque pays que ce soit, lorsqu'ils seront entièrement écrits, datés et signés de la main de celui qui les aura faits. Déclarons nuls tous ceux qui ne seroient pas revêtus au moins d'une des formes portées aux deux articles précédens et au présent article.

30. La disposition des articles 27, 28 et 29, n'aura lieu qu'en faveur de ceux qui seront actuellement en expédition militaire, ou qui seront en quartier ou en garnison hors le royaume, ou prisonniers chez les ennemis, sans que ceux qui seront en quartier ou en garnison dans le royaume, puissent profiter de la disposition desdits articles, si ce n'est qu'ils fussent dans une place assiégée, ou dans une citadelle ou autre lieu, dont les portes fussent fermées et la communication interrompue à cause de la guerre.

31. Ceux qui n'étant ni officiers, ni engagés dans nos troupes, se trouveront à la suite de nos armées ou chez les ennemis, soit à cause de leurs emplois ou fonctions, soit pour le service qu'ils rendent à nos officiers, soit à l'occasion de la fourniture des vivres et munitions de nos troupes, pourront faire leurs dernières dispositions dans la forme portée par les articles 27, 28 et 29, et dans les cas marqués par l'article 30.

32. Les testamens, codicilles et autres dispositions à cause de mort, mentionnés dans l'article précédent, demeureront nuls, six mois après que celui qui les aura faits, sera revenu dans un lieu où il puisse avoir la liberté de tester en la forme ordinaire, si ce n'est qu'ils fussent faits dans les formes qui sont requises de droit commun, dans le lieu où ils auront été faits (1).

33. En temps de peste, les testamens, codicilles ou autres dispositions à cause de mort, pourront être faits en quelque pays que ce soit, en présence de deux notaires ou tabellions, ou de deux des officiers

(1) Voir la lettre du 29 juillet 1736, page 387.

de justice royale, seigneuriale, ou municipale, jusqu'aux greffiers inclusivement, ou par-devant un notaire ou tabellion avec deux témoins, ou par-devant un des officiers ci-dessus nommés, aussi avec deux témoins, ou en présence du curé, ou desservant, ou vicaire, ou autre prêtre chargé d'administrer les sacremens aux malades, quand même il seroit régulier, et de deux témoins (1).

34. Ce qui a été réglé par l'article 28, pour les testamens militaires, sur la signature, tant du testateur, que de celui ou ceux qui recevront le testament, et des témoins, sera aussi observé par rapport aux testamens, codicilles ou autres dispositions faites en temps de peste.

35. Seront en outre valables, en temps de peste, en quelque pays que ce soit, les testamens, codicilles et autres dispositions à cause de mort, qui seront entièrement écrits, datés et signés de la main de celui qui les aura faits. Déclarons nuls tous ceux qui ne seroient pas revêtus au moins d'une des formes portées aux deux articles précédens, et au présent article.

36. La disposition des articles 33, 34 et 35, aura lieu, tant à l'égard de ceux qui seroient attaqués de la peste, que pour ceux qui seroient dans les lieux infectés de ladite maladie, encore qu'ils ne fussent pas actuellement malades.

37. Les testamens, codicilles et autres dispositions à cause de mort, mentionnés dans les quatre articles précédens, demeureront nuls six mois après que le commerce aura été rétabli dans le lieu où le testateur se trouvera, ou qu'il aura passé dans un lieu où le commerce n'est point interdit, si ce n'est qu'on eût observé dans lesdits actes les formes requises de droit commun dans le lieu où ils auront été faits (2).

(1) Voir la lettre du 11 février 1737, page 417.

(2) Voir la lettre du 29 juillet 1736, page 387, et celle du 13 août même année, page 402.

38. Tous testamens, codicilles, actes de partage entre enfans et descendans, ou autres dispositions à cause de mort, en quelques pays et en quelque forme qu'ils soient faits, contiendront la date des jours, mois et an, et ce encore qu'ils fussent olographes. Ce qui sera pareillement observé dans le cas du testament mystique, tant pour la date de la disposition, que pour celle de la suscription (1).

39. Dans tous les actes à cause de mort, où la présence des témoins est nécessaire, l'âge desdits témoins demeurera fixé à celui de vingt ans accomplis; à l'exception des pays de droit écrit, où il suffira que lesdits témoins aient l'âge où il est permis de tester dans lesdits pays (2).

40. Les témoins seront mâles, régnicoles et capables des effets civils, à l'exception seulement du testament militaire dans lequel les étrangers, non notés d'infamie, pourront servir de témoins (3).

41. Les réguliers, novices ou profès, de quelque ordre que ce soit, ne pourront être témoins dans aucuns actes de dernière volonté, sans préjudice néanmoins de l'exécution des articles 25, 27 et 33, en ce qui concerne le pouvoir de recevoir des testamens, accordé aux réguliers en conséquence des qualités mentionnées auxdits articles.

42. Ne pourront pareillement être pris pour témoins les clercs, serviteurs ou domestiques du notaire ou tabellion, ou autre personne publique, qui recevra le testament, codicille ou autre dernière disposition, ou l'acte de suscription (4).

(1) Voir la lettre du 14 juillet 1736, page 377, et celle du 23 novembre 1737, page 426.

(2) Voir la lettre du 29 juillet 1736, page 387.

(3) Voir, sur cet article et les suivans, la lettre du 23 novembre 1737, page 426.

(4) Voir la lettre du 11 février 1737, page 417.

43. Les héritiers institués ou substitués ne pourront être témoins en aucun cas; et à l'égard des légataires universels ou particuliers, ils ne pourront l'être que pour l'acte de suscription du testament mystique dans les pays où cette forme de tester est reçue (1).

44. Dans les cas et dans les pays où le nombre de deux témoins est suffisant pour la validité des testamens, codicilles ou autres dispositions de dernière volonté, il ne pourra y être admis que des témoins qui sachent et puissent signer, à l'exception néanmoins des cas mentionnés dans les articles 28 et 34 ci-dessus.

45. Dans les cas et dans les pays où le nombre de deux témoins n'est pas suffisant, il ne pourra pareillement être admis que des témoins qui sachent et puissent signer lorsque les testamens, codicilles ou autres dispositions à cause de mort, se feront dans les villes ou bourgs fermés. Voulons que dans les autres lieux il y ait au moins deux témoins qui sachent et puissent signer; et à l'égard de ceux qui ne sauront ou ne pourront le faire, il sera fait mention qu'ils ont été présens, et ont déclaré ne savoir ou ne pouvoir signer (2).

46. Voulons au surplus que les dispositions du droit écrit et autres lois, coutumes ou statuts, en ce qui concerne les qualités desdits témoins, soient exécutées en tout ce qui n'est pas contraire aux six articles précédens.

47. Toutes les dispositions de la présente ordonnance qui concernent la date et la forme des testamens, codicilles ou autres actes de dernière volonté, et les qualités des témoins seront exécutées à peine de nullité, sans préjudice des autres moyens tirés des dispositions des lois ou des coutumes, ou de la sug-

(1) Voir la lettre du 11 février 1737, page 417.

(2) Voir la lettre du 14 juillet 1736, page 377.

gestion et captation desdits actes, lesquelles pourront être alléguées sans qu'il soit nécessaire de s'inscrire en faux à cet effet, pour y avoir par nos juges tel égard qu'il appartiendra (1).

48. Voulons que les notaires, tabellions ou autres personnes publiques, comme aussi les témoins qui auroient signé les testamens, codicilles ou autres actes de dernière volonté, ou les actes de suscription des testamens mystiques, sans avoir vu le testateur, et sans l'avoir entendu prononcer ses dispositions, ou les lui avoir vu présenter lors de ladite suscription, soient poursuivis extraordinairement à la requête de nos procureurs, ou de ceux des hauts-justiciers, et condamnés, savoir : lesdits notaires, tabellions, ou autres personnes publiques, à la peine de mort; et les témoins, à telles peines afflictives ou infamantes qu'il appartiendra (2).

49. L'institution d'héritier, faite par testament, ne pourra valoir en aucun cas, si celui ou ceux au profit de qui elle aura été faite, n'étoient ni nés, ni conçus lors du décès du testateur (3).

50. Dans les pays où l'institution d'héritier est nécessaire pour la validité du testament, ceux qui ont droit de légitime seront institués héritiers, au moins en ce que le testateur leur donnera; et l'institution sera faite en les appelant par leurs noms, et en les désignant de telle manière que chacun d'eux y soit compris. Ce qui aura lieu, même à l'égard des enfans qui ne seroient pas nés au temps du testament, et qui seroient nés ou conçus au temps de la mort du testateur (4).

(1) Voir la lettre du 30 décembre 1742, page 445.

(2) Voir la lettre du 14 juillet 1736, page 377.

(3) Voir la lettre du 23 novembre 1737, page 426.

(4) Voir la lettre du 14 juillet 1736, page 377, et celle du 23 novembre 1737, page 426.

51. Quelque modique que soit l'effet ou la somme pour lesquels ceux qui ont droit de légitime, auront été institués héritiers, le vice de la prétérition ne pourra être opposé contre le testament, encore que le testateur eût disposé de ses biens en faveur d'un étranger.

52. Ceux à qui il aura été laissé moins que leur légitime à titre d'institution, pourront former leur demande en supplément de légitime; ce qui aura lieu à l'avenir dans les pays même dans lesquels ladite demande n'a pas été admise jusqu'à présent, ou a été prohibée dans certains cas.

53. En cas de prétérition d'aucuns de ceux qui ont droit de légitime, le testament sera déclaré nul, quant à l'institution d'héritier, sans même qu'elle puisse valoir comme fidéicommis; et si elle a été chargée de substitution, ladite substitution demeurera pareillement nulle; le tout, encore que le testament contînt la clause codicillaire, laquelle ne pourra produire aucun effet à cet égard, sans préjudice néanmoins de l'exécution du testament, en ce qui concerne le surplus des dispositions du testateur (1).

54. La disposition de l'article précédent sera exécutée, même à l'égard des testamens faits entre enfans, ou en temps de peste; et, en ce qui concerne les testamens militaires, n'entendons rien innover à ce qui est porté par les lois romaines à cet égard (2).

55. N'entendons déroger par les articles 50, 53 et 54, aux dispositions des coutumes, statuts ou autres lois particulières observées dans quelques-uns des pays régis par le droit écrit, qui permettent expressément de laisser la légitime à autre titre que celui d'insti-

(1) Voir la lettre du 14 juillet 1736, page 377; celle du 11 février 1737, page 417, et celle du 23 novembre même année, page 426.

(2) Voir la lettre du 11 février 1737, page 417.

tution; et la demande en supplément de légitime, pourra être formée audit cas, ainsi qu'il est porté par l'article 52.

56. Ceux qui ont droit de légitime, et qui auront été institués héritiers, pourront faire détraction de la quarte falcidie sur les legs, et de la quarte trébellianique sur les fidéicommis, et retenir en outre leur légitime.

57. Lorsque le testament contiendra la clause codicillaire, et que l'institution d'héritier ne sera sans effet qu'à cause d'un défaut de solennité, ou de la caducité de ladite institution, les héritiers *ab intestat*, qui ont droit de légitime, et qui prendront audit cas la place de l'héritier institué, pourront pareillement faire détraction des quartes falcidie et trébellianique, et celle de la légitime sur la totalité des biens du testateur.

58. Dans le cas porté par l'article 53, ou nonobstant la clause codicillaire l'institution d'héritier ne peut valoir, même comme fidéicommis, à cause du vice de la prétérition, et où le testament ne subsiste que pour le surplus des dispositions du testateur; ceux qui ont droit de légitime, pourront faire la détraction desdites quartes falcidie et trébellianique sur les legs ou fidéicommis, et en outre retenir leur légitime sur iceux, en cas que les biens qui leur appartiendront par la nullité de l'institution, ne suffisent pas pour remplir ladite légitime.

59. La disposition des trois articles précédens sera exécutée à l'égard de tous testamens, même du militaire.

60. Sera néanmoins permis à tous testateurs, de défendre par leur testament, ou par un codicille postérieur, de retenir lesdites quartes falcidie et trébellianique, conjointement avec la légitime, auquel cas ceux qui ont droit de légitime, auront seulement le choix entre la détraction desdites quartes et celle de la légitime, à moins que le testateur n'en eût autrement ordonné, en les réduisant à leur légitime;

et la disposition du présent article aura lieu dans tous les cas portés aux articles 56, 57 et 58. Défendons aux juges d'avoir égard à ladite prohibition, si elle n'est faite en termes exprès (1).

61. La quotité de la légitime des ascendans dans les lieux où elle leur est due, sur les biens de leurs enfans ou descendans qui n'ont pas laissé d'enfans, et qui ont fait un testament, sera réglée eu égard au total desdits biens, et non sur le pied de la portion qui auroit appartenu auxdits ascendans, s'ils eussent recueilli lesdits biens *ab intestat*, concurremment avec les frères germains du défunt; ce qui aura lieu soit que ledit défunt ait institué héritiers ses frères ou sœurs, ou qu'il ait institué des étrangers (2).

62. Celui qui aura été institué héritier, à la charge d'élire un des enfans du testateur, ne pourra élire un des petits-enfans ou descendans, encore que celui des enfans dont ils sont issus, fût mort avant que le choix eût été fait. Et si tous les enfans du premier degré décèdent avant ledit choix, le droit d'élire demeurera caduc et éteint : le tout à moins que le testateur n'en ait autrement ordonné.

63. Celui qui aura été chargé d'élire un des enfans du testateur, ou autres, ne pourra grever celui qu'il choisira d'aucune substitution, même en faveur d'un autre sujet éligible, si ce n'est que le testateur lui en eût donné expressément le pouvoir par son testament.

64. Lorsque celui qui aura été chargé d'élire, aura déclaré son choix par contrat de mariage, ou par un acte entre-vifs, accepté par celui qu'il aura élu dans la forme prescrite pour l'acceptation des donations par notre ordonnance du mois de février 1731, ledit choix sera irrévocable.

(1) Voir la lettre du 23 novembre 1737, page 426.

(2) Voir la lettre du 29 juillet 1736, page 387, et celle du 11 février 1737, page 417.

65. La disposition de l'article précédent aura lieu, encore que le choix ait été fait avant le temps porté par le testament, si ce n'est que le testateur eût prohibé expressément de faire ledit choix avant le terme par lui marqué, auquel cas ledit choix ne sera irrévocable, qu'après l'expiration dudit terme (1).

66. Tout ce qui a été réglé par les quatre articles précédens sur les institutions d'héritiers, faites à la charge d'élire, aura lieu pareillement pour les legs universels ou particuliers faits sous la même charge.

67. Si l'héritier institué par un testament qui contient la clause codicillaire, n'a prétendu faire valoir la disposition du testateur, que comme codicille seulement, ou s'il n'a agi qu'en conséquence de ladite clause; il ne sera plus reçu à soutenir ladite disposition en qualité de testament; mais s'il a agi d'abord en vertu du testament, il pourra se servir ensuite de la clause codicillaire, et ce jusqu'à ce qu'il soit intervenu arrêt définitif, ou jugement passé en force de chose jugée au sujet dudit testament (2).

68. Lorsque le testateur sera domicilié dans un des pays qui suivent le droit écrit, l'institution d'héritier par lui faite, aura son effet, tant pour les immeubles situés auxdits pays, que pour les meubles, droits et actions qui suivent la personne. Et quant aux immeubles situés dans les pays où le droit écrit n'est pas observé, elle vaudra comme legs universel, si ce n'est qu'elle ait été faite pour une somme fixe, ou pour de certains effets, auquel cas elle ne vaudra dans lesdits pays, que comme legs particulier (3).

69. La disposition de l'article précédent aura lieu,

(1) Voir la lettre du 23 novembre 1737, page 426.

(2) Voir la lettre du 23 novembre 1737, page 426.

(3) Sur cet article et les quatre suivans, voir la lettre du 5 août 1736, page 395.

encore que le testateur domicilié en pays de droit écrit, ait fait son testament dans un pays où ce droit n'est pas observé. Et en cas que ledit testament ne contînt qu'un ou plusieurs legs universels, sans institution d'héritier, ils vaudront comme institution dans les pays de droit écrit, pour les biens qui y sont situés, ou qui suivent la personne, et seulement comme legs universel pour les immeubles situés en d'autres pays.

70. Dans le cas porté par l'article précédent, de quelque manière que le testateur ait fait une ou plusieurs dispositions universelles, soit à titre d'institution ou à titre de legs universel, son testament ne pourra être attaqué par le vice de la prétérition, lorsqu'il y aura fait des legs, soit universels, ou particuliers, à chacun de ceux qui ont droit de légitime, quelque modiques que soient lesdits legs, lesquels vaudront en ce cas, comme institution d'héritier, sauf l'action en supplément de légitime, ainsi qu'il est porté par l'article 52. Mais si le testateur n'a rien laissé à quelqu'un de ceux qui ont droit de légitime, ledit testament sera déclaré nul quant aux dispositions universelles seulement.

71. Lorsque le testateur sera domicilié dans un pays où le droit écrit n'est pas observé, et qu'il aura fait un testament contenant institution d'héritier, elle n'aura son effet que pour les immeubles situés en pays de droit écrit; et à l'égard des autres immeubles, ensemble des meubles, droits et actions qui suivent la personne, elle ne vaudra que comme legs universel, ou comme legs particulier, suivant la distinction portée par l'article 68 (1).

72. La disposition de l'article précédent sera observée, en quelque lieu que le testament ait été fait; et si ledit testament ne contient point d'institution d'héritier, les dispositions universelles qui y seroient

(1) Sur cet article et le suivant, voir la lettre du 23 novembre 1737, page 426.

portées, ne seront exécutées que comme legs universel, même dans les pays de droit écrit.

73. Dans tous les cas où, suivant la disposition des articles 68, 69, 70 et 71, les institutions d'héritier ne vaudront que comme legs universel, ou comme legs particulier, elles seront sujettes à délivrance et aux réductions portées par les coutumes; et réciproquement dans tous les cas où les dispositions universelles vaudront comme institution d'héritier, ceux au profit desquelles elles seront faites, auront les mêmes avantages, et seront sujets aux mêmes lois que les héritiers institués.

74. L'article 422 de la coutume de Normandie, qui exige la survie de trois mois pour la validité des testamens, ou autres dispositions à cause de mort, concernant les biens d'une certaine nature, sera regardé comme un statut réel; et en conséquence ledit article aura son entier effet pour les biens de ladite nature, situés dans des lieux régis par ladite coutume, et n'en aura aucun pour les biens étant en d'autres pays; le tout en quelque lieu que celui qui aura fait la disposition ait son domicile, ou qu'il ait disposé (1).

75. Voulons pareillement que les dispositions de l'article 6 du titre 7 de la coutume du duché de Bourgogne, et de l'article 216 de la coutume du Bourbonnois sur la nécessité de la survie pour la validité des actes de partage entre enfans et descendans, aient leur entier effet, lorsque les biens compris dans lesdits actes seront situés dans les lieux régis par lesdites coutumes et que lesdites dispositions n'en aient aucun, lorsque lesdits biens seront situés ailleurs; et en cas que partie des biens soit située dans l'étendue desdites coutumes, et partie dans des pays où la condition de la survie pour lesdits actes n'est pas exigée, les contestations qui pourront naître, pour savoir si lesdits actes doivent avoir effet en partie, ou n'en avoir

(1) Voir la lettre du 5 août 1736, page 395.

aucun pour le tout, seront décidées par les juges qui en doivent connoître, ainsi qu'ils ont pu ou dû l'être par le passé, jusqu'à ce qu'il y ait été par nous pourvu, ainsi qu'il appartiendra.

76. Abrogeons l'usage des clauses dérogatoires dans tous testamens, codicilles ou dispositions à cause de mort : voulons qu'à l'avenir elles soient regardées comme nulles et de nul effet, en quelques termes qu'elles soient conçues (1).

77. Abrogeons pareillement l'usage des testamens ou codicilles mutuels, ou faits conjointement, soit par mari et femme ou par d'autres personnes. Voulons qu'à l'avenir ils soient regardés comme nuls et de nul effet dans tous les pays de notre domination, sans préjudice néanmoins de l'exécution des actes de partage entre enfans et descendans, suivant ce qui a été réglé ci-dessus, et pareillement sans rien innover en ce qui concerne les donations mutuelles à cause de mort, jusqu'à ce qu'il y ait été par nous pourvu, suivant la réserve portée par l'art. 46 de notre ordonnance du mois de février 1731 (2).

78. Toutes les dispositions de la présente ordonnance, soit sur la forme ou sur le fond des testamens, codicilles et autres actes de dernière volonté, seront exécutées, encore que lesdites dispositions, de quelque espèce qu'elles soient, eussent la cause pie pour objet.

79. N'entendons comprendre dans la présente ordonnance ce qui concerne la qualité ou la quotité des biens dont le testateur peut disposer, ni pareillement ce qui regarde l'ouverture, l'enregistrement, et la publication des testamens ou autres actes de dernière volonté, nomination et fonctions des exécuteurs testamentaires, sur tous lesquels points il ne

(1) Voir la lettre du 13 août 1736, page 402, et celle du 23 novembre 1737, page 426.

(2) Voir la lettre du 13 août 1736, page 402.

sera rien innové, en vertu de notre présente ordonnance aux dispositions des lois ou usages qui sont observés à cet égard.

80. Les testamens, codicilles ou autres actes de dernière volonté, dont la rédaction ou la suscription auront une date certaine et authentique avant la publication des présentes, par la présence et signature d'un notaire, tabellion, ou autre personne publique, ou qui auront été déposés chez un notaire ou tabellion, ou dans un greffe ou autre dépôt public, avant ladite publication, seront exécutés, ainsi qu'ils auroient pu ou dû l'être avant notre présente ordonnance, et ce, encore que le testateur ne soit décédé qu'après qu'elle aura été publiée.

81. Et à l'égard des testamens, codicilles ou autres actes de dernière volonté, dont la date n'aura point été ou ne sera point devenue authentique (suivant ce qui est porté par l'article précédent) avant la publication de la présente ordonnance: voulons qu'elle soit observée en son entier dans le jugement des contestations qui pourront naître au sujet desdits actes, si ce n'est que le testateur fût décédé avant la publication des présentes, ou dans l'année qui suivra immédiatement ladite publication, auquel cas lesdites contestations seront jugées ainsi qu'elles auroient pu et dû l'être avant la présente ordonnance.

82. En cas que les testamens, codicilles ou autres dispositions olographes se trouvent n'avoir point de date, les constestations qui pourront naître sur la validité ou la nullité desdits actes, seront jugées suivant la jurisprudence qui a eu lieu jusqu'à présent dans nos cours à cet égard, et ce, lorsque le testateur sera mort avant la publication de la présente ordonnance, ou dans l'année qui suivra immédiatement ladite publication; et lorsqu'il ne sera décédé qu'après ladite année, la disposition des articles 38 et 47 sur la nullité desdits actes par le défaut de date, sera également observée par toutes nos cours et autres juges.

Voulons au surplus que la présente ordonnance soit gardée et observée dans tout notre royaume, terres et pays de notre obéissance, à compter du jour de la publication qui en sera faite : abrogeons toutes ordonnances, lois, coutumes, statuts et usages différens, ou qui seroient contraires aux dispositions y contenues.

Si donnons en mandement, etc.

Questions sur les Testamens (1).

QUEST. 1.re Si les testamens purement nuncupatifs, c'est-à-dire, qui ne sont point rédigés par écrit, sont regardés comme valables ; et, si cela est, quelle est la preuve qu'on en exige, et par combien de témoins le fait doit être certifié ?

2. La même question peut aussi avoir lieu dans le cas d'un fidéicommis verbal, qu'on prétendroit avoir été ajouté par le testateur, à un testament, ou à un codicille fait par écrit ?

3. Si les fidéicommis par signes, certifiés par cinq témoins, sont réputés valables ?

4. Si ceux qui ne savent ni lire, ni écrire, peuvent faire un testament mystique, en appelant seulement un huitième témoin, ou un notaire et sept témoins, ou s'ils ne peuvent tester dans cette forme ?

5. Si l'on peut admettre la preuve par témoins d'un testament militaire ?

6. Si la loi *Hac consultissima. Cod. de Testamentis*, doit être observée à la rigueur, même sur les formalités de la position des sceaux ou cachets, et autres semblables, ou s'il est permis de s'en dispenser en certains points, ou d'y suppléer par quelque autre formalité ?

(1) On n'a pu retrouver ni la lettre circulaire, qui fut sans doute jointe à cette série de questions, ni la correspondance qui a eu lieu dans l'intervalle entre leur envoi et la rédaction de l'ordonnance.

7. S'il faut sept témoins pour les testamens *inter liberos*, ou si deux témoins suffisent; et, en ce cas, si ces testamens doivent être signés du testateur, ou si sa signature suffit sans témoins?

8. Si les codicilles sans testamens ne sont pas également reçus dans toutes les provinces qui se régissent par le droit écrit, et, à plus forte raison, quand ils sont faits *inter liberos*?

9. Si un écrit par lequel un père fait un partage de ses biens entre ses enfans, est assujetti à quelque formalité, et quelles sont ces formalités en pays de droit écrit?

10. Si les testamens olographes sont valables en pays de droit écrit, ou s'il convient au bien public d'y introduire cette forme de tester?

11. Si les formalités des testamens sont nécessaires en temps de peste, ou quelles sont celles qu'on peut omettre en pareil cas?

12. Si un testament fait en pays coutumier, suivant les formalités qui s'y observent, par une personne domiciliée en pays de droit écrit, peut être attaqué parce qu'il ne contient point d'institution d'héritier, ou s'il doit valoir au moins comme codicille?

13. Si, dans le même cas, un testament est nul par le vice de la prétérition?

14. Si l'institution des enfans, pour la somme de cinq sous, suffit pour couvrir le vice de la prétérition, soit en faveur d'un étranger, soit en faveur d'un des enfans institué héritier par le testament?

15. Si l'institution faite en faveur d'une personne désignée, qui n'est ni née ni conçue au temps du testament, et à la mort du testateur, est valable?

16. Si le survivant des père et mère, institué héritier à la charge d'élire un ou plusieurs enfans à son choix, peut grever de substitution celui ou ceux dont il fait l'élection?

17. Si le survivant des père et mère, institué à la

charge d'élire un des enfans, peut élire un des petits-enfans au préjudice de ceux du premier degré?

18. Si le survivant, chargé d'élire un des enfans, peut varier lorsque l'élection a été faite par une donation entre-vifs, ou par un contrat de mariage?

19. Si la légitime doit être laissée à titre d'institution?

20. Si le fils, héritier institué, peut demander la détraction de la falcidie ou de la trébellianique, outre celle de la légitime?

21. Sur quel pied on doit régler la légitime testamentaire des ascendans qui auroient concouru, avec des frères ou sœurs, dans la succession *ab intestat*; et, si l'on doit la fixer suivant la portion qu'ils auroient eue *ab intestat*, ou sur le pied du total des biens, soit que l'héritier institué soit un étranger ou qu'il soit un des héritiers présomptifs?

22. Si la clause codicillaire couvre le défaut de la prétérition?

23. Si elle empêche la détraction de la légitime et de la trébellianique?

24. Si l'héritier institué, qui a agi en vertu du testament, peut varier, et se servir ensuite de la clause codicillaire?

25. Si les clauses dérogatoires sont de quelque effet dans les testamens des mineurs, des soldats et des rustiques? Et, en général, s'il est à propos de laisser subsister l'usage des clauses dérogatoires, ou de l'abolir?

26. Si la survie de trois mois, exigée par la coutume de Normandie, est un statut réel ou personnel?

27. Si le testament mutuel, fait par le mari et par la femme, peut être révoqué par l'un des deux sans l'autre? Et, en général, s'il convient d'autoriser ou d'abolir cette espèce de testament?

Du 8 mars 1736.

Les états de Bourgogne demandèrent au roi, par l'article 12 du cahier qu'ils eurent l'honneur de lui présenter au mois de mars dernier, qu'il plût à Sa Majesté ordonner, par une loi publique, que les fils de famille qui auroient atteint l'âge de vingt ans pourroient tester sans le consentement de leur père.

La réponse du roi a été que Sa Majesté se feroit rendre compte de la jurisprudence observée sur ce point dans la province de Bourgogne, et des motifs d'un arrêt par lequel les états prétendent qu'elle a été changée en 1732, afin d'y pourvoir ensuite ainsi qu'il appartiendroit.

C'est pour suivre la voie qui a été indiquée par cette réponse que MM. les élus des états de Bourgogne m'ont envoyé, depuis peu de jours, un mémoire plus instructif sur la question dont il s'agit, que les cahiers des états ne le pourroient être. Vous le trouverez joint à cette lettre, et je vous prie de le communiquer aux commissaires que vous avez accoutumé de rassembler pour travailler sur les diversités de jurisprudence, afin que je trouve, dans la manière dont ils traiteront cette question, et dans leur avis, les instructions nécessaires pour me mettre en état d'en rendre compte au roi, et de vous faire savoir ensuite la résolution qu'il aura plu à Sa Majesté de prendre sur ce sujet.

Du 7 avril 1736.

J'attendrai avec plaisir les réflexions que le parlement de Bordeaux doit m'envoyer, sur la nouvelle ordonnance qui regarde les testamens; mais cette compagnie doit considérer, comme les autres, que l'objet de cette loi est de faire cesser les diversités de jurisprudence en cette matière, et c'est ce qu'il est impossible de faire sans abroger, jusqu'à un certain point, les usages de quelques parlemens; et comme ces usages étoient différens dans les différentes compagnies, si chacune vouloit réclamer les siens, on retomberoit dans la diversité qu'on a voulu faire cesser, et la loi deviendroit absolument inutile.

L'essentiel est que la pureté des principes et le véritable esprit du droit nouveau soit bien conservé dans une pareille loi, comme il l'est, en effet, dans celle des testamens; et il faut que chaque parlement sacrifie ses opinions particulières au grand bien de l'unité de la loi et de l'uniformité de la jurisprudence, c'est ce qui répondra apparemment aux difficultés qu'on travaille à rédiger dans votre compagnie; mais il faut les voir pour en mieux juger encore, et je les examinerai avec toute l'attention qu'elles pourront mériter.

Je ne suis pas surpris des réflexions que vous faites sur le procès criminel qui a occupé en dernier lieu MM. de la grand'chambre, il est triste qu'on ait engagé une si grande affaire sur des fondemens si légers; et la diligence avec laquelle les juges ont travaillé à l'examen de ce procès fait honneur à leur zèle pour la justice.

Du 14 *mai* 1736.

J'ai reçu les remontrances que le parlement de Bordeaux a jugé à propos de faire au roi, au sujet de quelques articles de l'ordonnance que Sa Majesté a faite pour prévenir les diversités de jurisprudence dans la matière des testamens. Je n'ai fait encore que parcourir très-rapidement ces remontrances, et elles m'ont paru rédigées avec tout le respect et toute la sagesse qui doit régner dans le style de ces sortes d'ouvrages. L'examen du fond des points qui en sont l'objet demandera une attention encore plus sérieuse ; c'est à quoi j'espère pouvoir travailler incessamment pour en rendre compte au roi, et vous faire ensuite savoir les intentions de Sa Majesté (1).

Du 7 juillet 1736.

J'APPRENDS avec plaisir, par votre lettre du 25 juin, que l'ordonnance du roi sur les testamens a été enregistrée au parlement de Navarre avec une satisfaction générale ; et je ne doute pas que l'attention de cette compagnie à la faire exécuter n'achève de la rendre aussi utile au public qu'on le peut désirer.

Du 13 juillet 1736.

LA grande lettre que je vous écris aujourd'hui est moins pour vous que pour votre compagnie, puisqu'elle contient la réponse que je fais, suivant les intentions du roi, aux remontrances qu'elle a adressées à Sa Majesté, sur l'ordonnance qui concerne les testamens. Je l'aurois fait partir plus tôt, si je n'avois été bien aise d'attendre ce qui se passeroit dans les autres parlemens sur le même sujet. Mais, comme ceux qui ont reçu cette loi, et dont il y en a plusieurs des pays de droit écrit, n'ont point été arrêtés par les mêmes difficultés, je n'ai pas cru devoir différer plus long-temps de répondre à celles du parlement de Bordeaux, et je crois qu'il sera content de la manière dont je l'ai fait, comme je l'ai été de la sagesse et du respect qui règnent dans toutes les expressions de ses remontrances.

(1) Voir les lettres des 13, 14 juillet et 6 août 1736, ci-dessous.

Quand vous lui aurez fait part de ma réponse, il restera de voir quel parti on prendra pour finir cette affaire. Je me souviens que, lorsqu'il fut question de l'enregistrement de l'ordonnance sur les donations, votre compagnie, qui avoit fait aussi des remontrances sur cette loi, et qui me parut satisfaite de la réponse que je fis, crut néanmoins qu'elle ne pouvoit procéder à l'enregistrement qu'en vertu des lettres de jussion qui furent envoyées en conséquence, et enregistrées avec l'ordonnance. Je fis alors ce qu'elle désiroit, sans penser néanmoins comme elle sur cette forme. J'ai toujours cru, et je crois encore aujourd'hui qu'il est bien plus décent et plus honorable à un parlement de se rendre aux raisons du roi, qui veut bien traiter avec lui le fond de la matière de ses lois, que d'aimer mieux ne paroître céder qu'à l'autorité de Sa Majesté. Le scrupule qui engagea votre compagnie à demander des lettres de jussion par rapport à l'ordonnance sur les donations, ne me parut pas trop bien fondé; elle se persuada qu'ayant pris une délibération pour faire des remontrances, elle ne pouvoit plus varier, à moins qu'elle ne connût, par de nouvelles lettres-patentes du roi, que Sa Majesté persistoit dans sa première volonté. Si l'on admettoit ce principe, il en faudroit conclure que toutes les fois qu'un parlement auroit cru devoir faire des remontrances au roi, les lettres de jussion deviendroient absolument nécessaires, lorsque Sa Majesté ne défère pas aux remontrances; mais c'est ce qu'on n'a jamais regardé comme une règle en cette matière. Lorsque des remontrances ont été portées jusqu'au roi, et que Sa Majesté y a répondu, sa réponse a été regardée dans tous les temps comme suffisante, pour rendre le changement de la première délibération et le retour à l'enregistrement de la loi, non-seulement permis, mais juste et conforme aux véritables règles. Il y a un grand nombre d'exemples où l'on voit qu'après une réponse faite verbalement ou par écrit, à des remontrances, le parlement de Paris et les autres parlemens du royaume ont enregistré les ordonnances qui leur avoient paru d'abord susceptibles de difficulté, sans attendre des lettres de jussion, et étant encore plus éloigné d'en demander; c'est (pour ne point chercher ici des exemples plus anciens) ce qui est arrivé encore, depuis peu, dans plusieurs parlemens, à l'égard de l'ordonnance même sur les donations, dont j'ai déjà parlé. Au reste, si je vous fais faire toutes ces réflexions, c'est uniquement pour l'honneur et pour la dignité de votre compagnie. La voie des lettres de jussion est toujours entre les mains du roi, et elle ne peut jamais coûter qu'à sa bonté. C'est à lui d'en user quand il le juge à propos; mais ce n'est guère à une cour supérieure de désirer qu'il fasse cet usage de son pouvoir; et il est plus digne d'elle de conserver, dans le temps même qu'elle obéit, tout le mérite de sa liberté. Si néanmoins, après toutes ces réflexions, que je fais encore une fois, dans la seule vue de donner à votre compagnie des marques de ma véritable considération, elle pensoit encore aujourd'hui comme elle le faisoit dans le temps de l'ordonnance sur les donations, je vous prie de me le faire savoir, afin que je puisse en rendre compte au roi, et suivre, quoique à regret, une voie qui ne seroit pas de mon goût, si j'avois l'honneur de servir Sa Majesté dans le parlement de Bordeaux.

Du 14 *juillet* 1736.

Votre compagnie s'est expliquée très-dignement dans ses remontrances, sur l'attention que le roi a eue dans son ordonnance qui regarde les testamens, à ménager, autant qu'il étoit possible, les idées différentes, et même contraires, des pays qui suivent les mêmes lois. Les réflexions que le parlement de Bordeaux a faites sur ce sujet auroient dû le conduire naturellement à ne proposer que par un simple mémoire les difficultés qu'il a trouvées dans l'exécution de quelques articles de la nouvelle ordonnance; mais, quoiqu'il ait pris une autre voie pour les expliquer, il l'a fait néanmoins d'une manière si mesurée et si convenable au respect et à la soumission dont il est rempli pour les volontés de Sa Majesté, que j'entrerai avec plaisir dans les discussions des différens points qu'il a traités, pour vous instruire pleinement des intentions du roi sur tout ce qui vous a paru susceptible de quelque difficulté.

Je commence par le doute du parlement sur l'article 12; et je remarque que la question qu'il prévoit dans ses remontrances, n'est pas celle que cet article a décidée.

Le cas de l'article est celui d'un homme qui n'a pensé à faire son testament qu'après avoir perdu l'usage de la parole, et le cas singulier prévu par le parlement est celui d'un testateur qui, voulant prendre la forme du testament mystique, auroit fait écrire ses dispositions pendant qu'il auroit encore l'usage de la parole, et l'auroit perdu dans le temps qu'il voudroit faire dresser l'acte de suscription. Une espèce si rare méritoit peu d'être prévue dans une loi générale : *Ex iis quæ fortè uno aliquo casu accidere possunt jura non constituuntur*, comme les jurisconsultes romains l'ont fort bien dit. Si ce cas singulier se présentoit, la décision en dépendroit beaucoup des circonstances par lesquelles on devroit juger s'il n'y a point de fraude; si l'écrit qu'on prétend contenir la volonté du testateur n'est point, ou une disposition qu'on ait voulu lui prêter, en lui donnant une date plus ancienne que le temps où il a perdu l'usage de la parole, ou peut-être une disposition nouvelle qu'on ait trouvé le moyen de substituer à celle qu'il avoit réellement fait écrire avant ce temps. Enfin, ne faudroit-il pas toujours que la vérité du fait fût attestée par le testateur dans le temps de l'acte de suscription, et qu'il déclarât alors par écrit, suivant l'esprit de l'article 12, non-seulement que le papier qu'il présente est son testament, mais encore qu'il l'a fait écrire dans un tel temps. Malgré toutes ces précautions mêmes, la matière est si susceptible de fraude et de surprise, qu'il se trouveroit peut-être bien des juges rigides et amis de la simplicité dans les jugemens comme dans les lois, qui se porteroient à ne point excepter le cas dont il s'agit de la règle établie par l'article 12 de l'ordonnance sur les testamens, et ils ne manqueroient pas de bonnes raisons pour soutenir que le bien public, l'intérêt des familles et celui des testateurs mêmes, exigent que, pour prévenir toutes sortes d'artifices et de suppositions, à l'égard de ceux qui ont perdu l'usage de la parole avant que d'avoir consommé leur dernière disposition, on se fixe à cette règle générale, qu'il faut que ces deux choses, c'est-à-dire, une volonté écrite par le testateur même, et la déclaration qu'il en fait aussi par écrit lors de l'acte de suscription, concourent ensemble pour mettre son testament hors de toute atteinte.

Telles sont les principales considérations qu'il faudroit réunir, s'il s'agissoit de faire une loi sur l'espèce singulière qui a été prévue par le parlement de Bordeaux; mais c'est cette multiplicité même de vues et de réflexions différentes, jointe à la diversité des circonstances, qui montre combien il auroit été difficile d'établir une règle uniforme sur ce sujet, et combien cela auroit été éloigné du véritable objet d'une loi générale.

L'obligation de faire mention de la date dans toutes sortes de testamens n'auroit pas dû paroître nouvelle dans le pays de droit écrit, puisque l'article 38 de l'ordonnance sur les testamens ne fait que confirmer la règle générale établie par la novelle 47, et la disposition de la novelle 107, chapitre 1.er; disposition d'autant plus remarquable, qu'il s'agissoit, dans cette novelle, de fixer la forme du testament *inter liberos*, et de la réduire aux seules solennités qui sont absolument essentielles. Tout testament, d'ailleurs, suivant les principes du droit romain, est regardé comme une loi, et les lois faites *sine die et consule*, sont nulles, suivant la loi 1.re, au code théodosien. La date est utile, non-seulement lorsqu'il y a plusieurs testamens, mais même lorsqu'il n'y en a qu'un seul, pour savoir si, lorsqu'il a été fait, le testateur avoit l'âge fixé par les lois, et la capacité de tester, ou la liberté d'esprit et le degré de raison nécessaire pour disposer de ses biens; s'il avoit l'usage de la parole et celui de la vue; s'il se trouvoit dans un pays de droit écrit ou dans un pays de droit coutumier, et il suffit qu'il y ait des occasions où une formalité si facile à remplir puisse prévenir des procès et assurer l'exécution des volontés des testateurs, pour obliger le législateur à les y assujettir par une loi que personne ne puisse ignorer; enfin, il n'est pas moins important que les règles qui regardent la forme des actes soient établies de la manière la plus générale, sans les affoiblir par des distinctions qui ne servent, le plus souvent, qu'à jeter les esprits dans l'incertitude, ou à autoriser une négligence qui, par un progrès insensible, conduit ordinairement à l'inexécution de la loi.

Les remarques que le parlement de Bordeaux a faites sur l'article 25 de la nouvelle loi méritent beaucoup plus d'attention. Il est vrai que ce sont les pays de droit coutumier qui ont été le véritable objet de cet article. Comme l'on n'étoit pas suffisamment instruit des usages du pays de droit écrit sur le pouvoir des curés, par rapport à la réception des testamens, et qu'il étoit incertain si les ordonnances d'Orléans et de Blois y étoient observées à cet égard, on s'est contenté de pourvoir à ce qui regarde les pays de droit coutumier, et de conserver le droit des curés dans tous les lieux où il est autorisé par les coutumes ou statuts qui y sont observés. Il a paru même assez difficile de trouver dans un curé assez de capacité ou d'expérience pour savoir se conformer exactement aux règles du droit romain, beaucoup plus difficiles à observer pour la forme et la solennité des testamens, que celles qui ont lieu dans les pays de droit coutumier. Il faut avouer, d'ailleurs, qu'en général ce n'est pas un droit bien favorable, en cette matière, que celui des curés, soit par la raison que je viens de marquer, soit parce que la faculté de recevoir des actes de dernière volonté qui leur a été accordée, avoit pour principal motif la difficulté de trouver des notaires dans tous les lieux; difficulté qui a cessé depuis long-temps, par la multiplication peut-être trop grande à présent, de ces officiers, à quoi l'on pourroit encore ajouter le soupçon que la qualité de curé peut répandre sur les legs faits à son église, ou sur d'autres legs pieux. Toutes ces considérations, dont il y en a plusieurs qui ne conviennent qu'aux pays de droit écrit, pourroient donc bien porter le roi à ne point y autoriser la faculté de recevoir des testamens dont les curés jouissent ailleurs. Si cependant il paroît, après la publication de la nouvelle loi, que les ordonnances d'Orléans et de Blois aient été exécutées dans certains pays de droit écrit, et qu'il y ait un usage constant sur ce point en faveur des curés, il sera bien aisé de suppléer, par une déclaration du roi donnée en connoissance de cause, à ce qui peut manquer, dans cette matière, à l'ordonnance générale sur les testamens; mais il sera bien difficile de ne pas conserver, dans cette déclaration, la même exclusion que l'ordonnance générale donne aux vicaires ou autres que les curés ou les desservans séculiers par rapport à la réception des testamens. Il est d'une extrême conséquence de ne pas confier un si grand pouvoir à de simples vicaires amovibles, qui peuvent changer à chaque moment de demeure et de province, ou à des religieux qui font un séjour encore plus passager et presque momentané dans une paroisse qui, d'ailleurs, dépendent absolument de la volonté de leurs supérieurs, et contre lesquels les parties intéressées ne peuvent avoir aucune ressource. Ainsi, il n'y a pas lieu de croire que le roi veuille rien changer à leur égard dans une disposition fondée sur des motifs si puissans. L'intérêt des familles exige nécessairement que celui qui fait la fonction de personne publique, en recevant un acte aussi important qu'un testament, soit d'un état et dans une situation qui mettent les magistrats à portée d'exiger de lui le compte qu'il leur doit de sa conduite, et de le rendre responsable des fautes qu'il a pu commettre dans une matière où il n'exerce que par grâce et par tolérance un ministère qui, à la rigueur, ne convient pas à sa profession.

Ce que le parlement observe sur la difficulté de trouver dans plusieurs lieux le nombre des témoins, que le parlement appelle, selon son usage, des témoins *signataires*, qui est requis par l'article 45 de la nouvelle loi, a été prévu dans le temps que cet article a été rédigé, et le roi a cru y avoir pourvu suffisamment par la distinction qu'il a faite entre les villes ou les bourgs fermés et les autres lieux.

La différence que le parlement voudroit mettre, par une nouvelle distinction, entre les villes où il y a un évêque, ou un parlement, ou un présidial, ou un bailliage, et les autres villes, conduiroit à un trop grand relâchement, et se trouveroit quelquefois très-mal placée, parce qu'il y a des villes épiscopales où il y a beaucoup moins d'habitans que dans d'autres qui ne le sont pas.

Il seroit injuste de vouloir rendre les testamens impossibles aux gens de la campagne ou aux habitans des petites villes; mais il seroit aussi contre le bien public et contre le véritable intérêt des familles d'autoriser des actes si importans, sans aucune des formalités les plus essentielles, et sur la seule parole d'un notaire, d'un curé ou d'un simple prêtre desservant, quoique la signature d'aucun témoin ne concourût avec la sienne.

Il n'y a, d'ailleurs, aucune paroisse où l'on ne trouve un curé et un vicaire, ou un maître d'école, qui peuvent servir de témoins *signataires*, lorsque la dernière disposition est reçue par un notaire ou un tabellion, et il est bien difficile de présumer qu'il n'y ait pas, outre cela, un greffier de la justice, un procureur fiscal, ou quelques paysans qui sachent écrire leurs noms. En tout cas, si cela arrivoit, ce qui sera sans doute très-rare, quelle comparaison pourroit-on faire entre le parti de laisser passer la très-modique succession d'un paysan à des héritiers du sang, auxquels elle appartient suivant l'ordre de la nature, et celui d'exposer les familles au hasard d'un testament supposé, auquel le prétendu testateur n'auroit jamais pensé, et d'ouvrir la porte à une infinité de faussetés, dont la preuve seroit presque toujours absolument impossible. Il en est des lois comme des autres ouvrages humains; on n'en voit point qui n'aient quelque imperfection, ou qui ne soient susceptibles de quelques difficultés. Toute la sagesse du législateur et toute la perfection de la loi consistent souvent, non pas à faire une disposition qui soit exempte de toutes sortes d'inconvéniens, mais à préférer celle qui en a le moins.

Ce que le parlement remarque en passant sur les articles qui regardent les qualités des témoins, et auxquels il désireroit qu'on fît quelques exceptions en faveur des habitans de la campagne, ne paroît pas mériter une plus grande attention. Tout ce qui forme la disposition de ces articles est tiré des textes mêmes du droit écrit. Ils ne contiennent rien de nouveau, et Sa Majesté n'a pensé, comme elle le fera toujours avec plaisir, qu'à conserver ou à rétablir l'observation des principes du droit romain dans toute leur pureté.

Comment, d'ailleurs, pourroit-on établir que le témoin, qui est regardé, dans une ville, comme incapable, seroit regardé comme capable dans un village? Les qualités personnelles et les présomptions qui y sont attachées sont indivisibles, et une pareille contradiction ne pourroit se soutenir, ni même s'excuser, dans une loi.

Les observations du parlement, sur la difficulté d'établir la preuve du crime de faux dans le cas de l'article 48, iroient trop loin, et, prises à la rigueur, elles conduiroient à rejeter toute accusation de faux par rapport aux dernières dispositions. Il en est de ce crime comme de tous les autres, qui sont l'effet de l'art et de la méditation, la preuve en est souvent difficile, mais non pas impossible. Il seroit bien dangereux de répandre dans le public, que les juges trouvent tant de difficultés dans cette matière, et l'on ne conçoit pas, en effet, pourquoi la preuve de la fausseté d'un testament seroit plus difficile à assurer que celle de la fausseté d'un contrat.

A l'égard de la compétence des juges, si c'est un notaire royal qui a reçu le testament argué de faux, ce sera au juge royal que la connoissance en appartiendra, suivant les règles ordinaires. Si c'est le notaire d'un seigneur qui est accusé, le juge royal pourra encore connoître de l'accusation, soit lorsque la prévention ou la dévolution peuvent avoir lieu, soit incidemment aux contestations qui pourront être portées par-devant lui sur la validité du testament; et, enfin, s'il n'y a aucune raison pour fonder la juridiction du juge royal, le parlement sera toujours le maître, soit par des soupçons de partialité ou d'incapacité dans le juge du seigneur, soit par l'importance de la matière, d'ordonner, sur la réquisition du procureur-général, que le procès sera poursuivi dans tel siége royal qu'il jugera à propos.

Après avoir éclairci les difficultés qui ont rapport à la forme des testamens, je passe à ce qui peut en regarder le fond et la substance, en commençant par les réflexions du parlement sur l'article 50.

Dans la nécessité d'opter entre plusieurs sentimens contraires, qui avoient partagé les interprètes du droit et les parlemens mêmes, sur la question décidée par cet article, des raisons d'un très-grand poids ont déterminé le roi à autoriser celui qui oblige les testateurs à instituer héritiers ceux à qui il est dû une légitime. Non-seulement c'est l'avis le plus conforme à l'ancien droit romain et aux textes des lois, mais c'est aussi celui qui est le plus favorable aux personnes que le sentiment de la nature et la voix du sang doivent rendre les plus chères aux testateurs.

Il avoit, d'ailleurs, l'avantage d'être conforme à l'usage du plus grand nombre des provinces qui suivent le droit écrit.

La distinction qu'on auroit pu faire sur le point dont il s'agit, entre les ascendans et les descendans, auroit paru une nouveauté et un changement de jurisprudence dans la plupart de ces provinces, bien loin d'y être considérée comme une suite de l'ancien droit. Sur quoi, d'ailleurs, auroit été fondée cette distinction? Sur une interprétation arbitraire de la novelle 115, adoptée par les uns, rejetée par les autres; mais, dans le fond, le respect que la nature a gravé dans le cœur des enfans ou des descendans, pour ceux à qui ils sont redevables de la vie, doit-il avoir moins de force que cette affection, que la même nature inspire aux pères pour leurs enfans et pour leurs descendans? Pourquoi confondre les uns avec les autres, par rapport à l'effet de la prétérition, et les distinguer dans la manière de laisser la légitime? C'est ce qui n'a pas paru convenable à l'unité et à la simplicité de la loi. Le grand point, d'ailleurs, et le véritable intérêt du testateur est qu'il y ait une règle fixe et certaine sur cette matière, au lieu qu'auparavant un testateur qui auroit suivi, à cet égard, la jurisprudence du parlement de Bordeaux, auroit fait un testament qui auroit été déclaré nul par la plupart des autres parlemens, où le droit écrit est également observé.

Si l'empereur Constantin a déclaré qu'il avoit toujours regardé comme indigne de son attention *l'inutile observance des expressions*, il ne s'en suit pas de là que l'on doive mépriser ou regarder avec indifférence ce qui n'est ni une simple expression, ni même une simple formalité, mais qui appartient à l'essence du testament; ce qui en fait, en un sens, toute la substance, c'est-à-dire, l'institution d'héritier, à laquelle ont droit tous ceux à qui la légitime est due.

La même réflexion s'applique naturellement à l'article 53, qu'il ne faut pas séparer de l'article 50, avec lequel il a un rapport nécessaire. Le dernier de ces articles a pour objet le vice de la prétérition de ceux qui doivent être institués, et le premier décide que ce vice n'est pas couvert par un simple legs. Ainsi, on ne pouvoit, sans rendre la loi contraire à elle-même, faire valoir indirectement une institution nulle, au moyen d'une substitution ou de la clause codicillaire. Cette clause n'a été introduite que pour réparer l'omission de quelque formalité extérieure, et non pour couvrir le défaut essentiel d'une disposition où le testateur a manqué à ce qu'il devoit à son propre sang. C'est aussi ce qui fait la différence du cas de ces deux articles, et de celui de l'article 70, dans lequel on suppose que le testateur a voulu réellement faire une institution d'héritier; mais que, se trouvant dans un pays où cette forme est hors d'usage et rejetée même par les coutumes qui y sont observées, il a cru devoir se servir d'autres expressions; circonstance qui a paru mériter une faveur dont un testateur ne pouvoit se prévaloir, lorsqu'il se trouvoit dans le cas des articles 50 et 53.

Au surplus, le parlement a fini les remontrances aussi dignement qu'il les avoit commencées, en marquant au roi que, s'il n'a pas porté plus loin ses réflexions à l'égard de plusieurs autres articles où l'on n'a pas suivi sa jurisprudence dans la nouvelle loi, c'est par un effet de son extrême déférence pour les décisions de Sa Majesté. Il n'étoit pas possible d'autoriser en même temps les jurisprudences contraires des différens parlemens. La loi n'a été faite que pour les réduire à une règle uniforme. Si, dans le choix qu'on a été obligé d'y faire entre ces diverses jurisprudences, on a quelquefois préféré celle des autres parlemens à celle de votre compagnie, elle a eu réciproquement le même avantage dans d'autres décisions; et le grand bien, qui résultera dans l'ordre de la justice d'une parfaite uniformité dans les lois et dans les jugemens, doit dédommager avec usure tous les magistrats des différens parlemens de ce qu'on n'a pas toujours suivi leurs sentimens dans la rédaction de la nouvelle ordonnance.

Du 29 juillet 1736.

Je ne saurois trop louer le zèle avec lequel MM. les commissaires du parlement de Dijon sont entrés dans les vues qui ont porté le roi à fixer la jurisprudence sur la matière des testamens, par l'ordonnance que Sa Majesté vous a adressée; et votre compagnie a même l'avantage d'y avoir beaucoup contribué par la solidité et la sagesse des avis qu'elle m'a envoyés.

Ce n'est pas aussi sur les articles mêmes de cette ordonnance que tombent les observations que j'ai reçues de sa part; c'est sur quelques dispositions de la coutume de Bourgogne qui ont rapport à la même matière, et sur lesquelles MM. les commissaires ont douté si l'on devoit les regarder comme abrogées par la nouvelle ordonnance, ou penser, au contraire, qu'elle n'y donne aucune atteinte.

Je pourrois leur répondre d'abord, en général, que ces deux manières de penser peuvent être également justes, pourvu qu'on les applique chacune aux différens articles de la loi, qui en sont susceptibles. Mais, pour m'expliquer plus clairement et plus précisément sur ce sujet, je distinguerai deux sortes de dispositions de la coutume de Bourgogne.

Les unes, auxquelles le roi n'a pas eu la moindre pensée de déroger, parce que Sa Majesté les a considérées comme appartenant plutôt au droit local qu'au droit romain en général, qui a été le principal objet de sa nouvelle ordonnance.

Les autres, qui doivent céder à l'autorité de cette loi, parce qu'elles font partie du même droit romain, qui, ayant reçu différentes interprétations dans ce qui regarde les testamens, a eu besoin que le roi y fît cesser une diversité de jurisprudence contraire au bien de la justice, pour rétablir dans les jugemens une parfaite uniformité de décision.

Je mets dans la première classe.

1.° La forme de tester telle qu'elle est réglée par les articles 8 et 9 du titre 7 de la coutume de Bourgogne.

Bien loin que l'ordonnance sur les testamens déroge à ces articles, on peut dire au contraire qu'elle les autorise. En effet, comme Messieurs les commissaires l'observent fort bien, la forme prescrite par votre coutume a quelque chose de mixte qui tient en partie de celle du testament olographe, et en partie de celle du testament secret ou mystique : elle empêche par conséquent qu'on ne puisse dire que les testamens purement olographes, c'est-à-dire, ceux que la seule écriture ou signature du testateur rend valables sans aucune autre formalité, sont reçus et autorisés dans le duché de Bourgogne.

Il n'y a plus, après cela, qu'à lire l'article 19 de la nouvelle ordonnance, et en faire une juste application à cette province.

Cet article porte, *l'usage des testamens olographes continuera d'avoir lieu dans les pays et dans les cas où ils ont été admis jusqu'à présent.* Or, comme je viens de le dire, les testamens purement olographes n'ont pas été admis en Bourgogne, puisqu'il n'y suffit pas qu'un testament soit écrit et signé par le testateur pour rendre sa disposition valable, et qu'il faut nécessairement y ajouter la forme d'une déclaration ou reconnoissance par-devant notaire. Ainsi, l'article 19, qui peut seul faire naître le doute de Messieurs les commissaires, suffit seul pour le résoudre.

J'ajoute à cette première réflexion que, si dans votre province l'on considère avec raison les testamens olographes tels qu'ils y sont admis, comme participant à la forme du testament mystique ou secret, le véritable esprit de la nouvelle ordonnance devient encore moins douteux sur ce point.

D'un côté, la reconnoissance du testament olographe que votre coutume exige, approche fort de la déclaration qui doit être faite, suivant l'article 9 de la nouvelle ordonnance, par le testateur, lorsqu'il suit la forme du testament mystique.

De l'autre, l'article 4 de la nouvelle loi porte expressément que les testamens mystiques ou secrets continueront d'avoir lieu dans les pays de droit écrit, et autres où cette forme de tester est autorisée par les coutumes ou statuts.

Ainsi, ce que la coutume de Bourgogne a emprunté de la forme du testament mystique, établie par le droit romain, subsiste en son entier; et par conséquent, en joignant cette seconde réflexion à la première, il est également vrai de dire et que l'article 19 ne déroge point à vos usages sur les testamens olographes, et que l'article 4 les autorise même par la disposition générale qu'il contient.

Au reste, comme je crois que dans votre usage les testamens même *inter liberos* ne sont pas exceptés de la loi commune qui regarde les testamens olographes, il faut y appliquer aussi tout ce que je viens de dire sur ce sujet; et à l'égard des testamens militaires, ou de ceux qui sont faits en temps de peste, je m'expliquerai dans un moment sur ces deux articles.

2.° Je mets encore dans la première classe, c'est-à-dire, dans celle des usages non abrogés, ce qui regarde l'âge des témoins, sur lequel le parlement de Dijon suit la règle établie par le droit romain.

Peut-être l'intérêt des familles et même celui des testateurs auroient exigé que cet âge fût fixé à vingt ans pour tout le royaume, attendu le peu de confiance qu'on peut avoir dans le témoignage d'enfans de 14 à 15 ans, surtout, dans les pays comme le vôtre, où le nombre de témoins est réduit à deux seulement; et l'on ne seroit pas plus exposé à se méprendre sur l'âge d'un témoin, en fixant cet âge à 20 ans, qu'en le fixant à 14. Mais, comme d'un autre côté, il auroit paru extraordinaire d'exiger dans les simples témoins un âge plus avancé que celui qui suffit au testateur même, le roi n'a pas jugé à propos de rien innover, quant à présent, sur ce point, par rapport au pays où, suivant le droit écrit, il est permis de tester à l'âge de puberté. Ainsi, comme d'un côté ce droit est le droit commun de votre province, et que de l'autre, ce qui a été réglé par les lois romaines sur l'âge des témoins, est spécialement reçu dans votre usage, il n'y a rien de changé à cet égard par la nouvelle ordonnance; et au contraire, votre province se trouve véritablement comprise dans l'exception portée par l'article 39, à l'égard des pays dans lesquels il suffit que les témoins aient l'âge où il est permis de tester.

Il faut passer présentement à la seconde classe, c'est-à-dire, aux dispositions de votre coutume, ou à ceux de vos usages qui doivent être regardés comme abrogés par la nouvelle ordonnance.

1.° C'est le jugement qu'on doit porter d'abord sur ce qui regarde les testamens militaires. Il faudroit, premièrement, que la guerre fût en Bourgogne, pour pouvoir appliquer à ces testamens une formalité qui ne peut avoir lieu que dans le ressort de votre coutume, et c'est un malheur qu'on ne doit pas prévoir. Mais d'ailleurs, quand ce cas arriveroit, la grande faveur des testamens militaires, l'ignorance où ceux qui les font, sont souvent des lois du pays où ils disposent. La difficulté de les assujettir à des formes qu'ils n'ont pas souvent le temps de remplir, seroit une des raisons plus que suffisantes pour ne pas exiger des militaires une déclaration ou une reconnoissance par-devant notaire. Il n'y a pas plus de raisons pour leur en imposer la nécessité, que pour les soumettre à toutes les autres formalités dont on les a dispensés; et c'est bien ici le cas d'appliquer les termes d'une loi célèbre dans cette matière, *faciant quo modo volent, faciant quo modo poterint, sufficiatque.... nuda voluntas testatoris.*

La plupart des mêmes considérations s'appliquent également aux testamens faits en temps de peste, et il seroit même quelquefois plus difficile à un testateur attaqué de cette maladie de trouver un notaire ou un prêtre qui voulût recevoir sa déclaration, qu'il ne le seroit dans certaines circonstances à un militaire de trouver un officier ou un aumônier pour lui rendre le même office.

Il n'est donc pas douteux que, si la validité d'un testament militaire, ou fait en temps de peste, étoit attaquée au parlement de Dijon, par le défaut de reconnoissance par-devant notaire, cette compagnie ne fût obligée, comme les autres parlemens du royaume, de confirmer un pareil testament, suivant la disposition de la nouvelle ordonnance ; et cette loi a suffisamment pourvu, dans le cas dont il s'agit, à la conservation des formes établies dans chaque province, en faisant rentrer les militaires, ceux qui ont été attaqués de la peste, dans l'ordre commun, après le temps qui a paru convenable, et qui a été fixé par les articles 32 et 37 de la même loi.

2.° La décision portée par l'article 61 sur la manière de régler la légitime des ascendans, appartiendroit aussi à la classe des lois locales, qui doivent céder à l'autorité de la loi générale, s'il étoit vrai qu'il y eût dans la coutume de Bourgogne quelque chose de contraire à la règle établie par l'article dont il s'agit.

Sa disposition ne devroit être considérée en ce cas, que comme une suite du droit romain ; et si elle s'étoit expliquée contre les ascendans, tout ce qui en résulteroit est que, sur une question qui a partagé les sentimens des interprêtes de ce droit, les rédacteurs ou les réformateurs de la coutume de Bourgogne se seroient déclarés pour l'un de ces sentimens contre l'autre, et cela ne formeroit qu'un avis de plus dans une matière si controversée ; mais cet avis de plus n'auroit pas dû empêcher que dans une loi qui a principalement pour objet de faire cesser toute diversité d'opinions dans une des plus importantes matières du droit romain, le roi n'autorisât le sentiment le plus conforme aux textes et aux véritables principes de ce droit, quoique l'on eût préféré le sentiment opposé dans la réformation d'une coutume particulière. Autrement, il faudroit dire que Sa Majesté ne pourroit parvenir à rendre la jurisprudence entièrement uniforme sur une question qui est purement de droit écrit plutôt que du droit coutumier; et cela, sous prétexte que les rédacteurs ou les réformateurs d'une coutume ont suivi leur opinion particulière contre celle qui a paru préférable au jugement du souverain législateur. Ainsi, dans une matière qui est hors de la sphère du droit municipal, et qui appartient entièrement au droit romain, la diversité des coutumes ne doit pas mettre plus d'obstacle que celle des jurisprudences, à un aussi grand bien que celui de l'uniformité dans les principes et dans les conséquences qui servent de règle aux jugemens.

Toutes ces réflexions seroient décisives, quand même la coutume de Bourgogne contiendroit une disposition expressément contraire à l'article 61 de la nouvelle ordonnance; mais elles deviennent presqu'entièrement inutiles, lorsque l'on considère que la coutume de Bourgogne n'a pas même prévu la question que cet article a décidée.

L'article 7 du tit. 7 de cette coutume n'a fixé la quotité de la légitime que par rapport aux enfans, et il n'a fait qu'adopter la disposition de la novelle 18, sans dire un seul mot de la légitime des ascendans, et encore moins de la quotité de cette légitime.

L'article 14 du même titre parle bien, à la vérité, de la succession des pères et mères à leurs enfans; on y fait la distinction des différentes natures de biens auxquels ils peuvent ou ne peuvent pas succéder : on y établit la concurrence des pères et mères avec les frères, sœurs et neveux du défunt, mais on n'y pourvoit qu'au cas de la succession *ab intestat*, sans prévoir celui de la succession testamentaire et de la légitime qui est due aux ascendans lorsqu'il s'agit de cette succession.

Il n'y a donc aucune disposition dans la coutume de Bourgogne sur la question qui a été décidée par l'article 61 de la nouvelle ordonnance; et en effet, un des magistrats des plus éclairés, non-seulement du parlement de Dijon, mais de tout le royaume, qui n'a rien oublié pour soutenir avec tout l'esprit et toute la capacité possible, l'opinion contraire à celle qui a prévalu dans la nouvelle ordonnance, ne s'est point servi de l'autorité de la coutume de Dijon, quelque familière qu'elle lui soit pour appuyer son sentiment.

Ce n'est donc point ici le lieu de comparer la disposition de cette coutume avec celle de la nouvelle ordonnance, ou de demander si le roi a eu intention d'abroger cette disposition. Il n'y avoit que quelques arrêts du parlement de Dijon qu'on pouvoit opposer au sentiment que le roi a autorisé par la loi; mais dans la nécessité où l'on étoit d'opter entre ces arrêts et ceux de différens parlemens qui avoient adopté l'opinion contraire à celle du parlement de Dijon, Sa Majesté a cru devoir préférer l'avis qui étoit non-seulement le plus conforme aux véritables principes, mais qui réunissoit en sa faveur le suffrage du plus grand nombre des parlemens.

Ainsi, après avoir discuté les différens points du mémoire que MM. les commissaires de votre compagnie vous ont prié de m'envoyer, il n'est pas difficile de répondre à la consultation qu'ils me font pour savoir si le roi approuveroit que, dans l'enregistrement de l'ordonnance sur les testamens, le parlement fît les réserves proposées à la fin du mémoire de MM. les commissaires.

Ces réserves n'ont que quatre objets:

La forme des testamens olographes;

L'âge des témoins;

Les testamens militaires, ou faits en temps de peste;

La quotité de la légitime testamentaire des ascendans.

De ces quatre points, il faut d'abord retrancher les deux premiers, puisqu'à cet égard la nouvelle ordonnance ne déroge en aucune manière à la coutume de Bourgogne, comme je vous l'ai fait voir plus que suffisamment dans cette lettre, qui vous est un sûr garant des véritables intentions du roi à cet égard. Les réserves sur ces deux points seroient donc entièrement inutiles; et dès le moment qu'elles auroient ce défaut, elles seroient non-seulement indécentes, mais dangereuses, parce qu'elles supposeroient, sans fondement, que le roi auroit voulu déroger sans nécessité aux coutumes, sur des formalités qui sont du ressort de cette espèce de loi.

Les deux autres points ne sont pas plus susceptibles des précautions que l'on propose de prendre dans l'arrêt d'enregistrement.

L'intention du roi, comme je vous l'ai déjà marqué, a été que les règles qu'il a établies sur les testamens militaires et sur ceux qui sont faits en temps de peste, fussent également observées dans toute l'étendue de son royaume, sans aucune exception; et il n'a point failu pour cela déroger à la la coutume de Bourgogne, puisqu'elle ne contient aucune disposition à l'égard de ces deux espèces de testamens; et que si l'on pouvoit y en suppléer quelqu'une, elle seroit entièrement abrogée par la nouvelle ordonnance.

Il ne reste donc que la disposition de l'article 61 sur la légitime des ascendans; mais une réserve sur ce sujet seroit encore moins bien placée, s'il est possible, que sur le point précédent, puisque comme je l'ai remarqué, la coutume de Bourgogne ne contient aucune dispostion sur la légitime testamentaire des ascendans, et que, quand elle en contiendroit une, elle seroit entièrement abrogée par la nouvelle ordonnance.

Ainsi, toute réserve sur ce point seroit non-seulement sans prétexte, mais tellement nulle et si contraire aux intentions du roi, que Sa Majesté ne pourroit la dissimuler.

Enfin, rien ne seroit plus dangereux que de tolérer des réserves mises sans nécessité et sans fondement, dans l'enregistrement d'une loi qui n'est faite que pour établir une entière uniformité de jurisprudence:

on en concluroit toujours, ou que la loi est obscure ou imparfaite, ou qu'elle ne doit pas s'exécuter également dans les ressorts des différens parlemens, et qu'il faut faire une distinction entre ceux qui l'ont reçue sans réserve, et ceux qui ne l'ont enregistrée qu'avec cette précaution.

Toutes sortes de raisons concourent donc à exclure en cette occasion l'usage de réserves, ou inutiles ou nulles, et contraires à la volonté du roi ; c'est ce que je vous prie de dire à MM. les commissaires du parlement de Dijon, en leur communiquant ma réponse. Vous pouvez en faire part aussi, si vous le jugez à propos, à toute votre compagnie ; et si elle ne désire que d'avoir une règle qu'elle puisse suivre en sûreté dans ses jugemens par une connoissance plus exacte des véritables intentions du roi, elle peut conserver dans ses registres cette lettre, qui les lui explique suivant l'ordre que j'en ai reçu de Sa Majesté.

Du 5 août 1736.

Lorsque j'ai lu l'enregistrement dont il a été fait mention au bas des exemplaires de l'ordonnance sur les testamens qui ont été imprimés à Rouen, j'ai été affligé de n'avoir pas été informé par avance des difficultés que quelques articles de cette ordonnance pourroient souffrir dans votre compagnie. Il m'auroit été bien aisé de lever ces difficultés, et d'empêcher par là qu'un parlement, qui mérite tant de considération, ne s'engageât dans une démarche qu'il étoit assez facile de prévoir que le roi ne pourroit approuver ; mais la chose s'étant trouvée faite et rendue publique avant que j'en eusse été averti, je me suis trouvé dans une nécessité inévitable d'en rendre compte à Sa Majesté, et il ne lui étoit plus possible de prendre d'autre parti que celui de lever et de retrancher des réserves ou des modifications aussi contraires à son autorité, que celles qui ont été mises dans l'arrêt d'enregistrement que le parlement a rendu. C'est ce qui a été fait par des lettres-patentes qui doivent être envoyées incessamment à M. le procureur-général pour en requérir l'enregistrement.

Quoique les motifs de ces lettres-patentes y soient assez expliqués, j'y joindrai cependant quelques réflexions particulières pour vous faire encore mieux sentir combien il étoit impossible de fermer les yeux sur ce qui s'est passé au parlement de Rouen.

1.° Il a paru assez singulier qu'en enregistrant une ordonnance générale du roi, on se fût servi de ces termes : *pour être exécutée selon sa forme et teneur, en exécution de l'arrêt de la cour donné cejourd'hui, etc.*; comme si cette loi tiroit toute sa force de l'arrêt d'enregistrement, et que ce fût en vertu de cet arrêt, et non par sa propre autorité, qu'elle dût être observée. Il se peut faire qu'on n'y ait pas fait attention au parlement, parce que c'est peut-être un style auquel il est accoutumé, et c'est par cette raison qu'on n'a pas cru nécessaire de relever ces expressions dans les lettres-patentes qui ont été expédiées; mais quand même le parlement de Rouen seroit en usage de s'expliquer ainsi dans ses arrêts d'enregistrement, ce seroit toujours un mauvais style qui doit être réformé au moins pour l'avenir.

2.° La première des réserves qui sont dans l'arrêt d'enregistrement, est la seule qui pourroit avoir une couleur spécieuse, s'il étoit vrai que l'ordonnance sur les testamens pût donner la moindre atteinte aux dispositions d'un tiers, qui a lieu dans le pays de Caux. Mais, outre que cette espèce de disposition n'a été en aucune manière l'objet de la nouvelle loi, comme le roi le déclare expressément dans les lettres-patentes que vous verrez incessamment, il est évident que les partages entre enfans, dont il a été fait mention dans l'article 17 de l'ordonnance, n'ont aucun rapport avec la donation du tiers qui est en usage dans le pays de Caux, ou si le parlement avoit quelque doute sur ce sujet, il lui étoit bien aisé de m'en écrire, et je me serois fait un plaisir de lever ce doute, en lui expliquant clairement les intentions du roi.

3°. Si l'on considère les autres réserves, elles tombent pour la plupart sur des formalités si peu importantes, qu'elles ne méritoient pas que le parlement s'exposât à contrevenir à la loi même qu'il enregistroit, en voulant les faire subsister au préjudice des dispositions de cette loi.

Telle est, par exemple, la différence des termes de *déclarer sa volonté, et s'il est possible, la dicter,* dont la coutume de Normandie s'est servie dans l'article 412, et du terme de *dicter sa volonté*, qui a été employé dans l'article 23 de l'ordonnance, terme beaucoup plus correct en lui-même, terme entièrement conforme à l'esprit et au vœu de la coutume même de Normandie, terme par conséquent qui méritoit entièrement la préférence dans une loi générale, dont l'objet dans l'article 23 a été d'établir une entière uniformité dans le pays coutumier, sur une matière aussi arbitraire que celle dont il s'agit.

Il en est encore de même de la réserve qui a pour objet le pouvoir des *vicaires*. De grandes raisons ont porté le roi à ne pas les autoriser à recevoir des testamens, et la principale de ces raisons est le peu de stabilité de l'emploi des vicaires, qui, en changeant de paroisse et même de province, comme cela arrive souvent, peuvent se soustraire, quand il leur plaît, à l'inspection et à la correction du magistrat. La qualité même de *vicaire* n'est pas toujours bien aisée à établir, ils n'ont souvent qu'une commission verbale et une simple lettre d'un évêque, sans aucun titre véritable, et il y avoit même plusieurs pays où on ne les admettoit à recevoir des testamens qu'en cas qu'ils eussent des lettres de vicariat enregistrées, ce qui ne se trouvoit que très-rarement. Enfin, dans quelle province veut-on faire subsister le pouvoir des vicaires contre la disposition de la loi? Dans celle où, d'un côté, l'on a moins besoin qu'ailleurs du secours des vicaires, parce qu'il n'y a point de province où il y ait autant de notaires qu'en Normandie, et où de l'autre, il se fait, sans comparaison, moins de testamens que partout ailleurs.

4°. Je passe à la dernière réserve qui peut regarder le fond plutôt que la forme des dispositions, et qui tombent sur les articles 68, 69, 70, 71, et 72.

La disposition de ces articles ne donne aucune atteinte à celle de la coutume de Normandie, ni par rapport aux biens qui y sont situés, ni à l'égard de ceux qui suivent la personne du testateur, lorsqu'il est domicilié dans votre province. C'est dans ces deux cas que la coutume de Normandie doit avoir tout son effet; mais on l'étendroit au-delà de ses véritables bornes, si l'on vouloit lui donner une autorité hors de son ressort, qui n'a jamais été attribuée à aucune coutume du royaume, et détruire par là des maximes qui sont établies par la jurisprudence de tous les parlemens.

Dans le cas des articles 68, 69 et 70, il s'agit d'un testateur qui a son domicile dans un pays de droit écrit. S'il se trouve par hasard qu'il ait fait son testament en Normandie, faudra-t-il le regarder comme ayant renoncé, sur le lieu où il a testé, aux lois sous lesquelles il a toujours eu son domicile, et faire céder ces lois à la disposition d'une coutume qui lui est étrangère et souvent inconnue, quoiqu'il s'agisse d'immeubles réels, qui sont situés hors de cette coutume, ou de biens qui, selon la jurisprudence générale du royaume, doivent suivre la personne, et par conséquent la loi de son domicile? Si le parlement de Rouen a une jurisprudence particulière sur cette dernière espèce de biens, elle ne peut servir de règle qu'à ceux qui sont domiciliés dans son ressort, et non pas à ceux qui, restant établis ailleurs, sont en droit de se conduire suivant les maximes que forme le droit commun dans le reste du royaume.

A l'égard des articles 71 et 72 de la nouvelle ordonnance, ils supposent qu'un testateur, domicilié dans un pays coutumier, ait des immeubles réels situés dans un pays de droit écrit, on ne pouvoit assujettir ces biens à la coutume de Normandie, qu'en supposant qu'elle régnât tellement sur ceux qui y sont soumis, qu'elle produit en eux une incapacité absolue de disposer autrement qu'elle ne le permet, en quelque lieu que leurs biens soient situés.

Mais cette opinion est tellement contraire aux maximes qui sont reçues dans toutes les compagnies, qu'il n'étoit pas possible que le roi l'autorisât; et, puisque ceux qui sont domiciliés dans un pays de droit écrit sont soumis à la coutume de Normandie pour les biens qui y sont situés, personne ne peut trouver étrange que la loi soit égale en faveur de ceux qui, étant domiciliés en Normandie, ont des biens situés en pays de droit écrit; rien n'étant plus juste en pareille matière que la règle de la réciprocité. On peut ajouter encore que l'article 74 de la nouvelle loi, sur lequel le parlement de Rouen n'a fait aucune réserve, porte expressément que la *survie exigée* par l'article 422 de la coutume de Normandie *est un statut réel*, qui produit son entier effet pour les biens situés en Normandie, et qui n'en produit aucun pour les biens situés en d'autres pays. Ainsi, l'on ne peut faire des réserves qui tendent à détruire le principe de la réalité, sans contrevenir formellement à la loi qui le confirme si clairement en cet endroit, et qui n'a fait qu'agir conséquemment dans toutes les autres dispositions qui dépendent du même principe.

J'aurois pu, sans entrer dans toute cette discussion, m'en tenir à la volonté du roi, qu'il déclare à votre compagnie par ses lettres-patentes. Mais comme cette autorité n'est pas moins juste qu'elle est suprême, j'ai été bien aise de m'expliquer plus en détail avec vous sur des matières où toutes sortes de raisons concourent à faire voir que les décisions du roi sont aussi équitables dans le fond qu'inviolables dans la forme, et qu'ainsi le parlement de Rouen ne sauroit s'y conformer trop promptement ni trop exactement. Je crois d'ailleurs vous donner par là une nouvelle marque de ma considération pour une compagnie que je regarde avec une si grande distinction, comme vous le savez parfaitement ; vous ne connoissez pas moins les sentimens avec lesquels je suis.

Du 6 *août* 1736.

La réponse que j'ai faite au parlement de Bordeaux sur l'ordonnance qui concerne les testamens, ne mérite point les éloges que vous lui donnez, mais elle exprime au moins mes sentimens pour une compagnie que j'honore véritablement, aussi bien que son très-digne chef. C'est ce qui fait que je suis fâché de ce que vous n'avez pu lui faire sentir l'inutilité et le peu de décence, par rapport à elle, des lettres de jussion. Il me semble qu'elle n'entend pas bien quel est le vrai cas de cette espèce de lettres. Elles ne deviennent nécessaires, et elles ne sont bien placées que lorsqu'après avoir reçu la réponse du roi à des remontrances, une compagnie fait encore de nouvelles difficultés, qui obligent Sa Majesté à ne plus traiter avec elle par voie de raisonnement, si l'on peut parler ainsi, et à user de la plénitude de son autorité. Mais, puisque c'est le parlement de Bordeaux, qui croit lui-même avoir besoin de lettres de jussion, je compte qu'elles partiront incessamment, et qu'elles arriveront à Bordeaux en même temps que cette lettre. Au surplus, ne craignez pas que je sache mauvais gré à votre compagnie de sa manière de penser sur ce sujet. Je n'en suis peiné que par rapport à elle, et la chose me seroit fort indifférente, si je n'étois plus occupé de sa dignité, qu'elle ne l'est elle-même en cette occasion.

Du 11 *août* 1736.

Je vois bien par votre lettre du 31 juillet dernier, qu'il ne s'est rien passé d'extraordinaire dans le parlement de Grenoble, au sujet des remontrances qu'il a cru devoir envoyer au roi sur l'ordonnance qui regarde les testamens. Mais c'est ce qui fait que je suis encore plus étonné de la manière dont ces remontrances ont été tournées. Sans parler du style, qui est assez peu convenable, on n'y voit rien qui marque une exacte connoissance du fond de la jurisprudence romaine; on s'y contente souvent d'avancer de simples propositions, sans les appuyer d'aucunes preuves, quoiqu'elles soient très-douteuses, et il semble que tout soit perdu, parce qu'on n'a pas toujours suivi la jurisprudence du parlement de Dauphiné, et que le roi, préférablement à tout autre considération, s'est attaché dans sa nouvelle ordonnance à suivre les plus purs principes du droit romain, et ceux qui étoient suivis par le plus grand nombre des parlemens du royaume. Mais, sans entrer aujourd'hui dans un plus grand détail sur ce sujet, la réponse que vous recevrez incessamment aux remontrances dont il s'agit, vous mettra pleinement en état d'en bien juger, et je suis persuadé qu'après cette réponse, le parlement de Grenoble se portera très-volontiers à enregistrer une loi qu'il ne paroît pas avoir examinée avec assez d'attention.

Du 13 *août* 1736.

Je n'étois plus à Compiègne, lorsque vos remontrances, sur la déclaration du 26 juin, et sur les lettres de jussion du 29 juillet dernier, y sont arrivées, et vous devez être instruits à présent de la résolution que le roi a jugé à propos de prendre au sujet de ces remontrances. Elles auroient été reçues plus favorablement, si vous aviez commencé par obéir aux volontés du roi, en procédant à l'enregistrement de sa déclaration. La déférence et la soumission des compagnies ne font que donner plus de poids à leurs représentations; et je suis persuadé que, lorsque vous vous conduirez de cette manière, Sa Majesté sera toujours prête à écouter vos raisons et à vous donner des marques de sa bonté.

Du 13 août 1736.

L'ORDONNANCE, dont l'objet a été de fixer la diversité de la jurisprudence sur la matière des testamens, ne contient rien qui ait pu engager votre compagnie à faire les remontrances qu'elle m'a adressées, et le roi, à qui j'ai eu l'honneur d'en rendre compte, n'a pas jugé à propos d'y avoir égard, par des raisons qu'il vous est aisé de pénétrer.

Il s'agit d'une loi qui n'a été donnée qu'avec une entière connoissance de cause, après la discussion la plus exacte des mémoires des différentes compagnies, et en particulier de ceux du parlement de Grenoble; chacune des cours, dont les opinions étoient opposées, les ont soutenues avec beaucoup de solidité; et si le roi a donné la préférence aux maximes qui lui ont paru les mieux établies, on peut dire que dans le choix qu'il en a fait, il a agi moins en législateur qu'en juge; mais après qu'il a prononcé, il ne reste plus qu'à se conformer à une décision dictée par la raison encore plus que par l'autorité.

Le roi m'ordonne donc de vous écrire qu'il attend de la soumission et de l'attachement de votre compagnie à son service, qu'elle s'empressera de lui donner une nouvelle preuve de son zèle, par l'enregistrement d'une ordonnance qui est déjà observée dans la plus grande partie de son royaume.

Mais, après m'être acquitté des ordres que Sa Majesté m'a donnés à cet égard, mes sentimens pour votre compagnie m'engagent à entrer dans un plus grand détail, pour lever jusqu'aux moindres doutes qui pourroient subsister encore dans son esprit.

Ces doutes ne peuvent avoir rapport qu'à deux sortes de décisions :

Les unes regardent seulement la forme, ou la solennité extérieure des testamens ;

Les autres concernent le fond même des dispositions qu'ils peuvent renfermer.

Dans la première espèce de décision, le roi a bien voulu se conformer avec la plus grande attention, au goût et à l'inclination des peuples qui suivent le droit écrit, en conservant exactement les formes établies par les lois romaines ; mais comme ces lois avoient été différemment observées, la nouvelle ordonnance a autorisé les règles qui sont non-seulement les plus convenables à l'utilité publique, mais les plus conformes au texte des mêmes lois.

Il n'y en a point qui y soit plus clairement exprimée que celle qui oblige les testateurs, lorsqu'ils prennent la forme du testament nuncupatif, à prononcer publiquement toutes leurs dispositions en présence des témoins, *palàm edicant ;* et la disposition d'une ordonnance, qui ne fait que renouveler sur ce point la disposition littérale de la loi 8, au code : *Qui testam. fac. poss.*, n'auroit pas dû paroître nouvelle dans un pays si attaché au droit écrit.

Il en faut dire autant de ce qui regarde le nombre et la qualité des témoins, et si la nouvelle ordonnance a autorisé la disposition des statuts locaux, qui diminuent ce nombre dans quelques lieux régis par le droit romain, c'est une nouvelle preuve de la bonté avec laquelle le roi veut laisser vivre ses sujets sous des lois particulières, qu'une longue habitude leur fait paroître préférables aux règles communes.

Sa Majesté ne pouvoit établir, ou plutôt confirmer des formes plus simples que celles qui sont prescrites par la nouvelle ordonnance, soit pour les testamens *entre enfans*, soit pour les testamens *militaires*, ou pour ceux qui sont faits en *temps de peste*. Mais le roi ne devoit pas négliger de prendre en même temps les précautions nécessaires pour assurer la preuve de la volonté du testateur, et pour empêcher qu'on ne pût lui prêter facilement l'ouvrage d'une volonté étrangère ; Sa Majesté n'a fait par là qu'entrer dans le véritable esprit des lois romaines, et elle pourroit vous dire ici, à l'exemple de l'empereur Trajan, dans la loi 24, ff. *de test. mil.* personne n'a plus d'intérêt à l'établissement de ces précautions que les militaires mêmes qui, sans cela, seroient toujours dans la crainte d'un testament supposé, *ne per hoc*, comme dit la même loi, *judicia vera subverterentur*. Ce que cette loi dit sur les testamens militaires, ne s'applique pas moins aux testamens faits *en temps de peste*, et convient même encore mieux aux testamens faits *inter liberos*. Affranchir ces sortes de testamens du plus grand nombre de formalités qu'il est possible, et en laisser néanmoins assez pour assurer la preuve de la volonté du testateur, c'est jusqu'où peut aller la sagesse du législateur, et c'est aussi le précis de toutes les dispositions de la nouvelle ordonnance sur cette matière.

Elle est entrée dans les mêmes vues, en se contentant de deux témoins qui sussent signer à l'égard des testamens faits par des personnes de la campagne. Porter plus loin la facilité de la loi, c'auroit été ouvrir la porte aux fraudes et aux suppositions, en autorisant un testament qui ne seroit signé, ni du testateur même, ni au moins de deux témoins. Si le testateur ne sait pas lire (c'est le cas qu'on suppose dans les remontrances), il n'en est par là que plus exposé à la surprise, et plus digne par conséquent des précautions que le roi prend pour l'en garantir. La crainte des formes superflues ne doit pas conduire jusqu'au retranchement des formes nécessaires ; et la loi ne se réduit-elle pas à cette dernière espèce de forme, lorsqu'elle se contente de la signature de deux témoins non suspects, pour établir la preuve de la volonté du testateur ?

Par les réflexions que l'on fait dans les remontrances sur l'usage du Dauphiné, à l'égard des testamens reçus par les curés, il semble que le parlement ne soit pas assez entré dans le véritable esprit de l'article 25 de la nouvelle ordonnance. Cet article ne conserve aux curés le droit de recevoir des testamens avec deux témoins, que dans les lieux où ils y sont autorisés expressément par une coutume, ou par un statut, comme on le voit dans la plupart des pays de droit coutumier, que cet article regarde principalement. A l'égard des provinces qui suivent le droit écrit, comme on n'étoit pas assez instruit de leurs usages sur ce point, on n'a pas cru devoir s'expliquer, quant à présent, d'une manière plus précise sur ce qui regarde les curés. Ainsi, le parlement de Grenoble peut m'envoyer les éclaircissemens qu'il jugera nécessaires, soit sur l'usage de la province de Dauphiné à cet égard, soit sur les vues qui peuvent servir à le faire confirmer, ou à y apporter quelque changement, afin que sur le compte que j'aurai l'honneur d'en rendre au roi, Sa Majesté puisse expliquer ses intentions sur ce sujet avec une entière connoissance de cause.

Je passe présentement, des difficultés qui n'ont rapport qu'à la forme, à celles qui regardent le fond des dispositions testamentaires.

Il faut en retrancher d'abord ce qui concerne les institutions contractuelles et les substitutions. Ce sont deux matières qui, n'étant en aucune manière l'objet de la nouvelle ordonnance, ne doivent pas non plus être celui de vos remontrances.

Il faut encore écarter ce qui concerne l'abrogation des testamens mutuels et des clauses dérogatoires. Plus vous y ferez de réflexions, plus vous sentirez combien cette abrogation innocente pour le passé, puisqu'elle n'y donne aucune atteinte, peut être utile pour l'avenir.

L'expérience a fait connoître que les testamens mutuels étoient la source ou l'occasion d'une infinité d'inconvéniens et de difficultés presqu'insurmontables, soit sur la liberté, qu'on ne pouvoit, sans injustice, refuser à l'un des testateurs de révoquer sa disposition, soit sur l'obligation d'avoir le consentement de l'autre, ou du moins de l'avertir du changement de volonté, soit enfin, sur l'effet de la révocation faite par l'un des deux testateurs, ou pendant la vie, ou après la mort de l'autre. Il n'y a aucun de ces différens points qui n'eût fait naître un grand nombre de procès, et qui n'ait partagé, non-seulement les avis des jurisconsultes, mais les sentimens et la jurisprudence des parlemens.

Il étoit donc bien digne de la sagesse du roi et de son amour pour le bien public, de retrancher une source si féconde de contestations, en faisant cesser l'usage des testamens mutuels. Actes d'ailleurs très-inutiles, puisque deux testamens faits séparément, mais de concert par un père ou une mère, peuvent avoir les mêmes avantages que les testamens mutuels, sans avoir les mêmes inconvéniens. La simplicité, amie des lois, a donc justement prévalu dans l'esprit du roi sur cette matière, et Sa Majesté a jugé qu'elle étoit dans le cas, où il vaut mieux couper le nœud, que de chercher à s'en dégager par des distinctions qui causent souvent plus de procès qu'elles n'en préviennent.

Les clauses dérogatoires ont paru susceptibles des mêmes réflexions. Destinées dans leur origine à prévenir la surprise ou la suggestion, la malice des hommes les a fait servir souvent à la favoriser, et à détruire l'effet d'une volonté postérieure par la seule omission d'une clause qui souvent n'étoit pas l'ouvrage du testateur, ou qu'il avoit oubliée.

On a cherché à y remédier par des distinctions sur les différentes manières de rappeler cette clause; mais l'application de ces distinctions est devenue souvent très-difficile par la variété des circonstances, et les juges obligés à se déterminer par des conjectures toujours douteuses et incertaines, ont désiré plus d'une fois, que l'on pût abolir l'usage d'une clause qui ne s'accorde pas avec la pureté des principes du droit civil, et que les jurisconsultes romains auroient rejetée, comme tendante à donner des bornes au pouvoir des testateurs, ou à tendre souvent un piége à leur liberté.

Les autres difficultés de votre compagnie tombent sur différentes décisions sur lesquelles vous avez pu remarquer que, si dans les unes on a préféré la jurisprudence des autres cours à celle de votre compagnie, il y en a d'autres où vous avez eu réciproquement le même avantage, et cela ne pouvoit pas arriver autrement dans une loi où il s'agissoit de faire un choix entre des jurisprudences différentes.

Au reste, ces difficultés paroissent se réduire à un petit nombre d'articles. Tel est celui où il s'agit de l'institution d'un héritier, qui n'est ni né ni conçu au temps de la mort du testateur. Institution qui, loin d'être approuvée par le droit civil, est au contraire rejetée par toutes les lois qui exigent que l'héritier institué soit capable, au temps de la mort du testateur, et à plus forte raison qu'il soit existant, avec cette différence que le défaut de capacité civile peut s'effacer par des fictions favorables, au lieu qu'il est impossible de feindre qu'un homme ait existé avant que de naître ou d'être conçu

Tels sont encore les articles qui regardent la faculté accordée au testateur, de prohiber la détraction de la trébellianique, (faculté autorisée par l'usage de presque tous les pays soumis au droit écrit,) l'effet de la clause codicillaire et l'étendue du pouvoir de celui que le testateur a institué héritier, à la charge d'élire un de ses enfans.

L'essentiel dans ces matières, est qu'il y ait une règle connue par une loi claire et précise, qui avertisse tout testateur de ce qui aura lieu, s'il ne déclare pas expressément sa volonté ; en sorte que dans tous les cas, la décision des juges ait toujours un principe solide, soit dans l'autorité de la loi, qui montre la régle générale, soit dans la volonté expresse du testateur, qui a usé du pouvoir que la loi lui donne d'y mettre une exception.

Tel est donc le véritable esprit de la nouvelle ordonnance sur toutes les matières qui en sont susceptibles. Prévenir les difficultés que la différente manière d'interprêter les termes trop généraux d'un testament avoit fait naître jusqu'à présent, ne diminuer en rien la liberté du testateur, l'obliger seulement à expliquer précisément sa volonté, et la laisser dominer ensuite dans ses dernières dispositions.

Ainsi, bien loin qu'une loi faite dans cet esprit puisse jeter les juges dans le doute et répandre de l'incertitude dans leurs jugemens, elle ne peut, au contraire, que les faire sortir de la situation embarrassante où ils se trouvoient auparavant, entre tant de sentimens et d'usages contraires les uns aux autres.

Au surplus, ceux qui ont rédigé les remontrances de votre compagnie, n'ont pas pris garde apparemment que les nouvelles lois qu'il a plu au roi de donner sur les diversités de jurisprudence n'ayant point d'effets rétroactifs, il n'est pas possible que l'ordonnance sur les donations ait produit aucune difficulté, par rapport à celles qui l'avoient précédée. Le parlement même de Grenoble, qui paroît craindre que ces nouvelles lois ne l'obligent à former de nouveaux doutes, ne m'en a proposé aucun sur celle qui regarde les donations, depuis qu'elle y a été enregistrée. Je peux dire la même chose de tous les autres parlemens du royaume; et comment seroit-il possible que des lois qui épargnent aux juges la discussion d'un grand nombre de questions difficiles, sur lesquelles leurs sentimens étoient partagés, deviennent une nouvelle matière de doute, si ce n'est dans l'application aux faits particuliers? Mais, comme le nombre et les circonstances en sont infinis, il n'est pas possible de les renfermer dans une loi, il suffit d'y établir des régles certaines; et on ne doit pas douter qu'un parlement aussi éclairé que le vôtre ne les applique toujours aux faits particuliers, avec autant de justesse que d'équité.

Enfin, outre le grand avantage de rendre au moins le droit fixe et certain, l'observation exacte de ces lois procurera à tous les parlemens en général, et à celui de Grenoble en particulier, la satisfaction de voir que les plaideurs ne trouveront plus de prétexte dans les diversités de jurisprudence, soit pour attaquer leurs arrêts, soit pour se soustraire à leur juridiction par des réglemens de juges et par des évocations. Je connois trop les lumières, la droiture et la sagesse de votre compagnie, pour n'être pas persuadé, que, lorsque vous lui aurez fait part de toutes ces réflexions, elle se soumettra, non-seulement avec respect, mais avec joie, aux volontés du roi, en procédant au plus tôt à l'enregistrement pur et simple de sa nouvelle ordonnance.

Du 21 *août* 1736.

J'ai appris avec plaisir, que ma lettre du 29 juillet avoit applani toutes les difficultés que MM. les commissaires de votre compagnie m'avoient proposées avec tant de sagesse et de retenue, sur quelques articles de l'ordonnance que le roi a faite sur les testamens.

La clause que le parlement a mise à la fin de l'arrêt d'enregistrement de cette loi n'a rien qui puisse déplaire à Sa Majesté; elle n'est conçue qu'en termes de prière et de supplication, qu'il est toujours permis d'adresser respectueusement au souverain. La seule chose qu'on pourroit dire, est que cette supplication n'est point nécessaire dans le cas présent. Il n'y a rien dans la nouvelle ordonnance qui regarde la distinction des différentes natures de biens sur lesquels la légitime des ascendans doit ou ne doit pas être prise. Il n'a été question dans l'article 61 que d'en fixer la qualité, pour terminer une question qui partageoit les suffrages des tribunaux, comme ceux des jurisconsultes.

Quels sont les biens auxquels les ascendans peuvent succéder, et auxquels la règle établie sur la quotité de la légitime doit être appliquée? C'est un point qui étoit hors de l'objet de la loi, et sur laquelle, par conséquent, elle ne s'est point expliquée; mais une précaution, quoique surabondante, ne doit point être reprochée à une compagnie qui entre si parfaitement dans les vues que le roi se propose par ses nouvelles ordonnances, et qui ne forme quelquefois des doutes, que pour se mettre plus en état de se conformer exactement aux véritables intentions de Sa Majesté.

Du 26 août 1736.

J'APPRENDS par votre lettre du 18 de ce mois, que l'ordonnance sur les testamens a été enregistrée au parlement de Bordeaux; il auroit été mieux, sans doute, que l'on n'eût pas attendu pour cela des lettres de Jussion; mais il y a d'anciens préjugés dans les compagnies, dont on a de la peine à les faire revenir, quoiqu'ils soient contraires à leur véritable dignité.

Du 29 septembre 1736.

Vous m'aviez déjà fait entendre par avance qu'il seroit bien difficile que l'ordonnance du roi sur les testamens fût enregistrée dans la séance du parlement de Toulouse qui vient de finir, et j'ai peu de chose à ajouter à ce que j'ai observé par ma dernière lettre sur ce sujet. Je remarque seulement, par ce que vous m'avez écrit le 11 de ce mois, que les représentations du parlement de Toulouse ne pourront arriver ici que dans le mois de décembre; mais, quel usage pourra-t-on en faire alors?

Il y a déjà onze parlemens ou conseils supérieurs qui ont enregistré cette loi, et des trois qui restent, y compris celui de Toulouse, il y en a un qui n'a pu procéder à l'enregistrement, parce qu'il n'a reçu cette ordonnance qu'à la veille de ses vacations; un autre où elle sera enregistrée dans le mois de novembre prochain. Ainsi, suivant toutes les apparences, la loi dont il s'agit se trouvera publiée dans tous les parlemens, et observée dans presque toutes les parties du royaume, lorsque je recevrai les représentations de votre compagnie. A quoi donc, encore une fois, pourront-elles servir en ce temps-là? Faudra-t-il retomber, en faveur d'un seul parlement, dans une diversité de jurisprudence, que le principal objet de la loi nouvelle est de faire cesser?

Il y a, d'ailleurs, bien de l'apparence, à en juger par votre lettre même, que les difficultés du parlement de Toulouse ne seront pas bien considérables, puisque ce qui le frappe le plus est la crainte qu'on ne cherche des moyens de cassation dans la contravention à des lois qui ne font qu'autoriser plusieurs dispositions du droit romain, au lieu qu'auparavant on ne pouvoit, selon vous, en trouver dans la contravention à ces dispositions, attendu que ce droit n'avoit pas le même caractère d'autorité qu'une ordonnance du roi.

J'avoue que je ne me serois pas attendu à voir opposer une pareille considération au grand avantage que le public peut trouver dans une loi claire et précise, qui apprend également aux plaideurs ce qu'ils peuvent demander, et aux juges ce qu'ils doivent ordonner.

Il y a, d'ailleurs, bien des manières de répondre à l'inquiétude que quelques-uns de MM. du parlement de Toulouse ont sur ce sujet:

1.° Il n'est pas vrai que la contravention au droit civil ne soit pas regardée au conseil comme un moyen de cassation, lorsque, d'un côté, la disposition de ce droit est certaine, et, de l'autre, que la contravention est évidente; autrement la distinction célèbre et constante des provinces du royaume, où le droit écrit tient lieu de loi, et de celles où il n'a pas la même autorité, seroit inutile et illusoire. Que seroit-ce qu'une loi à laquelle on pourroit contrevenir impunément, et que les juges seroient les maîtres de suivre ou de ne pas suivre à leur volonté? Ce seroit réduire le droit romain, dans les lieux même où il a force de loi, à n'être plus regardé que comme la raison écrite, qui peut bien se faire respecter, mais non pas se faire obéir par les juges.

Il est vrai qu'il y a des points, dans le droit écrit, sur lesquels on a fait naître des doutes qui ont quelquefois partagé, non-seulement les opinions des docteurs, mais les suffrages des juges; en sorte qu'un arrêt qui donne la préférence à l'un des sentimens controversés, ne peut pas être cassé, comme contenant une contravention à une loi claire et précise. Mais, est-ce un grand mal de fixer cette incertitude de sentimens, et de substituer une règle certaine qui prévient les procès, à un doute qui les faisoit naître?

2.° Les empereurs romains, et surtout Justinien, ont-ils craint de faire des constitutions générales pour fixer ce qui étoit douteux dans l'ancienne jurisprudence? et quelqu'un s'est-il avisé de leur reprocher que, par là, il avoient ouvert une voie pour attaquer les jugemens dans lesquels on auroit contrevenu à leurs ordonnances?

3.° Je rends plus de justice à ceux de MM. du parlement de Toulouse, qui pensent, comme vous me l'expliquez, qu'ils ne s'en rendent eux-mêmes. Je présume, et avec grande raison, qu'ils sont tous de fidèles observateurs des lois, et, par conséquent, qu'ils n'y contreviendront jamais. Ainsi, la crainte des demandes en cassation est une terreur panique dont il dépendra toujours d'eux de se délivrer. Ils y étoient, au contraire, beaucoup plus exposés avant les lois par lesquelles le roi s'est proposé de décider clairement les différentes questions qui étoient la matière d'une diversité de jurisprudence. Comme la loi alors n'étoit pas absolument certaine, le plaideur avoit souvent un prétexte pour attaquer les arrêts contraires à sa prétention ; il falloit alors nécessairement entrer dans l'examen et la discussion des usages et de la jurisprudence de chaque parlement, pour bien juger si l'arrêt qu'on attaquoit étoit contraire ou conforme aux règles reçues. C'est ce qui cessera absolument par des ordonnances qui établiront clairement et précisément ces règles. Ainsi, bien loin que ces lois multiplient les demandes en cassation, elles tendront, au contraire, à en tarir la source et à les éteindre dans leur principe même.

4.° Enfin, on ne feroit jamais aucune loi, si l'on écoutoit des représentations pareilles à celles que vous me faites entendre. Tout législateur doit présumer qu'aucun juge ne contreviendra à sa loi ; mais en même temps tout législateur doit se conserver l'autorité de réprimer les contraventions, si l'on en faisoit à ses ordonnances ; et il n'est peut-être jamais venu dans l'esprit de personne qu'un prince ne doive pas se porter à faire une loi, parce qu'on pourra y contrevenir ; ce que, si cela arrive, il ne pourra se dispenser de détruire ce qui y sera contraire. Ou la loi n'est pas bonne, et, en ce cas, il ne faut jamais la faire ; ou elle l'est, et alors il faut et la faire, et ne pas présumer qu'on y contrevienne ; et cependant, si on y contrevient, ne pas laisser subsister la contravention.

J'ai donc trop bonne opinion du parlement de Toulouse pour croire que la pensée, dont quelques-uns de ses membres sont frappés, y soit bien commune. Elle seroit, en vérité, du nombre de celles qu'on appelle *mali ominis*. Il n'y a qu'à bien craindre de contrevenir à la loi, moyennant quoi l'on n'aura plus à craindre les demandes en cassation, et j'y ajoute, en finissant, que dorénavant il sera plus aisé que jamais d'éviter les contraventions, par la grande attention que le roi a eue de ne laisser rien de douteux ni d'équivoque dans ses nouvelles ordonnances.

Si, contre son intention, il s'y étoit glissé quelque chose de semblable, ce seroit là ce qui devroit faire le véritable objet de l'application des parlemens ; et, en cas qu'ils trouvassent encore quelque obscurité dans certaines dispositions de ces nouvelles lois, je suis persuadé que Sa Majesté ne refuseroit point d'entrer dans ce qu'on lui proposeroit, pour ajouter un nouveau degré d'évidence et de clarté à ses décisions.

Du 29 octobre 1736.

Je suis bien éloigné de vouloir empêcher que le parlement de Toulouse ne fasse les représentations qu'il jugera nécessaires sur l'ordonnance qui regarde les testamens; et, quoique je vous en aie fait sentir l'inutilité par la lenteur même qui en a retardé l'envoi, je pense, comme vous, que la chose est trop engagée pour varier à présent sur ce sujet, et qu'il n'y a qu'à suivre entièrement le plan que vous vous êtes formé sur le temps et la manière de finir cette affaire.

A l'égard de l'inquiétude que MM. du parlement paroissent avoir sur le grand nombre de demandes en cassation qui pourront naître à l'occasion de la nouvelle ordonnance, ils peuvent s'en reposer sur le peu de faveur que ces sortes de demandes trouvent au conseil. Où en seroit même le prétexte, après une loi claire et précise, à laquelle les juges n'auront certainement aucune envie de contrevenir, et qu'il leur seroit même bien difficile de trouver le moyen d'éluder, quand ils en auroient la volonté, ce qui est bien contraire à leurs intentions? L'expérience doit les rassurer d'ailleurs sur ce sujet. Il y a près de six ans que l'ordonnance sur les donations entre-vifs a été faite, et l'on n'a vu jusqu'à présent, au conseil, qu'une seule demande en cassation où l'on ait cherché un mauvais prétexte dans cette ordonnance pour attaquer un arrêt. Il en sera de même de l'ordonnance sur les testamens.

Ceux de MM. du parlement qui vous ont dit qu'on ne fondoit point les moyens de cassation sur des dispositions du droit romain ne sont pas bien informés des maximes du conseil, comme je vous l'ai déjà marqué. Si un parlement avoit confirmé un testament fait par un fils de famille, il n'est pas douteux que son arrêt ne fût cassé tout d'une voix au conseil. Si le parlement de Toulouse avoit refusé à une femme le privilége que la loi *assiduis* lui accorde, sans que les créanciers eussent fait les diligences nécessaires pour conserver la priorité de leur hypothèque, l'arrêt auroit le même sort, malgré le peu de faveur de la loi *assiduis* et de la jurisprudence du seul parlement qui en a respecté la disposition. Il me seroit bien facile de multiplier ces exemples, et ceux que l'on vous a allégués pour établir le contraire ne le prouvent en aucune manière.

Toutes les lois sont sujettes à tomber en désuétude; et il est bien certain que, quand cela est arrivé, on ne peut plus tirer un moyen de cassation d'une loi qui a été abrogée tacitement par un usage contraire. C'est tout ce qu'on peut conclure des exemples dont il s'agit.

La permission accordée aux pères de charger après coup de substitution les biens qu'ils avoient donnés purement et simplement à leurs enfans, est sans doute contraire plutôt aux principes qu'à une disposition expresse du droit romain. Mais, c'est une exception de la règle qui, ayant été approuvée par un long usage et par une jurisprudence constante, est devenue une espèce de droit, comme beaucoup d'autres changemens que les mœurs ont introduits dans d'autres matières; et il ne faut pas oublier cette règle du droit romain même : *Inveterata consuetudo pro lege non immeritò custoditur.*

On peut dire la même chose de la jurisprudence du parlement de Toulouse, sur la transmission du fidéicommis qui n'est pas encore échu, et encore plus de la jurisprudence, non-seulement de ce parlement, mais de presque tous les tribunaux sous la détraction de la double quarte; et, sans faire ici une longue dissertation, je me renfermerai dans une seule réflexion générale qui comprend en effet tout ce que je pourrois dire sur ce sujet.

De ce qu'on ne sauroit tirer un moyen de cassation d'une loi qui n'est plus observée, ou d'un droit qui, à proprement parler, n'est plus un droit, puisqu'un usage contraire y a dérogé ou y a fait apporter une exception, on ne peut pas conclure légitimement qu'on ne puisse trouver un moyen de cassation dans la contravention à une loi ou à un droit qui subsiste et qui est encore en vigueur.

Il n'y a donc rien à changer à tout ce que je vous ai écrit sur le droit romain, lorsque je vous ai marqué qu'on pouvoit en tirer, et qu'on en tiroit en effet tous les jours des moyens de cassation. Il faut seulement y ajouter, pour répondre à tous vos exemples, que cela ne peut avoir lieu que lorsqu'il s'agit d'une règle du droit romain qui subsiste en son entier, et non pas d'une règle tombée en désuétude par le non-usage, ou abrogée tacitement par un usage contraire, ou du moins modifiée et restreinte par une exception que la jurisprudence a établie.

Toutes les raisons et tous les inconvéniens que vous alléguez tombent absolument par cette distinction; et c'est ce que vous ferez aisément sentir à MM. du parlement, qui me paroissent s'alarmer ici sans aucun fondement. Il ne me reste donc que de vous prier de finir ce qui regarde l'ordonnance des testamens avec le plus de diligence qu'il vous sera possible, et d'être toujours persuadé que je suis.

Du 11 *janvier* 1737.

J'AUROIS pu me contenter de la réponse que j'avois faite, par ordre du roi, aux premières remontrances du parlement de Grenoble, sur l'ordonnance qui regarde les testamens; mais, sans vouloir examiner si je n'aurois pas dû même prendre ce parti, je n'ai consulté que mon estime et ma considération pour votre compagnie. Elle mérite bien qu'on entre dans toutes les difficultés qui lui paroissent dignes de son attention, et qu'on travaille à dissiper jusqu'aux plus légers nuages qui s'en forment dans son esprit, par le seul désir de mieux connoître le véritable sens des lois, afin de s'y conformer plus exactement. Il auroit été long, et peut-être moins utile, d'entrer dans une grande suite de raisonnemens sur chacun des articles qui sont traités dans les nouvelles remontrances. Ainsi, j'ai cru qu'il valoit mieux vous les renvoyer avec des remarques que j'ai mises à côté de tous les points essentiels, et qui me paroissent achever de lever jusqu'au moindre doute. J'espère donc qu'une compagnie qui s'est expliquée, en dernier lieu, dans des termes si respectueux et si dignes de sa soumission aux volontés du roi, ne trouvera plus aucune difficulté à enregistrer, enfin, une ordonnance dont l'observation est si nécessaire, et qu'elle n'attendra point, pour cela, que le roi lui adresse de nouveaux ordres dans les formes usitées en pareil cas, mais qu'il est toujours aussi décent pour les compagnies que pour Sa Majesté même de prévenir.

Du 11 *février* 1737.

Les représentations que votre compagnie m'a enfin envoyées sur quelques articles de l'ordonnance qui concerne les testamens, ne contiennent que des observations qui ont été discutées attentivement avant que de donner cette loi. Vous savez qu'elle n'a été faite qu'après avoir reçu les avis de tous les parlemens, et entr'autres celui du parlement de Toulouse, qui a été lu et pesé avec toute l'attention qu'il méritoit. Admettre des exceptions à une pareille loi, pour préférer, dans certains points, la jurisprudence d'un parlement à celle de beaucoup d'autres, ce seroit retomber dans cette diversité même que la loi a eu pour objet de faire cesser, et il seroit encore plus difficile de le faire à présent que cette ordonnance est observée dans le ressort de presque tous les parlemens du royaume.

Le roi m'ordonne donc de vous écrire qu'il attend de la soumission du parlement de Toulouse, et de son attachement pour le service de Sa Majesté, qu'il ne différera pas plus long-temps de procéder à l'enregistrement pur et simple de cette loi.

Mais, après vous avoir fait part des ordres du roi à cet égard, mes sentimens pour votre compagnie me portent à entrer dans un plus grand détail, pour ne lui laisser aucun doute sur ce qui fait la matière de ses observations.

La forme des testamens olographes, dont le parlement de Toulouse paroît désirer l'introduction générale dans les pays de droit écrit, peut être envisagée dans deux cas différens :

Dans le premier, il s'agit de celles des dernières dispositions que les lois romaines ont voulu réduire aux formes les plus simples et les plus faciles ; et la nouvelle loi a prévenu, sur ce point, les désirs du parlement de Toulouse, en autorisant la forme des testamens olographes, soit pour les testamens entre enfans, soit pour les testamens militaires, ou pour ceux qui sont faits en temps de peste ;

Le second cas est celui de tous les autres testamens qui n'ont pas la même faveur.

Il y a sans doute de grandes raisons pour étendre jusqu'aux pays de droit écrit la faculté de suivre, dans tous les cas, la forme du testament olographe ; et l'on y est tellement accoutumé en ce pays-ci, qu'on n'a qu'à s'y défendre de la prévention naturelle pour cette forme de tester.

Mais, il faut convenir qu'il y a cependant des considérations aussi puissantes, et peut-être encore plus, pour ne rien changer, à cet égard, aux usages des pays de droit écrit.

Le caractère des testamens, qui sont regardés, dans ce droit, comme une espèce de loi, et qui, par conséquent, doivent en avoir la solennité ; le pouvoir indéfini du testateur, qui n'est restreint par rapport à aucune espèce de biens ; la foiblesse de l'âge, dans lequel les lois romaines permettent d'user d'un si grand pouvoir, et la facilité de faire écrire à un enfant de douze ou de quatorze ans un testament dont sa famille n'auroit aucune connoissance ; la crainte qu'un mari n'use de son autorité sur sa femme, pour lui dicter une disposition en sa faveur ; le danger des surprises que l'on pourroit faire à un testateur affoibli par l'âge ou par la maladie, pour lui faire changer, par une seule ligne écrite de sa main, ce qu'il auroit ordonné avec le plus de solennité et de réflexion ; enfin, l'incertitude de la date d'une écriture privée, sont autant de motifs importans pour ne rien changer dans les formes du droit écrit à cet égard, ou du moins autant d'inconvéniens, auxquels il faudroit chercher des remèdes, si l'on pensoit à introduire, en général, la forme du testament olographe dans les pays de droit écrit.

Ce furent sans doute ces considérations qui partagèrent les sentimens des commissaires du parlement de Toulouse, lorsqu'ils examinèrent la question qui vous fut envoyée séparément, pour savoir si l'on établiroit des formes de tester communes pour tout le royaume. Les uns se déterminèrent absolument en faveur du parti d'admettre les testamens olographes ; il y eut un second avis pour n'autoriser cette forme qu'à condition qu'on ne pourroit pas s'en servir dans les dispositions entre mari et femme ; et le troisième avis fut entièrement opposé à l'introduction des testamens olographes dans les pays où ils n'avoient pas eu lieu jusqu'à présent. Ce dernier avis est devenu le plus nombreux, en y joignant celui des cours qui suivent le droit écrit. Ainsi, tant que ces compagnies persisteront dans leur sentiment, qui, comme je viens de le dire, est le plus conforme à la pureté des principes du droit romain, et, d'ailleurs, fondé sur les grandes considérations que je vous ai aussi rappelées, il ne paroît pas possible de rien innover à cet égard pour le seul parlement de Toulouse, ni, par

27 *

conséquent, de rien changer à la disposition des articles 4 et 8.

Les articles 5 et 23, en ordonnant que les notaires écriront eux-mêmes le testament, n'ont fait que confirmer l'usage qui étoit le plus général, et en même temps le plus sûr. On ne peut pas présumer qu'un notaire qui est en état de recevoir un testament ne soit pas aussi en état d'en écrire la minute. Si l'on autorisoit ses clercs à l'écrire à sa place, comment seroit-il possible, après plusieurs années, de reconnoître si l'écriture est de la main de ce clerc ou d'une autre personne? Il pourroit même arriver que l'on tromperoit un notaire, en lui faisant signer par surprise un testament tout dressé, ou qu'il signeroit, sur la foi de son clerc, une disposition à laquelle il n'auroit pas assisté, comme on en a vu des exemples par rapport à d'autres actes qui ont donné lieu à des inscriptions de faux et à des procès aussi importans que difficiles à juger.

La disposition de l'article 25, qui accorde le pouvoir de recevoir des testamens aux prêtres séculiers préposés par l'évêque à la desserte des cures, s'applique naturellement au cas où l'évêque, en permettant de faire toutes les fonctions curiales dans une église succursale, commettroit un ecclésiastique pour y tenir lieu de curé. Mais, comme ce cas n'est pas fort commun, et que cela dépendroit beaucoup des termes et de l'étendue de la commission qui seroit donnée à cet ecclésiastique, il n'étoit pas convenable d'en faire mention dans une loi.

A l'égard des simples vicaires, il seroit d'une extrême conséquence de confier le pouvoir de recevoir un acte aussi important qu'un testament, à un ecclésiastique qui peut changer à chaque moment de demeure et de province, contre lequel, par conséquent, les parties intéressées ne pourroient avoir aucune ressource, la qualité de vicaire n'étant même souvent fondée que sur une simple lettre, ou sur une commission verbale. Il y avoit eu des réglemens qui leur défendoient de recevoir des testamens, à moins qu'ils n'eussent des lettres de vicariat en forme, et qu'ils ne les eussent fait enregistrer ; formalité à laquelle peu de vicaires auroient voulu s'assujettir, de laquelle cependant le sort des testamens auroit dépendu, et qui seroit devenue une espèce de piége pour les testateurs, par l'impossibilité où ils auroient été de savoir si le vicaire, qui recevoit leurs dernières dispositions, avoit satisfait aux conditions nécessaires pour lui en assurer le pouvoir.

L'intérêt des familles demande que celui qui reçoit un acte en qualité de personne publique, soit dans une situation qui mette les magistrats à portée d'exiger de lui le compte qu'il leur doit de sa conduite, et de le rendre responsable des fautes qu'il a pu commettre dans une fonction que les ecclésiastiques n'exercent, pour ainsi dire, que par emprunt, et à laquelle ils ne peuvent apporter autant de préparation et de connoissance que ceux qui l'exercent en propre, surtout dans les pays de droit écrit, où il en faut beaucoup plus que dans les autres pour bien rédiger un testament.

La proposition que le parlement fait sur les articles 33 et 42 d'admettre pour témoins, dans les testamens faits en temps de peste, ceux que les lois regardent comme incapables d'en faire la fonction, ne peut s'accorder avec les principes du droit, suivant lesquels les qualités personnelles sont indivisibles, et, par conséquent, les présomptions qui y sont attachées. Il faut, d'ailleurs, peser tous les inconvéniens, lorsqu'il s'agit de faire des exceptions aux règles générales ; et la surprise est tellement à craindre dans les temps de peste, que d'autres parlemens ont trouvé, au contraire, que l'on avoit apporté trop de facilité à cet égard dans la nouvelle loi.

Il n'est pas surprenant que l'on ait établi des règles plus sévères que celles du droit romain, en excluant les légataires d'être témoins. Nulle partie intéressée n'en peut faire la fonction dans les actes entre-vifs, et il paroissoit bien singulier qu'on eût plus de facilité par rapport aux dispositions testamentaires ;

c'étoit ce qui avoit porté le parlement de Toulouse à proposer la règle qui a été suivie en effet dans l'article 43. Il est vrai qu'il ne la proposoit que dans le cas où l'on prendroit le parti de diminuer le nombre des témoins ; mais ce nombre, plus ou moins grand, ne sauroit donner du poids à un témoignage suspect par l'intérêt de celui qui le rend ; et l'usage de léguer quelque chose aux témoins, en récompense du témoignage même, est une nouvelle raison pour confirmer la décision dont il s'agit.

L'article 45 n'exige la signature de tous les témoins que pour les dispositions qui se font dans des villes ou bourgs fermés, où il est facile de trouver des personnes qui savent signer ; et il est aisé de voir que, sans cette signature, on pourroit éluder les lois en écrivant le testament en présence d'un ou deux témoins seulement, ou même sans aucun témoin, et en y employant les noms de plusieurs personnes peu connues, que l'on déclareroit ne savoir signer.

A l'égard des autres lieux, on s'est relâché, autant qu'il étoit possible, en se contentant d'exiger qu'il y eût au moins deux des témoins qui sussent signer ; autrement il faudroit qu'un testament fût exécuté sur la simple parole d'un notaire de village. Il n'y a point de paroisse, à la campagne, où l'on ne puisse trouver un curé, un vicaire, un maître d'école, un procureur fiscal, un greffier de la justice ou quelques habitans qui sachent écrire leurs noms ; et, en tout cas, quelle comparaison pourroit-on faire entre le parti de laisser passer la très-modique succession d'un paysan aux héritiers du sang, à qui elle est destinée par l'ordre de la nature, et celui d'exposer toutes les familles au hasard d'un testament supposé ?

La question décidée par les articles 53 et 54 consistoit à savoir si la clause codicillaire pouvoit suppléer au défaut d'institution de ceux qui ont droit de légitime. Le parlement de Toulouse jugeoit qu'elle ne le pouvoit pas dans le cas de l'institution d'un héritier étranger. Le principe de cette décision est que la clause codicillaire a été uniquement introduite pour suppléer à ce qui n'est que de pure forme extérieure, et non pas pour faire valoir une disposition injuste dans le fond, par la prétérition de ceux à qui la nature donne, pour ainsi dire, avant la loi, les biens de leurs pères. La nouvelle ordonnance, en adoptant ce principe, l'a regardé comme une règle indivisible qui n'admettoit aucune distinction; et, l'on peut dire même que la prétérition d'un testateur qui institue un de ses enfans son héritier, est d'autant plus inexcusable, que, dans le temps même qu'il pensoit à son propre sang, il en a oublié, ou plutôt méprisé une partie. D'ailleurs, une loi nouvelle ne sauroit être trop simple, et le testateur, qu'elle avertit suffisamment, n'aura qu'à se plaindre de lui-même s'il y contrevient.

Il a paru peu convenable, par les mêmes raisons, d'admettre des distinctions sur la manière de régler la légitime testamentaire des ascendans dans le cas marqué par l'article 61; et il auroit été difficile de se déterminer en faveur de la jurisprudence que l'on suivoit au parlement de Toulouse, qui se trouvoit contraire à celle du plus grand nombre des compagnies des pays de droit écrit. A l'égard de la ville et gardiage de Toulouse, puisque les arrêts du parlement les avoient égalés sur ce point au reste de son ressort, il en sera de même dans l'exécution de l'article 61 de la nouvelle ordonnance, qui sera observée à Toulouse, et dans le gardiage comme ailleurs.

Après vous avoir expliqué le véritable esprit des articles qui font le sujet des observations de votre compagnie, il me reste de vous faire remarquer que, plus les décisions de la nouvelle ordonnance sont claires et précises, moins on doit présumer que l'on rende des arrêts qui y soient contraires, et, par conséquent, moins il y a lieu d'appréhender que l'on ne puisse en tirer un moyen de cassation. Une pareille pensée seroit de mauvaise augure, et elle iroit même beaucoup trop loin, puisqu'elle conduiroit à soutenir qu'on n'a jamais dû faire aucune loi, parce qu'on pouvoit craindre qu'un jour quelque plaideur téméraire n'accusât mal à propos ses juges d'y avoir contrevenu. Les empereurs romains n'ont pas cru que cela dût les empêcher de décider, par leurs constitutions, plusieurs questions qui partageoient auparavant les sentimens des juges et des jurisconsultes. Il n'y a qu'à lire ces constitutions, et surtout ce qu'on appelle les cinquante décisions de Justinien, et les novelles du même empereur, pour reconnoître qu'il n'y a rien de plus impératif que ces lois, ni qui laisse moins aux juges la liberté de s'en écarter; en sorte que, dans le pays où le droit écrit est observé, un arrêt rendu contre sa disposition est nul, suivant cette maxime du même droit : *Quæ contrà leges fiunt, nullius sunt momenti.* On ne devoit donc pas dire que *les rois ne se sont réservé la connoissance du mérite des arrêts que par rapport à la contravention aux ordonnances*, la contravention au droit écrit, dans les provinces où il y a force de loi, n'étant pas un moyen de cassation moins solide, et l'on en a vu, en effet, plusieurs exemples au conseil. Ainsi, prendre le parti de laisser subsister tous les doutes qui se sont élevés sur l'interprétation de plusieurs lois romaines, ce seroit ouvrir la porte aux demandes en cassation, bien loin de la fermer; et, par conséquent, au lieu de s'alarmer à la vue d'une ordonnance qui ne fait que fixer le véritable sens des lois précédentes, on doit reconnoître qu'il ne pouvoit y avoir de moyen plus sûr pour diminuer le nombre des demandes en cassation. J'ajoute même celui des instances en réglement de juges, qui ne sont souvent formées par les parties que dans la vue de fuir la jurisprudence qu'elles croient leur être contraire, pour chercher celle qui leur est favorable; en sorte que, comme le roi l'a marqué lui-même dans le préambule de son ordonnance sur les donations, le fond même de la contestation se trouve décidé par le jugement qui ne règle en apparence que la compétence du tribunal.

Ce n'est pas seulement par rapport à cet objet que je rappelle ici le souvenir de cette ordonnance; c'est encore parce que son exemple est singulièrement propre à dissiper les craintes du parlement de Toulouse, par rapport aux demandes en cassation. Il y a six ans que la loi qui regarde les donations a été publiée, et je ne me souviens point d'avoir vu porter au conseil aucune demande en cassation fondée sur une prétendue contravention à cette ordonnance; j'ai seulement quelque idée qu'on voulut en tirer un argument par rapport à une seule requête en cassation appuyée sur d'autres moyens, et que cet argument ne se trouva mériter aucune attention. Ainsi, l'expérience du passé doit calmer les inquiétudes du parlement de Toulouse sur l'avenir. Il en sera de l'ordonnance sur les testamens, comme il en a été de l'ordonnance qui a été faite sur les donations; et l'application en est confiée à de si dignes mains dans le parlement de Toulouse, que le témoignage qu'il peut se rendre à lui-même de sa droiture et de sa capacité doit le rassurer encore plus que tout le reste contre une inquiétude qui lui convient moins qu'à aucun autre tribunal.

Du 16 août 1737.

J'ai reçu la lettre que vous m'avez écrite, à laquelle vous avez joint un mémoire au sujet de la nouvelle ordonnance que le roi a envoyée à toutes ses cours, pour décider les questions sur lesquelles il y avoit diversité de jurisprudence entre ces compagnies par rapport aux dispositions testamentaires. Il n'est point d'usage que MM. de l'état de la noblesse envoient des représentations sur une loi qui ne leur est point adressée, et qui ne doit leur être connue qu'après qu'elle aura été enregistrée au parlement. Ils peuvent, d'ailleurs, se reposer entièrement sur le zèle et les lumières de cette compagnie, et il leur suffit de savoir que l'intention de Sa Majesté, comme elle l'a marqué elle-même par son ordonnance, *n'est point de faire un changement réel aux dispositions des lois observées jusqu'à présent; mais que Sa Majesté veut, au contraire, en affermir l'autorité par des règles tirées de ces lois mêmes; et expliquées d'une manière si précise, que l'incertitude ou la variété des maximes ne soit plus désormais une matière toujours nouvelle de doutes et de procès.* L'intérêt des familles nobles, dont ils ne causent que trop souvent la ruine, est un des principaux objets que Sa Majesté a eus en vue dans cette occasion; et elle ne cessera jamais de donner des marques de sa protection à toute la noblesse de son royaume, et en particulier à celle de Provence. Je me ferai toujours un véritable plaisir de pouvoir contribuer à tout ce qui peut lui être avantageux, et vous donner aussi, messieurs, des marques de tous les sentimens avec lesquels je vous honore véritablement.

Du 23 novembre 1737.

J'ai eu l'honneur de rendre compte au roi des remontrances respectueuses que votre compagnie a cru devoir lui faire sur l'ordonnance qui regarde les testamens, où Sa Majesté a considéré qu'il s'agit d'une loi qu'elle n'a donnée qu'après la discussion la plus exacte des mémoires de tous les parlemens ou conseils supérieurs de son royaume, et de celui d'Aix en particulier; que chacune des cours, dont la jurisprudence étoit différente, s'est servie des raisons les plus puissantes pour soutenir celle qui lui étoit propre; et que, si le roi a donné la préférence aux règles qui lui ont paru les mieux établies, on peut dire que, dans le choix qu'il en a fait avec une entière connoissance, il a agi moins en législateur qu'en juge; en sorte qu'il ne reste plus que de se conformer à des décisions dictées par la raison encore plus que par l'autorité. Sa Majesté m'ordonne donc de vous écrire qu'elle attend de la soumission, et du zèle de votre compagnie pour son service, qu'elle ne différera pas davantage de lui en donner une nouvelle preuve, par l'enregistrement d'une ordonnance qui est universellement reçue dans tous les parlemens et conseils supérieurs de ses états, et dans ceux mêmes qui ont le plus d'attachement pour le droit écrit.

Mais, après m'être acquitté des ordres que Sa Majesté m'a donnés à cet égard, mes sentimens personnels pour votre compagnie m'engagent à entrer dans un plus grand détail, pour lever jusqu'aux moindres doutes qui pourroient encore subsister dans son esprit.

Je commencerai donc par vous dire d'abord que le parlement de Provence n'avoit pas besoin de s'étendre, comme il l'a fait dans ses remontrances, sur la sagesse des lois romaines, et sur l'autorité que nos lois ont bien voulu leur donner dans plusieurs provinces de leur royaume. Personne ne les respecte plus que je le fais en mon particulier, et Sa Majesté a été bien éloignée de vouloir donner atteinte aux vrais principes du droit écrit. Son unique objet a été, non pas de faire un changement réel aux dispositions des lois observées jusqu'à présent, mais d'en affermir au contraire l'autorité, en décidant, par des règles tirées de ces lois mêmes, plusieurs questions sur lesquelles la différence des interprétations avoit produit une diversité de jurisprudence. Le roi l'a déclaré ainsi, avec les expressions les plus énergiques, dans le préambule de son ordonnance, et il l'a encore mieux marqué dans les dispositions de cette loi, qui n'est presque qu'un tissu des textes du droit romain, dont les principes y ont été suivis dans leur plus grande pureté. On n'y trouve point ce mélange du droit coutumier, qui, selon les remontrances, semble avoir affoibli depuis long-temps, dans votre province, son ancien goût pour l'étude du droit romain. Ces deux espèces de droit sont tellement distinguées, et si exactement caractérisées dans la nouvelle ordonnance, qu'aucune loi ne paroît plus propre à empêcher qu'on ne les confonde, et à faire remonter ceux qui la lisent jusqu'aux premières sources de leurs différences.

Après ces réflexions générales, qui pourroient suffire, j'entre très-volontiers, quoique sans nécessité, dans l'examen des difficultés particulières qui ont été proposées sur plusieurs articles de la nouvelle ordonnance, parce que cette discussion pourra servir à en faire mieux connoître le véritable esprit.

La liberté que le roi a jugé à propos de laisser au testateur de défendre d'accumuler les distractions des quartes falcidie et trébellianique, avec celle de la légitime, ne peut avoir rien de contraire aux principes du droit romain, qui ne connoissoit point ce concours de trois détractions; et si un usage qui ne doit sa naissance qu'aux interprétations du droit canonique, a enfin prévalu, dans cette matière, sur les plus saines maximes de la jurisprudence, rien n'est plus naturel que de permettre au testateur de prohiber ce qui n'a été introduit que contre les règles du droit; on y a même apporté le tempérament de donner, en ce cas, à ceux qui sont l'objet de l'article 60, la faculté d'opter ce qui leur sera le plus avantageux, ou de leur légitime ou de ces détractions, lorsque le père ne les aura pas réduits précisément à la légitime; et cette disposition a paru si équitable, qu'aucun des parlemens du royaume où le droit écrit a force de loi n'a été frappé de la difficulté que l'on relève dans les remontrances de votre compagnie.

Le statut de Provence ne peut servir de fondement à cette difficulté, puisque l'on reconnoît qu'il ne contient aucune disposition précise sur ce point; et une enquête qu'un auteur dit avoir été faite à l'occasion d'un procès porté dans une autre province, ne peut balancer la force des principes du droit romain sur le respect qui est dû à la libre volonté du testateur, et à la sagesse qui le porte de conserver, autant qu'il est possible, l'intégrité d'une substitution qu'il regarde souvent comme le salut de sa famille.

L'obligation que la nouvelle ordonnance lui impose de faire sa prohibition en termes exprès, est conforme à l'esprit du statut de provence. Il a supposé que la prohibition devoit être expresse, et il n'a fait qu'autoriser une des manières de l'exprimer. En effet, une défense précise est le seul moyen de prévenir toutes sortes de contestations sur ce sujet; et, d'ailleurs, on ne doit pas craindre que pareilles questions puissent se présenter à l'avenir, parce que les testateurs, avertis par une loi publique, ne manqueront pas d'expliquer leurs volontés dans les termes les plus exprès.

L'objet des articles 5, 6, 9 et 38, qui ne concernent que la forme extérieure des testamens, a été de concilier, à cet égard, les usages différens des tribunaux qui suivent le droit écrit. Les mêmes solennités étant exigées à la rigueur par les uns, et regardées comme inutiles par les autres, dans cette diversité, on a pris le parti de réunir seulement, dans la nouvelle ordonnance, celles qui sont essentielles à chaque forme de tester, ou qui ont paru nécessaires pour prévenir les surprises ou les suppositions. Ainsi, les usages s'étant trouvés différens sur le nombre des sceaux dans le testament mystique, on s'est déterminé, non pas à défendre d'apposer le sceau de chacun des témoins, mais à ne pas exiger cette formalité, comme absolument nécessaire. On s'y est porté d'autant plus volontiers, que celle de la signature des témoins, au bas de l'acte de souscription, est d'un ordre bien supérieur à celle des sceaux qui peuvent être tous apposés avec le même cachet.

On n'auroit pas cru, par la même raison, devoir imposer la nécessité de faire mention que les témoins avoient été convoqués exprès; et, en effet, il seroit bien dur de vouloir qu'un testament parfait et solennel fût annulé par la seule omission d'une mention qui est inutile, et qui se supplée, pour ainsi dire, de droit, lorsque les témoins ont été réellement présens à l'acte, et y ont souscrit.

Il n'en est pas de même de la signature du testateur et de la date, ce sont des formes autorisées par un usage presque universel dans les actes à cause de mort, comme dans les actes entre-vifs, et même dans les écritures privées. La nécessité de la date est établie précisément par la novelle 47 et par la disposition du chapitre 1.er de la novelle 107; disposition d'autant plus remarquable, qu'il s'agissoit de réduire les testamens qui font le sujet de cette novelle, aux seules formes nécessaires, et celles dont ils ne peuvent être que très-utiles, même pour la partie intérieure du testament mystique. La signature du testateur, en assurant que c'est son ouvrage, empêche qu'on ne puisse enlever le papier sur lequel il avoit fait écrire ses dispositions, pour y en substituer un autre non signé, et la date sert à faire connoître dans quel temps et dans quel état le testateur a écrit ou fait écrire ses volontés. Il est vrai que c'est la souscription qui rend le testament mystique parfait et solennel, et qu'un testateur qui avoit fait précédemment plusieurs dispositions est censé vouloir s'en tenir à celle qui est renfermée sous l'acte de souscription. Mais on iroit plus loin, si on prétendoit que la souscription seule puisse faire valoir une disposition écrite dans un accès de fureur, pendant lequel le testateur ne pouvoit pas même avoir de volonté. Enfin, une réflexion qui seule pourroit être décisive, c'est qu'il est important que les règles qui regardent la forme des actes, soient établies de la manière la plus générale; et, il suffit que des formalités si faciles à remplir puissent prévenir des surprises en plusieurs occasions, pour engager le législateur à les prescrire indistinctement, sans faire des exceptions qui, en rendant la loi moins simple, ne feroient qu'embarrasser les testateurs et les juges mêmes.

A l'égard de la forme du testament nuncupatif, la disposition de la nouvelle ordonnance est copiée sur la loi 2, *cod. qui testam. facere possunt*, et sur la loi 21, §. 2, *cod. de testament.* Les termes de ces lois sont même encore plus forts que ceux de l'article 5, soit sur la nécessité de la présence des témoins à toutes les dispositions, soit sur la continuité de l'acte. Au reste, dans l'ordonnance comme dans les lois romaines, cette continuité s'entend d'une continuité morale et non pas physique, et c'est pour cela qu'on n'a fait que traduire les termes de la loi par ceux-ci : *sans divertir à autres actes*. Le cas du testateur aveugle dont il s'agit dans le §. *at cùm*... *fragilitas*, est si rare, et la disposition de ce paragraphe pourroit donner lieu à tant d'inconvéniens, que l'on n'a pas cru qu'il convînt d'en confirmer la disposition par la nouvelle loi.

Le sens que le parlement veut donner à ces termes : *quod si litteras testator ignoret*, qui sont dans la loi *hac consultissima, cod. de testam.*, a été rejeté, comme il en convient par deux des plus célèbres interprètes du droit romain, sans parler de ceux qui ont suivi leur sentiment, et il s'en est trouvé qui ont soutenu l'opinion contraire; c'est précisément ce qui fait voir combien il étoit nécessaire de fixer, par une loi claire et précise la véritable signification de ces expressions. On a préféré celle qui étoit autorisée non-seulement par le suffrage des plus habiles jurisconsultes, mais encore par le plus grand nombre des parlemens du royaume. L'intérêt public a fourni un autre motif d'un ordre supérieur. Il ne convenoit pas de laisser la fortune des familles exposée à toutes les surprises que l'on peut faire à un homme qui ne sait ni lire ni écrire; en sorte que, n'ayant que la parole pour faire connoître ses volontés, il ne peut tester sûrement qu'en les expliquant à l'officier public et aux témoins qui en doivent attester la vérité. S'il est privé par là de l'avantage du secret que les autres testateurs peuvent se procurer par la voie du testament mystique, c'est son ignorance et non pas la loi qui l'en prive. Ainsi, après avoir balancé l'inconvénient des surprises avec celui du défaut de secret, on verra que l'un étoit, sans comparaison, plus grand que l'autre, et que l'intérêt même de celui qui ne sait ni lire ni écrire ne souffroit pas qu'on lui laissât l'usage d'une forme de tester, dont il auroit été si facile d'abuser contre lui.

Les règles établies par les articles 40, 43 et 45, par rapport aux témoins, sont d'autant plus nécessaires, que les testateurs sont mieux instruits. On ne pourroit, sans s'écarter des lois romaines, admettre pour témoins des religieux qui sont réputés morts civilement, quelque louable que soit le motif qui fait souffrir cette espèce de mort ou séparation du siècle, et le même motif doit les porter à ne point entrer dans ce qui regarde les affaires temporelles.

A l'égard des légataires, quoique leur intérêt soit moindre que celui des héritiers institués, il est toujours vrai de dire que ce sont des témoins qui déposent en leur propre cause; et dans une matière où il ne s'agit que d'assurer la foi publique, il est permis de porter les précautions au-delà de celles qui ont été prises par les lois romaines.

Enfin, rien n'étoit plus convenable que d'exiger, avec les tempéramens portés par l'article 45, que les témoins fussent en état de constater leur présence par leur signature; autrement il seroit facile de supposer des dispositions que l'on feroit signer à un notaire par corruption ou par surprise, et qui ne seroient attestées ni par la signature du testateur ni par celle d'aucun témoin.

On ne pouvoit, au surplus, se dispenser de diminuer le nombre des témoins nécessaires dans des actes aussi favorables que les testamens entre les enfans, ou ceux qui sont faits en temps de peste. Le parlement de Provence l'avoit déjà fait de lui-même, en se contentant, dans ce dernier cas, de cinq témoins; mais la difficulté de rassembler même ce nombre de personnes auprès d'un testateur attaqué de la peste, a fait penser qu'on pouvoit se fixer au nombre de deux témoins, avec celui qui fait fonction de personne publique; ce qui suffit pour toutes sortes de testamens dans une grande partie du royaume. On a cru aussi qu'on ne pouvoit refuser au testateur, si digne de compassion, l'usage du testament olographe qu'il ne peut écrire seul, et, par conséquent, avec plus de liberté. S'il y avoit cependant des faits de suggestion ou de violence contre des testamens faits dans de telles conjonctures, il y a, dans l'article 47, une disposition générale qui laisse aux juges la liberté d'approfondir la vérité de ces faits, et d'avoir tel égard qu'il appartiendra.

Après avoir éclairci les difficultés de votre compagnie sur ces différens points, qui ne regardent que la forme, je passe à d'autres articles qui concernent le fond-même des dispositions testamentaires.

Tout ce que le parlement d'Aix représente sur l'article 49 a été prévu et pleinement discuté, avant que de former la décision contenue dans cet article. Les parlemens mêmes, qui suivent le droit écrit, n'étoient pas d'accord entr'eux sur ce sujet; et ceux qui étoient pour l'avis qui a prévalu regardoient la jurisprudence que le parlement d'Aix défend encore aujourd'hui comme contraire aux premiers principes du droit romain. Ils avoient, en effet, de grandes raisons pour le soutenir. Tout le progrès du droit, qui est rapporté dans les remontrances de votre compagnie, peut se réduire à ce seul point. La différence que l'ancien droit civil mettoit entre ceux qui étoient nés au temps de la mort du testateur et ceux qui étoient seulement conçus dans ce temps, a été enfin abolie. C'est une vérité que personne ne peut contester. Mais on ne trouve aucun texte dans les lois romaines par lequel il paroisse que ceux qui n'étoient pas même conçus dans le temps de la mort du testateur, aient été capables d'être ses héritiers testamentaires; et, si l'on cite quelques lois pour soutenir l'opinion de votre compagnie, c'est, suivant ceux qui la combattent par des interprétations forcées, qu'on veut trouver dans ces lois ce qu'elles ne disent point en effet.

La première des capacités, et le fondement de toutes les autres, est l'existence; et celui qui n'est pas ne sauroit être regardé comme capable d'une succession testamentaire. L'argument que l'on tire des institutions conditionnelles ne détruit point ce premier principe. Il est vrai que l'incertitude de l'événement peut suspendre l'addition de l'hérédité dans le cas de ces sortes d'institutions. Il est encore vrai que, quand cet événement arrive et que la condition se trouve accomplie, le temps intermédiaire s'efface; et que, par une fiction favorable, on présume que l'héritier institué étoit capable dès le temps de la mort du testateur; mais il ne s'agit, dans ce cas, que de suppléer à une capacité accidentelle ou purement civile. Il y a toujours une personne existante, et, par conséquent, capable naturellement de recueillir les biens du testateur dans le temps de son décès.

Il n'en est pas ainsi lorsqu'il s'agit d'un héritier institué qui n'existoit pas même dans ce temps; c'est alors une incapacité absolue, une incapacité naturelle et essentielle que l'on veut faire disparoître, comme si la fiction pouvoit étendre ses droits jusque sur cette espèce d'incapacité. Elle peut avoir son effet par rapport à des capacités ou à des qualités purement civiles: la loi les a établies, et la loi peut aussi les faire cesser; mais, ni la fiction, ni la loi, n'ont pas la force de vaincre la nature.

On ne doit pas comparer non plus les legs ou les fidéicommis, ni les donations entre-vifs faites à des personnes nées et à naître, avec l'institution d'héritier. Dans les deux premiers genres de disposition, il y a toujours, au temps de la mort du testateur ou à l'instant de la donation, une personne existante qui recueille la succession ou qui accepte la donation, et qui, profitant de la libéralité du testateur ou du donateur, ne peut refuser d'accomplir dans la suite les conditions qui lui sont imposées; mais, dans le cas de l'institution d'un héritier qui n'est ni né ni conçu lors de la mort du testateur, la disposition porte entièrement à faux; l'institution s'anéantit de droit, par le défaut d'existence de la personne instituée, et c'est en vain qu'on veut la ressusciter dans la suite à la naissance de l'héritier institué, parce qu'il n'est pas possible de feindre qu'il a existé avant que d'être.

Vouloir que l'hérédité vacante tienne lieu de l'héritier, non-seulement ce seroit chercher un milieu entre la succession *ab intestat* et la succession testamentaire, dont l'une ou l'autre doit être déterminée au moment critique de la mort; mais ce seroit donner lieu en même temps au grand inconvénient d'abandonner une succession considérable à l'administration d'un curateur, qui peut durer très-long-temps, si l'on porte le relâchement jusqu'à permettre, comme les remontrances le supposent, d'instituer les enfans à naître d'un homme qui n'est pas encore marié; ce seroit en même temps ouvrir la porte à tous les procès qui peuvent naître, soit sur l'emploi des fruits et revenus de la succession, soit sur les réparations des fonds ou des bâtimens, et sur tous les autres incidens qui seroient la suite inévitable d'une pareille administration.

C'est par des considérations si puissantes que, sans adopter tous les raisonnemens de Valla ou d'autres jurisconsultes, on a cru devoir décider une question si abstraite, comme elle l'a été par l'article 49. On y a même été conduit par l'avis de plusieurs parlemens, qui avoient pensé d'abord comme celui de Provence, mais qui, ayant considéré qu'il s'agissoit de faire une loi pour l'avenir, ont cru que le bien public devoit faire prévaloir, en cette occasion, l'opinion contraire à leur premier sentiment. Et, en effet, quand il seroit vrai que la subtilité du droit pût favoriser ce sentiment, il auroit toujours été digne de la sagesse du législateur de prendre le parti le plus simple, et par là même le plus propre à prévenir les procès; ce qui est le principal objet de toutes les lois.

Au surplus, dans une matière si problématique, l'essentiel, pour l'intérêt public, étoit qu'il y eût une décision fixe et uniforme; et il ne reste que de se conformer, pour l'avenir, à celle que le roi a jugée la plus convenable.

L'article 53 ne doit pas être séparé de l'article 50, qui décide que l'on doit instituer héritiers ceux qui ont droit de légitime ; d'où il suit nécessairement qu'un simple legs fait en leur faveur ne peut couvrir le vice de la prétérition ; mais ces deux décisions seroient inutiles, si la clause codicillaire pouvoit suppléer au défaut de l'institution de ceux qui ont droit de légitime. Le parlement de Provence jugeoit qu'elle ne pouvoit pas avoir cet effet, lorsque le testateur avoit ignoré l'existence de l'enfant prétérit, et l'on n'a fait qu'appliquer la même règle à tous les cas dont la décision doit dépendre du même principe. Le véritable objet de la clause codicillaire est de suppléer à des défauts de forme extérieure, et non pas de faire valoir une disposition injuste ; c'est ce que le parlement de Provence jugeoit dans le cas dont je viens de parler, et c'est ce que la nouvelle ordonnance, tirant toujours les mêmes conséquences du même principe, a établi également dans tous les cas. L'expédient d'accorder à l'enfant prétérit les conditions des quartes, sans qu'il partage la charge des legs particuliers, ne paroît pas fondé en raison de droit, et il ne peut réparer suffisamment l'injustice d'une prétérition qui blesse d'autant plus la naturelle, qu'elle est faite plus sciemment. L'article 54 n'est qu'une suite des mêmes décisions, et il n'y a point de testament où la prétérition de quelques-uns des enfans soit moins excusable que dans le testament entre enfans.

L'article 63, qui décide que celui qui est chargé d'élire, n'a pas le pouvoir de grever de substitution celui qu'il choisit, quand même il la feroit en faveur d'un sujet éligible, est fondé sur cette règle générale du droit romain, que le testament est l'ouvrage de la seule volonté du testateur, et qu'il n'est pas permis d'y ajouter la disposition d'une volonté étrangère, à moins que le testateur ne l'ait permis expressément. C'est sur le fondement de ce principe que le parlement de Provence rejetoit la substitution faite par celui qui étoit seulement chargé d'élire quand il y appeloit un étranger ; mais le désir de choisir un sujet plus favorable, ne donne pas le pouvoir de choisir et de suppléer dans un testament une disposition que le testateur n'y a pas mise.

La seconde partie de l'article lui permet et l'avertit d'y mettre cette disposition, si telle est sa volonté. Toutes les vues de justice et d'équité sont donc également remplies par cet article pris en son entier, puisqu'il affermit d'abord en général la véritable règle, qu'il en autorise ensuite la seule exception qui soit légitime. Si le testateur parle, sa volonté connue soutiendra la substitution faite par celui à qui il a donné le droit d'élire ; et s'il ne parle pas, son silence même fera connoître qu'il n'a pas voulu cette substitution, et par conséquent qu'elle ne sauroit subsister.

La question qui fait la matière de l'article 65 étoit une de celles qui partageoient le plus les sentimens des compagnies. On s'est déterminé en général pour l'avis de plusieurs d'entr'elles, qui pensoient avec raison que la variation de celui qui a une fois consommé son choix par une donation acceptée du donataire ou par un contrat de mariage, étoit contraire à la nature des actes entre-vifs, et encore plus opposée au véritable intérêt des familles, puisque si on l'autorisoit, il n'y auroit plus rien d'assuré ni pour les dots des femmes, dont le privilége, suivant le droit écrit, est supérieur à tous les autres, ni pour les enfans, ni pour les créanciers de bonne foi ; mais en suivant ce principe général, on n'a pas laissé d'entrer en partie dans les vues du parlement de provence, puisqu'on a décidé que si le testateur avoit défendu de prévenir le terme dans lequel l'élection devoit être faite, un choix anticipé ne seroit regardé que comme une simple désignation, qui ne pourroit devenir fixe et irrévocable qu'après l'échéance du terme prescrit par le testateur. Mais il n'en est pas de même lorsque cette défense ne se trouve pas dans le testament ; le testateur est présumé alors avoir voulu se rapporter uniquement à l'affection et à la prudence de celui qui a le droit d'élire sur le temps et à la manière de déclarer son élection. S'il la déclare par un acte à cause de mort, il a la liberté de varier dans son choix; si c'est par un acte entre-vifs, ce choix demeurera irrévocable. Ce sera donc dorénavant aux testateurs d'expliquer clairement leurs volontés sur ce point, et rien n'étoit plus important que de prévenir le cas où il ne se seroit pas expliqué, pour le décider par une règle fixe et certaine, sans le faire dépendre de ces présomptions ou de ces conjectures de volonté, qui sont toujours une source féconde de procès.

La décision de l'article 67, au sujet de l'héritier institué qui agit en vertu d'un testament où se trouve la clause codicillaire, est tirée du droit romain, comme on l'observe dans les remontrances, et elle doit s'appliquer également, soit à l'héritier institué qui est de la famille du testateur, soit à celui qui n'en est pas, parce qu'elle est fondée, non sur la faveur des personnes, mais sur la nature de la clause codicillaire et sur les règles de l'ordre judiciaire, qui sont les mêmes pour toutes sortes de parties.

Pour bien entendre l'article 72, qui est une suite de l'article 71, il faut faire attention que l'un et l'autre sont dans l'espèce d'un testateur qui a son domicile dans un pays où l'on suit le droit coutumier; comme l'institution d'héritier n'y a pas lieu, la loi n'en connoît pas d'autre que l'héritier du sang, et elle le saisit de tous les biens après la mort du testateur, en sorte que c'est lui qui est chargé d'acquitter les legs universels ou particuliers. Ainsi, ce qui porte le nom de testament dans ces pays, ne seroit regardé dans les principes du droit romain, que comme un codicille; mais on a prévu qu'un testateur, quoique domicilié dans un pays régi par les coutumes, pourroit avoir des immeubles situés en pays de droit écrit, et c'est dans cette espèce qu'on a fait une distinction très-naturelle. Ou ce testateur a fait une institution d'héritier dans les termes usités, ou il n'en a pas fait, et s'est servi des expressions usitées en pays de droit coutumier ; dans le premier cas, l'article 71 décide que l'institution d'héritier, quoique rejetée par la loi de son domicile, est valable par rapport aux immeubles qu'il possède en pays de droit écrit; mais dans le second cas où le testateur n'a point fait d'institution d'héritier, toutes ses dispositions ne peuvent être regardées que comme des simples legs universels ou particuliers; et tel est l'objet de l'article 72, article qui ne peut faire aucune difficulté dans les tribunaux de votre province, accoutumés à suivre les principes du droit romain. Ils ne considèreront ce testament que comme un codicille, et ils suivront les mêmes règles que s'il s'agissoit de la succession d'un homme domicilié en provence qui seroit mort sans testament, en se contentant de faire un codicille.

A l'égard de la nature des biens-immeubles dont il peut être permis de disposer en tout ou en partie, cela dépend toujours de la loi qui régit le pays où les fonds sont situés.

Je passe à l'article 76, et je n'ai pas besoin de rappeler ici toutes les raisons qui ont porté tant de grands hommes à désirer l'abrogation des clauses dérogatoires, puisque le parlement en fait lui-même la remarque dans ses remontrances. Je me contenterai donc de vous dire que ces clauses ont été justement regardées comme contraires à la pureté des premiers principes du droit romain, parce que leur effet est de mettre des bornes à la liberté indéfinie des testateurs, qui se tendoient, pour ainsi dire, un piége à eux-mêmes, en faisant dépendre leur volonté naturellement variable jusqu'à la mort, de la fidélité de leur mémoire. L'expérience a fait voir d'ailleurs que la précaution qu'on croyoit prendre contre la suggestion ou l'obreption par des clauses dérogatoires, se tournoit souvent contre le testateur même, et assuroit l'effet de la suggestion par l'artifice de son auteur qui, en suggérant un testament, ne manquoit pas d'inspirer au testateur une clause dérogatoire souvent difficile à retenir, pour empêcher que dans une situation plus libre il ne pût révoquer sa disposition.

Ce sont les mêmes réflexions qui portoient le parlement de provence à n'avoir pas toujours égard au défaut d'expression de la clause dérogatoire, et à en juger, soit par la qualité des personnes, soit par d'autres circonstances; mais cette manière de penser, quelqu'équitable qu'elle fût en elle-même, donnoit lieu à un grand nombre de contestations; ensorte qu'il y avoit presqu'autant de procès que des clauses dérogatoires. Ainsi, le roi a trouvé qu'il étoit plus court et plus sûr d'aller jusqu'à la racine du mal, en abrogeant l'usage d'une clause qui n'avoit été admise que contre la rigueur des principes, et qui devenoit une source de division dans les familles, dont la sagesse du législateur doit assurer, autant qu'il est possible, l'union et la tranquillité.

Après avoir ainsi marqué le véritable esprit de l'ordonnance sur les testamens, dans les articles qui ont fait la matière de vos remontrances, je ne crois pas devoir vous parler d'une démarche qui a été faite de la part des syndics de l'état de la noblesse, parce que Sa Majesté m'a ordonné de leur répondre que c'étoit une matière dont la discussion ne pouvoit regarder que les magistrats, sur les lumières et sur la vigilance desquels l'état de la noblesse, comme les autres ordres de votre province, doivent se reposer entièrement lorsqu'il s'agit de l'enregistrement des ordonnances que Sa Majesté fait pour le bien de tout son royaume. Il est temps de finir une lettre qui est devenue plus longue que je n'aurois voulu, par la discussion de quinze articles de la nouvelle ordonnance, dont il y en a plusieurs qui pourroient faire chacun la matière d'une longue dissertation. Je me contenterai donc d'y ajouter quelques réflexions générales sur le caractère et l'utilité des ordonnances de cette nature.

L'intérêt commun de tous les sujets du roi, est que l'on tarisse, autant qu'il se peut, la source des procès qui roulent sur le droit plutôt que sur le fait;

et le véritable moyen d'y parvenir, est de faire des lois si claires et si précises, que chaque partie puisse être elle-même son juge avant que d'entreprendre ou de soutenir une contestation. Ce n'est pas même assez que les décisions soient claires et également connues de tous ceux qui doivent les suivre. Il faut encore qu'il en résulte des règles générales qui s'observent également dans tous les tribunaux, en exécution des lois qui leur sont communes. C'est ce qu'il est impossible de faire sans donner la préférence dans certains cas à la jurisprudence qui s'observe dans des compagnies, sur celle qui est suivie dans d'autres. Mais, outre que le tribunal qui semble perdre quelque chose par cette préférence, en est dédommagé par celle que la loi lui donne à son tour dans d'autres points; ce qui forme une espèce de compensation, il est bien juste que chaque pays sacrifie en partie ses préjugés, ou ses usages particuliers, au grand avantage de cette uniformité générale de jurisprudence qui prévient les conflits de juridiction, et qui donne aux juges la satisfaction de voir que les plaideurs ne cherchent plus à les éviter pour trouver un tribunal qui leur soit plus favorable.

C'est par des motifs si dignes de Sa Majesté, qu'elle s'est portée à révoquer les dispositions obscures de l'édit de Saint-Maur, observé dans certains pays, inconnu et exécuté différemment dans d'autres; le même esprit lui a inspiré de faire cesser, par l'ordonnance qui regarde les donations et par celle qui concerne les testamens, une diversité de maximes qui avoit moins pour principe le texte même des lois romaines, que les différentes interprétations qu'on y avoit données : on y a préféré partout cette simplicité amie des lois qui retranche la matière des procès et la subtilité des jurisconsultes qui ne sert souvent qu'à les multiplier; c'est ce qui résulte de toutes les remarques particulières que j'ai faites sur les articles de l'ordonnance dont il s'agit aujourd'hui, qui vous ont paru susceptibles de quelques difficultés. Le parlement de Provence est trop éclairé pour se flatter que le roi puisse prendre le parti d'avoir plus d'égard au sentiment particulier de cette compagnie, qu'à celui de tous les autres parlemens du royaume où cette ordonnance est actuellement en vigueur, et à autoriser une jurisprudence qui deviendroit désormais singulière à la Provence seule, plutôt que celle qui doit lui être commune avec tous les autres tribunaux où les mêmes lois servent de règle.

Je suis donc persuadé que les officiers du parlement d'Aix ne différeront pas davantage de publier une loi qu'ils doivent recevoir, avec respect, pour l'autorité dont elle est émanée, et avec reconnoissance, pour le prince à qui sa sagesse et son affection pour ses peuples l'ont également dictée.

J'espère même du zèle et des lumières de votre compagnie, qu'elle saura mettre à profit les éclaircissemens qu'elle m'a engagé à lui donner, et que ses doutes sur la loi qui lui a été adressée, n'auront servi qu'à la mettre en état de la faire mieux exécuter.

Du 11 *mars* 1738.

J'apprends par votre lettre du 28 du mois dernier, que les deux nouvelles ordonnances, au sujet desquelles je vous avois écrit, ont été enregistrées au parlement de Pau avec une approbation dont je connois tout le prix, et qui m'assure par avance de l'attention avec laquelle cette compagnie veillera à leur exécution; vous y aurez sans doute la principale part, et je ne saurois trop vous assurer de toute la considération avec laquelle je suis.

Du 5 *mars* 1739.

J'ai examiné les mémoires qui m'ont été envoyés de la part de votre compagnie, soit sur la publication des testamens faits par des officiers du parlement ou par leurs veuves, soit sur l'apposition des scellés dans leurs maisons, et la confection des inventaires de leurs effets; j'ai même entendu sur ce sujet, d'abord M. le président........ et ensuite M. le premier président, depuis qu'il est en ce pays-ci, et après y avoir fait les réflexions nécessaires, j'ai cru que la longue possession du parlement dans cette matière, et le préjugé d'une décision du feu roi favorable à cette possession, méritoient sans doute une grande attention; mais j'ai pensé en même-temps, qu'il seroit à propos de reprendre l'idée qu'on avoit eu d'abord dans le temps de cette décision, qui étoit de faire expédier une déclaration, par laquelle Sa Majesté expliqueroit plus exactement ses intentions, soit sur les bornes dans lesquelles le privilége des parlemens devoit être renfermé, soit sur les précautions qu'il falloit prendre pour empêcher qu'on en tirât des conséquences contre la jurisdiction des juges ordinaires; il m'a paru qu'il seroit bon aussi de profiter de cette occasion, pour réformer quelques abus qui se sont glissés dans plusieurs siéges inférieurs de votre province, par la liberté que les principaux officiers de ces siéges se donnent, d'apposer des scellés sans en être requis, sous prétexte, ou de la minorité des héritiers, ou de la conservation des titres et des papiers des curés qui viennent à mourir.

Tels sont les principaux objets de la nouvelle loi qu'il paroît convenable de donner sur cette matière, et j'ai cru devoir vous les indiquer en général, afin que votre compagnie, à laquelle je compte que vous ferez part de cette lettre, juge à propos de m'envoyer ses mémoires ou ses observations sur ces différens objets, elle puisse le faire incessamment, et j'en profiterai avec plaisir.

A l'égard du sieur......., lieutenant-général au bailliage de Besançon, qui m'avoit envoyé ses mémoires contre l'usage où est le parlement, par rapport à ses membres ou à leurs veuves, je lui écris que c'est par une déclaration qu'il convient que Sa Majesté s'explique sur la question qu'il a fait naître, et que cependant il ne peut et ne doit empêcher que le parlement ne continue d'user d'un droit, dans l'exercice duquel le feu roi avoit jugé à propos de conserver cette compagnie.

Du 21 *mai* 1741.

Dès le moment que l'ordonnance, qui a été faite en l'année 1735 sur les testamens, a été enregistrée et publiée en la sénéchaussée d'Agen, les notaires, dont je vous ai envoyé la lettre, ne sont pas en droit de prétendre avoir ignoré cette loi; la publication qui se fait dans les bailliages et sénéchaussées est suffisante; il seroit à désirer qu'on pût faire encore mieux, suivant ce que vous proposez; mais je n'y vois pas de disposition quant à présent, et ce mieux n'est pas nécessaire pour faire présumer que personne n'ignore les lois qui ont été une fois publiées dans les lieux où elles doivent l'être. Vous prendrez donc, s'il vous plaît la peine de faire savoir aux notaires qui m'ont écrit, que leur prétendue ignorance n'est pas excusable, surtout à l'égard d'une loi qui a été si notoire, et qu'au surplus, il faudra peser dans les affaires particulières la qualité et degré des fautes qu'ils peuvent avoir commises dans la rédaction des testamens.

Du 24 *novembre* 1741.

Je vous envoie une lettre que le sieur......, vicaire à Lusignan, m'a écrite, afin que vous preniez la peine de lui faire savoir que, comme suivant la dernière ordonnance sur les testamens, il n'y a que les curés ou les prêtres commis à la desserte des paroisses pendant la vacance des cures qui puissent recevoir des testamens, il n'a pas le droit de le faire, n'étant qu'un simple vicaire, quoiqu'il puisse desservir une église succursale; mais cela ne change point son état, et ne peut lui donner un pouvoir qui est réservé au curé seul, ou au prêtre qui le représente véritablement, lorsqu'il n'y a point de curé en état de remplir ses fonctions.

Du 30 décembre 1742.

On a rapporté depuis peu au conseil une demande en cassation, qui avoit été formée par la dame de.... veuve du sieur...., avocat, contre un arrêt du parlement de Grenoble, du 29 mai 1742, par lequel, en confirmant une sentence du vice-bailli de Gresivodan, les juges ont autorisé un testament où le notaire, qui l'avoit reçu, avoit omis de faire mention de la lecture de ce testament à celui qui le dictoit, et s'étoit contenté de dire qu'il l'avoit publié dans la maison du domaine du testateur. Ainsi, la question décidée par cet arrêt se réduit à savoir, si le terme de *publier* renfermoit suffisamment dans son sens la lecture qui doit être faite au testateur, suivant les articles 5 et 23 de la dernière ordonnance sur les testamens.

Quelque spécieux que fussent les moyens de la demanderesse en cassation, le conseil du roi ne crut pas néanmoins qu'ils fussent assez décisifs pour lui donner lieu de détruire un pareil arrêt, soit parce que la question qu'on avoit agitée au parlement de Grenoble, sur la signification du terme *publier*, pouvoit être regardée comme une question problématique et susceptible de différentes opinions, en sorte que la décision du parlement de Grenoble ne portoit pas le caractère d'une contravention précise et formelle à la loi, soit parce qu'il paroissoit qu'il avoit été vérifié en première instance par le substitut de M. le procureur-général, que les notaires de Grenoble et des environs avoient toujours été en usage, soit avant ou depuis l'ordonnance de 1735, de se servir du terme *publier*, pour exprimer la lecture qu'ils avoient faite au testateur de sa disposition.

C'est même cette dernière raison qui a prévalu véritablement dans l'esprit de MM. du conseil, pour faire rejeter la demande en cassation. On a cru que le parlement de Grenoble avoit été plus en état qu'aucun autre tribunal, de juger du sens que l'usage du pays et le style des notaires avoient attaché au terme de *publier*, et l'on a craint d'ailleurs, que si l'on détruisoit l'arrêt de ce parlement, cela ne donnât lieu à plusieurs héritiers du sang d'attaquer un grand nombre de testamens rédigés dans la même forme que celui dont il s'agissoit, et de troubler par conséquent l'état des familles par une décision trop littérale et trop rigoureuse.

Mais en même temps que l'on crut devoir laisser subsister l'arrêt qui étoit attaqué, tout le conseil pensa qu'il étoit cependant nécessaire de réformer l'expression impropre et trop vague dont les notaires de Grenoble ou des environs avoient accoutumé de se servir, et de les ramener à un style plus conforme à l'esprit et aux termes mêmes du législateur.

Il est constant que celui de *publier* ne présente point naturellement à l'esprit ce que les notaires doivent faire, pour se conformer exactement à la disposition des articles 5 et 23 de l'ordonnance que le roi a faite en l'année 1735, sur les testamens; ce terme pourroit bien s'approprier à la lecture qui se faisoit par le juge, en présence des témoins et des parties intéressées, lors de l'ouverture judiciaire d'un testament mystique. Il seroit encore mieux employé, quand il s'agiroit de la publication solennelle qui s'en fait à l'audience, lorsqu'il contient des clauses de fidéicommis ou de substitution; mais c'est abuser manifestement d'un pareil terme, de vouloir l'appliquer à une lecture particulière et secrète, qui doit se faire au testateur, pour le mettre en état de juger si le notaire a bien pris sa pensée en rédigeant ses dernières volontés, et de voir s'il n'y a rien à y ajouter ou à y expliquer.

Le terme de *publication* ne fait pas entendre d'ailleurs une lecture relative à la personne du testateur, et ordonnée directement et principalement par rapport à lui. C'étoit là le défaut essentiel du testament que le parlement de Grenoble a confirmé, et qui, dans la grande rigueur, auroit dû être déclaré nul, à en juger par la signification du terme de *publier*, sans y joindre les autres circonstances qui pouvoient faire juger que dans l'esprit du notaire le terme de *publier* renfermoit celui de *lu* au testateur; mais il est encore plus sûr, pour prévenir tous les jugemens arbitraires et dépendans des différentes circonstances, d'obliger les notaires à s'exprimer d'une manière qui fasse entendre clairement que le testament en entier a été lu au testateur, après qu'il a eu achevé de le dicter.

Il est vrai qu'il n'y a point en cette matière, de ces expressions qu'on peut dire être de rigueur, ou qu'on appelle *sacramentelles*, et devenues nécessaires, à peine de nullité, par la loi qui les a consacrées en quelque manière. L'article 23 de l'ordonnance sur les testamens a été fait, au contraire, pour abolir ces formules scrupuleuses qui avoient lieu dans plusieurs provinces du royaume, et qu'on a rejetées avec raison comme une espèce de piége tendu aux notaires, et par eux au testateur même; mais, s'il n'y a rien de déterminé par la loi sur la forme de l'expression, il faut au moins que le fond, ou la substance même de ce qui en a été l'objet, soit exactement conservé, de quelque manière que le notaire juge à propos de l'exprimer; en sorte qu'il paroisse clairement que la lecture entière de tout le testament a été faite au testateur, avant qu'il l'ait signé.

Ainsi, que le notaire dise qu'il a *fait lecture du testament, ou qu'il a lu, ou qu'il l'a récité ou répété mot pour mot*, au testateur, tout cela est indifférent, parce qu'il en résulte également, que la disposition de la loi a été pleinement remplie ; c'est uniquement à quoi tend cette loi qui, sans astreindre les notaires à aucune formule nécessaire, leur impose néanmoins l'obligation de marquer clairement et intelligiblement, en quelque terme que ce soit, que toutes les dispositions du testateur ont subi de nouveau son jugement par la lecture ou la récitation qui lui en a été faite exactement.

Il paroît donc absolument nécessaire que, pour faire cesser tout style impropre ou imparfait sur un point si important, le parlement de Grenoble rende, sur la réquisition de M. le procureur-général, un arrêt en forme de réglement, par lequel, en rappelant les dispositions des articles 5, 23 et 47 de l'ordonnance de 1735, il sera ordonné que ces articles seront exécutés selon leur forme et teneur, et qu'en conséquence, tous les notaires et autres personnes publiques à qui il est permis de recevoir des testamens, seront tenus de faire lecture du testament entier au testateur et de faire mention de cette lecture, en termes qui fassent entendre clairement qu'ils ont satisfait à cette formalité ; ce qui sera observé à peine de nullité, suivant la disposition de l'article 47, même d'amende et d'interdiction contre les notaires, s'il y échoit ; à quoi il ne restera plus que d'ajouter, que l'arrêt sera lu et publié dans tous les siéges où l'ordonnance qui concerne les testamens a été enregistrée et publiée.

Je ne doute pas que votre compagnie, à laquelle vous ferez part de cette lettre, ne se porte très-volontiers à s'y conformer ; et si M. le procureur-général, avec lequel je compte aussi que cette lettre vous sera commune, veut bien faire d'abord un projet de sa réquisition, pour me l'envoyer après l'avoir concerté avec vous, il me mettra par là en état de mieux juger de la rédaction qu'il en aura faite, et qui peut être importante dans la matière présente.

Du 14 mars 1743.

Je vous envoie une lettre que le sieur Bertal, curé de Saint-Polycarpe, m'a écrite, afin que vous preniez, s'il vous plaît, la peine de me faire savoir si le désordre est aussi grand qu'il le prétend. La loi est si claire et si précise dans la distinction qu'elle fait entre les pays du droit écrit et ceux qui se régissent par le droit coutumier, qu'on ne comprend pas qu'aucun curé ait pu s'y méprendre, ou que si l'abus étoit aussi général qu'on l'expose, vous n'y eussiez pas mis ordre plus promptement. En tout cas, s'il y a des curés qui se trompent sur ce point, il seroit bon de les éclairer par un arrêt de réglement, rendu sur votre réquisition, qui remédiât au moins pour l'avenir à un désordre si capable de troubler la tranquillité des familles.

Du 22 août 1743.

La question qui s'est formée au parlement de Dijon, sur l'interprétation de l'article 39 de l'ordonnance du roi, qui regarde les testamens, et sur laquelle les juges ont cru me devoir consulter, est traitée avec autant de justesse que de précision dans le mémoire que vous m'avez envoyé.

Le terme de pays de droit écrit, dont on s'est servi dans l'exception que cet article renferme, est ce qui a fait naître le doute qu'il s'agit de résoudre, etc.

Ainsi, la coutume de Bourgogne s'étant écartée du droit romain pour suivre les principes du droit coutumier sur le nombre des témoins, il faut qu'elle les admette en entier; c'est-à-dire, avec la précaution que le législateur a jugée nécessaire pour assurer la foi des témoins réduits au nombre de deux, en exigeant qu'ils aient au moins l'âge de vingt ans.

Je n'étends point mes vues sur l'affaire particulière qui vous a donné lieu de me proposer cette question, je ne peux que me remettre sur ce point à la justice et aux lumières des juges qui doivent prononcer sur les demandes et contestations des parties.

Du 31 *mars* 1745.

Le roi vient de faire expédier des lettres-patentes adressées à votre compagnie, au sujet de la difficulté qui s'est élevée sur les testamens écrits par les clercs de notaire depuis l'ordonnance de 1735. Ces lettres-patentes peuvent être regardées comme un jugement rendu en connoissance de cause, puisqu'elles n'ont été données qu'après une longue discussion des pièces et des mémoires qui m'avoient été envoyés de part et d'autre, et après que le tout a été examiné plus d'une fois par des commissaires du conseil.

Vous remarquerez aisément que le préambule des lettres-patentes a été rédigé avec beaucoup de ménagement, soit sur ce qui regarde les arrêts de 1738 et 1741, soit sur ce qui concerne la requête d'intervention des procureurs de la province; mais, pour m'expliquer plus naturellement avec vous, je vous dirai que les deux arrêts auroient souffert beaucoup de difficultés, s'ils avoient été attaqués dans le temps qu'ils ont été rendus.

Sur quelques prétextes que les deux notaires qui les ont obtenus aient pu se fonder, on n'auroit pas dû leur accorder avec tant de facilité, la permission qu'ils demandoient, n'y ayant que le roi qui puisse donner des dispenses; et s'il étoit question d'interprêter son ordonnance, il n'étoit pas moins nécessaire de s'adresser à Sa Majesté, suivant la disposition précise des articles 7 et 8 du titre premier de l'ordonnance de 1667. Il falloit donc, ou rejeter une requête sur laquelle on ne pouvoit rien statuer, ou du moins m'en instruire, afin que je puisse prendre les ordres du roi sur ce sujet; et, si l'on eût pris ce parti, les nuages qui se sont formés sur le sens de l'article 5 de l'ordonnance de 1735 auroient été bientôt dissipés.

A l'égard de l'intervention des procureurs de Provence, leur fonction a pour objet l'administration des affaires communes de la province; mais par rapport aux questions de forme, ou de droit, ils doivent s'en remettre aux lumières et à la sagesse des magistrats, et en attendre la décision sans vouloir la prévenir et la diriger en quelque manière; l'intention du roi n'est pas qu'ils s'occupent de pareilles matières, ni qu'ils engagent la province dans des frais onéreux, en se rendant parties dans les procès portés en justice; il convient même à leur qualité de procureur de la province de demeurer neutres entre des parties qui en sont également habitans. L'exemple des démarches qu'ils ont faites au sujet de l'édit concernant la succession des mères, n'a point ici d'application, outre qu'il étoit question d'un objet général et bien différent de celui dont il s'agit; c'étoit au roi même, et non à un tribunal contentieux qu'ils devoient s'adresser, et d'ailleurs leur objet étoit alors de demander une loi et non pas un jugement.

Je passe de ces réflexions préliminaires, à ce qui regarde le fond même de la disposition des lettres-patentes; il ne s'agissoit pas de faire une nouvelle ordonnance sur les testamens, ni de réformer celle que le roi a faite avec tant d'attention. Prétendre que le terme, *lequel écrira*, puisse signifier *qu'il fera écrire par un autre*, c'est vouloir forcer le sens naturel des mots, et faire dire à la loi ce qu'elle n'a ni dit, ni voulu dire; il n'étoit donc question que d'en assurer l'observation; et vous verrez que l'on a entré dans tous les tempéramens qui pouvoient s'accorder avec la résolution que le roi a prise de faire exécuter, exactement et d'une manière uniforme, une ordonnance où il n'a eu en vue que l'intérêt commun de tous ses sujets.

Sa Majesté a bien voulu cependant ne point casser

les deux arrêts du parlement ; comme elle auroit pu le faire, suivant la disposition de l'ordonnance, elle en a seulement fait cesser l'effet pour l'avenir, en validant même les actes qui ont été faits sur la foi de ces arrêts ; mais on ne pouvoit étendre cette indulgence jusqu'à des notaires qui se sont dispensés eux-mêmes de l'observation de la loi, sans avoir recours à aucune autorité ; ainsi, tout ce qu'on pouvoit faire de plus à cet égard, étoit de mettre à couvert les dispositions à cause de mort, qui auront été exécutées, ou dont l'exécution aura été consentie par des personnes capables de s'engager, et qui auront formé par là une fin de non-recevoir contr'elles, que leurs adversaires peuvent leur opposer justement, sans que l'autorité de la loi en souffre aucune atteinte.

On a cherché inutilement une dernière ressource dans cette occasion, en faisant déclarer à un certain nombre de notaires, qu'ils avoient contrevenu à l'ordonnance : comme si un abus particulier et de peu de durée pouvoit l'emporter sur la loi ! Les lois romaines ont condamné expressément cette prétention ; et, si les auteurs de ces lois ont cru que, dans certaines occasions, l'usage pouvoit être d'un grand poids, ce n'a été que dans le cas où, suivant leur expression, il ne s'agissoit pas de vaincre la loi, et où un long usage avoit été confirmé par des jugemens contradictoires. Ici, tout au contraire, les arrêts des deux parlemens du royaume, dont le ressort est le plus étendu, avoient condamné l'usage de faire écrire les testamens par des clercs de notaires ; et le parlement de Provence, en n'accordant qu'à deux notaires une permission fondée sur des motifs particuliers, avoit confirmé la règle par l'exception même.

Outre cette première réflexion générale, on a remarqué que les notaires mêmes qui s'étoient écartés de la règle, avoient tellement douté dans la suite de la validité des actes de dernières volontés qui avoient été écrits par leurs clercs, qu'ils avoient conseillé aux testateurs de les recommencer dans la forme littéralement prescrite par l'ordonnance. Ainsi, en retranchant du nombre des actes compris dans les certificats de quelques notaires ceux qui ont été refaits ou qui pourront l'être, et ceux que la nouvelle déclaration met en sûreté, comme ayant été suivie d'une exécution volontaire ou d'un acquiescement exprès, ce qui peut rester de testamens, dans lesquels on a contrevenu à l'ordonnance, n'a pas paru former une considération suffisante pour les faire excepter de la disposition générale d'une loi, qui a dû commencer à être exécutée du jour de sa publication.

Il n'y auroit plus rien de certain, si l'on ne se fixoit pas à cette époque pour décider du sort des actes postérieurs; et, après tout, le plus grand inconvénient qui en puisse arriver est, que l'ordre des successions légitimes soit suivi, et que l'héritier du sang profite d'une hérédité que la nature et la loi lui avoient destinée, plutôt qu'un héritier testamentaire, qui n'y est appelé que par un testament nul et contraire à l'ordonnance.

Je remets à votre prudence de faire l'usage que vous jugerez à-propos de ces réflexions, pour résoudre les difficultés qui pourroient vous être proposées sur ce sujet; mais la conduite que votre compagnie a tenue, en demandant la décision du roi, me persuade qu'elle y sera reçue sans aucune contradiction.

Du 30 *octobre* 1748.

Je ne saurois vous dissimuler que le conseil du roi fut très-mal édifié, il n'y a pas long-temps, des motifs que le parlement de Dijon avoit envoyés pour justifier un arrêt qui étoit attaqué par une demande en cassation, et qui avoit été rendu par la chambre des enquêtes, à laquelle vous présidiez dans le temps de cet arrêt.

Le défaut essentiel du testament que le parlement avoit confirmé par son arrêt, ne tomboit que sur la formalité extérieure de l'acte, et il consistoit en ce que les témoins n'avoient pas été présens lorsque le testateur avoit expliqué ses dernières volontés.

Au lieu de s'attacher à un objet si simple, le rédacteur des motifs les avoit commencés par observer assez inutilement, que le testament ne pouvoit être soupçonné de suggestion; mais il en avoit besoin pour se préparer à avancer cet étrange principe, *qu'il paroît plus naturel de se conformer à l'esprit de la loi, que de s'attacher servilement à des formalités qui n'ont été prescrites que dans la vue d'éviter la fraude et la suggestion.*

Avec cette maxime générale, si elle pouvoit être tolérée, il n'y auroit aucun juge qui ne se crût en droit de mépriser toutes les formalités qui ont été si sagement établies par les lois, pour assurer la vérité et la solennité des actes les plus importans de la société civile. Leur exécution deviendroit absolument arbitraire; chaque juge, selon les motifs qu'il lui plairoit d'attribuer au législateur, s'imagineroit pouvoir en conclure qu'il n'est pas dans le cas pour lequel la loi a été faite; et il se glorifieroit d'avoir secoué le joug servile de la lettre, pour suivre ce qu'il lui plairoit d'en appeler l'esprit.

Il n'est pas vrai, d'ailleurs, que toutes les formalités dont les testamens doivent être revêtus n'aient été établies, soit par les lois romaines, ou par les ordonnances de nos rois, que dans la seule vue de prévenir la fraude et la suggestion. Le seul motif de ces lois a été de ne pas faire dépendre la connoissance et l'exécution d'un acte que la mort rend irrévocable, de la foi d'un seul homme, qui pourroit avoir mal entendu, ou mal rédigé, ou peut-être altéré les dispositions d'un mourant, qu'il auroit été le maître absolu d'écrire à son gré. C'est sur ce fondement que la présence des témoins a été jugée nécessaire par tous les législateurs; et il ne falloit pas, pour sauver un arrêt qui ne pouvoit se soutenir, restreindre à un seul objet, qui n'est pas même l'objet direct et principal, les raisons des sages précautions que les lois ont prises dans cette matière.

Il y a apparence néanmoins, qu'on a senti la foiblesse du moyen dont je viens de parler, et qu'on a cherché à le fortifier, en appelant au secours de cet arrêt l'autorité du droit écrit ; mais l'usage qu'on a voulu en faire en cette occasion a paru encore plus extraordinaire aux yeux du conseil.

Il s'agissoit dans l'affaire présente d'un testament nuncupatif; et ceux qui ont dressé les motifs ont voulu, par une équivoque qui n'étoit pas digne d'eux, y appliquer les règles qui n'ont été établies par les lois romaines, que pour les testamens mystiques.

C'est donc bien en vain qu'ils ont cherché à se prévaloir de la loi *Hac consultissima*, au code *de testamentis*, et des sentimens de plusieurs jurisconsultes, qui n'ont rapport qu'à cette espèce de testamens.

Personne n'ignore que, comme dans cette forme de tester c'est le testateur qui écrit lui-même en particulier ses dernières dispositions, ou qui les fait écrire par un autre, la présence des témoins, lorsqu'il y travaille, ce qu'il est le maître de faire en différens temps, ne peut jamais être requise.

Elle ne devient nécessaire que lorsqu'il présente son testament au notaire et aux témoins, et qu'il y fait mettre une enveloppe avec une suscription, qui est le seul acte qu'ils doivent tous signer également. C'est en cela que consiste toute la force d'un pareil testament, comme Dumoulin l'a fort bien observé dans le passage cité par l'auteur des motifs.

Mais auroit-on dû dépayser, pour ainsi dire, l'espèce de l'affaire présente, et oublier qu'il y étoit question, non pas d'un testament mystique, mais d'un testament nuncupatif; d'où l'on auroit dû conclure que la loi par laquelle on devoit en juger étoit écrite dans l'article 5 du titre de l'ordonnance qui a été faite sur les testamens, et qui ordonne si clairement et expressément, *que le testateur qui voudra faire cette espèce de testament, le prononcera intelligiblement en présence au moins de sept témoins, y compris le notaire ou tabellion, lequel écrira lesdites dispositions à mesure qu'elles seront prononcées par le testateur, etc.*

Bien loin que la nécessité de la présence de ces témoins ait quelque chose de nouveau ou de contraire au texte du droit civil, il n'y a qu'à lire une autre loi du code, qui commence par les mêmes mots : *Hac consultissima*, dans le titre, *Qui testamenta facere possunt*, pour être convaincu que cette nécessité dans le testament nuncupatif a été également reconnue par les empereurs romains. Quoique cette loi n'ait pour objet direct que le cas d'un testateur aveugle, Justinien a eu soin néanmoins d'y marquer, que les mêmes règles sur la présence des témoins avoient lieu dans tous les autres testamens du même genre, excepté en ce qu'il ajoute la présence d'un notaire ou d'un huitième témoin, lorsqu'il s'agit d'un testateur qui a perdu l'usage de la vue.

La peine de nullité est de droit, quand il s'agit de formalités essentiellement prescrites par la loi ; mais le parlement de Dijon n'étoit pas même obligé ici de suppléer au silence du législateur, il trouvoit dans le texte de l'article 47 de l'ordonnance des testamens, une disposition générale qui porte expressément que cette ordonnance, en ce *qui concerne la date et la forme des testamens, codicilles, ou autres actes de dernière volonté, et la qualité des témoins, sera exécutée, à peine de nullité, sans préjudice des autres moyens tirés des dispositions des lois ou des coutumes, ou de la suggestion et captation desdits actes*, termes qui auroient bien dû faire connoître au rédacteur des motifs, que la nullité résultante du défaut de formalité est indépendante des soupçons de suggestion par lesquels on peut attaquer un testament.

Il a fini ces motifs par des réflexions moins étrangères à la cause qu'il a tirées des défauts de la procédure qui avoit été faite par le frère du testateur, pour parvenir à la preuve de l'absence des témoins. Mais d'un côté, les principes qu'on rappelle sur ce point ne sauroient s'appliquer à une procédure criminelle; et de l'autre, quand il y auroit eu de l'irrégularité dans celle qui avoit été faite, le parlement auroit dû se contenter de la réformer, au lieu de se déterminer, comme il paroît visiblement l'avoir fait, par des raisons de droit aussi peu solides que celles qu'il a alléguées pour justifier son jugement.

Je n'ai donc pas cru qu'il suffit d'adhérer, comme je l'ai fait, au sentiment unanime de tout le conseil sur la cassation de cet arrêt; et il m'a paru d'autant plus nécessaire de vous instruire des réflexions qui ont été faites sur les motifs du parlement de Dijon, que ce n'est pas la première fois qu'il a donné des preuves de la répugnance qu'il a à se conformer exactement aux dispositions de l'ordonnance qui regarde les testamens; on en a déjà vu plusieurs exemples au conseil, où l'on a détruit quelques-uns des arrêts qui étoient contraires à cette loi, et où l'on n'en a laissé subsister d'autres que par des motifs tirés de fins de non-recevoir, ou de quelques circonstances singulières.

Vous aurez donc soin, s'il vous plaît, de faire part de cette lettre aux juges qui ont rendu l'arrêt que le conseil vient de détruire; et il seroit bon même qu'elle ne fût pas ignorée des autres officiers de votre compagnie, avant qu'ils fussent tous également attentifs à suivre si fidèlement les dispositions de cette loi, que leurs arrêts ne donnassent plus aucune prise à la critique des demandeurs en cassation.

Le conseil du roi ne la prononce jamais qu'à regret; mais il faut que l'autorité de la loi demeure toujours supérieure à celles des juges. Il ne leur convient jamais de disputer contre des principes qui doivent faire la règle commune de tous les tribunaux auxquels le roi confie l'exécution de ses lois; et il faut commencer par en reconnoître la vérité dans les motifs qu'on envoie au conseil, pour ne soutenir les arrêts qui sont attaqués que par des moyens qui n'aient rien de contraire à la disposition des ordonnances, en laissant aux plaideurs l'usage de cette espèce de subtilité, qui, pour me servir des termes d'un jurisconsulte romain, *salvis verbis legis, sententiam ejus circumvenit.*

Du 26 janvier 1750.

Je ne puis, Monsieur, que louer le désir que vous avez de vous éclaircir du véritable sens de l'article 9 de l'ordonnance concernant les testamens, quoique vous eussiez pu lever vous-même les doutes que vous me proposez, en pesant attentivement l'esprit et la lettre de cette ordonnance, et la disposition de la déclaration que le roi envoya au parlement de Provence en 1745.

Il vous auroit été facile de reconnoître d'abord, que l'esprit de l'ordonnance a été de prévenir des surprises dont il n'y a eu que trop d'exemples, en exigeant la présence d'un notaire qui écrive lui-même ce qui lui est dicté par le testateur dans le cas du testament nuncupatif, et l'acte de suscription, s'il s'agit d'un testament mystique. Comment pourroit-on être certain par l'acte même de sa présence, si l'on se contentoit d'une signature qu'il pourroit faire après coup, en l'absence du testateur, et peut-être après sa mort? L'écriture d'un clerc, qui n'a ni caractère public, ni office qui puisse répondre de ses fautes, ne peut en cette matière être équivalente à celle d'un notaire. Vous auriez pu encore remarquer que l'ordonnance défend d'appeler pour témoins les clercs du notaire, et il seroit bien singulier de supposer qu'elle les eut autorisés à écrire un acte où elle ne veut pas même qu'ils assistent.

Les termes de cette loi excluent encore plus cette idée. Après avoir marqué que le testateur écrira, ou fera écrire par un autre la partie intérieure de son testament, elle ne met pas la même alternative pour le notaire, mais elle porte qu'il *dressera l'acte*, sans ajouter, *ou le fera dresser par un autre*. Ces termes, *dressera l'acte*, sont impératifs et adressés au notaire seul, comme le terme *écrira* s'adresse à lui seul dans l'article de l'ordonnance qui concerne le testament nuncupatif. Si l'on s'est servi, en parlant de deux sortes de testamens, de deux expressions différentes, c'est que le mot *écrire* répond mieux à la fonction de mettre sur le papier ce que le testateur prononce, et que le mot *dresser* convient davantage à un acte où le notaire parle et atteste que le testateur lui a présenté un papier contenant ses dispositions. S'il y avoit quelques comparaisons à faire entre une disposition testamentaire et un procès-verbal fait par un juge et écrit par un greffier, vous sentez que ce seroit le testateur qu'il faudroit comparer au juge, et le notaire au greffier qui écrit l'acte de sa main. Il est de l'intérêt des familles, et même de celui des testateurs, d'assurer la vérité de leurs dispositions, en observant à la lettre les formes que les lois ont établies dans cette vue; et l'on peut appliquer à celle dont il s'agit, ce texte célèbre du droit romain : *Nec ullorum magis interest.... hujus modi exemplum non admitti*; et ce qui est dit à la fin du même texte, *et sic vera judicia subverterentur*.

Enfin, quoique la déclaration de 1745 n'ait été publiée qu'en Provence, vous pouviez la regarder au moins comme un commentaire de l'ordonnance, qui auroit achevé de dissiper vos doutes à cet égard, n'y ayant point de meilleur interprète d'une loi que le prince même dont elle est émanée. L'indulgence dont Sa Majesté voulut bien user, seulement sur ce qui avoit été fait en conséquence de deux arrêts du parlement d'Aix, quoique cette cour ait passé les bornes de son pouvoir, en autorisant deux notaires infirmes à faire écrire les actes à cause de mort par leurs clercs, forme une de ces exceptions singulières, qui ne doivent servir qu'à confirmer encore plus la règle; et Sa Majesté n'eut aucun égard au surplus, à l'usage qu'on alléguoit s'être introduit en Provence depuis la publication de l'ordonnance, parce que les héritiers du sang n'étant pas moins sous sa protection que les héritiers testamentaires, il n'auroit pas été juste d'accorder aux derniers une faveur qui auroit ôté un droit acquis aux premiers, et qui auroit été encore plus préjudiciable au public, en autorisant une diversité d'usages dans l'observation d'une ordonnance qui n'a été faite que pour établir des règles uniformes. L'inquiétude que vous me mandez s'être répandue dans le pays où vous êtes, à l'occasion de quelques demandes en nullité de testamens, seroit bien mieux fondée si l'on n'y tenoit pas la main à l'observation exacte des règles que l'ordonnance a prescrites pour la sûreté des familles. J'espère donc qu'après ces éclaircissemens vous ne vous ferez aucune peine de remplir, avec votre zèle ordinaire, les fonctions de votre ministère, dans les occasions où les dispositions de dernière volonté ne seroient pas revêtues des formes que cette loi exige, et où la nullité de ces dispositions n'auroit pas été couverte par le fait des héritiers du sang qui les auroient approuvées ou exécutées volontairement et en majorité.

Du...............

J'avois déjà vu, par le mémoire des syndics de la Cerdagne et du Capsir, qu'il y avoit eu dans ce pays plusieurs testamens qui n'avoient été signés que par un seul témoin avec celui qui les avoit reçus, malgré la disposition précise de l'ordonnance de 1735.

J'ai été encore plus surpris de voir, par le certificat joint à votre lettre, qu'un notaire de Perpignan est dépositaire, non-seulement de beaucoup de testamens qui ont ce défaut, mais aussi d'un nombre encore plus grand d'actes de dernière volonté, qui ne sont signés que d'un curé seul, sans la signature d'aucun témoin.

Des dispositions si informes ne peuvent être regardées que comme des contraventions à l'ordonnance, commises sans aucun prétexte; car on ne peut point alléguer que cette loi n'ait pas été connue, ayant été publiée depuis long-temps dans le ressort du comté de Roussillon; on ne peut pas dire qu'il y eût de l'obscurité dans ses expressions, sur lesquelles il ne s'est élevé aucun doute. Ce seroit donc autoriser à ne pas déférer aux lois, que d'approuver de pareils actes.

Il n'y a pas même d'exemple d'aucune loi qui ait permis ou confirmé des dispositions où la volonté du testateur ne seroit attestée que par une seule personne, et il est aisé de sentir combien il seroit dangereux de les regarder comme valables.

En général, ces sortes de grâces sont d'une grande conséquence, parce qu'elles donnent occasion de multiplier les contraventions aux lois les plus importantes, dans l'espérance d'obtenir ensuite la confirmation des actes qui y seroient contraires. Les lois de forme seroient inutiles, si l'on ne prononçoit jamais la peine de nullité; et, en les renouvelant pour l'avenir, elles ne seroient pas mieux observées, parce qu'on compteroit toujours sur la même indulgence.

Les règles de la justice ne permettent pas de faire valoir ce qui est évidemment nul au préjudice de ceux qui ont des droits légitimes, et même sans les entendre, Sa Majesté est toujours très-disposée à donner à ses peuples du Roussillon et de la Cerdagne, des marques de sa bonté. Mais en favorisant quelques particuliers dans cette occasion, elle causeroit un tort réel à beaucoup d'autres qui sont également habitans de la même province; et elle les dépouilleroit des biens qui leur appartiennent par les droits du sang et par les lois de leur pays.

La grâce que le roi a bien voulu accorder, par sa déclaration de 1745, ne regardoit que l'omission de quelques formalités purement extérieures; mais il s'agit ici de ce qui est le plus indispensable, pour prouver qu'une disposition testamentaire est véritablement la volonté du testateur. On ne peut être certain de cette volonté par la signature d'une seule personne avec le curé, encore moins par celle d'un curé seul. Il est de l'intérêt des testateurs eux-mêmes qu'on ne fasse pas paroître, après leur mort, des dispositions qui seroient l'ouvrage d'une volonté étrangère. Rien n'est aussi plus intéressant pour les familles que de prévenir des surprises qui ne sont que trop fréquentes.

Le roi est donc résolu de ne pas autoriser les testamens qui ont de tels défauts, et compte que son conseil de Roussillon tiendra la main à l'exécution de son ordonnance de 1735 : il ne conviendroit pas, au surplus, de faire connoître au public quelle est la quantité des testamens qui se trouvent contraires aux dispositions de l'ordonnance ; mais il me paroît nécessaire que les notaires et les autres personnes qui peuvent recevoir des testamens dans le ressort de votre compagnie, soient avertis qu'ils doivent se conformer exactement à toutes les dispositions de l'ordonnance de 1735, et en particulier à celles des articles 44 et 45, et que, s'ils s'en écartoient, le conseil supérieur ne pourroit se dispenser de réprimer ceux qui y auroient contrevenu. C'est ce que vous pouvez faire, tant de vive voix que par des lettres ; il y a eu lieu d'espérer que cela suffira, pour leur faire mieux observer une loi à laquelle Sa Majesté ne peut pas souffrir qu'il soit donné aucune atteinte.

---

§. VI. — *Projet d'ordonnance sur les Capacités et Incapacités de dispenser à titre gratuit* (1).

Du 12 *août* 1738.

La nécessité de pourvoir à des matières importantes, qui regardent la forme et l'ordre de la procé-

(1) Cette lettre étoit circulaire, et accompagnoit les questions imprimées page 464 ci-après.

dure, et sur lesquelles les différens tribunaux avoient interprété différemment les dispositions des ordonnances, a interrompu pendant quelque temps le travail commencé par les ordres du roi, sur les diversités de jurisprudence qui se sont introduites dans les cours, et où il s'agit du fond même des questions qu'elles sont obligées de décider. Mais Sa Majesté ne perd point de vue un objet si digne de son amour pour la justice; et elle a cru que, s'étant proposée d'abord d'établir des règles fixes et uniformes sur les dispositions de pure libéralité, soit entre-vifs ou à cause de mort, comme elle l'a fait par son ordonnance de 1731 sur les donations, par celle de 1735 sur les testamens, et comme elle le fera par celle qui doit paroître bientôt sur les substitutions, il étoit naturel d'y en ajouter une quatrième sur les différentes incapacités de donner et de recevoir: c'est ce qui fait la matière des questions dont je vous envoie six exemplaires. Comme dans l'examen de ces questions l'on doit envisager ce qui convient au bien commun de la société, encore plus que les principes du droit romain, ou ceux du droit coutumier, qui sont beaucoup moins opposés dans cette matière que dans d'autres, vous trouverez dans ce que je vous envoie, qu'on a cru devoir s'y élever par des vues supérieures, jusqu'à mettre en question, sur deux ou trois points, s'il ne seroit pas à propos de déroger à certaines dispositions ou des lois romaines ou des coutumes, pour tendre plus directement au bien public, sur des questions qui n'intéressent point le système général des unes ou des autres lois.

Vous examinerez, sans doute, dans le même esprit de législation, les questions nouvelles que je vous adresse, en associant à votre travail les magistrats de votre compagnie que vous en croirez les plus capables, ainsi que vous en avez usé à l'égard des questions que je vous ai envoyées dans les années précédentes; et la manière dont elles ont été traitées dans les avis que j'ai reçus me fait connoître ce qu'on doit attendre, en cette occasion, de leur zèle, de leurs lumières et de leur expérience. J'ajouterai seulement ici que lorsque les magistrats, qui examineront les questions présentes, ne seront pas du même sentiment, il sera bon d'en faire mention dans les réponses qui me seront adressées, et d'y marquer, en peu de mots, les raisons des différens avis.

Je ne compte pas que dans un temps où les juges ne doivent avoir en vue que la prompte expédition des procès, à la fin de la séance du parlement, ils puissent avoir le loisir de commencer l'examen des questions que je joins à cette lettre; mais comme ils pourront s'y appliquer beaucoup plus aisément dans le temps du repos que les vacations prochaines vont leur procurer, j'ai cru devoir vous envoyer dès-à-présent ces questions, afin que vous puissiez, avant la fin de la séance présente, en faire le partage entre ceux qui se chargeront de les approfondir et de les discuter exactement, pour se rassembler ensuite après l'ouverture du parlement prochain, et profiter en commun du travail qu'ils auront fait chacun séparément, moyennant quoi vous serez en état de m'envoyer alors, le plus promptement qu'il vous sera possible, le résultat des conférences qui auront été faites sur des questions si intéressantes, pour la sûreté et pour la tranquillité des familles.

Questions sur les Capacités et Incapacités de donner et de recevoir (1).

QUEST. 1.re Si les dispositions à cause de mort, faites par un étranger non naturalisé, sont valables quand elles sont au profit de ses enfans, ou de ses parens demeurant dans le royaume?

2. Si un Français sorti du royaume, sans permission du roi, pour s'établir à perpétuité dans un

(1) Ces questions n'ont pas été suivies d'ordonnance.

pays étranger, peut-il faire un testament en faveur de ses parens demeurant dans le royaume ?

Quid ? A l'égard de ses enfans nés en pays étranger depuis qu'il s'y est établi, et qui continuent d'y résider ?

3. Si les enfans naturels sont capables des dispositions entre-vifs ou à cause de mort, soit universelles ou particulières, faites par leur père ou mère ; ou si l'on doit les regarder comme incapables de toutes dispositions de libéralité, excepté les dons ou legs d'alimens ?

Quid ? Si la disposition est faite par un des ascendans du père ou de la mère de l'enfant naturel ?

4. Si les enfans légitimes d'un bâtard sont capables de recevoir des libéralités faites en leur faveur, par le père ou la mère du bâtard ou leurs ascendans ?

5. Si l'on doit autoriser ou abroger les statuts ou usages de quelques pays, qui rendent les enfans naturels capables de succéder *ab intestat* à leurs mères, ou qui contiennent d'autres dispositions en leur faveur ?

6. Si les enfans nés d'un mariage nul, où l'un des contractans étoit de bonne foi, sont capables des dispositions faites en leur faveur, par celui des contractans qui étoit de mauvaise foi ?

7. Si un homme veuf, ou une femme veuve, qui contracte une alliance déshonorante avec une personne indigne, ou d'une condition basse par rapport à la sienne, peut lui faire une donation par contrat de mariage ?

Quid ? Si la donation a précédé le contrat de mariage ?

8. Seroit-il à propos d'établir une règle uniforme dans tout le royaume, pour fixer l'âge de la majorité à vingt-cinq ans accomplis ?

9. Conviendroit-il aussi de fixer l'âge auquel les mineurs seroient émancipés de droit, ou de laisser subsister les différences qu'on trouve sur ce point,

soit entre le droit écrit ou le droit coutumier, soit entre les différentes coutumes?

Si l'on prenoit le premier parti, à quel âge conviendroit-il de fixer cette espèce d'émancipation ; et faudroit-il distinguer, sur ce point, les mâles et les femelles, les nobles et les roturiers?

10. Doit-on laisser subsister les règles différemment établies dans différens pays de la domination du roi sur l'âge auquel les mineurs peuvent faire des dispositions à cause de mort; ou seroit-il mieux de fixer cet âge d'une manière uniforme dans tout le royaume, et en ce cas quel seroit cet âge?

Seroit-il convenable de l'avancer en faveur des femelles plus qu'en faveur des mâles?

Auroit-on égard, en fixant l'âge où les mineurs auroient la faculté de faire des testamens ou autres dispositions à cause de mort, à la différente nature des biens dont ils disposeroient, comme meubles et immeubles, propres ou acquêts?

11. Un mineur peut-il faire une donation entre-vifs pour récompense de services réels et prouvés, auxquels la donation seroit à peu près équipollente?

12. Le mineur peut-il faire une disposition entre-vifs, ou une disposition à cause de mort, en faveur de celui qui n'a été nommé son tuteur ou son curateur, que pour un acte particulier comme un partage, ou pour l'assister dans ses procès?

Faudroit-il distinguer, entre celui qui n'auroit été nommé que pour l'assister dans une affaire particulière, et celui qui auroit été chargé de l'assister dans tous ses procès, ou seroit-il plus sûr et meilleur d'exclure toutes distinctions en cette matière?

13. Doit-on autoriser les donations entre-vifs, ou les dispositions à cause de mort, de ceux qui sont interdits pour démence, lorsqu'elles ont été faites dans des intervalles dits lucides; et ne seroit-il pas plus à propos de défendre absolument d'y avoir égard?

Même question sur la révocation des dispositions antérieures à la démence, qui ne seroit faite que depuis l'interdiction fondée sur cette cause.

14. Si les dispositions à cause de mort, faites par

ceux qui sont interdits pour cause de prodigalité, sont valables ?

Quid ? A l'égard de ceux à qui la justice a donné un conseil nécessaire, sans lequel ils ne peuvent s'obliger ni contracter.

15. Toutes les dispositions à cause de mort, faites par un prodigue interdit, qui n'ont point une date certaine et constatée par un acte authentique, ou par des circonstances équipollentes, doivent-elles être déclarées nulles, comme présumées faites depuis l'interdiction ?

16. Si celui qui est interdit pour cause de prodigalité, ou à qui il auroit été donné un conseil nécessaire, peut révoquer une disposition à cause de mort, qu'il auroit faite avant son interdiction ?

17. Si les religieux profès sont incapables de faire des dispositions entre-vifs, à cause de mort, et même pour leur pécule, encore qu'ils eussent obtenu une permission ou une dispense à cet effet ?

Y a-t-il quelque exception à faire pour les chevaliers de Malthe ?

Quid ? Des religieux promus à l'épiscopat ?

18. S'il y a encore des pays dans le royaume où l'authentique *ingressi* Cod. *de Sacrosanct. eccles.* soit observée; et en ce cas, ne seroit-il pas à propos d'en abolir la disposition, afin d'établir une règle uniforme sur cette matière dans tous les états soumis à la domination du roi ?

19. Si la profession tacite de l'état religieux, c'est-à-dire, celle qui est présumée par la longue demeure dans un monastère avec l'habit de religieux, et par l'observance de la règle sans aucun vœu solennel, doit être autorisée en France; et s'il en résulte une incapacité pareille à celle du religieux qui a fait une profession expresse ?

Quid ? De ceux qui ont porté l'habit d'ermite sans aucune profession expresse ?

Après quel temps cette incapacité auroit-elle lieu, si on prenoit le parti de l'établir ?

20. Convient-il de laisser subsister ou réformer la jurisprudence de quelques tribunaux, où ceux qui ont été restitués contre leurs vœux, après les cinq ans, sont capables des dons et legs, et exclus seulement des successions?

21. S'il est à propos de réformer les usages qui peuvent avoir lieu dans quelques provinces, suivant lesquels un religieux profés, ou le monastère pour lui, peut recueillir des successions, dons ou legs?

22. Si les institutions d'héritier ou legs universels, faits au profit des corps et des communautés, sont valables; et s'il y a quelque distinction à faire à cet égard avec les hôpitaux et autres établissemens?

23. Dans les pays de servitude et de main-morte, où le seigneur a droit de suite sur les mains-mortables, le serf ou le main-mortable qui ne laisse point de parens ou communauté avec lui au jour de son décès, est-il incapable de tester au préjudice de son seigneur, même dans le cas d'une longue absence, comme de vingt ou trente années; ou peut-il acquérir, par cet espace de temps, la faculté de tester de tous ses biens, autres que les mains-mortables?

Quid? A l'égard de celui qui est simplement main-mortable, sans être sujet au droit de suite?

Feroit-on une différence entre les biens par loi acquis dans l'étendue de la coutume qui régit la seigneurie où il est né, et ceux qu'il auroit acquis dans des coutumes ou pays où les mains-mortes n'ont pas lieu?

24. Si la condamnation à mort annulle les dispositions entre-vifs, faites depuis le crime commis ou prémédité, même avant l'accusation; et dans quel cas cette règle doit-elle avoir lieu?

Quid? Des dispositions de dernière volonté?

25. Si la condamnation annulle les dispositions postérieures au crime commis ou prémédité, dans tous les cas où l'on fait le procès au cadavre, ou à la mémoire de l'accusé; ou s'il y a des distinctions à faire sur ce sujet?

26. Dans le cas où la condamnation à la mort naturelle ou civile ne peut avoir un effet rétroactif contre les donations antérieures, celles qui sont faites par un accusé qui décède après le jugement, mais avant qu'il lui ait été prononcé, ou depuis l'appel qu'il en avoit interjeté, doivent-elles être déclarées nulles, ou doivent-elles subsister, quand même le jugement seroit confirmé après la mort de l'accusé, quant aux intérêts civils et restitutions ?

Quid ? De ceux qui, ayant été condamnés contradictoirement à la mort naturelle, s'échappent avant l'exécution ?

Quid ? Dans le cas d'une condamnation contradictoire à une peine emportant mort civile, lorsque le condamné s'évade aussi avant l'exécution ?

27. Si les condamnés par contumace à la mort naturelle ou civile peuvent faire des dispositions entre-vifs ou à cause de mort, faut-il distinguer si la disposition est faite pendant ou après les cinq années, et s'ils sont décédés pendant ou après ce temps ?

28. Si les condamnés par contumace à la mort naturelle ou civile, qui, par la prescription de vingt ans ou de trente ans, selon la différence des cas, se trouvent à couvert de la peine publique, recouvrent pour l'avenir la capacité de donner et de recevoir ?

29. Si celui qui est condamné aux galères pour un temps peut faire une disposition entre-vifs, ou à cause de mort, pendant le temps de la peine ?

30. Si ceux qui sont incapables de donner ou de recevoir par la condamnation prononcée contre eux, peuvent recevoir des alimens par dons ou legs ?

31. Y a-t-il quelque distinction à faire dans les questions précédentes sur l'incapacité résultante de la condamnation pour crime, entre le délit militaire et les autres crimes ?

32. Si les lettres du prince, qui remettent ou qui adoucissent la peine, valident les dispositions faites par le condamné avant ou depuis la condamnation ?

Faut-il distinguer les différens genres de lettres de grâce comme de rémission, d'abolition, de décharge de la peine prononcée, ou de commutation en une autre peine qui n'emporte point mort civile, de rappel de ban ou de réhabilitation ?

33. Si celui qui a fait un testament ou une disposition à cause de mort, pendant qu'il étoit incapable de tester, recouvre ensuite sa première capacité, suffit-il, pour faire valoir son testament, qu'il le rappelle en général, et qu'il le confirme par une nouvelle disposition; ou faut-il qu'il le refasse entièrement ou qu'il en rappelle exactement toutes les dispositions dans un testament postérieur?

34. Si une femme séparée de biens, même de corps et de biens, peut donner entre-vifs, sans être autorisée par son mari; et, au refus de son mari, l'autorisation du juge suffit-elle pour lui en donner le pouvoir?

35. S'il convient de déroger aux coutumes ou usages, qui exigent que la femme soit autorisée par son mari pour faire un testament ou autre disposition à cause de mort?

36. Si le testament du fils de famille, fait avec la permission du père de famille, et avec la clause que la disposition vaudroit en la meilleure forme et manière que ce puisse être, peut valoir comme donation à cause de mort?

37. S'il conviendroit de donner, en général, aux fils de famille parvenus à un certain âge, la faculté de tester, avec la permission du père de famille ou même sans cette permission?

38. Si l'article 131 de l'ordonnance de 1539 est observé dans tous les parlemens et cours supérieures du royaume?

39. Si les dispositions faites au profit des médecins, chirurgiens et apothicaires sont valables; et s'il y a des exceptions à faire à cet égard, entre les dispositions faites par des actes entre-vifs, et celles qui sont faites à cause de mort; ou entre les dispo-

sitions universelles et celles qui sont particulières?

40. Si les dispositions entre-vifs ou à cause de mort, faites au profit d'un confesseur, ou de la communauté dont il est membre, sont valables?

41. Si les dispositions faites par celui qui prend l'habit dans un monastère, au profit de ce monastère, ou en faveur des maisons du même ordre, ou même de tout ordre, sont valables; ou si l'on doit les déclarer nulles, encore qu'il vînt à décéder avant que de faire sa profession?

42. Lorsqu'un acte de dernière volonté est reçu par un curé ou desservant dans les lieux où ils sont en droit d'en recevoir, les dispositions faites par ledit acte en faveur dudit curé ou desservant, ou de l'église paroissiale, ou de la fabrique de ladite église, sont-elles valables; ou convient-il de n'autoriser ces dispositions que lorsqu'elles sont faites par un acte passé par-devant notaire ou autres officiers publics?

43. Si la prohibition de donner, à ceux sous l'autorité desquels est le donateur ou le testateur doit avoir lieu, quand même le donataire ou le légataire seroit un des ascendans ou héritiers présomptifs du donateur ou du testateur?

44. En cas qu'on fasse une exception sur la question précédente en faveur des ascendans, doit-elle cesser lorsqu'ils ont passé à des secondes nôces?

Y a-t-il quelque distinction à faire à cet égard entre le cas où les secondes nôces auroient précédé la disposition, et celui où elles l'auroient suivie?

45. Peut-on faire des dispositions de libéralité au profit des enfans de celui ou de celle à qui il est défendu de donner; par exemple, dans les lieux et dans les cas où les donations entre mari et femme sont prohibées; ou le conjoint par mariage peut-il donner aux enfans que l'autre conjoint a eu d'un précédent mariage? Faut-il distinguer, sur cette question, si celui qui a donné, a des enfans ou n'en a pas; ou convient-il de rejeter cette distinction?

Quid? Des ascendans, des frères et des sœurs des héritiers présomptifs de la personne prohibée?

46. S'il convient d'établir une règle uniforme dans toutes les coutumes, où l'on a prévu le cas des malades, qui font des donations entre-vifs pendant le cours de leur dernière maladie; et si, dans cette vue, il seroit à propos de fixer dans toutes ces coutumes un temps de survie à la donation, et quel seroit ce temps; ou seroit-il mieux de décider en général, que les donations entre-vifs faites par des personnes malades seront regardées comme nulles?

47. De quelle manière que la question précédente soit décidée, seroit-il à propos d'en étendre la décision à toutes les coutumes, même à celles qui n'en parlent pas?

48. Une grande partie des coutumes du royaume ayant établi l'incompatibilité de la qualité d'héritier d'avec celle de donataire ou de légataire, seroit-il à propos de restreindre cette incompatibilité, tant en directe qu'en collatérale, aux seules qualités d'héritier et de légataire, en la faisant cesser entre celles d'héritier et de donataire entre-vifs?

49. Y auroit-il lieu de faire dans cette matière une distinction entre les différentes natures des biens, en restreignant l'effet de l'incompatibilité aux seuls propres, et en la faisant cesser par rapport aux meubles et acquêts; en sorte que l'incompatibilité eut lieu entre la qualité d'héritier des propres et celle de légataire, et non pas entre celle de l'héritier des meubles et acquêts, et celle de légataire?

50. Par qui l'incompatibilité, de quelque manière qu'on la fasse subsister, pourra-t-elle être opposée; sera-ce seulement par l'héritier qui concourt dans la même espèce de biens avec celui à qui il oppose l'incompatibilité, comme par un héritier des propres avec un autre héritier des propres; ou même par l'héritier des propres à l'héritier des meubles ou

acquêts ; ou par l'héritier des propres paternels à l'héritier des propres maternels, et réciproquement ?

51. Pour prévenir un grand nombre de procès, que l'incompatibilité dont il s'agit fait naître tous les jours, ne seroit-il pas mieux de la faire cesser, en établissant pour règle générale, que la même personne pourra être héritière et donataire entre-vifs, ou légataire, tant en directe qu'en collatérale ?

52. Si l'on trouve trop de difficultés à établir cette règle générale, ne seroit-il pas important pour le bien des familles, et pour tarir la source d'un grand nombre de procès, de décider au moins que la même personne pourra être héritière dans une coutume, et légataire ou donataire dans une autre, attendu les grandes difficultés qui se rencontrent dans les cas où il y a des biens situés en différentes coutumes ?

Du 24 février 1739.

Il seroit, en effet, à désirer que les conférences qui se font entre les commissaires du parlement sur les dernières questions de jurisprudence que je vous ai adressées, puissent être plus fréquentes et plus décisives ; mais j'espère que nous en serons dédommagés par l'utilité et la solidité des observations qui me seront envoyées ; et je ne doute pas que vous n'y ayez une très-grande part.

Du 28 mars 1739.

Je suis bien persuadé qu'il n'a pas tenu à vous que l'examen des questions que je vous ai adressées sur les incapacités de donner et de recevoir, ne se fît avec plus de diligence ; mais comme il faut concilier ce travail avec les occupations ordinaires des magistrats, qui se trouvent souvent plus pressantes, il n'est pas surprenant qu'il n'aille pas aussi vîte qu'on le désireroit ; et d'ailleurs, il me paroît si avancé par ce que vous m'écrivez, qu'il n'y a aucun reproche à vous faire sur ce sujet ; je compte enfin qu'on en sera bien dédommagé par la solidité des réponses de MM. les commissaires du parlement de Dijon, qui sont en possession d'en envoyer toujours de très-utiles dans toutes les consultations que j'ai cru leur devoir faire.

Du 4 juin 1739.

Quoique MM. les commissaires du parlement de Dijon m'aient fait attendre assez long-temps les réponses aux questions qui regardent les incapacités de donner et de recevoir, ils ne sont pas cependant les moins diligens à y satisfaire ; et je ne doute pas que je ne trouve leurs réponses dignes du temps qu'ils ont employé à les faire.

Du 5 juin 1739.

J'ai reçu les réponses aux questions qui ont pour objet les incapacités de donner ou de recevoir, que vous m'avez envoyées ; et je ne doute pas que la bonté et la solidité de ces réponses ne nous dédommagent avec usure d'un retardement involontaire de votre part.

Du 27 décembre 1740.

J'AI reçu les réponses que le parlement de Bordeaux a faites aux questions que je vous avois adressées sur les incapacités de donner et de recevoir, et je ne doute pas que je ne les trouve dignes de ceux qui ont travaillé à les mettre par écrit. Vous avez très-bien fait de leur associer M. votre fils, et vous ne sauriez mettre trop en œuvre ce qu'il a de talens et d'application pour achever d'en former un fils digne de celui qu'il a le bonheur d'avoir pour père.

Du 18 février 1742.

JE crois qu'il y a bien dix-huit mois au moins que je vous envoyai, aussi bien qu'à M. le procureur-général en votre compagnie, un mémoire imprimé, contenant la liste d'un grand nombre de questions touchant les incapacités de donner et de recevoir, sur lesquelles la jurisprudence n'est pas uniforme dans les différens parlemens du royaume. Presque tous ces tribunaux, ou les conseils supérieurs des différentes provinces, ont satisfait à ce que je leur avois demandé sur ces questions; mais, comme je n'entends point parler de celui de Douai, je vous prie de rassembler promptement les commissaires que vous avez chargés apparemment de ce travail, pour vous mettre en état d'acquitter enfin cette vieille dette de votre compagnie.

Du 26 avril 1742.

J'AI reçu, en effet, dans le même temps que votre lettre, le paquet dans lequel M. le premier président a renfermé toutes les réponses que le parlement de

Flandre a faites aux questions que je lui avois adressées sur les incapacités de donner et de recevoir ; je souhaite de trouver, en les lisant, qu'elles répondent au temps que l'on a employé à les faire ; et j'aurai, au surplus, toute l'attention que je dois à la remarque que vous faites dans votre lettre, sur la question qui consiste à savoir si les corps ou communautés sont capables de recevoir des institutions ou d'autres dispositions universelles.

---

§. VII. — *Substitutions.*

Ordonnance de Louis XV, sur les Substitutions, donnée au camp de la Commanderie du Vieux-Jonc, au mois d'août 1747 (1).

Louis, par la grâce de Dieu, roi de France et de Navarre, à tous présens et à venir, salut :

Dans la résolution que nous avons prise de faire cesser l'incertitude et la diversité des jugemens qui se rendent dans les différens tribunaux de notre royaume, quoique sur le fondement des mêmes lois, la matière des donations entre-vifs et celle des testamens nous ont paru, par leur importance, devoir être les premiers objets de notre attention, et elles ont fait le sujet de nos ordonnances des mois de février 1731 et d'août 1735. Nous nous sommes proposés ensuite d'établir la même uniformité de jurisprudence à l'égard des substitutions fidéicommissaires, qui peuvent se faire également par l'un et par l'autre genre de disposition ; mais la matière des fidéicommis, fort simple dans son origine, est devenue beaucoup plus composée, depuis que l'on a commencé à étendre les substitutions non-seulement à plusieurs personnes appelées les unes après les au-

(1) Voir les Questions soumises à l'examen des Cours, page 507 ci-après.

tres, mais à plusieurs degrés ou à une longue suite de générations. Il s'est formé par là comme un nouveau genre de succession, où la volonté de l'homme prenant la place de la loi a donné lieu d'établir aussi un nouvel ordre de jurisprudence, qui a été reçu d'autant plus favorablement qu'on l'a regardé comme tendant à la conservation du patrimoine des familles et à donner aux maisons les plus illustres le moyen d'en soutenir l'éclat; mais le grand nombre des difficultés qui se sont élevées, soit sur l'interprétation de la volonté souvent équivoque du donateur ou du testateur, soit sur la composition de son patrimoine et sur les différentes détractions dont les fidéicommis sont susceptibles, soit au sujet du recours subsidiaire des femmes sur les biens grevés de substitutions, a fait naître une infinité de procès qu'on a vu même se renouveler plusieurs fois à chaque ouverture du fidéicommis, en sorte que, par un événement contraire aux vues de l'auteur de la substitution, il est arrivé que ce qu'il avoit ordonné pour l'avantage de sa famille en a causé quelquefois la ruine. D'un autre côté, la nécessité d'assurer et de favoriser la liberté du commerce ayant exigé de la sagesse de la loi qu'elle établit des formalités nécessaires pour rendre les substitutions publiques, la négligence de ceux qui étoient obligés de remplir ces formalités, est devenue une nouvelle source de contestations, où les suffrages des juges ont été suspendus entre la faveur d'un créancier ou d'un acquéreur de bonne foi, et celle d'un substitué qui ne devoit pas être privé des biens substitués par la faute de celui qui étoit chargé de les lui remettre. C'est par toutes ces considérations, qu'après avoir pris les avis des principaux magistrats de nos parlemens et des conseils supérieurs de notre royaume, qui nous ont rendu un compte exact de leurs jurisprudences différentes, nous avons cru que les deux principaux objets de la matière des fideicommis demandoient que nous partageassions cette loi en deux titres différens. Le premier comprendra tout ce qui concerne les substitutions fidéicommissaires considérées en elles-mêmes, et les droits qui peuvent être exercés sur les biens substitués. Le second regardera les obligations imposées à ceux qui sont grevés de substitutions, soit pour leur donner le caractère de publicité qui leur est nécessaire, soit pour assurer la consistance et l'emploi des effets qui en font partie, soit pour l'expédition et le jugement des contestations qui s'élèvent dans une matière si importante. Si la multitude et la subtilité des questions abstraites dont elle est remplie, l'opposition qui règne à cet égard non-seulement entre les opinions des plus célèbres jurisconsultes, mais entre les jugemens des tribunaux les plus éclairés, et la nécessité de résoudre des doutes où le poids presque égal des raisons qu'on oppose de part et d'autre rend le choix si difficile entre les sentimens contraires, ont retardé plus long-temps que nous ne l'aurions désiré la publication de cette ordonnance, nous espérons que nos peuples en seront dédommagés par la grande attention que nous avons eue à la mettre dans l'état de perfection dont elle pouvoit être susceptible. Loin de vouloir y donner la moindre atteinte à la liberté de faire des substitutions, nous ne nous sommes proposés que de les rendre plus utiles aux familles; et notre application à prévenir toutes les interprétations arbitraires par des règles fixes et uniformes, ne servira qu'à faire respecter encore plus la volonté des donateurs et des testateurs, en les obligeant seulement à l'expliquer d'une manière plus expresse. C'est ainsi que nous donnerons à nos sujets une nouvelle preuve du soin que nous prenons de maintenir le bon ordre au-dedans de notre royaume, par l'autorité de nos lois, dans le temps même que nous sommes les plus occupés à le défendre au dehors par la force de nos armes, dont le principal objet est de procurer le grand bien de la paix à un peuple si digne de notre affection par son attachement pour notre personne, et par le zèle qu'il fait éclater tous les jours de plus en plus pour notre service. A ces causes, et autres à ce nous mouvant, de l'avis de notre conseil et de notre certaine science, pleine puissance et autorité royale, nous avons dit, déclaré et ordonné, disons, déclarons et ordonnons, voulons et nous plaît ce qui suit :

TITRE PREMIER.

Des Biens qui peuvent être substitués ; des clauses, conditions et de la durée des Substitutions ; et des droits qui peuvent être exercés sur lesdits Biens.

Art. 1.er Les substitutions fideicommissaires dans les pays où elles sont en usage pourront être faites par toutes personnes capables de disposer de leurs biens, de quelque état et condition qu'elles soient.

2. Les biens qui sont immeubles par leur nature pourront être chargés de substitution, encore qu'ils fussent réputés meubles à certains égards par les dispositions des lois ou coutumes des lieux.

3. Les offices et les rentes constituées à prix d'argent ou autrement, pourront être chargés de substitutions, soit dans les pays où les biens de ladite qualité sont réputés immeubles, soit dans ceux où ils sont regardés comme meubles ; et en cas de vente, suppression, ou réunion desdits offices, ou de rachat desdites rentes, il sera fait emploi du prix desdits offices porté par le contrat de vente, ou qui aura été par nous fixé, ou du principal desdites rentes en cas de remboursement : le tout suivant les règles qui seront prescrites dans le titre second de la présente ordonnance.

4. Les deniers comptans, meubles, droits et effets mobiliers, seront censés compris dans la substitution, lorsqu'elle sera apposée à une disposition universelle, ou faite par forme de quotité ; à moins qu'il n'en ait été autrement ordonné par l'auteur de la substitution ; et il en sera fait emploi, ainsi qu'il sera réglé

par le titre second, à l'exception de ceux qui seront ci-après marqués.

5. Les biens mentionnés dans l'article précédent ne pourront être chargés d'aucune substitution particulière, qu'en cas qu'il ait été ordonné expressément par l'auteur de la substitution qu'il sera fait emploi des deniers comptans, ou de ceux qui proviendront de la vente, ou du recouvrement desdits meubles, droits ou effets mobiliers.

6. N'entendons comprendre dans la disposition des deux articles précédens, les bestiaux et ustensiles servant à faire valoir les terres, lesquels seront censés compris dans les substitutions desdites terres, sans distinction entre les dispositions universelles et particulières; et le grevé de substitution ne sera point tenu de les vendre, et d'en faire emploi; mais il sera obligé de les faire priser et estimer, ainsi qu'il sera réglé par le titre second, pour en rendre d'une égale valeur, lors de la restitution du fidéicommis, à peine de tous dépens, dommages et intérêts.

7. Les meubles meublans, et autres choses mobiliaires qui servent à l'usage ou à l'ornement des châteaux ou maisons, pourront être chargés des mêmes substitutions que les châteaux ou maisons où ils seront, pour être conservés en nature, pourvu néanmoins que l'auteur de la substitution l'ait ainsi ordonné expressément, soit qu'il s'agisse d'une substitution universelle, ou qu'elle soit particulière; et en ce cas, le grevé de substitution sera tenu de les rendre en nature, tels qu'ils seront, lors de la restitution du fidéicommis, à peine de tous dépens, dommages et intérêts.

8. Faisons défense de faire aucune substitution universelle ou particulière, sous la condition de conserver en nature aucuns autres effets mobiliers, que ceux qui sont mentionnés dans les deux articles précédens, à peine de nullité de la substitution, à l'égard desdits effets. Voulons que celui auquel ladite condition auroit été imposée, les possède librement;

sans même qu'il soit tenu d'en imputer la valeur sur ses détractions.

9. Les substitutions apposées aux donations entre-vifs, ne pourront avoir leur effet à l'égard des meubles ou effets mobiliers, qu'en cas qu'il en ait été fait un état signé des parties, et annexé à la minute de la donation; lequel état contiendra l'estimation desdits meubles et effets; le tout à peine de nullité de la substitution à l'égard desdits effets, sans préjudice au surplus de l'exécution de l'article 15 de notre ordonnance du mois de février 1731, concernant les donations.

10. Le donataire chargé de substitution, sera tenu de faire emploi du prix des meubles et effets qui auront été compris dans l'état mentionné en l'article précédent, lequel emploi sera fait suivant ce qui sera prescrit par le titre second de la présente ordonnance.

11. Les substitutions faites par un contrat de mariage, ou par une donation entre-vifs, bien et duement acceptées, ne pourront être révoquées, ni les clauses d'icelles changées, augmentées ou diminuées par aucune convention ou disposition postérieure, même du consentement du donataire; et en cas qu'il renonce à la donation faite en sa faveur, la substitution sera ouverte au profit de ceux qui y auront été appelés.

12. La disposition de l'article précédent aura lieu pareillement par rapport aux institutions contractuelles. Voulons que lesdites institutions, comme aussi les substitutions qui y seront apposées, soient irrévocables, soit entre nobles ou entre roturiers, dans tous les pays où elles sont en usage.

13. Les biens qui auront été donnés par un contrat de mariage, ou par une donation entre-vifs, sans aucune charge de substitution, ne pourront en être grevés par une donation ou une disposition postérieure, encore qu'il s'agisse d'une donation faite par un père à ses enfans, que la substitution comprenne expressément les biens donnés, et qu'elle soit faite en faveur des enfans ou descendans du donateur ou du donataire.

14. Lorsque la donation ou l'institution contractuelle aura été faite à la charge de remettre les biens donnés à celui que le donateur ou le donataire voudra choisir, celui qui sera élu ne pourra, sous prétexte de l'élection faite en sa faveur, être chargé d'aucune substitution.

15. Le contenu aux deux articles précédens sera exécuté, quand même le contrat de mariage ou l'acte de donation contiendroit une réserve faite par le donateur, de la faculté de charger dans la suite de substitution les biens par lui donnés, laquelle réserve sera regardée à l'avenir comme nulle et de nul effet, sans préjudice de l'exécution des réserves portées par des actes antérieurs à la publication de la présente ordonnance.

16. N'entendons rien innover par les articles 13, 14 et 15, en ce qui concerne les dispositions, par lesquelles le donateur feroit une nouvelle libéralité au donataire, soit entre-vifs ou à cause de mort, à condition que les biens qu'il lui avoit précédemment donnés, demeureroient chargés de substitution; et en cas que ledit donataire accepte la nouvelle libéralité faite sous ladite condition, il ne lui sera plus permis de diviser les deux dispositions faites à son profit, et de renoncer à la seconde pour s'en tenir à la première, quand même il offriroit de rendre les biens compris dans la seconde disposition avec les fruits par lui perçus.

17. Dans le cas porté par l'article précédent, où le donataire auroit accepté la nouvelle libéralité faite sous la condition de substitution, même pour les biens précédemment donnés, ladite substitution n'aura effet que du jour qu'il l'aura acceptée, ou qu'il en aura fait ordonner l'exécution à son profit.

18. N'entendons que la disposition des articles 13, 14 et 15, puisse avoir effet pour les donations entre mari et femme, ou faites par le père de famille, aux enfans étant en sa puissance, ou autre donation à cause de mort, dans les pays où elles sont en usage.

19. Les enfans qui ne seront point appelés expressément à la substitution, mais qui seront seulement mis dans la condition, sans être chargés de restituer à d'autres, ne seront en aucun cas regardés comme étant dans la disposition, encore qu'ils soient dans la condition en qualité de mâles, que la condition soit redoublée, que les grevés soient obligés de porter le nom et armes de l'auteur de la substitution, et qu'il y ait prohibition de faire détraction de la quarte-trébellianique, ou qu'il se trouve des conjectures tirées d'autres circonstances telles que la noblesse et la coutume de la famille, ou la qualité et la valeur des biens substitués, ou autres présomptions, à toutes lesquelles nous défendons d'avoir aucun égard, à peine de nullité.

20. Ceux qui sont appelés à une substitution, et dont le droit n'aura pas été ouvert avant leur décès, ne pourront, en aucun cas, être censés en avoir transmis l'espérance à leurs enfans ou descendans, encore que la substitution soit faite en ligne directe par des ascendans, et qu'il y ait d'autres substitués appelés à la même substitution, après ceux qui seront décédés, et leurs enfans ou descendans.

21. La représentation n'aura point lieu dans les substitutions, soit en ligne directe ou collatérale, et soit que ceux en faveur de qui la substitution aura été faite y aient été appelés collectivement, ou qu'ils aient été désignés en particulier, et nommés suivant l'ordre de la parenté qu'ils avoient avec l'auteur de la substitution; le tout à moins qu'il n'ait ordonné, par une disposition expresse, que la représentation y auroit lieu, ou que la substitution seroit déférée suivant l'ordre des successions légitimes.

22. Dans les substitutions auxquelles les filles sont appelées au défaut des mâles, elles recueilleront les biens substitués dans l'ordre qui aura été réglé entre elles par l'auteur de la substitution; et s'il n'a pas marqué expressément ledit ordre, celles qui se trouveront les plus proches du dernier possesseur desdits biens, les recueilleront en quelque degré de parenté

qu'elles se trouvent à l'égard de l'auteur de la substitution, et encore qu'il y eût d'autres filles qui en fussent proches, ou d'une branche aînée.

23. Dans les substitutions faites sous la condition que le grevé vienne à décéder sans enfans, le cas prévu par ladite condition sera censé être arrivé, lorsqu'au jour du décès du grevé, il n'y aura aucuns enfans légitimes et capables des effets civils, sans qu'on puisse avoir égard à l'existence des enfans naturels, même légitimés, autrement que par un mariage subséquent, ni pareillement à l'existence des enfans morts civilement par condamnation pour crime, ou incapables des effets civils par la profession solennelle de la vie religieuse, ou pour quelqu'autre cause que ce soit.

24. Dans tous les cas où la condamnation pour crime emporte mort civile, elle donnera lieu à l'ouverture du fidéicommis, comme la mort naturelle; ce qui sera pareillement observé à l'égard de ceux qui auront fait profession solennelle de la vie religieuse.

25. La condition de se marier sera censée avoir manqué, et celle de ne se point marier (dans le cas où elle peut être valable) sera censée accomplie, lorsque la personne à qui l'une ou l'autre desdites conditions avoit été imposée, aura fait profession solennelle dans l'état religieux.

26. Dans tout testament, autre que le militaire, la caducité de l'institution emportera la caducité de la substitution fidéicommissaire, si ce n'est lorsque le testament contiendra la clause codicillaire.

27. La renonciation de l'héritier institué ou du légataire, ou donataire grevé de substitution, ne pourra nuire au substitué; lequel audit cas, prendra la place dudit héritier légataire ou donataire, soit qu'il y ait une clause codicillaire dans le testament, ou qu'il n'y en ait point; et pareillement en cas de renonciation du substitué, celui qui sera appelé après lui prendra sa place.

28. Celui qui sera appelé à une substitution fidéi-commissaire pourra y renoncer, soit après qu'elle aura été ouverte à son profit, soit avant que le droit lui en soit échu; mais dans ce dernier cas, la renonciation ne sera valable que lorsqu'elle sera faite par un acte passé par-devant notaire, avec celui qui se trouvera chargé de la substitution, ou avec le substitué qui sera appelé après celui qui renoncera, duquel acte il restera minute, à peine de nullité.

29. L'exhérédation prononcée par les pères ou mères, ne pourra priver les enfans déshérités des biens qu'ils doivent recueillir, en vertu des substitutions faites par leurs ascendans ou autres, si ce n'est que l'auteur de la substitution eût ordonné expressément que les enfans qui auroient encouru l'exhérédation seroient privés des biens par lui substitués, ou qu'ils ne soient dans un des cas où par la disposition des ordonnances, ils sont déclarés déchus et incapables de toute succession.

30. L'article 59 de l'ordonnance d'Orléans sera exécuté, et en conséquence toutes les substitutions faites, soit par contrat de mariage ou autre acte entre-vifs, soit par disposition à cause de mort, en quelques termes qu'elles soient conçues, ne pourront s'étendre au-delà de deux degrés de substitués entre le donataire, l'héritier institué ou légataire, ou autre qui aura recueilli le premier les biens du donateur ou du testateur. N'entendons déroger par la présente disposition à l'article 57 de l'ordonnance de Moulins, par rapport aux substitutions qui seroient antérieures à ladite ordonnance.

31. Dans les provinces où les substitutions avoient été étendues par l'usage jusqu'à quatre degrés, outre l'institution, la restriction à deux degrés, portée par l'article précédent, n'aura lieu que pour les substitutions qui y seront faites à l'avenir, sans qu'elle puisse avoir effet à l'égard des substitutions faites, dans lesdites provinces, par des actes entre-vifs antérieurs à la publication des présentes, ou par des dispositions

à cause de mort, lorsque celui qui aura fait lesdites dispositions sera décédé avant ladite publication.

32. N'entendons rien innover, quant à présent, à l'égard des provinces où les substitutions n'ont pas encore été restreintes à un certain nombre de degrés, nous réservant d'y pourvoir dans la suite, sur le compte qui nous en sera rendu, ainsi que nous le jugerons convenable pour le bien et l'avantage de nos sujets desdites provinces.

33. Les degrés de substitution seront comptés par têtes, et non par souches ou générations, de telle manière que chaque personne soit comptée pour un degré.

34. En cas que la substitution ait été faite au profit de plusieurs frères ou autres appelés conjointement, ils seront censés avoir rempli un degré, chacun pour la part et portion qu'il aura recueillie dans lesdits biens; en sorte que si ladite part passe ensuite à un autre substitué, même à un de ceux qui avoient été appelés conjointement, il soit regardé comme remplissant à cet égard un second degré.

35. La disposition des deux articles précédens n'aura effet que pour les substitutions qui seront faites à l'avenir dans les pays où l'usage étoit de compter les degrés par souches, n'entendant rien innover en ce qui concerne les degrés qui restent à remplir des substitutions faites dans lesdits pays, par des actes entre-vifs antérieurs à la publication des présentes, ou par des dispositions à cause de mort, lorsque celui qui aura fait lesdites dispositions sera décédé avant ladite publication.

36. Lorsque le grevé de substitution aura accepté la disposition faite en sa faveur, soit expressément par des actes ou par des demandes formées en justice, soit tacitement en s'immisçant dans la possession des biens substitués, il sera censé avoir recueilli l'effet de ladite disposition, en sorte que le premier degré de substitution soit compté après lui; ce qui aura lieu encore qu'il eût révoqué lesdits actes, ou qu'il se fût désisté desdites demandes, ou les eût

laissé périr ou prescrire, ou qu'il offrît de rendre les biens dont il se seroit mis en possession avec les fruits par lui perçus. Voulons que le contenu du présent article soit pareillement observé dans chaque degré de substitution, lequel sera censé rempli dans les mêmes cas par chaque substitué.

37. Lorsque le grevé de substitution aura renoncé à la disposition faite en sa faveur, sans s'être immiscé dans les biens substitués ou qu'il sera mort sans l'avoir accepté, ni expressément, ni tacitement, suivant ce qui est porté par l'article précédent, le substitué du premier degré en prendra la place; en sorte que les degrés de substitution ne seront comptés qu'après lui, et dans les mêmes cas de renonciation ou d'abstention d'un des substitués, il ne sera point censé avoir rempli un degré, et celui qui sera appelé après lui prendra sa place; le tout en cas que la renonciation ou l'abstention dudit grevé ou dudit substitué n'eût pas été gratuite.

38. N'entendons néanmoins que la disposition de l'article précédent puisse avoir lieu dans le cas où les créanciers du grevé ou du substitué auroient été admis à accepter la disposition faite à son profit, ou à demander l'ouverture de la substitution, au lieu de leurs débiteurs, pour jouir pendant sa vie des biens substitués; auquel cas les degrés de substitution seront comptés comme s'il avoit recueilli lui-même lesdits biens.

39. Voulons au surplus que les héritiers, ayant cause, ou créanciers de celui qui aura renoncé à la disposition ou à la substitution faite en sa faveur, ou qui sera mort sans l'avoir acceptée expressément ou tacitement, et sans que ses créanciers aient été admis à l'accepter pour lui, ne puissent exercer aucuns droits sur les biens substitués au préjudice de ceux qui seront appelés après lui à la substitution.

40. Le fidéicommissaire, même à titre universel, ne sera point saisi de plein droit, encore que la sub-

stitution eût été faite en ligne directe ; mais il sera tenu d'obtenir la délivrance ou la remise du fidéicommis, et les fruits ne lui seront dus en conséquence du fidéicommis, que du jour de l'acte par lequel l'exécution de la substitution aura été consentie ou de la demande qu'il aura formée à cet effet, sans qu'il puisse évincer les tiers-possesseurs des biens compris dans la substitution, qu'après avoir obtenu ladite délivrance ou remise, et avoir satisfait à ce qui sera prescrit par les articles 35, 36 et 37 du titre second de la présente ordonnance.

41. Lorsqu'il écherra de procéder à la distinction des biens libres et des biens substitués, et à la liquidation des détractions, les héritiers, représentans ou ayans cause de l'auteur de la substitution, ou de celui qui en étoit chargé, auront la jouissance provisoire des biens faisant partie de la succession, jusqu'à ce que lesdites distinction et liquidation aient été faites; à l'effet de quoi, les juges régleront le délai dans lequel il y sera procédé; et, après l'expiration dudit délai, ils pourront ordonner que celui qui aura droit aux biens substitués, sera mis en possession de tout ou partie desdits biens, ou y pourvoir autrement, ainsi qu'il appartiendra, suivant l'exigence des cas.

42. La restitution du fidéicommis, faite avant le temps de son échéance par quelque acte que ce soit, ne pourra empêcher que les créanciers du grevé de substitution, qui seront antérieurs à ladite remise, ne puissent exercer sur les biens substitués les mêmes droits et actions, que s'il n'y avoit point eu de restitution anticipée; et ce, jusqu'au temps où le fidéicommis devoit être restitué; ce qui aura lieu, même à l'égard des créanciers chirographaires, pourvu que leurs créances aient une date certaine avant ladite remise.

43. Ne pourra pareillement ladite restitution anticipée nuire à ceux qui auroient acquis des biens substitués de celui qui aura fait ladite restitution, et ils ne pourront être évincés par celui à qui elle aura

été faite, qu'après le temps où le fidéicommis auroit dû lui être restitué.

44. L'hypothèque, ou le recours subsidiaire, accordée aux femmes sur les biens substitués, en cas d'insuffisance des biens libres, aura lieu, tant pour le fonds ou capital de la dot, que pour les fruits ou intérêts qui en seront dus.

45. Ladite hypothèque aura lieu pareillement en faveur de la femme et de ses enfans, tant pour le fonds que pour les arrérages du douaire, soit coutumier ou préfix; à la charge néanmoins que, si le douaire préfix excédoit le douaire coutumier, il sera réduit sur le pied dudit douaire coutumier, eu égard à la quantité des biens du mari, tant libres que substitués, sur lesquels le douaire doit avoir lieu suivant la disposition des coutumes.

46. Dans les pays où la stipulation de l'augment de dot est usitée, soit sous ce nom, ou sous celui d'agencement, de gain de survie, ou de donation à cause de noces, ladite hypothèque subsidiaire aura lieu tant pour le principal que pour les intérêts dudit augment, et ce, jusqu'à concurrence de la quotité qui est réglée par les statuts, coutumes et usages desdits pays, sans néanmoins qu'en aucun cas la femme puisse exercer ladite hypothèque pour une plus grande quotité que le tiers de la dot, encore que l'augment fût plus considérable.

47. En cas que les biens substitués soient situés dans des pays régis par des lois différentes, la femme du grevé de substitution exercera ses droits à l'égard des biens situés dans les pays où l'on observe le droit coutumier, ainsi qu'il est réglé par l'article 45; et à l'égard des biens situés dans les lieux où l'on suit le droit écrit, suivant ce qui est porté par l'article précédent.

48. La femme du grevé de substitution n'aura aucun recours sur les biens substitués pour le préciput, la donation des bagues et joyaux, et généralement pour toutes les autres libéralités et stipulations

non comprises aux articles précédens, ni pareillement pour son deuil.

49. Lorsque les biens qui sont propres à la femme en pays coutumier, ou ses biens dotaux dans les pays de droit écrit auront été aliénés de son consentement pendant le mariage, elle n'aura aucun recours pour raison de ce, sur les biens substitués; ce qui sera observé, même dans les pays où l'aliénation desdits biens est regardée comme nulle et de nul effet, sauf à elle à se pourvoir contre les détenteurs desdits biens, suivant les dispositions des lois, coutumes ou statuts qui y sont observés.

50. Il n'y aura pareillement aucun recours sur les biens substitués, pour l'indemnité de la femme qui se sera obligée volontairement pour son mari pendant le mariage, quand même elle auroit acquitté en tout ou en partie, les dettes auxquelles elle s'étoit obligée; et ce, sans distinction entre les pays où les obligations des femmes pour leurs maris sont réputées nulles, et ceux où elles sont regardées comme valables.

51. En cas de contestation sur la suffisance ou l'insuffisance des biens libres, les juges pourront ordonner que, par provision, la femme sera payée des intérêts de la dot et des arrérages du douaire, ou intérêts de l'augment, agencement, gain de survie, ou donation à cause de noces, ou y pourvoir autrement, suivant l'exigence des cas.

52. Toutes les dispositions des articles précédens, sur l'hypothèque subsidiaire des femmes, auront lieu également dans tous les degrés de substitution, et en faveur de chacune des femmes, que ceux qui sont grevés de substitution se trouveront avoir épousées successivement, sans néanmoins qu'aucune desdites femmes puisse exercer ladite hypothèque contre les enfans ou descendans d'un mariage antérieur au sien, lorsque ce seront eux qui recueilleront l'effet de la substitution.

53. Lesdites dispositions seront pareillement ob-

servées, encore que l'auteur de la substitution soit un parent collatéral, ou un étranger, pourvu néanmoins qu'elle soit faite en faveur des enfans du grevé, ou en faveur d'un autre, au cas que le grevé vienne à décéder sans enfans.

54. Les héritiers successeurs ou ayans cause, et pareillement les créanciers de la femme, pourront exercer, au lieu d'elle, l'hypothèque subsidiaire sur les biens substitués, encore qu'elle ne l'eût pas exercée elle-même.

55. Les adjudications par décret des biens substitués, ne pourront avoir aucun effet contre les substitués, lorsque les substitutions auront été publiées et enregistrées suivant les règles qui seront prescrites par le titre suivant ; ce qui sera observé, encore que le substitué eût un droit ouvert à ladite substitution avant le décret, et même avant la saisie réelle, et qu'il n'eût point formé d'opposition audit décret : le tout si ce n'est que lesdits biens eussent été vendus pour les dettes de l'auteur de la substitution, ou pour d'autres dettes ou charges antérieures à ladite substitution.

56. Lorsqu'il y aura des biens féodaux ou censuels compris dans une substitution, elle ne pourra nuire ni préjudicier aux seigneurs dont lesdits biens sont mouvans ; et, en conséquence, il en sera usé, à l'égard de chaque nouveau possesseur des biens substitués, ainsi que s'il avoit pris la place du dernier possesseur desdits biens, par la voie de la succession ordinaire ou par une donation ; en sorte que, dans tous les pays et dans tous les cas, où les héritiers naturels et les légitimes, ou les donataires sont sujets, dans les mutations, au paiement du droit de relief ou autre droit seigneurial, chaque substitué soit pareillement obligé d'acquitter les mêmes droits, et réciproquement, lorsque les héritiers naturels et légitimes, ou les donataires, n'en sont pas tenus, les substitués en seront pareillement exempts.

TITRE II.

Des règles à observer par ceux qui sont grevés de substitution, des juges qui en devoient connoître, et de l'autorité de leurs jugemens.

Art. 1.er Après le décès de celui qui aura fait une substitution soit universelle ou particulière, il sera procédé dans les formes ordinaires à l'inventaire de tous les biens et effets qui composent la succession, à la requête de l'héritier institué ou légitime, ou du légataire universel, et ce, dans le temps porté par les ordonnances.

2. Faute par ledit héritier institué ou légitime, ou par ledit légataire universel, de satisfaire à l'article précédent dans le cas où la substitution ne seroit pas faite en sa faveur, celui qui devra recueillir les biens substitués, sera tenu, dans un mois après l'expiration du délai marqué par ledit article, de faire procéder audit inventaire, en y appelant, outre les personnes mentionnées ci-après, ledit héritier ou ledit légataire universel, qui seront tenus de lui en rembourser les frais.

3. En cas de négligence de ceux qui sont dénommés dans les deux articles précédens, voulons qu'il soit procédé audit inventaire à la requête de notre procureur au siége de la qualité ci-après marquée, et aux frais dudit héritier ou dudit légataire universel, s'il est ainsi ordonné.

4. L'inventaire sera fait par un notaire royal en présence du premier substitué s'il est majeur, ou de son tuteur ou curateur, s'il est pupille, mineur interdit, ou d'un syndic ou autre administrateur, si la substitution est faite au profit de l'église ou d'un hôpital, corps ou communauté ecclésiastique ou laïque.

5. En cas que le premier substitué soit sous la puissance paternelle dans les pays où elle a lieu, et que le père soit chargé de substitution envers lui,

il lui sera nommé un tuteur ou curateur à l'effet dudit inventaire ; et si le premier substitué n'est pas encore né, il sera nommé un curateur à la substitution, qui assistera audit inventaire.

6. Lorsqu'il y aura lieu de faire l'inventaire en justice suivant les règles observées en cette matière, il ne pourra y être procédé que de l'autorité du bailliage, sénéchaussée, ou autre siége royal ressortissant nûment en nos cours de parlement et conseils-supérieurs, dans l'étendue ou le ressort duquel étoit le lieu du domicile de l'auteur de la substitution au jour de son décès, ou qui aura la connoissance des cas royaux dans ledit lieu ; ce qui sera excécuté encore qu'il y ait eu un scellé apposé par un autre juge, lequel sera tenu audit cas, de renvoyer les parties dans le siége de la qualité ci-dessus marquée ; et ledit inventaire sera fait en présence de notre procureur audit siége, outre les personnes dénommées dans les deux articles précédens.

7. L'inventaire contiendra la prisée des meubles, livres, tableaux, pierreries, vaisselle, équipages et autres choses semblables ; ce qui sera observé dans les pays même, où il n'est pas d'usage de faire ladite prisée, et il y sera procédé suivant les formes requises auxdits pays dans les cas où l'estimation des meubles ou effets mobiliers y a lieu ; et à l'égard des pays où ladite prisée se fait avec crue dans les inventaires, voulons que ladite crue soit toujours censée faire partie de la prisée en ce qui concerne la liquidation des droits et des charges de ceux qui seront grevés de substitution.

8. Le grevé de substitution sera tenu de faire procéder à la vente par affiches et enchères de tous les meubles et effets compris dans la substitution, à l'exception néanmoins de ceux qu'il pourroit être chargé de conserver en nature, suivant la disposition des articles 6 et 7 du titre premier de la présente ordonnance.

9. Laissons à la prudence des juges d'ordonner,

s'il y échoit, que le grevé de substitution pourra retenir lesdits meubles et effets mobiliers, ou partie d'iceux, s'il demande à les imputer suivant ladite prisée, en y ajoutant la crue, si ladite prisée a été faite avec une crue, sur ce qui lui est dû pour ses détractions ou autres droits, sans qu'audit cas il soit tenu de les faire vendre, ni d'en faire emploi.

10. Il sera fait emploi des deniers provenant du prix des meubles et effets qui auront été vendus, ensemble de l'argent comptant, et de ce qui aura été reçu des effets actifs; et ce, conformément à ce qui aura été ordonné par l'auteur de la substitution, s'il a désigné la nature des effets dans lesquels ledit emploi doit être fait.

11. En cas que l'auteur de la substitution n'ait pas expliqué ses intentions sur ledit emploi, lesdits deniers seront employés d'abord au paiement des dettes et remboursement des rentes ou autres charges dont les biens substitués seroient tenus, si ce n'est qu'il fût plus avantageux à la substitution de continuer de payer les arrérages desdites rentes et charges, que d'en rembourser les capitaux, ce que nous laissons à la prudence des juges; et le surplus ou le total, s'il n'y a pas de dettes, rentes ou charges que l'on puisse acquitter, ne pourra être employé qu'en acquisition de fonds de terres ou maisons, ou en rentes foncières ou constituées.

12. Pour assurer ledit emploi, voulons que par la même ordonnance qui autorisera le grevé de subsitution, ou celui au profit duquel elle sera ouverte, à entrer en possession des biens substitués suivant la disposition des articles 35 et 36 ci-après, il lui soit enjoint de faire ledit emploi dans un délai qui sera fixé par ladite ordonnance, et ledit emploi sera fait en présence des personnes mentionnées aux articles 4 et 5 ci-dessus.

13. Le grevé de substitution sera pareillement tenu de faire emploi des deniers qu'il pourra recevoir, soit du recouvrement des effets actifs, soit de

la vente des offices, ou en conséquence de la liquidation qui en aura été faite en cas de suppression ou de réunion, suivant ce qui est porté par l'article 3 du titre premier, soit du remboursement des rentes comprises dans la substitution ; et ce, dans trois mois au plus tard après qu'il aura reçu lesdits deniers, lequel emploi sera fait ainsi qu'il a été ci-dessus réglé, et en présence des personnes mentionnées auxdits articles 4 et 5, lesquelles pourront faire à cet effet toutes les diligences nécessaires.

14. La disposition de l'article précédent sera pareillement observée, en cas que l'emploi ait été fait en rentes rachetables, et qu'elles soient remboursées.

15. Faute par celui qui sera chargé de substitution, d'avoir fait l'emploi ou le remploi, ou d'avoir observé les règles ci-dessus prescrites, il en demeurera responsable sur tous ses biens libres, ensemble de tous dépens, dommages et intérêts envers ceux qui sont appelés après lui à la substitution, sans néanmoins que les débiteurs des rentes qui auront été remboursées puissent être responsables du défaut d'emploi, lorsqu'il n'y aura point eu d'opposition formée entre leurs mains.

16. Tout ce qui a été ci-dessus réglé au sujet dudit emploi ou remploi, sera observé par chacun de ceux qui recueilleront successivement les biens substitués, et sans aucune distinction entre les substitutions faites par une disposition à cause de mort, et celles qui seront contenues dans un acte entre-vifs.

17. Le substitué aura hypothèque sur les biens libres de celui qui aura négligé de faire ledit emploi ou remploi, ou qui aura fait des aliénations des biens substitués, tant pour les sommes capitales qui lui seroient dues, que pour ses dépens, dommages et intérêts, à compter du jour que celui qui n'auroit pas fait ledit emploi ou remploi, ou qui auroit fait lesdites aliénations, aura recueilli les biens substitués.

18. Toutes les substitutions fidéicommissaires faites,

soit par des actes entre-vifs ou par des dispositions à cause de mort, seront publiées en jugement, l'audience tenante, et enregistrées au greffe du siége où la publication sera faite; le tout à la diligence des donataires, héritiers institués, légataires universels ou particuliers qui seront grevés de substitution, même des héritiers légitimes, lorsque la charge de la restitution du fidéicommis tombera sur eux dans les cas de droit.

19. La publication et l'enregistrement des substitutions seront faits aux bailliage, sénéchaussée ou autre siége royal, ressortissant nûment en nos cours de parlement, ou conseils-supérieurs, dans l'étendue ou le ressort duquel étoit le lieu du domicile de l'auteur de la substitution, au jour de l'acte qui la contiendra, si elle est faite par un acte entre-vifs, ou au jour de son décès, si elle est contenue dans une disposition à cause de mort; et pareillement dans les siéges de la même qualité, dans l'étendue ou le ressort desquels seront situés les maisons et terres substituées, ou les fonds chargés de rentes foncières et autres droits réels qui seroient compris dans la substitution.

20. La disposition de l'art. précédent aura lieu, encore que l'auteur de la substitution eût son domicile, ou que les biens fussent situés en tout ou en partie dans une justice seigneuriale ressortissant immédiatement en nos cours de parlement, ou conseils-supérieurs; auquel cas la publication et enregistrement se feront dans le siége royal de la qualité marquée par l'article précédent, qui y a la connoissance des cas royaux.

21. Il ne pourra être procédé à l'avenir à la publication et enregistrement des substitutions, que dans les siéges de la qualité marquée par les deux articles précédens; encore que la substitution fût antérieure à la publication de la présente ordonnance; ce qui sera observé à peine de nullité.

22. Lorsque la substitution comprendra des rentes

constituées sur nous, ou sur notre bonne ville de Paris ou autres villes, sur le clergé, ou sur des pays d'état, ou des offices, elle sera publiée et enregistrée dans les siéges de la qualité ci-dessus marquée, tant du lieu où lesdites rentes se paient, ou dans lequel se fait l'exercice desdits offices, que du lieu du domicile de l'auteur de la substitution.

23. Dans le cas où l'emploi ci-dessus ordonné aura été fait en acquisition de maisons ou terres, rentes foncières ou autres droits réels, ou en constitution des rentes mentionnées dans l'article précédent, voulons que tant la substitution que l'acte d'emploi soient publiés et enregistrés aux siéges de la qualité marquée par les articles 19 et 20 dans lesquels lesdites maisons ou terres, ou les héritages chargés desdites rentes foncières ou droits réels, sont situés, ou dans lesquels lesdites rentes sont payées; et en cas que la substitution y eût été déjà publiée et enregistrée, il suffira d'y publier et enregistrer l'acte d'emploi.

24. Dans chacun des siéges ci-dessus marqués, il sera tenu un registre particulier, qui sera côté et parafé à chaque feuillet, clos et arrêté à la fin par le premier officier du siége, ou en son absence par celui qui le suit dans l'ordre du tableau; dans lequel registre seront transcrits en entier les contrats, donations, testamens, ou codicilles qui contiendront des substitutions: à l'effet de quoi la grosse ou expédition desdits actes sera représentée, sans qu'il soit besoin d'en rapporter la minute.

25. Le greffier, ou commis du greffe, sera tenu de donner communication dudit registre, sans déplacer, à tous ceux qui la demanderont; et pareillement d'en délivrer un extrait signé de lui, ou une expédition toutes les fois qu'il en sera requis: le tout, sans qu'il soit besoin d'obtenir une ordonnance du juge à cet effet.

26. Voulons que, suivant ce qui a été réglé par les articles 2, 3 et 5 de notre déclaration du 17

février 1731, il ne puisse être reçu par l'officier qui cotera et parafera ledit registre, que dix sous pour ceux qui seront de cinquante feuillets, vingt sous pour ceux qui auront cent feuillets, et trois livres pour ceux qui en contiendront un plus grand nombre; et ne pourra être pris par le greffier que dix sous pour son droit de recherches, et pareille somme pour chaque extrait qui sera par lui délivré ; et s'il est requis de délivrer des expéditions entières des actes enregistrés, il lui sera payé par rôle de grosse le même droit qui se paie pour les expéditions en papier au greffe du siége.

27. La publication et enregistrement des substitutions seront faits dans six mois, à compter du jour de l'acte qui les contiendra, lorsqu'elles seront portées par un contrat de mariage, ou autre acte entre-vifs; et du jour du décès de celui qui les aura faites, lorsqu'elles seront contenues dans une disposition à cause de mort.

28. Lorsque la substitution aura été dûment publiée et enregistrée dans ledit délai de six mois, elle aura effet, même contre les créanciers et les tiers-acquéreurs, à compter du jour de sa date, si elle est portée par un acte entre-vifs ; ou du jour du décès de celui qui l'aura faite, si elle est contenue dans une disposition à cause de mort.

29. Pourra néanmoins être procédé à la publication et à l'enregistrement des substitutions après l'expiration dudit délai de six mois ; mais, en ce cas, la substitution n'aura effet contre les créanciers et les tiers-acquéreurs, que du jour qu'il aura été satisfait auxdites formalités, sans qu'elles puissent être opposées à ceux qui auront contracté avant ledit jour.

30. Dans le cas marqué par l'article 23, le délai de six mois ci-dessus prescrit, ne courra que du jour de l'acte qui contiendra l'emploi des deniers provenant de la substitution ; et lorsque la publication et enregistrement requis par ledit article auront été faits dans ledit délai, la substitution aura effet sur

les biens mentionnés audit article, à compter du jour dudit acte, même contre les créanciers et tiers-acquéreurs; sinon elle n'aura effet contre eux, à l'égard desdits biens, que du jour de la publication et enregistrement.

31. Toutes les aliénations faites par le grevé ou par un des substitués, au préjudice de la substitution, à compter du jour qu'elle doit avoir son effet contre les créanciers et les tiers-acquéreurs, suivant les articles précédens, ne pourront nuire aux substitués; et, en cas qu'ils revendiquent les biens aliénés, les acquéreurs seront tenus de les délaisser, sauf leur recours sur les biens libres du vendeur; ce qui sera observé, encore que le substitué se trouve en même temps héritier pur et simple du vendeur, sans néanmoins qu'en ce cas, il puisse déposséder l'acquéreur, qu'après l'avoir remboursé entièrement du prix de l'aliénation, frais et loyaux coûts.

32. Les créanciers et tiers-acquéreurs pourront opposer le défaut de publication et d'enregistrement de la substitution, même aux pupilles, mineurs, ou interdits, et à l'église, hôpitaux, communautés, ou autres qui jouissent du privilége des mineurs, sauf le recours desdits pupilles, mineurs, et autres ci-dessus nommés, contre leurs tuteurs, curateurs, syndics ou autres administateurs; et sans qu'ils puissent être restitués contre ledit défaut, quand même lesdits tuteurs, curateurs, syndics ou autres administrateurs se trouveroient insolvables.

33. Le défaut de publication et d'enregistrement ne pourra être suppléé, ni regardé comme couvert par la connoissance que les créanciers ou les tiers-acquéreurs pourroient avoir eue de la substitution, par d'autres voies que celles de la publication et de l'enregistrement: voulons que le présent article soit observé, à peine de nullité.

34. Les donataires, héritiers institués, légataires universels ou particuliers, même les héritiers légitimes de celui qui aura fait la substitution, ni

pareillement leurs donataires, héritiers institués ou légitimes, et légataires universels ou particuliers, ne pourront, en aucun cas, opposer aux substitués le défaut de publication et d'enregistrement de la substitution.

35. Voulant assurer pleinement l'observation des règles ci-dessus prescrites pour la conservation des droits des substitués, et pour la sûreté des familles, ordonnons qu'à l'avenir les donataires, héritiers institués, légataires universels ou particuliers, qui seront grevés de substitution, ou ceux qui prendront leur place à leur défaut, ne pourront se mettre en possession des biens compris dans la substitution, qu'en vertu d'une ordonnance du premier officier des siéges mentionnés dans les articles 19 et 20, ou, en son absence, de celui qui le suit dans l'ordre du tableau; laquelle ordonnance, ils ne pourront obtenir qu'en rapportant l'acte de publication et d'enregistement de la substitution, comme aussi un extrait en bonne forme de la clôture de l'inventaire fait après le décès de l'auteur de la substitution.

36. La disposition de l'article précédent aura lieu pareillement à l'égard de ceux qui recueilleront la substitution, en cas que celui qui en étoit chargé n'ait pas satisfait aux formalités prescrites par ledit article.

37. L'ordonnance requise par les deux articles précédens, sera donnée sur une simple requête, à laquelle sera attaché l'acte de publication et d'enregistrement, ensemble l'extrait en bonne forme de la clôture de l'inventaire, et sur les conclusions de notre procureur, sans qu'il soit nécessaire d'y appeler d'autres parties; il sera fait mention expresse desdits actes dans le vu de ladite ordonnance, dont la minute sera mise au greffe; le tout à peine de nullité.

38. Il sera payé à l'officier qui rendra ladite ordonnance, quatre livres dix sous; à notre procureur, trois livres; et une livre dix sous, au greffier; leur

défendons de prendre autres ou plus grands droits, à peine de concussion.

39. La disposition des articles 35, 36 et 37, sera observée, encore que l'exécution des dispositions portant substitution eût été consentie par des actes volontaires; lesquels ne pourront avoir aucun effet, qu'après que ceux, au profit desquels ils auront été faits, auront satisfait auxdits articles; ce qui sera exécuté à peine de nullité.

40. Voulons qu'il ne puisse être rendu aucun jugement sur les demandes qui seroient par eux formées en conséquence des actes portant substitution, qu'après qu'il aura été satisfait auxdits articles; ce qui sera pareillement observé à peine de nullité.

41. Les fruits des biens dont celui qui aura obtenu l'ordonnance ci-dessus requise sera autorisé à prendre possession, lui appartiendront du jour qu'ils lui seront dus de droit, lorsqu'il aura fait procéder à la publication et enregistrement de la substitution dans le délai de six mois ci-dessus prescrit; sinon il ne pourra les prétendre que du jour de ladite publication et de l'enregistrement. Voulons que les fruits échus avant ledit jour, soient adjugés, et ceux qu'il auroit perçus, restitués par forme de peine à celui qui sera appelé après lui à la substitution; et s'il n'étoit pas encore né, à l'hôpital du lieu où le jugement sera rendu, ou à l'hôpital le plus prochain, s'il n'y en a point dans ledit lieu.

42. La peine de privation et restitution des fruits portée par l'article précédent, sera pareillement prononcée contre le grevé de substitution, ou celui qui l'aura recueillie, lorsqu'il aura négligé de satisfaire aux règles prescrites par le présent titre, sur l'inventaire et sur la prisée, dans le cas où il en est tenu.

43. La disposition des deux articles précédens sera observée encore que la substitution fût faite au profit des enfans de celui, contre lequel ladite peine sera

prononcée, et quoiqu'ils fussent sous sa puissance, dans le pays où la puissance paternelle a lieu.

44. N'entendons comprendre dans la disposition des trois articles précédens les pupilles, mineurs ou interdits, ni les églises, hôpitaux, communautés, ou autres qui jouissent du privilége des mineurs; et en cas que leurs tuteurs ou curateurs, syndics ou autres administrateurs, aient négligé de satisfaire auxdites formalités, ils seront condamnés en leur propre et privé nom en telles sommes qu'il appartiendra, au profit du premier appelé à la substitution, ou de l'hôpital ci-dessus marqué.

45. Ceux qui seront tenus, suivant les règles ci-dessus prescrites, de faire procéder à l'inventaire et à la prisée dans les cas où elle est requise, et à la publication et enregistrement de la substitution, seront tenus de satisfaire auxdites formalités, encore qu'ils prétendissent être en droit d'attaquer ladite substitution, contre laquelle ils ne pourront se pourvoir qu'après les avoir remplies; sans néanmoins que l'on puisse s'en prévaloir contre leur prétention, et sauf, en cas qu'ils y réussissent, à être ordonné qu'ils seront remboursés des frais par eux faits à ce sujet.

46. N'entendons par les dispositions du présent titre, concernant la publication et enregistrement des substitutions, rien innover par rapport à celles qui seroient antérieures à l'enregistrement de l'ordonnance de Moulins, en cas que les degrés prescrits par les ordonnances ne soient pas encore remplis; ni pareillement à l'égard des substitutions faites dans les pays où l'ordonnance de Moulins n'a pas été publiée avant l'enregistrement des lois, qui y ont établi la formalité de la publication et enregistrement. Voulons que l'édit du mois de juillet 1707, ensemble notre déclaration du 14 septembre 1721 enregistrés en notre parlement de Franche-Comté, et notre déclaration du 22 août 1739, enregistrée en

notre parlement de Dauphiné, soient exécutés par rapport aux substitutions faites dans lesdites provinces avant les temps y mentionnés; le tout à la charge de se conformer, pour les publications et enregistremens qui se feront à l'avenir, aux règles ci-dessus prescrites sur les juridictions, et les formes dans lesquelles il doit y être procédé.

47. Désirant pourvoir au bien des familles qui sont intéressées dans les substitutions, et leur épargner des frais auxquels elles seroient exposées par la multiplicité des degrés de juridictions; voulons que toutes les contestations concernant les substitutions fidéicommissaires, soient portées à l'avenir en première instance dans nos bailliages, sénéchaussées, ou autres siéges royaux, ressortissant nûment en nos cours de parlement et conseils-supérieurs, à l'exclusion des juges royaux subalternes, et de tous juges seigneuriaux, même de ceux qui ressortissent nûment en nos cours et conseils-supérieurs, pour y être statué sur lesdites constestations, à la charge de l'appel en nosdits parlemens et conseils supérieurs.

48. N'entendons préjudicier, par l'article précédent, au privilége de *committimus*, lorsqu'il s'agira de demandes et contestations formées entre celui qui sera appelé à la substitution, et les héritiers, ou représentans de l'auteur de la substitution, ou de celui qui en étoit chargé, sans que ledit privilége puisse avoir lieu à l'égard des demandes en revendication des biens substitués, ou en révocation des aliénations faites par les grevés de substitution, lorsque lesdites demandes seront formées contre des tiers-détenteurs; encore que celui qui auroit formé lesdites demandes contre eux y eût mêlé des conclusions tendantes à faire déclarer la substitution ouverte en sa faveur.

49. Il ne pourra être rendu aucun jugement sur ce qui concerne les substitutions fiéicommissaires, et l'observation des règles prescrites par la présente ordonnance, que sur les conclusions de nos avocats et procureurs en première instance, et sur celles de nos

avocats et procureurs-généraux en nos cours, lorsque les contestations formées à ce sujet y seront portées par appel ou autrement. Voulons qu'il y ait ouverture de requête civile contre les arrêts qui seroient rendus sans conclusions de nosdits avocats et procureurs-généraux.

50. Les arrêts ou jugemens en dernier ressort qui seront contradictoires avec le grevé de substitution, ou un des substitués, ou contre lesquels il ne pourroit-être reçu à former opposition, ne pourront être retractés sur le fondement d'une tierce opposition formée par celui au profit duquel la substitution sera ouverte; sauf à lui à se pourvoir par la voie des lettres en forme de requête civile, lesquelles pourront être fondées, soit sur les ouvertures mentionnées dans l'article 34 du titre 35 de l'ordonnance du mois d'avril 1667, soit sur la contravention à la disposition de l'article précédent, soit sur le défaut entier de défenses, ou l'omission de défenses valables de la part du grevé ou substitué antérieur.

51. Le délai pour obtenir lesdites lettres sera de six mois, à compter du jour de la signification qui aura été faite de l'arrêt ou jugement en dernier ressort, à la personne ou domicile du substitué, depuis l'ouverture de la substitution à son profit, s'il est majeur, ou à la personne ou domicile de son curateur s'il étoit interdit; et si le substitué est pupille ou mineur, ledit délai ne sera compté que du jour de la signification qui lui aura été faite après sa majorité.

52. En cas que la substitution fût faite en faveur d'églises, hôpitaux, corps ou communautés laïques ou ecclésiastiques, ledit délai sera d'un an, à compter du jour de la signification qui sera faite, depuis l'ouverture de la substitution, à la personne ou domicile de leurs syndics, ou autres administrateurs.

53. Les actes contenant des désistemens, transactions ou conventions, qui seront passés à l'avenir entre celui qui sera chargé de substitution, ou qui

l'aura recueillie, et d'autres parties, soit sur la validité ou la durée de la substitution, soit sur la liquidation des biens substitués et des détractions, soit rapport aux droits de propriété, d'hypothèque, ou autres qui seroient prétendus sur lesdits biens; ne pourront avoir aucun effet contre les substitués, et il ne pourra être rendu aucun jugement en conséquence desdits actes, qu'après qu'ils auront été homologués en nos cours de parlement, ou conseils-supérieurs, sur les conclusions de nos procureurs-généraux; ce qui sera observé à peine de nullité.

54. Les arrêts qui auront homologué lesdits actes, seront exécutés contre les substitués, lesquels ne pourront se pourvoir contre lesdits arrêts que par la voie de la requête civile, sur le moyen et dans les délais ci-dessus expliqués.

55. Les dispositions contenues dans le titre premier de la présente ordonnance, sur ce qui concerne la validité ou l'interprétation des actes portant substitution, la qualité des biens qui peuvent en être chargés, la durée des substitutions, et l'irrévocabilité de celles qui sont portées par des contrats de mariage ou autres actes entre-vifs, la manière d'en compter les degrés, l'hypothèque subsidiaire des femmes mariées avant la publication des présentes, et l'effet des décrets qui l'auront précédé, n'auront aucun effet rétroactif; et les contestations, nées ou à naître à cet égard, seront jugées suivant les lois et la jurisprudence qui étoit observée auparavant dans nos cours, lorsque la substitution aura une date antérieure à la publication de la présente ordonnance, si elle est portée par un acte entre-vifs, ou si elle est contenue dans une disposition à cause de mort, lorsque celui qui l'aura faite sera décédé avant ladite publication.

56. Les dispositions du présent titre, sur la nécessité et la forme de l'inventaire des effets des successions dans lesquelles il y aura des biens chargés de substitution, n'auront effet qu'à l'égard des suc-

cessions qui seront ouvertes après la publication des présentes.

57. Les dispositions portées par le présent titre, concernant l'ordonnance, que celui qui recueillera les biens substitués doit obtenir, faute par le grevé, ou le précédent substitué, d'y avoir satisfait, n'auront lieu qu'à l'égard de ceux qui recueilleront, à l'avenir, des biens compris dans une substitution qui n'auroit pas encore été publiée ni enregistrée.

58. Les règles prescrites par la présente ordonnance, sur l'emploi ou le remploi des effets compris dans la substitution, sur la publication et l'enregistrement des substitutions et des actes d'emploi ou remploi, sur les tribunaux qui doivent connoître des contestations formées au sujet desdites substitutions, sur la manière de se pourvoir contre les arrêts ou jugemens en dernier ressort, et sur l'homologation des transactions ou autres conventions faites avec ceux qui seroient chargés de substitutions, seront exécutées par rapport aux publications et enregistremens, actes, demandes et procédures, qui se feront après la publication des présentes, encore que la substitution fût antérieure, ou que les jugemens contre lesquels le substitué voudroit se pourvoir, eussent été rendus auparavant; et à l'égard des publications et enregistremens, actes, demandes et procédures qui auroient été faits avant la publication de la présente ordonnance, il y sera pourvu en cas de contestation, suivant les lois et la jurisprudence qui ont été observées jusqu'à présent en nos cours.

Voulons, au surplus, que la présente ordonnance soit gardée et observée dans toute l'étendue de notre royaume, terres et pays de notre obéissance, à compter du jour de la publication qui en sera faite; abrogeons toutes ordonnances, lois, coutumes, statuts et usages différens, ou qui seroient contraires aux dispositions y contenues.

Si donnons en mandement, etc.

Questions sur les Substitutions (1).

QUEST. 1.re Si la disposition de l'article 125 de l'ordonnance de 1629, qui veut que les fidéicommis ne puissent avoir lieu pour le regard des choses mobiliaires, doit être abrogée dans les pays où elle a eu lieu jusqu'à présent; ou si elle doit être étendue aux provinces où elle n'a point été observée?

2. Si l'on prenoit le parti d'étendre la disposition de l'article 125 de l'ordonnance de 1629, touchant la substitution des choses mobiliaires, aux provinces où elle n'a point été observée, faudroit-il excepter de la règle générale non-seulement les donations ou legs des meubles précieux, à l'exemple de l'ordonnance de 1629 qui permet la substitution des pierres précieuses de fort grand prix, mais encore les dispositions qui comprennent l'universalité des meubles?

3. Si, dans les parlemens où l'ordonnance de 1629 est observée, on suit la disposition de cette ordonnance qui défend aux personnes rustiques de faire des substitutions, et s'il convient d'en faire une loi générale?

4. Si le fidéicommis contractuel est révocable lorsqu'il a été accepté par le premier substitué; et s'il y a des distinctions à faire à cet égard, soit entre le fidéicommis apposé à une donation contractuelle, soit entre celui qui est apposé à une institution contractuelle, soit entre les nobles et les roturiers?

Quid? Si le substitué a été seulement présent à l'acte sans aucune acceptation expresse et formelle de sa part?

5. Si celui qui a fait une substitution par un acte entre-vifs, peut changer les clauses par un acte postérieur?

(1) On n'a pas trouvé la lettre circulaire qui servoit d'envoi à ces Questions.

6. Si le donateur peut grever de substitution les biens qu'il a précédemment donnés sans aucune charge, soit qu'il se soit réservé ce pouvoir dans la donation, soit qu'il ne se le soit pas réservé; et supposé qu'il le puisse, dans quel cas, en faveur de quelles personnes, et sous quelles conditions il peut user de ce pouvoir?

7. Si le sens dans lequel quelques parlemens ont entendu les articles des ordonnances qui règlent la durée des substitutions, en les étendant jusqu'à quatre degrés, outre l'institué, est préférable à celui que d'autres parlemens donnent aux mêmes articles, en restreignant les substitutions à deux degrés, outre l'institué?

8. Si les degrés doivent être comptés par souches ou par têtes?

9. S'il y a quelque distinction à faire sur les questions précédentes, entre les nobles et les roturiers?

10. Si ceux qui sont appelés conjointement à une substitution, doivent être comptés pour un seul degré ou pour plusieurs?

11. Si celui en faveur de qui la substitution est ouverte de droit, mais qui ne l'a pas recueillie de fait, est censé remplir un degré?

Si la simple demande, formée par celui à qui le droit est échu, le doit faire compter pour un degré?

12. Si la caducité de l'institution emporte la caducité de la substitution fidéicommissaire; ou si cette substitution doit alors être regardée comme convertie en substitution vulgaire, pour soutenir le testament?

Quid? S'il y a une clause codicillaire dans le testament?

13. Si la renonciation de l'héritier institué nuit aux substitués dans la substitution fidéicommissaire?

14. Si dans tous les cas où l'on décide qu'au défaut de l'institué, le premier substitué en prend

la place, on ne comptera les degrés de substitution, qu'en commençant depuis la personne du substitué, sans que le premier, qui tient lieu de l'institué, fasse un degré?

15. Si celui qui est appelé à une substitution peut y renoncer avant qu'elle soit ouverte, pour faire place au degré subséquent; et si en ce cas il fait un degré?

16. Si la mort civile donne ouverture au fidéicommis?

Si elle n'y donne lieu qu'en cas qu'il y ait une prohibition expresse d'aliéner?

17. Si la profession religieuse donne ouverture au fidéicommis, et si elle remplit ou fait manquer la condition *si non nupserit*, et la condition *si nupserit?*

18. Si la condition *si sine liberis* est remplie quand il y a des enfans existans, mais incapables?

19. Si l'on doit décider en général que les enfans mis dans la condition ne sont pas dans la disposition, quand il n'y a point des circonstances ou des objections qui puissent faire juger le contraire?

20. Supposé qu'on prenne le parti de les admettre à la substitution dans les cas des présomptions expliquées par Cujas et Dumoulin, le concours de toutes ces présomptions, ou de deux au moins, est-il nécessaire, ou une seule peut-elle suffire?

21. Si, lorsque la condition est conçue en ces termes : *en cas de décès sans enfans mâles*, cette seule qualité de mâles suffit pour mettre les enfans dans la disposition, quoiqu'il n'y ait aucune autre circonstance ni présomption?

22. Si l'on doit dire que les enfans mâles sont dans la disposition, lorsque la condition est conçue en ces termes : *sans enfans mâles ni filles?*

23. Si, lorsque la condition est redoublée, et que

le donateur ou testateur s'est servi de ces termes : *au cas de décès sans enfans, et des enfans sans enfans*, cela suffit pour mettre les enfans dans la disposition ?

S'il y a quelque différence à faire, lorsque la condition est redoublée par la particule disjonctive, ou en ces termes : *en cas de décès sans enfans, ou des enfans sans enfans ?*

24. Si pour faire cesser toutes les disputes, et prévenir tous les procès, qui naissent touchant les enfans mis dans la condition, il seroit bon d'établir pour règle générale qu'ils sont indistinctement dans la disposition, comme on l'a fait dans quelques pays étrangers ?

25. S'il ne seroit pas plus simple et plus utile d'établir la règle contraire, c'est-à-dire, qu'à l'avenir les enfans qui ne seront que dans la condition, ne seront en aucun cas censés compris dans la disposition, et malgré le concours des présomptions reçues en cette matière ?

26. Si la transmission du fidéicommis testamentaire, qui a été introduite en ligne directe par la jurisprudence du parlement de Toulouse, et par laquelle le fils est censé remplir la place de son père, qui est mort avant d'avoir pu recueillir la substitution, doit avoir lieu dans tout le royaume; ou si la jurisprudence de ce parlement doit être réformée à cet égard ?

27. Supposé que cette jurisprudence doive être rendue générale, faut-il la borner au premier degré, ou l'étendre à toute la ligne directe, en quelque degré que ce soit; et si en pareil cas, celui qui est dans un degré plus proche doit être préféré à celui qui est dans un degré plus éloigné ?

28. Si la représentation a lieu entre ceux qui sont appelés à la substitution, dans le cas où elle auroit lieu entr'eux, s'ils succédoient *ab intestat*; et s'il faut distinguer sur ce point les substitutions qui sont

faites en ligne directe, de celles qui ont lieu en ligne collatérale?

29. Faut-il aussi distinguer sur cette question les fidéicommis faits en faveur des personnes certaines et désignées par leurs noms, d'avec ceux qui sont faits en faveur de plusieurs, par nom collectif, comme d'enfans, parenté, famille ou autres noms semblables?

30. Si le fils, qui a mérité l'exhérédation de son père, doit être exclu de la substitution faite par son aïeul?

31. Dans les substitutions auxquelles les filles sont appelées en général au défaut des mâles, est-ce la plus proche du dernier possesseur des biens substitués, ou celle qui se trouve l'aînée de la branche aînée qui doit recueillir la substitution?

32. Si, pour prévenir cette difficulté et les autres qui se présentent très-souvent à l'occasion des substitutions, où les filles et leurs descendans sont appelés, il ne conviendroit pas mieux de restreindre les substitutions aux seuls mâles descendans par mâle; et supposé qu'on le décidât ainsi, si l'on prendroit le tempérament de borner l'effet de la substitution à la première fille qui se trouveroit dans l'ordre de vocation marqué par le donateur ou le testateur; ensorte qu'elle seule pût recueillir, en vertu de la substitution, les biens substitués qui deviendroient libres en sa personne?

33. Si le fidéicommissaire universel est saisi de plein droit des biens compris dans le fidéicommis; ou si le fidéicommis, soit universel ou particulier, est sujet à délivrance?

34. A qui doit appartenir la jouissance provisoire de l'hérédité, en attendant la distinction des biens libres et substitués, et la liquidation des distractions, soit que le fidéicommissaire soit un des descendans ou un collatéral, ou un étranger?

35. S'il est dû des droits de relief, lorsqu'un

fief substitué passe d'un collatéral à un collatéral ; quoique ce collatéral soit en ligne directe avec l'auteur de la substitution ?

36. Si le substitué, qui se trouve en même temps héritier pur et simple d'un précédent possesseur des biens substitués, peut révoquer les aliénations faites par ce dernier possesseur ?

37. Si chaque substitué est recevable à attaquer de son chef, et comme une tierce partie, les jugemens rendus avec le grevé, ou avec un des précédens substitués, soit sur la validité ou sur la durée de la substitution, ou sur les biens qui y sont censés compris ?

38. Si la restitution anticipée du fidéicommis nuit aux créanciers et aux tiers-possesseurs ?

39. Si le créancier ou le tiers-possesseur, qui a eu connoissance de la substitution avant que de contracter ou d'acquérir, est recevable à opposer le défaut d'enregistrement et de publication de la substitution ?

40. Si l'hypothèque subsidiaire de la femme sur les biens substitués, a lieu pour les intérêts de la dot comme pour le capital ?

Si elle a lieu pour l'augment, pour les bagues et joyaux, pour le douaire et le préciput, pour le remploi des propres et autres indemnités ?

41. Si l'hypothèque subsidiaire de la femme sur les biens substitués, a lieu non-seulement à l'égard des substitutions faites en ligne directe, mais encore à l'égard des substitutions faites en ligne collatérale, ou par des étrangers ?

42. Si cette hypothèque a lieu seulement au premier degré, ou si elle s'étend à tous les degrés ?

43. Si la même hypothèque a lieu au profit d'une seconde femme ?

Faut-il distinguer, sur ce point, le cas où il y a des enfans du premier mariage, et celui où il n'y en a pas ?

44. Si les créanciers de la femme ont les mêmes

droits qu'elle, sur les biens substitués, quand elle ne les a pas exercés?

45. Si le décret purge la substitution? (1).

EXTRAIT fait par M. le Chancelier d'AGUESSEAU, concernant les Questions envoyées à tous les Parlemens et Conseils supérieurs, sur les Substitutions fidéicommissaires (2).

PREMIÈRE QUESTION.

DROIT CIVIL.

IL n'est pas douteux que les fidéicommis pouvoient ne comprendre que des choses mobiliaires, *et etiam ea quæ usu consumebantur. Potest quis etiam singulas res per fideicommissum relinquere, veluti fundum, argentum, hominem vestem et pecuniam numeratam.* Instit. *de singul. reb. per fideicommissa relictis in princip. Senatus censuit ut omnium rerum quas in cujusque patrimonio esse constaret ususfructus legari posset. Quo senatusconsulto inductum videtur ut earum rerum quæ usu tolluntur vel minuuntur possit ususfructus legari.* L. 1, *aliisque passim toto titulo*, ff. *de usufructu earum rerum quæ usu consumuntur; indè argumentum ductum ad fideicommissa quibus qui oneratus est fructuarii vicem quodam modo sustinet. Licet alio respectu etiam pro domino habeatur.* V. l. §. 2.

Usufructuarius quem admodum caveat si pecuniæ aut alterius rei quæ usu consumitur ususfructus legatus sit? Cavet fructuarius secum morietur sive

(1) On voit, par la lettre du 24 juin 1730, page 579, qu'il a dû ou pu être envoyé une autre série de questions qu'on n'a pas retrouvées.

(2) Cet extrait ne va que jusqu'à la douzième question. Il paroît que cet excellent travail n'a pas été achevé.

capite minutus fuerit tantumdem redditurum. Si vestis aut alterius supellectilis usus legatus sit cavetur finito usufructu vestem reddi quod ita tamen procedit ut promissor non obligetur, si vestem. Sine dolo malo adtritam reddideret. Leg. 7, §. 1; et leg. 9, §. 3, ff. *ususfructu quem admod. caveat.*

Ainsi, d'un côté, les principes et l'autorité du droit civil, pour permettre la substitution des choses mobiliaires; de l'autre, l'autorité de l'ordonnance de 1629, pour la défendre.

Raisons pour la liberté assurée par le droit civil.

1.° Pourquoi priver ceux qui n'ont que des effets mobiliers, et dont la fortune consiste principalement dans ce genre de biens, comme les entrepreneurs des manufactures, les négocians, les financiers, d'une liberté qui est de droit commun, et du pouvoir de prendre une précaution innocente et souvent salutaire, contre la dissipation des héritiers? Dans les familles mêmes qui ont des immeubles, les offices et autres immeubles fictifs font un objet considérable qui tend toujours à devenir un effet mobilier; et, seroit-il juste d'ôter à un père de famille la liberté de pourvoir, par une substitution, à la conservation des biens de cette nature? Tous les citoyens sont également chers à la loi, également l'objet de sa prévoyance, de quelque genre que soient leurs biens.

2.° Le terme des choses mobiliaires est très-équivoque, et peut devenir une source de procès, par les différentes interprétations dont il est susceptible.

Dans le droit écrit, on distingue trois sortes de biens : immeubles, meubles, droit, noms, actions; *quæ in jure consistunt et ideò inter res incorporales habentur magnique interdùm momenti sunt.*

Dans le droit coutumier, tout est immobilier ou mobilier, parce que les actions mêmes se mettent dans l'une ou l'autre de ces deux classes, selon qu'elles tendent au meuble ou à l'immeuble.

De là, l'introduction de ces clauses, imaginées seulement dans le pays coutumier, pour réaliser les choses mobiliaires, et en affecter la possession aux familles sous le nom de propre.

On en forme, par là, une espèce de substitution. Pourquoi envieroit-on, aux pays du droit écrit, qui ignorent l'usage de ces clauses, la faculté de tendre au même but, par la voie des substitutions, la seule qui puisse y suppléer?

Le parlement de Dijon même, quoique attaché à l'ordonnance de 1629, a été obligé d'autoriser les substitutions d'argent comptant. C'est, dit-il, parce qu'avec de l'argent on achète tous les fonds; mais, n'en est-il pas de même de toutes les choses mobiliaires qui se convertissent en argent?

3.° Le désir de prévenir les procès n'est pas une raison décisive : les substitutions d'effets mobiliers n'en produisent pas plus que celles des immeubles; l'expédient de la caution autorisée par le droit romain, ou de l'emploi du prix des choses mobiliaires substituées, remédiera pleinement à cet inconvénient.

Raisons pour la défense portée par l'ordonnance de 1629.

1.° Les substitutions n'ont que deux objets favorables : l'un, de soutenir les grandes maisons; l'autre, de prévenir la dissipation des héritiers; et ces deux objets ne se trouvent véritablement que dans la substitution des immeubles.

Ce n'est point par des substitutions des choses mobiliaires qu'on assure la durée des grandes maisons. Elles peuvent, à la vérité, lier les mains d'un fils dissipateur : mais l'infidélité ou la fraude des inventaires; la liberté de vendre des effets qui n'ont point de suite, ou de recevoir des remboursemens, ou de dissiper ce que l'on reçoit ; enfin, le dépérissement presque inévitable de ces sortes de biens, rendent la précaution de les substituer inutile, ou elles en font la source d'une infinité de procès. Tout se réduit à un recours souvent infructueux ; ce qui ne sert qu'à ruiner les créanciers postérieurs à la substitution, ou bien il faut établir un curateur à chaque substitution, et en faire dépendre la sûreté de sa vigilance ou de sa fidélité.

Toutes ces réflexions s'appliquent encore plus à des fonds de manufacture.

2.° Comprendre les choses mobiliaires dans une substitution, c'est ôter toute ressource au grevé pour acheter une charge, un régiment, et pour faire sa fortune selon son état.

3.° Si les substitutions sont ordinairement la clause d'une banqueroute qui est comme substituée, ou qui se renouvelle à chaque degré, un effet si odieux est encore plus attaché à celles qui comprennent les meubles mêmes.

Peut-être, par cette raison, seroit-il bon d'exclure des substitutions tous immeubles fictifs, comme les offices et les rentes constituées, et, en un mot, tout bien qui peut changer de nature sans le consentement du propriétaire, à cause de l'incertitude de l'insuffisance des remplois, source continuelle de contestations ; et de pourvoir seulement à la dissipation d'un fils, par la précaution marquée par la loi 16, §. *potuit tamen pater* 2.°, ff. *de curator. furios. aliis extr. minor. dandis*, c'est-à-dire, par ce qu'on appelle une exhérédation officieuse.

4.° Si l'article 125 de l'ordonnance de 1629 n'a pas eu d'exécution dans la plus grande partie du royaume, ce n'est pas la disposition particulière, c'est la malheureuse destinée de cette ordonnance, en général, qui en a été cause ; et, si le plus grand nombre des parlemens réclament contre la pensée de rétablir cette disposition, c'est par un excès de prévention pour l'autorité suprême du testateur, et pour la liberté indéfinie des substitutions.

JURISPRUDENCE ET AVIS DES PARLEMENS.

Pour faire observer l'article 125 de l'ordonnance de 1629 dans les lieux où elle est reçue, et l'étendre aux autres provinces du royaume, Metz, Dijon (avec l'exception de l'argent comptant), Besançon, quoique sa jurisprudence ait été contraire jusqu'à présent.

Pour établir la liberté naturelle dans les lieux mêmes où elle a été introduite par l'ordonnance de 1629. Aix (qui n'a point enregistré l'ordonnance de 1629), Pau, Toulouse, Bordeaux, Grenoble, qui ont enregistré cette ordonnance, mais avec des modifications sur l'article 125, Alsace, Roussillon.

Rennes et Rouen n'ont rien envoyé sur les substitutions.

Paris, après une longue et profonde discussion, les suffrages se sont partagés en trois avis :

Le premier, de ne borner les fidéicommis ou les substitutions à aucune sorte de biens ;

Le second, de ne point les autoriser pour les choses purement mobiliaires, en les autorisant néanmoins pour les immeubles fictifs, offices ou rentes, même dans les lieux où elles sont réputées mobiliaires ;

Le troisième, d'autoriser les fidéicommis, même à l'égard de tout mobilier, lors seulement que le substituant en auroit ordonné l'emploi par l'acte qui contient la substitution.

SECONDE QUESTION.

PREMIÈRE PARTIE DE LA QUESTION.

« Si l'on doit excepter, de la disposition de l'art. 125 » de l'ordonnance de 1629, les meubles précieux ».

DROIT CIVIL.

La question n'a pu être prévue par le droit civil, parce que la règle contraire à celle de l'ordonnance de 1629 y étoit établie sans difficulté. On ne pouvoit donc pas imaginer l'exception dont il s'agit. Il y a néanmoins quelque chose dans le droit romain qui a rapport à cette exception. C'est la défense d'aliéner les meubles précieux des mineurs, *sine decreto prætoris; vide* leg. 22, cod. *de administrationibus tutor.* D'où Denis Godefroy a tiré cette règle : *Mobilia pretiosa immobilibus comparantur. Hinc etiam Molineus, mercator aliq. non spernandæ autoritatis jurisconsulti adversus Cujacii sententiam* (observ. 16, 18.) *collegerunt beneficium*, l. 2, cod. *de rescind. vendit. ad alienationem rerum mobilium pretiosorum porrigendum esse.* Et c'est ce qui a donné lieu au premier président Lizet, savant jurisconsulte, ce réformateur de la coutume de Berri, d'y mettre (tit. 2, art. 33) que la rescision, pour lésion d'outre moitié du juste prix, auroit lieu dans la vente des pierres précieuses, etc.... Brodeaux est d'avis contraire dans sa note sur cet article, et dans son commentaire sur l'article 144 de la coutume de Paris. Cependant il y a lieu de croire que l'exception portée par l'art. 125 de l'ordonnance de 1629, est fondée sur le même principe que la disposition de la coutume de Berri.

JURISPRUDENCE ET AVIS DES PARLEMENS.

Tous ceux qui sont d'avis de continuer d'autoriser les substitutions des choses mobiliaires, sont d'avis, à plus forte raison, de conserver au moins l'exception marquée par l'ordonnance de 1629, si l'on adopte le reste de l'article 125; mais aucune, si ce n'est Besançon, ne croit qu'il faille se départir de la règle générale, qui est pour la liberté.

Entre ceux qui voudroient exclure les meubles des substitutions, Dijon, Metz, Flandre, sont pour l'exception des meubles précieux.

Besançon seul ne donne aucune borne à la nouvelle règle qu'il propose d'établir pour n'admettre que les immeubles dans les substitutions.

Paris, en supposant l'exclusion du fidéicommis

dans les choses mobiliaires, s'est trouvé partagé entre plusieurs avis :

1.° Conserver la faculté de substituer les meubles précieux dans le premier degré ;

2.° La restreindre, sans distinction des degrés, aux bestiaux étant dans les terres, et aux meubles des châteaux.

Le plus grand nombre est, pour ne pas excepter les meubles précieux, par la difficulté de déterminer précisément la qualité des meubles précieux, et pour ôter une source de procès.

SECONDE PARTIE DE LA QUESTION.

Si l'on doit excepter de la disposition de l'art. 125 de l'ordonnance de 1629, la substitution de l'universalité des meubles ?

DROIT CIVIL.

Si res singulæ licet mobiles fideicommisso onerari poterant, quantò magis universitas rerum mobilium. Ainsi, nul doute sur ce point dans le droit civil.

JURISPRUDENCE ET AVIS DES PARLEMENS.

Tous ceux qui s'attachent au droit civil, sur la première question, sont, sans doute, de l'avis de l'exception proposée. Mais, à l'égard de ceux qui sont favorables à l'exclusion, leurs sentimens sont fort différens sur l'exception.

Dijon et Besançon se réunissent pour la rejeter ; Metz et Flandre pour l'admettre.

Deux grandes raisons pour ce dernier sentiment :

L'une, que, *mobilium universitas sœpiùs in jure tàm civili quàm gallico rebus immobilibus æquiparatur ;*

L'autre, que, sans cela, ceux dont toute la fortune, ou presque toute, consiste en effets mobiliers, seroient privés de la faculté d'assurer la conservation de leur patrimoine à leur postérité.

On répond, de l'autre côté, que ces inconvéniens ne sont pas comparables à la difficulté des remplois pendant la durée de plusieurs degrés de substitution, et aux procès qui en peuvent naître, outre que tout ce qui est mobilier n'est point l'objet naturel d'une substitution, et que ce doit être la nature des choses qui en décide, sans avoir égard au plus ou au moins.

Paris s'est trouvé presque partagé sur cette question. Avis singuliers, tels que sur celle des meubles précieux. Et, enfin, tout se réduit à deux opinions :

L'une, d'exclure indéfiniment le cas même de l'universalité des meubles, supposé qu'on revienne à l'ordonnance de 1629 ;

L'autre, de n'autoriser la substitution de l'universalité des meubles que dans le cas où le substituant en auroit ordonné la vente et l'emploi en fonds.

TROISIÈME QUESTION.

DROIT CIVIL.

La distinction que l'ordonnance de 1629 avoit voulu introduire est inconnue dans le droit civil : on y a, au contraire, favorisé les rustiques, plus que les autres, par des priviléges qui les dispensent de certaines formalités. Aucune loi, aucun jurisconsulte n'a pensé à restreindre leur liberté dans le pouvoir de tester.

Les raisons pour et contre sont aisées à comprendre.

L'ordonnance de 1629 a déclaré elle-même son motif par ces termes : *personnes rustiques*, qui, vraisemblablement, n'entendent ni la nature ni l'effet des substitutions.

A quoi l'on peut ajouter que le principal objet des substitutions étant la conservation des maisons considérables, on les avilit, on les dégrade, on les fait dégénérer en une espèce de roture, quand on permet l'usage aux rustiques de ce qui devoit être réservé aux familles nobles ou vivant noblement.

Mais on peut dire que tous les citoyens sont également l'objet de la loi, et que, si l'on exceptoit les rustiques, il faudroit, par la même raison, excepter aussi les femmes, les soldats, les personnes illitérées; que les roturiers ou les *rustiques* n'ont pas moins d'affection que les nobles pour leurs biens et pour leurs descendans; que ce sentiment, inspiré par la nature, est trop juste pour être restreint par la loi. Enfin, que la qualité des *rustiques* est si équivoque, si variable, si susceptible de *distinction et d'exceptions*, qu'il en naîtroit autant de procès qu'il y auroit des testamens.

JURISPRUDENCE ET AVIS DES PARLEMENS.

Tous, à l'exception d'un seul, ont ignoré ou méprisé la distinction faite contre les rustiques, par l'ordonnance de 1629; ce qui a eu lieu même dans les parlemens où cette ordonnance a été enregistrée.

Le seul parlement de Dijon a suivi cette loi, mais avec une distinction qui détruit la jurisprudence : il condamne la substitution faite par un laboureur, pendant qu'il autorise celle qui est faite par un menuisier, sous prétexte que ce menuisier demeuroit dans une ville; et, si ce laboureur même a son habitation dans une ville, la substitution qu'il fait est confirmée, comme si le conseil manquoit plus à ceux qui, quoique demeurant à la campagne, peuvent venir à la ville, qu'à ceux qui y demeurent habituellement.

Sur la question qui consiste à savoir s'il convient de faire une loi générale sur ce point :

Tous les parlemens, à la réserve de Dijon et de

Besançon, sont d'avis de suivre ce droit commun à l'égard des rustiques.

Dijon, attaché à sa jurisprudence, veut qu'on la confirme, en y ajoutant l'exception qu'il a établie en faveur des laboureurs artisans qui font leur demeure dans les villes.

Besançon entre plus dans l'esprit général des substitutions, quand il propose, non d'excepter les rustiques, mais de fixer l'état ou la qualité de ceux qui pourront faire des substitutions, en ordonnant que ce droit sera réservé aux seuls nobles, ou aux personnes revêtues d'offices dans les cours supérieures, ou de charges militaires.

Il s'autorise par les nouvelles ordonnances du roi de Sardaigne, où il est dit, livre 2, titre 2, loi 5, page 256, « que les bourgeois, même les docteurs en » droit, ne pourront faire des fidéicommis ».

Il ajoute deux explications :

L'une, que ceux qui auront le droit de faire des substitutions, ne pourront en user qu'en faveur des personnes de la même qualité ;

L'autre, que ceux mêmes qui en seront exclus, pourront néanmoins être admis, en disposant de leurs biens en faveur des personnes nobles ou décorées de dignités.

Paris se joint à la pluralité ; et, après avoir loué la vue de Besançon, il remarque avec raison qu'elle donneroit lieu à beaucoup de difficultés et d'inconvéniens, outre que, d'ailleurs, elle seroit mal reçue dans les pays où les substitutions sont favorables, et dans ceux où elles ne le sont pas ; ainsi, il préfère, à une perfection spéculative, une décision plus sûre et plus simple dans la pratique.

Il pourroit ajouter qu'une pareille loi ne seroit avantageuse qu'à la finance, qui ne manqueroit pas, dans la suite, de vendre, aux bourgeois et aux autres incapables, le pouvoir de faire des substitutions à l'occasion des créations de charges nouvelles, ou sous d'autres prétextes.

QUATRIÈME QUESTION.

PREMIÈRE PARTIE DE LA QUESTION.

« Si le fidéicommis contractuel est révocable, lors» qu'il a été accepté par le premier substitué ? »

DROIT CIVIL.

Les principes rigoureux de ce droit ne permettent pas d'y agiter cette question : *Nemo poterat legem sibi dicere, ut à priori voluntate recedere non liceret, nec contrahendo testandi facultatem sibi præcipere, paulatim tamen mitigari cœpit veteris juris severitas, ità ut donationes, etiam inter vivos factæ testamentorum leges quodam modò imitarentur. Vide* leg. 1, leg. 3, cod. *de condict. ob caus. dator. et* tot. tit. cod. *de donat. quæ sub modo*, etc.

Ac primò quidem placuit, ut si donator eam legem donatario dixisset, ut res donatas vel sibi vel etiam alteri post certum vel incertum tempus aut certæ conditionis eventum restitueret, lege placiti non impletâ conditione actio donatori competeret ejusve heredibus : leg. 3, cod. eod. tit. et leg. 37, §. 3, ff. *de leg.* 3.

2.° *Benignâ juris interpretatione divi principes (id est divi fratres), ei qui stipulatus non sit, utilem actionem juxtà donatoris voluntatem competere admiserunt, dictâ leg. 3, cod. eod. tit. quod sanè præter strictam juris antiqui regulam introductum est, quæ omninò non sinebat ut alteri stipulari aut pascisci fas esset idque satis indicant legis verba quæ pristinum jus hac in parte emoluit, ei qui non stipulatus esset, utilem actionem competere, nempè rei qui res à donatario restituenda erat meritò igitur dict. Gotofr. hic notat, speciale esse in donationum contractu ut alteri per alterum quæratur actio. Indè sequi videtur :*

1.° *Eum perindè haberi ac si reverâ stipulatus*

fuisset, utilis enim actio, non minùs illi prodest quam directa.

2.° *Cum juxtà legem 4, cod. eod. tit. perfecta semel donatio conditiones posteà non capiat, et multò minùs revocari possit; consequens etiam esse videtur ut fideicommissum donationi quodam modo adjectum mutatione voluntatis adimi non possit, saltem novo jure. Idque multò magis locum haberet in terminis propositæ questionis in quâ ponitur fideicommissum ab eo acceptatum fuisse, cui res donata restituenda sit.*

Dubium tamen adhùc sub esse videtur in hac parte quod nescio an prædictis legibus omninò solvi possit.

Nempè, ut jam dixi, in iis donationibus voluntas donatoris maximè dominatur, nec minùs quàm in testamentis quorum jura et factum quodammodo sequi videntur; ideòque quamdiù voluntas donatoris immota præstat, non minùs donatori quàm ei cui stipulatus videtur esse, cuique res donata restituenda est, actio accommodatur æquitate juris et juxtà donatoris voluntatem quæ in hac parte pro lege habetur, sed si donatorem prioris voluntatis pœniteat, totum hoc negotium quod sua voluntate constabat, non ne contrariâ voluntate solvetur? Adeò ut donationes quæ ad exemplum testamentorum efformatæ sunt, saltem quantum ad restitutionis stipulationem non minùs mutari aut revocari possint, quàm testamenta; quod etiam tristis illis regulis juris confirmari potest: eadem esse debet ratio, damni et emolumenti et æquum est; ut quem cujusque rei sequuntur commoda eum sequuntur et incommoda. Deniquè quod præter juris rationem introductum est, non debet produci ad consequentias. Ergò si vera juris civilis principia sequimur, distinctio adhibenda est stante donatione et donatore in eâdem sententiâ perseverante fideicommissario aut ei qui fideicommissarii societatem sustinet, actio ex donatione competit, licet fideicommissum nunquàm acceptaverit.

Voyez Rapeau, *des substitutions*, tit. 3, chap. 4, part. 1.re, n. 137 et suivantes, qui dit : « qu'il n'y a » pas de doute que le fidéicommis, ne subsistant pas » à l'égard du substitué, qui n'a pas été partie dans » le contrat en qualité de donation entre-vifs, mais » comme une condition inhérente à la disposition faite » en faveur du premier donataire..... il demeure révo- » cable par le donateur, *nisi donatarii intersit putà* » *si liberi ejus essent substituti* ». C'est aussi l'avis de Ricard, au même lieu, pourvu que l'intention du donateur et du donataire ait été que le substitué fût employé comme acceptant dans le contrat. *Secus*, s'il acceptoit après coup et séparément, sans la participation des parties principales.

SECONDE PARTIE DE LA QUESTION.

« Et s'il y a des distinctions à faire, à cet égard, » soit entre le fidéicommis apposé à une donation, et » celui qui est apposé à une institution contractuelle, » soit entre les nobles et les roturiers ? »

Comme la question qui a été envoyée au parlement n'a pas été posée d'une manière assez générale, et qu'on l'a trop restreinte au cas singulier de l'acceptation faite par le premier substitué, on y a suppléé en agitant les questions générales, qui sont comme les préliminaires de celle qui a été proposée.

Première question générale. Le fidéicommis contractuel est-il révocable par sa nature ?

Seconde question générale. Doit-on distinguer, dans cette matière, le cas des institutions contractuelles de celui des donations entre-vifs portées par un contrat de mariage, et celui des donations faites par contrat de mariage de celui des donations qui seroient faites par d'autres actes ?

Troisième question générale. Y a-t-il quelques distinctions à faire entre les nobles et les roturiers ?

Quatrième question générale. En décidant pour l'irrévocabilité, faut-il excepter le cas où le donataire et le donateur concourroient d'un commun consentement à anéantir la donation ?

Et faut-il, en ce cas, qu'ils ne laissent rien subsister dans l'acte, ou peuvent-ils diviser la révocation, en ne détruisant que la charge du fidéicommis sans donner atteinte à la donation ?

Première question générale.

« Le fidéicommis contractuel est-il révocable par » sa nature ? »

Toulouse le croit ainsi, puisqu'il ne juge ce fidéicommis irrévocable que quand la donation est faite par contrat de mariage : hors de ce cas, le donataire ne peut, à la vérité, s'affranchir de la charge du fidéicommis ; mais le donateur demeure le maître de le révoquer.

Grenoble semble penser de même, puisqu'il ne regarde le fidéicommis comme irrévocable que quand il a été accepté par le substitué, ou du moins lorsqu'il a été présent à l'acte de donation. Mais peut-être ce parlement s'est-il contenté de répondre à la question telle qu'elle étoit proposée, sans remonter au principe général ? il dit, d'ailleurs, que la difficulté ne s'est jamais présentée dans ce tribunal.

Bordeaux, pour l'irrévocabilité, si ce n'est *mutuo consensu*, et lorsque le substitué n'a pas accepté formellement la substitution.

Aix, presque comme Grenoble, résout de la même manière la question telle qu'elle a été proposée, c'est-à-dire, dans le cas de l'acceptation faite par le substitué ; hors de ce cas, il distingue si l'institution est faite par un contrat de mariage, avec substitution, au profit d'un des contractans ou des enfans à naître, le fidéicommis est irrévocable ; *secus*, si c'est un étranger qui a été substitué.

Pau, pour l'irrévocabilité, en deux cas : 1.° s'il s'agit d'une institution par contrat de mariage, avec substitution en faveur de ceux qui naîtront ; 2.° si le substitué étranger a accepté expressément ; donc le fidéicommis, en général, est réputé révocable dans ce parlement.

Alsace paroît être pour l'irrévocabilité, lorsqu'il y a une acceptation formelle, ou une simple présence du substitué au contrat de mariage. Il ne s'explique point sur la question générale.

Roussillon, *idem*.

Besançon et Metz, de même pour l'irrévocabilité, dans le cas de l'acceptation ; ils ne font aucune distinction, et ne traitent point la question générale.

Dijon, pour l'irrévocabilité, mais seulement dans le cas d'une donation entre-vifs, quand le fidéicommis est accepté, ou lorsqu'une institution contractuelle est chargée de substitution en faveur des enfans et descendans ; donc, pour la révocabilité de droit.

Flandre, pour la révocabilité absolue, à l'exception seulement du fidéicommis apposé à une institution contractuelle en faveur des contractans ou de leurs enfans.

Paris, on ne voit pas trop quelle étoit son ancienne jurisprudence, et il paroît, par ce que dit Ricard, que les auteurs de ce pays-ci regardent la révocabilité comme de droit commun. Aujourd'hui le parlement de Paris paroît adopter le sentiment de l'irrévocabilité.

De onze parlemens ou conseils, neuf regardent ou paroissent regarder la révocabilité comme de droit commun, et l'irrévocabilité dans les cas ci-dessus marquées comme une exception, *favore contractus matrimonii aut acceptationis fideicommissi voluntate donatoris factæ*.

Faut-il y joindre Besançon et Metz, qui ne s'expliquent que sur le cas de l'acceptation ? Cela paroît plus vraisemblable.

Paris est donc le seul qui se déclare à présent pour l'irrévocabilité indéfinie, et sans aucune distinction.

La raison qui le détermine se tire uniquement de la décision contenue dans l'article 11 de l'ordonnance sur les donations *quem vide*.

Suivant cet article, l'acceptation faite par le donataire équipolle à l'acceptation qui seroit faite par les substitués : or, toute donation valablement acceptée par les donataires est irrévocable ; donc elle l'est même par rapport aux substitués.

Pour examiner si ce raisonnement est aussi solide qu'il est spécieux, il faut distinguer deux choses dans les donations, et voir quelle est celle qui a été l'objet de l'ordonnance du mois de février 1731 :

L'une, est ce qui appartient à la solennité des donations, et qui en assure la validité ;

L'autre, est ce qui regarde leur durée, c'est-à-dire, leur stabilité ou leur mutabilité.

De ces deux points, le premier a été le seul objet de toutes les dispositions de l'ordonnance des donations sur l'acceptation, qui est tellement de l'essence des donations entre-vifs, que rien n'y peut suppléer suivant la même ordonnance.

L'article 11, dont il s'agit, est compris dans le nombre des dispositions qu'il faut réunir dans cette vue, et quel est l'objet de cet article ?

On avoit décidé, dans les articles précédens, que l'acceptation expresse étoit nécessaire, et l'on n'avoit excepté de cette règle que les donations faites dans un contrat de mariage, où l'engagement principal que l'on contracte renferme une acceptation générale et suffisante de toutes les dispositions du contrat.

Mais, il se présentoit une difficulté à décider sur les donations faites à ceux qui n'étoient pas encore nés ou chargés de substitutions en leur faveur ; seront-elles valables sans acceptation, ou le premier donataire, le donataire direct, seroit-il censé accepter, tant pour lui que pour les substitués, comme leur procureur établi par la loi, et son acceptation suffiroit-elle pour la validité de la donation, même à l'égard des substitués ? C'étoit la question qu'on avoit à décider. On s'est déterminé, par le second parti ; mais, tout ce qu'il en résulte, est que l'acceptation du premier donataire est valable, même pour les seconds, que l'acte a toute sa forme, et qu'il ne lui manque rien du côté de la solennité.

S'ensuit-il de là que, parce qu'une donation entre-vifs légitimement acceptée est irrévocable, la substitution apposée à cette donation sera aussi regardée de la même manière, sous prétexte qu'elle peut être considérée comme une donation faite aux substitués, et acceptée pour eux par le premier donataire ?

C'est une question qui n'a pas été prévue dans le temps de l'ordonnance des donations, et qui appartient au second point qu'on a distingué d'abord, c'est-à-dire, à ce qui regarde la durée, la stabilité ou la mutabilité des donations. Voilà ce qui n'a point été réglé par l'ordonnance de 1731 : ce qui dépend de savoir s'il n'y a point de cas où une donation, quoique valable, et revêtue de sa forme essentielle, peut être révoquée.

L'ordonnance de 1731 en fournit un exemple dans la révocation des donations entre-vifs, *par la survenance des enfans*. Les donations qui sont révoquées par cet événement ont eu toute leur force, toute leur validité dans le temps qu'elles ont été faites ; cependant, elles n'en sont pas moins révoquées par la survenance des enfans.

Et pourquoi le sont-elles *ex præsumptâ mente donatoris ?* On présume qu'il n'auroit point donné, *si de liberis cogitasset*, ou qu'il n'a voulu donner que sous cette condition tacite, *si liberos posteà non suscepisset.*

Il n'est donc pas nouveau qu'on applique, aux donations entre-vifs, les conjectures de volonté qui ont lieu à l'égard des testamens ; et c'est une suite du dernier droit, qui, comme on l'a déjà dit, en permettant de charger les donations entre-vifs de substitution, est censé les avoir égalé en quelque manière aux testamens.

Or, si cela est, pourquoi n'en emprunteroient-elles pas la liberté de changer de volonté, *usquè ad extremum vitæ spiritum*, surtout dans la partie de la donation qui imite absolument les dispositions testamentaires ?

Pour développer davantage cette pensée, il faut considérer les donations chargées de fidéicommis, comme des actes mixtes, qui participent à la nature des donations entre-vifs et à celle des dispositions de dernière volonté.

Dans ce qui se passe entre le donateur et le donataire, c'est une véritable donation entre-vifs, *quæ in vim contractus transit, et sine utriusque consensu solvi non potest.*

Mais, dans ce qui regarde les substitutions, c'est : *mera liberalitas seu patris familias providentia nulla jure adstricta, quæ ut ultima voluntas spectatur.*

Si, pour assurer la validité de l'acte dans la forme extérieure, on a voulu favorablement que l'acceptation du premier donateur servît aux substitués, c'est une décision qui ne tombe que sur la solennité de l'acte, qui ne tend qu'à prévenir un doute sur la validité ou la suffisance de l'acceptation, mais qui ne change point la nature du fidéicommis, toujours révocable de droit, tant qu'il n'est point réellement accepté par celui qui en doit profiter. La fiction par laquelle il est présumé l'avoir accepté dans la personne du premier donataire est, comme toutes les fictions de droit qui ne peuvent l'emporter sur la vérité, et qui doivent être restreintes à leur véritable objet. Or, quel est l'objet de celle qu'on a autorisée, par l'ordonnance des donations ? C'est uniquement *ne actus pereat solemnitatis defectu, valeat igitur,* à la bonne heure ; *sed in suâ naturâ permaneat, id est mutationi semper obnoxius.* On peut tout renfermer en un seul mot, qu'il subsiste irrévocable entre le donateur et le donataire, parce qu'entr'eux c'est un véritable contrat ; qu'il soit regardé comme valable, et comme ayant une forme suffisante à l'égard même des substitués ; comme un testament qui seroit revêtu de toute sa solennité, mais qui ne subsiste que comme révocable; puisque, à l'égard des substitués, c'est plutôt une disposition de dernière volonté qu'une donation entre-vifs. Il est défendu de chicaner par le défaut d'acceptation; mais le donataire demeure le maître de révoquer sa disposition, quoique valable, parce que, formée sur le modèle des testamens, elle renferme toujours cette condition tacite : *nisi priùs voluntatis pœnituerit.* L'acceptation présumée est établie en faveur des substitués, pour les mettre en état de profiter des fidéicommis; elle n'est point établie contre le donateur, pour le lier par un engagement irrévocable.

Ainsi paroissent avoir raisonné tous les parlemens, à la réserve de celui de Paris, quoiqu'ils n'ignorent pas la disposition de l'art. 11 de l'ordonnance de 1731, et le parlement de Paris est le seul qui semble avoir voulu l'étendre au-delà de ses véritables bornes.

Il résulte, de toutes ces réflexions :

1.° Que la question présente n'est point véritablement et irrévocablement décidée par l'ordonnance des donations, et qu'elle subsiste encore en son entier;

2.° Que, si on la décide suivant la rigueur des principes du droit civil, le principe de la révocabilité des fidéicommis apposés à une donation entre-vifs devroit avoir la préférence, en exceptant seulement :

1.° Le cas des donations ou d'une institution faite dans un contrat de mariage en faveur de ceux qui en naîtront;

2.° Le cas du fidéicommis, accepté expressément par celui qu'on y a appelé, parce qu'il s'agit alors d'un véritable contrat;

3.° Que, si l'on consulte moins la rigueur des principes du droit écrit que l'utilité publique et l'avantage d'une loi simple qui prévienne un grand nombre de procès, l'opinion du parlement de Paris peut être soutenue par de très-grandes raisons.

Ainsi, quant à présent, je m'en tiens à cette ancienne formule des jugemens romains : *Non liquet ampliùs deliberandum.*

Seconde question générale.

« Doit-on distinguer, dans cette matière, le cas des » institutions contractuelles, celui des donations faites » par contrat de mariage, et celui des donations faites » par d'autres actes » ?

Premier cas. Y a-t-il de la différence sur le point dont il s'agit entre une donation entre-vifs portée dans un contrat de mariage, et une institution contractuelle qui n'a lieu que dans le même contrat ?

Pour égaler ces deux genres de disposition, sans aucune distinction, dans la matière présente, en sorte qu'ils soient ou également révocables ou également irrévocables, Grenoble, Pau, Alsace, Besançon, Metz, Flandre, Paris ; on peut aussi y joindre Bordeaux. V. *infrà.*

Pour mettre la différence entre ces deux sortes de dispositions, et dire que le fidéicommis apposé à une institution contractuelle est révocable, à l'exception de celui qui seroit fait au profit des descendans des futurs conjoints.

Toulouse et Aix n'ont point traité expressément la question ; mais, suivant leur manière de penser, il n'y a pas d'apparence qu'ils admettent la distinction de Dijon.

Roussillon n'a pu agiter la question, parce que les institutions contractuelles, même des enfans, n'y sont pas reçues.

La distinction singulière et subtile de Dijon doit céder aux vrais principes, et à la presque unanimité des parlemens, qui excluent, avec raison, une différence insoutenable.

Second cas. Doit-on mettre une distinction entre les donations entre-vifs faites en contrat de mariage, et celles qui sont faites par d'autres actes ?

Les parlemens peuvent être rangés en trois classes sur ce point :

1.° Plusieurs n'ont pas prévu la question, s'étant renfermés trop littéralement dans les termes de celle qui leur a été envoyée.

Tels sont : Grenoble, Bordeaux, Pau, Alsace, Roussillon, Besançon, Metz.

2.° D'autres, qui ont prévu la difficulté, n'accordent le privilége de la révocabilité qu'aux fidéicommis acceptés par ceux qui y sont appelés, ou portés par des donations faites en contrat de mariage en faveur de ceux qui en descendront; et ils regardent les autres comme une simple destination toujours révocable : Toulouse, Aix, Dijon, Flandre.

On ne trouve donc que Paris qui, en prévoyant clairement la question, la décide indistinctement pour l'irrévocabilité de toutes sortes de donations chargées de fidéicommis. On a vu plus haut sur quoi il se fonde.

Troisième question générale.

« Y a-t-il quelques distinctions à faire entre les » nobles et les roturiers ? »

Bordeaux seul ne regarde l'institution contractuelle, et les substitutions dont elle peut être chargée, comme irrévocables qu'entre les nobles. Celles qui sont faites par des roturiers sont toujours révocables dans ce parlement, même entre le donateur et le donatire.

Tous les autres tribunaux ignorent cette distinction, et Paris propose, avec raison, de l'abroger.

Quatrième question générale.

« En admettant le principe de l'irrévocabilité, » faut-il y mettre cette exception générale, si ce n'est » que le donateur et le donataire anéantissent la do- » nation d'un commun consentement ? »

Cette question en a produit une autre qui lui est subordonnée ; la voici :

« Supposé que le consentement puisse détruire le » lien que le consentement a formé, faut-il détruire » l'acte entier, ou peut-on le diviser, et ne révoquer » que le fidéicommis ou les substitutions ? »

Dans tous les parlemens ou conseils, il n'y en a que deux où cette quatrième question ait été prévue : Besançon et Paris.

Bordeaux dit seulement, en général, que le donateur et le donataire peuvent changer, étant d'accord, au préjudice des substitués, à moins que les derniers n'eussent accepté formellement.

Paris, après un long examen, s'est réduit à quatre propositions qui forment le résultat de son avis :

1.° La donation et les fidéicommis qui y sont apposés ne sont révocables ni par le donateur ni par le donataire, quoique agissant de concert, lorsque le premier substitué a formellement accepté, à moins que lui-même ne se désiste de la vocation au fidéicommis : nul partage, nulle division de sentiment à cet égard ;

2.° Toute substitution apposée à une donation ou à une institution contractuelle en faveur de mariage, et de ceux qui en naîtront, est absolument irrévocable, même du consentement du donateur et du donataire, quoique aucun des substitués n'ait accepté la substitution ;

3.° Le fidéicommis contractuel, quoique non accepté par le substitué, et quoique fait hors du contrat de mariage, ne peut être révoqué au préjudice du substitué, *etiàm mutuò donatoris et donatarii consensu*. Cet article a passé de huit voix contre six ;

4.° Sur la question subordonnée, s'il faut que l'acte entier soit révoqué, ou si l'on peut ne révoquer que le fidéicommis, partage exact de sentimens ; sept d'avis que le principe de l'irrévocabilité doit être suivi, lors même que le donateur et le donataire auroient révoqué l'acte entier.

Ainsi, pour bien comprendre le résultat de la délibération du parlement de Paris, il faut joindre les deux derniers articles, et exprimer ainsi les deux avis entre lesquels les voix se sont partagées.

Tous les suffrages se réunissent pour exclure le pouvoir de diviser l'acte et de ne révoquer que la substitution.

Mais, l'acte entier peut-il être révoqué d'un commun consentement par le donateur et par le donataire? Sept voix pour l'affirmative, et sept pour la négative.

TROISIÈME PARTIE DE LA QUESTION.

« *Quid?* Si le substitué a été seulement présent à » l'acte, sans aucune acceptation expresse et formelle » de sa part? »

Pour décider que la seule présence du substitué, sans acceptation, ne suffit pas : Bordeaux, Aix, Pau, Alsace, Roussillon, Metz, Dijon, Flandre.

Pour décider, au contraire, que la seule présence suffit : Toulouse, Grenoble, Paris.

Mais, entre ces trois parlemens, si la décision est la même, le motif de la décision est différent.

Toulouse et Grenoble se déterminent pour la présomption de consentement, qui, en matière favorable, et lorsqu'il s'agit d'un titre lucratif, équipolle à une acceptation formelle.

Paris, au contraire, ne tient pas, à proprement parler, que la seule présence suffise, mais il pense qu'elle n'est pas nécessaire, l'acceptation du donataire renfermant de droit celle des substitués, d'où il suit que la présence du substitué n'ajoutant rien à la force de l'engagement, il est sûr, à plus forte raison, qu'elle ne sauroit nuire.

Il y a néanmoins un cas où la question renaîtroit toujours dans le système même du parlement de Paris, qui regarde la question de l'irrévocabilité comme décidée par l'article 11 de l'ordonnance des donations.

Supposons que le donateur et le donataire, d'un commun consentement, révoquent la donation en entier, ils le peuvent, suivant un des avis qui ont formé le partage au parlement de Paris; mais, si cela est, ne faudroit-il pas, de cet avis même, distinguer le cas où le fidéicommis auroit été accepté par le substitué de celui où il n'y auroit point eu d'acceptation, et, par conséquent, décider si l'acceptation doit être expresse, ou si l'on peut se contenter de l'acceptation tacite et présumée par la présence du substitué ?

Récapitulation abrégée de tout ce qui regarde la quatrième question, en mettant le certain d'un côté, et de l'autre ce qui est douteux.

POINTS CERTAINS ET NON DISPUTABLES.

1.° Nulle distinction à faire entre les nobles et les roturiers, sur le pouvoir de faire des institutions contractuelles, irrévocables, chargées ou non chargées de substitutions;

2.° Nulle différence à mettre dans la question présente, entre les institutions contractuelles et les donations entre-vifs, faites en contrat de mariage;

3.° Lorsque le fidéicommis ou la substitution regarde les enfans qui naîtront du mariage, à l'occasion duquel l'institution contractuelle ou la donation sont faites, le fidéicommis ou la substitution sont irrévocables;

4.° Ils le sont pareillement lorsque le premier substitué a accepté expressément la substitution dans le contrat même qui la contient;

5.° Dans le cas où l'on jugeroit que le fidéicommis, ou la substitution, devroit être accepté pour être irrévocables, l'acceptation tacite ou présumée par l'assistance et la signature du substitué à la donation chargée de substitution ne suffiroit pas, et son acceptation expresse seroit nécessaire.

Points douteux ou contestés.

1.° Le fidéicommis apposé à toute donation entre-vifs, quoique faite hors du contrat de mariage, sera-t-il irrévocable, lorsqu'il sera fait en faveur des enfans ou descendans du donataire?

2.° *Quid?* S'il est fait en faveur d'autres que les enfans ou descendans du donataire, qui n'a aucun intérêt dans ce cas que le fidéicommis ne puisse être révoqué?

3.° Ira-t-on jusqu'à décider qu'indistinctement, et dans tous les cas, toute donation chargée de substitution, qui est acceptée par le premier donataire, est irrévocable à l'égard de tous les substitués, comme représentés par le premier donataire, et étant censés avoir accepté et contracté pour lui?

4.° En supposant que l'irrévocabilité est de droit, et d'un droit universel, qui n'admet aucune distinction, décidera-t-on néanmoins que la donation qui contient le fidéicommis peut être révoquée du consentement commun du donateur et du donataire, suivant cette règle du droit : *Nihil tàm naturale est, quàm unumquodque dissolvi, eodem modo quo colligatum est?*

5.° Si on le décide ainsi, faudra-t-il que tout acte soit révoqué en entier, ou sera-t-il permis au donateur et au donataire de détruire, de concert, seulement la partie de l'acte qui contient la substitution?

6.° On peut ajouter une dernière question qui naît des précédentes, et qui peut servir à y répandre un plus grand jour.

Supposé que le substitué vienne à mourir avant le premier donataire qui est chargé de restitution, à la charge de fidéicommis, s'évanouiroit-elle par son décès? et cette question peut avoir lieu dans deux hypothèses différentes.

Ou il y a plusieurs degrés de substitution après le premier, et alors on doit suivre avec doute la règle commune du droit, qui a lieu dans les substitutions testamentaires : *substitutus substituto, censetur substitutus instituto, nec graduum interruptio vitiat substitutionem fideicommissariam ut nec vulgarem;*

Ou il n'y a qu'un seul substitué, et, en ce cas, dira-t-on, ou que *fideicommissum evanescit et liberum rei donatæ dominium penes donatorium remanet*, ou que les héritiers du substitué, qui est mort avant le donataire, peuvent réclamer les biens donnés lorsque le donataire viendroit à mourir ?

Il semble qu'il faille le décider ainsi, si l'on suit les principes des donations entre-vifs, et surtout le système du parlement de Paris, qui regarde le substitué comme ayant réellement accepté la substitution *in personâ donatarii.*

Si l'on suit les principes des testamens, il faudra décider le contraire. Personne ne doute que la substitution ne s'évanouisse *mortuo substituto ante conditionis eventum.*

Mais, il s'ensuivroit, de cette décision, que le droit n'étoit donc pas pleinement acquis au substitué ; qu'il n'a pu le transmettre, et, par conséquent, qu'il ne doit pas être regardé comme un véritable donataire entre-vifs.

Doit-on chercher à concilier ces deux sentimens, en disant que la disposition de la donation, qui contient la substitution est, à la vérité, une donation entre-vifs, et irrévocable, que le substitué est censé avoir acceptée ; mais une donation conditionnelle qui ne doit avoir lieu qu'au cas que le substitué survive au donataire : *Præmortuo autem substituto cùm deficiat omninò conditio, donatio ipso jure revocata videtur, imò nunquàm facta fuisse.*

CINQUIÈME QUESTION.

DROIT CIVIL.

Perfecta donatio conditiones posteà non capit; quare si pater tuus donatione factâ quasdam post aliquantulum temporis fecisse conditiones videatur, officere hoc nepotibus ejus fratris tui filiis minimè posse dubium non est. L. 4, cod. *de donat. quæ sub modo. Quæ quidem lex totius hujusce materia fundus ac veluti solum naturale est. Argumentum etiàm duci potest à lege cum à socero* 7, cod. *de jure dot. ubi dotis jura filiæ à patre sine stipulatione datæ, pacto inter socerum et generum, posteà interposito, imminui non posse deciditur.*

Quid est enim perfecta donatio? An quæ contrahentium consensu aut stipulatione etiàm ante traditionem perfecta esse videtur? An quæ traditione completa est? Ambiguam veteris juris questionem sustulit Justinianus. leg. *si quis argentum* 35; §. *sed si quidem*; vers. *sin vero : voluit que ut nudo consensu etiam ante traditionem, perfecta et completa haberetur donatio. Ideòque inter donatorem et donatarium inter quos constat donationis semel consensu perfectæ, nihil adjici, nihil detrahi posse, nisi utriusque consensu.*

Aliud juris est si pactum aut conditio donationi in favorem tertiæ personæ adjiciatur putà retitutionis onus, etc.

Et 1.° *quidem constat si tertius ille cui res quandòque restituenda est, juxta legem donationis impositam presens presenti donationis negotio ad fuerit substitutionisque beneficium acceptaverit conditionem donationi adjectam eo invito mutari non posse. Vide quæ ad superiorem quæst. dicta sunt.*

2.° *Extra hunc casum distinctionem adhibent juris interpretes : prima distinctio vel solus donatarius fideicommissi onus deponere tentat, vel donator solus conditionem remittit, vel deniquè ambo in eamdem voluntatem concurrunt. Primum nunquam admittitur, secundum non unquam, tertium semper. Juxta legem nihil tàm naturale* 35, ff. *de regul. jur.* leg. 1, *et* tot. tit. *quandò liceat ab emptio discedere, aliasque passim. Nam nudi consensus obligatio contrario consensu dissolvitur.*

Secunda distinctio quæ ad donatoris pœnitentiam pertinet, aut conditio fideicommissi in gratiam solius donatoris apposita est, aut etiam in favorem donatarii putà ejus liberis res donata restituenda sit. 1.° Casu mutationi locus est. 2.° Non item nisi donatario consentiente. L. 36, ff. *de pactis.*

Tertia distinctio quæ ad donatorem donatariumque simul et mutuo consensu donationis legibus in necem tertii derogante pertinet de quâ vide suprà.

JURISPRUDENCE ET AVIS DES PARLEMENS.

Ils ne paroissent pas, au moins pour la plus grande partie, avoir senti le nœud de la difficulté, ni avoir prévu les différens cas dans lesquels elle peut avoir lieu ; ainsi, on ne peut que les réduire à deux classes :

Les uns ne s'expliquent qu'en des termes très-généraux, et semblent n'avoir envisagé que le seul cas où il s'agit d'un contrat synalagmatique, ou devenu entièrement obligatoire par l'acceptation du substitué, ce qui n'est qu'un des cas de la question précédente.

Tels sont Toulouse, qui dit simplement que les contrats entre-vifs sont irrévocables, et ne sont pas susceptibles de condition après qu'ils ont reçu toute leur perfection ;

Grenoble et Aix, qui tiennent à peu près le même langage ;

Bordeaux dit qu'une substitution faite par un acte entre-vifs ayant acquis la force d'un contrat synalagmatique, il ne dépend plus du donateur d'en changer la clause par un acte postérieur ;

Pau, qui répète la même chose en d'autres termes ;

Alsace, qui parle de même ;

Roussillon, qui s'explique encore plus précisément, en disant que la substitution étant une seconde donation, mais conditionnelle, les mêmes formalités n'y sont requises que pour la donation principale, c'est-à-dire, le consentement du donateur et du donataire, moyennant quoi la substitution devient irrévocable ;

Metz, qui, en joignant ce qu'il a dit sur la question précédente, paroît supposer qu'il y ait une acceptation de la part du substitué.

Les parlemens qui sont entrés dans une plus grande discussion peuvent être subdivisés en trois classes, par rapport aux discussions qu'ils font :

Première distinction. Celui de Flandre distingue, entre un acte entre-vifs (où le donateur parleroit seul et feroit une substitution, auquel cas, comme il n'a contracté aucun engagement, il demeure le maître de changer sa disposition), et une donation entre-vifs, qui montre clairement que l'intention du donateur a été de faire une donation entre-vifs au substitué ; mais, comment cela peut-il paroître autrement que par une acceptation, et, en ce cas, la substitution est irrévocable.

Seconde distinction. Ou le changement de volonté arrive à l'égard de ceux qui ont été parties dans l'acte, et acceptant, ou il arrive à l'égard des tiers qui n'ont pas contracté.

Dans le premier cas, la substitution ne peut être changée, *nisi mutuo consensu ;*

Dans le second, le donateur peut faire ce qu'il lui plaît.

Dijon, Besançon, qui ajoutent cette précaution à l'égard d'une révocation faite *mutuo consensu, modò non in fraudem creditorum.*

Troisième distinction. En supposant qu'il s'agisse d'une donation entre-vifs, que la substitution n'ait pas été acceptée par le substitué, ce qui la rendroit irrévocable, de l'aveu de tous ceux qui ont été consultés.

Ou la substitution est changée par le donateur seul ; et, en ce cas, il fait plus qu'il ne peut, suivant les principes qu'on a suivi sur la question précédente ;

Ou la substitution est changée de concert par le

commun consentement du donateur et du donataire ; et alors ceux qui, sur la question précédente, ont pris le parti de l'irrévocabilité absolue, même par rapport aux substitués non acceptans, doivent aussi soutenir que la substitution n'est pas susceptible de changement.

Ceux qui se sont déclarés pour la révocabilité (*mutuo consensu*), soit de l'acte entier, ou même de la substitution seule, doivent croire que la substitution peut être changée.

Deux observations ajoutées à cette distinction :

1.° La seule différence qu'on peut trouver ici, entre les donations entre-vifs et les institutions contractuelles en contrat de mariage, est que le cas de l'acceptation des fidéicommis ne peut guère se trouver dans les dernières, qui n'y appellent que des enfans à naître du mariage.

2.° Il est inutile de distinguer, entre les biens donnés pour être restitués après la mort du donataire, et ceux qui doivent être remis après un temps fixe.

Si la révocation ou le changement se fait après ce temps, les partisans même de la révocabilité conviennent que la variation n'est plus permise.

Si le changement de volonté arrive avant ce temps marqué pour la remise du fidéicommis, le doute retombe dans la question générale de l'irrévocabilité ou de la révocabilité, et le même partage de sentimens doit renaître.

Paris, dont la dernière résolution, conçue dans des termes assez équivoques, doit être expliquée par ce qu'il dit sur la question précédente.

La précaution du parlement de Besançon, par rapport au cas de la fraude contre les créanciers est inutile à exprimer, parce que cela est de droit.

Des trois distinctions proposées :

La première ne mérite pas d'attention ; personne ne doute que celui qui a fait seul une disposition, en ne traitant qu'avec lui-même, ne puisse aussi la révoquer seul, et y faire tel changement qu'il lui plaît;

La seconde retombe dans le cas de la question précédente;

La troisième dépend encore de ce qui sera décidé sur la question précédente.

SIXIÈME QUESTION.

PREMIÈRE PARTIE DE LA QUESTION.

« Lorsque le donateur ne s'est pas réservé le pou-» voir de substituer ».

DROIT CIVIL.

Perfecta donatio ut jam sæpiùs dictum est, posteà conditiones non capit, quare si pater tuus donatione factâ quasdam post aliquantulum temporis fecisse conditiones videatur, officere hoc nepotibus ejus fratris tui filiis minimè posse dubium non est, leg. 4, cod. *de donat. quæ sub modo, itaq. tùm ex verbis legis, tùm ex notissimis juris civilis principiis evidenter sequitur questioni propositæ, nunquam in hoc jure locum esse potuisse.*

Idem etiàm colligitur ex leg. 62, *in pr.* ff. *ad senat.-consult. Trebell. et ex leg.* 68, ff. *de leg.* 2.° *Ubi quæ dotis nomine vel donationis titulo à patre vel matre ad filium pervenerunt extrà causam bonorum donatoris computari debere nec fideicommisso omnium bonorum à filiâ relicto comprehendi.*

Dubium tamen movere posset lex 68, *de leg.* 2.°; *ubi ultima hæc verba occurrunt. Planè nominatim maritus (donator) uxoris fideicommittere potuit ut ea, id est bona priùs donata, restituat.*

Undè inferri aut absurdè poterat bona priùs jure et simpliciter donata fideicommisso ex intervallo onerari posse.

Sed si hujus sententiæ rationem penitùs inspiciamus nodus facilè solvetur.

Nempè pluribus legibus definitum est, rem hæredis propriam legari posse, imò hæredem posse rogari ut post mortem vel solidam hæreditatem suam vel partem tantùm restituat adeòque hæredis bona fideicommisso gravari posse. Vide L. 114, §. 7, ff. *de leg.* 1.°, *et* L. 63, *in pr.* ff. *ad senatus-consultum Trebell. Hinc igitur colligit Paulus in fine legis* 68, *de leg.* 2.° : *bona uxori à marito donata, esse quidem extra causam hæreditatis, adeòque fideicommisso etiàm generali non comprehendi sed licet propria sunt uxoris, posse tamen uxore à marito donatore hærede institutâ fideicommisso onerari, ità ut aut mariti hæreditatem repudiet si rei donata liberum dominium retinere maluerit sin autem hereditatem adeat rem donatam fideicommisso ex post facto gravatam restituere teneatur.*

JURISPRUDENCE ET AVIS DES PARLEMENS

Il n'y en a aucun qui autorise indéfiniment un donateur à imposer après coup, au donataire, la charge d'une substitution; le plus grand nombre, au contraire, lui refuse indistinctement ce pouvoir : Grenoble, Alsace, Roussillon, Metz, Besançon, Flandre, Paris.

D'autres font plus ou moins de distinctions :

1.° Entre ceux qui en font le moins, il y en a qui distinguent le cas où le donateur impose après coup une nouvelle charge sans faire une nouvelle libéralité, et celui où la substitution est faite à l'occasion d'une institution d'héritier ou d'une autre libéralité.

Dans le premier cas, la substitution est nulle;

Dans le second, si le donataire accepte la nouvelle libéralité, il est obligé de subir la loi qui lui est imposée, même sur les biens précédemment donnés, et il ne peut diviser la volonté du donateur.

Aix, pourvu que la substitution soit faite, non au préjudice des enfans du donataire, et en faveur des personnes étrangères, mais au profit d'un ou plusieurs des enfans du donateur, et en suivant l'ordre des degrés.

Dijon, sans restreindre au moins expressément son avis, au cas d'une substitution faite en faveur des enfans ou descendans.

Bordeaux, *idem*, lorsque le donateur fait une seconde libéralité égale à la première, et qu'il substitue nommément aux biens précédemment donnés : *Argumento*, L. 67, §. 9, *et* L. 68, ff. *de leg*. 2.°

Pau, *idem*, et il ajoute ces trois conditions :

Si nominatim ita caverit testator.

Si donatarius sine liberis decedat.

Si in favorem aliorum liberorum fideicommisso ex post facto oneratur.

Il y a des parlemens qui font une autre distinction.

Selon eux, il faut distinguer les donations entre-vifs et les institutions contractuelles.

A l'égard des donations entre-vifs, on doit suivre la pureté des principes du droit romain.

Il n'en est pas ainsi des institutions contractuelles. La substitution, quoique faite postérieurement à l'institution, par le père ou par la mère, est bonne jusqu'à concurrence de la quarte ; et par la mort du père ou de la mère, l'héritier contractuel peut accepter l'hérédité : mais on adjuge la quarte au substitué, avec les autres biens libres s'il y en a, l'usufruit réservé à l'héritier institué.

Pourquoi la quarte peut-elle être grevée de substitutions dans ces parlemens ? C'est apparemment parce qu'ils la regardent comme le bien propre de l'héritier contractuel, et que, suivant les principes du droit romain, *res heredis sicut legari ita fideicommisso gravari potest.*

3.° Toulouse, le plus favorable de tous à la liberté de substituer après coup, ne fait aucune des deux distinctions précédentes ; c'est-à-dire, qu'il n'exige point de nouvelle libéralité qui serve de prétexte à la substitution, et qu'il ne réduit point la substitution à la seule quarte dans le cas d'une institution contractuelle. Il permet donc aux pères et mères de charger, après coup, de substitutions, les biens qu'ils ont donnés purement et simplement, mais sous trois conditions :

1.° Que le donataire décède sans enfans ;

2.° Que la substitution soit faite au profit d'autres enfans ou descendans du testateur ;

3.° Que la substitution comprenne nommément et expressément les biens précédemment donnés : *Si sine liberis; si favore liberorum; si nominatìm.*

Le même motif qui a fait établir le droit de retour en faveur des pères et mères, *ne parentum liberos munificentia retardaretur*, est et a été le fondement de cette jurisprudence.

On l'a étendue jusqu'au pouvoir de grever les enfans du donateur, comme le donataire même, lorsqu'il meurt avant le donateur.

Le parlement de Paris, en résumant les avis des autres parlemens sur ce premier point, exclut entièrement la jurisprudence du parlement de Toulouse; et il passe sous silence celle du parlement de Pau, sur la liberté de grever la quarte, dans le cas des institutions contractuelles, qui, apparemment, ne lui a paru mériter aucune attention.

Et, à l'égard du cas d'une nouvelle libéralité, qui sert de couleur à la substitution des biens précédemment donnés, il remarque avec raison que, comme dans ce cas le donataire demeure toujours le maître de s'en tenir toujours aux biens donnés, en renonçant à la nouvelle libéralité, on doit dire, quand il prend le parti contraire, que c'est sa propre volonté, et l'acceptation qu'il fait d'un nouveau bienfait, avec ses charges, qui l'assujettit à la substitution, et non pas le pouvoir du donateur.

SECONDE PARTIE DE LA QUESTION.

« Lorsque le donateur s'est réservé, dans la dona-
» tion même, le pouvoir de charger les biens donnés
» de substitution. »

DROIT CIVIL.

Il n'est pas douteux, suivant les principes du droit, que cette réserve ne soit valable, et qu'elle ne doive avoir un entier effet.

JURISPRUDENCE ET AVIS DES PARLEMENS.

Tous, à la réserve du parlement de Metz, sont du même avis.

Ce parlement se fonde, pour être d'un avis contraire, sur ce que ce seroit donner et retenir, ce qui ne se peut faire que dans un contrat de mariage; on répond avec raison qu'en faisant cette réserve le donateur ne retient rien, la propriété des biens donnés demeure toujours hors de ses mains, elle est toujours acquise au premier donateur; et, quoique le donateur y impose de nouvelles charges de substitution, suivant qu'il s'en est réservé le pouvoir, il ne fait point rentrer par là les choses données dans son patrimoine; et, sans détruire la première donation, ce qui seroit vraiment retenir, il y en ajoute seulement une nouvelle subordonnée et conditionnelle.

On peut dire même, par la substitution ajoutée à la donation, il se dépouille encore plus que par la donation même, lorsque c'est un père et une mère qui donnent, parce qu'il se prive du droit de retour, qui auroit pu avoir lieu, en certains cas, en leur faveur.

Enfin, le bien des familles demande qu'un père donateur puisse se réserver la faculté de faire à loisir telle substitution qui pourra convenir à sa postérité, dans le temps de sa mort, sans être obligé de suspendre une donation, et d'y insérer des substitutions précipitées, et dont la prévoyance peut être trompée par les événemens qui arrivent entre la donation et la mort du donateur.

Ainsi, le résultat de cette question doit être, selon le parlement de Paris, qu'un donateur ne peut grever de substitution les biens qu'il a précédement donnés sans aucune charge, si ce n'est qu'il s'en soit réservé expressément le pouvoir, ou qu'il ait fait, au donataire, une nouvelle libéralité chargée de substitution sur les biens donnés que le donataire ait acceptés.

Arrêtés de M. le premier président de Lamoignon, *sur cette question, articles* 8 *et* 9, *titre des fidéicommis.*

Art. 8. « Quand la donation entre-vifs, par contrat » de mariage ou autrement, est parfaite, le donateur » ne peut, après coup, charger le donataire d'aucun » fidéicommis, non pas même du père à l'égard de » ses enfans, encore que, dans le fidéicommis, il soit » fait expressément mention des choses données, et » que le fidéicommis soit fait au profit des descen- » dans ou autres enfans du donateur, et sous la con- » dition que le donateur décédât sans enfans ».

On voit que cet article a été dressé pour rejeter les trois conditions du parlement de Toulouse : *Si nominatìm; si sine liberis; si favore liberorum.*

Art. 9. « Peut toutefois, le donateur, se réserver la » faculté de substituer par fidéicommis, auquel cas » la substitution faite hors et après la donation sera » valable ».

On n'avoit pas prévu alors le cas de la nouvelle libéralité.

SEPTIÈME QUESTION.

DROIT CIVIL.

Fideicommissa familiæ vel liberis et descendentibus in perpetuum relicta, nullis vel temporis vel graduum limitibus olim circumscripta fuisse jure civili adeòque in infinitum produci potuisse non ambigitur. Vide instit. *de vulg. in princip.* L. 88, §. 15, ff. *de leg.* 3.°, leg. 5, cod. *de verbor. signific. aliasque passim quas apud peregrin. Legere est de fideicom.* art. 30: *Justiniano vel Triboniano placuit juxta non nullos interpretes infinitæ illi fideicommissorum perennitati modum aliquem imponere novella* 159, *ne scilicet ultra quartum gradum præter hæredis institutionem protenderetur, sed si quidquid de obscurâ illâ et ambiguâ ut forsàn pretio confixâ lege opinari liceat, apud omnes optimæ notæ interpretes constat novellam ad eum tantum casum restringendam fuisse, imò et reverâ ipso usu restrictam in quo de nudâ alienandi prohibitione agitur undè fideicommissum induci posset. Mansit igitur in concussum jus fideicommissa in infinitum proferendi saltem apud eas nationes quæ jure Romano utebantur. Notat etiam peregrinus ex didaco Covarruviâ apud Hispanos lege rejectam fuisse novella* 159. *Quamvis autem intra propriæ speciei terminos steterit hæc constitutio; juris tamen interpretibus causam præbuisse videtur de fideicommissorum perpetuitate diligentiùs inquirendi; cùm hinc libera et nullis finibus coërcita apud Romanos testandi potestas hac pœnè dixerim licentia substitutionum perennitati faverit, indè verò ob innumeratas quas parturiebat lites et perpetuo incertam bonorum conditionem, damnosa et bono publico adversa meritò videretur.*

Alii itaque intra centum annorum curriculum eas finiri placuerat ad exemplum ususfructus reip. relictum aliis verò non ultra septimum aut saltem decimum agnationis, vel cognationis gradum porrigi. Cùm enim hujuscemodi substitutiones ordinem successionis legitimæ quodammodo imitarentur, intra eosdem fines coërceri, non absurdum videri poterat. Utraque autem sententia suos habebat patronos; major autem interpretum numerus antiquæ et communi opinioni favebat, nimirùm fideicommissa in infinitum extendi posse.

Hìc autem erat hujusce controversiæ status cùm regiis legibus dignum tali vindice nodum resecari plàcuit.

JURISPRUDENCE ET AVIS DES PARLEMENS.

Pour ne donner aucunes bornes à la durée des substitutions : Alsace, Roussillon.

Nota. Roussillon allègue une raison qui lui est propre, et qu'il tire de la réciprocité de succession établie entre les habitans de Roussillon et ceux de la Catalogne. Si l'on restreignoit les substitutions, en Roussillon, contre les habitans de la Catalogne, on ne manqueroit pas d'établir réciproquement la même règle en Catalogne contre les habitans du Roussillon ; et, l'un des pays étant de beaucoup plus grand que l'autre, il y auroit beaucoup plus à perdre qu'à gagner pour les habitans du Roussillon.

Il reste à savoir si c'est un gain que la durée des substitutions qui ôte le bien du commerce, et ne profite qu'aux substitués, pendant que le droit commun des successions est utile à tous les héritiers.

Pour étendre les substitutions jusqu'à quatre degrés, outre l'institué :

Toulouse, Bordeaux, Pau, Besançon ; on y peut joindre aussi Alsace, qui dit que s'il falloit prendre parti sur la question proposée, il seroit, pour la jurisprudence la plus favorable à la durée du fidéicommis, c'est-à-dire, à celle de quatre degrés.

Nota. Sur Bordeaux, qui compte les degrés par têtes et non par souches ; en quoi il croit avoir trouvé un juste milieu entre la jurisprudence de Paris et celle de Toulouse.

Sur Pau, qui, malgré la jurisprudence favorable à la perpétuité, est d'avis de borner la substitution à quatre degrés ; il ajoute qu'il faut déroger à un réglement de 1637, qui autorisoit la liberté de disposer des biens substitués, à moins que celui qui étoit appelé n'eût fait interdire cette liberté par sentence du juge.

Sur Besançon, que c'est aussi contre sa jurisprudence qu'il propose la réduction à quatre degrés, pour suivre le véritable sens de l'ordonnance d'Orléans et de Moulins, en renfermant les substitutions dans deux degrés contre l'institué.

Grenoble, Aix, Dijon, Metz, Flandre, Paris.

Ainsi, en réduisant ceux qui sont pour la perpétuité à la classe de ceux qui sont pour quatre degrés, on trouve six compagnies d'un côté et six de l'autre.

Les avocats sont partagés comme les tribunaux.

M. Mathieu est pour réduire tout à deux degrés de substitution.

M. Perinelle et M. Bargeton, avec M. de Joly, pensent à l'avis contraire, soit pour ne pas aller d'un avis à l'autre, dans les pays où les substitutions ont été perpétuelles jusqu'à présent, soit à cause de la grande répugnance que la réduction à deux degrés trouveroit dans la plupart des provinces qui suivent le droit écrit, soit, enfin, parce qu'il y a moins d'inconvéniens à prolonger la substitution dans les pays qui ont suivi les ordonnances d'Orléans et de Moulins, qu'à les abréger dans ceux qui n'ont pas suivi ces ordonnances.

Il y a une réflexion que personne n'a faite sur cette matière. La même raison, qui rend les substitutions plus favorables en pays de droit écrit qu'en pays coutumier, parce qu'elles tiennent lieu de cette espèce de fidéicommis légal, par lequel nos coutumes ont pourvu à la conservation des biens dans les familles, pourroit conduire à croire qu'il faudroit aussi donner plus d'étendue aux substitutions dans un pays que dans l'autre, et établir deux règles au lieu d'une, en fixant les substitutions à quatre degrés dans les provinces qui suivent le droit écrit, et deux dans les autres.

Mais, on peut répondre que les pays même de droit écrit sont partagés sur ce point. Grenoble, Aix et Dijon étant pour les deux degrés, et que, d'ailleurs, on peut y suppléer par le renouvellement des substitutions.

Voir si l'on ne permettroit pas aux nobles de substituer à l'infini une seule de leurs terres, qui seroit au moins de 15,000 livres de rente, en obtenant des lettres-patentes qui seroient enregistrées et publiées dans les parlemens, et qui y seroient inscrites dans un registre particulier.

Quelque parti que l'on prenne, il faudra toujours pourvoir aux substitutions qui auront précédé la loi nouvelle.

Besançon propose d'ordonner que les quatre degrés ne commenceront à courir que du jour de la publication de cette loi.

Au lieu que, par l'ordonnance de Moulins, il fut dit que les substitutions antérieures seroient restreintes au quatrième degré, sans excepter celles dont quelques degrés étoient déjà remplis.

M. Perinelle est d'avis que les degrés consommés fussent comptés : *Nisi in iis regionibus ubi hactenùs in infinitum substituere licuit.*

Paris est d'avis, pour toutes les provinces qui ont suivi la loi de la perpétuité, ou la règle des quatre degrés, de conserver encore deux degrés après la publication de la loi.

Arrêtés de M. le premier président de Lamoignon.

« Toutes les substitutions faites avant le jour de » Pâque 1561 sont réduites à quatre degrés, et celles » faites ledit jour et depuis, à deux degrés seulement, » non compris, en l'un et l'autre cas, les personnes » de l'institué, donataire ou légataire ».

HUITIÈME QUESTION.

DROIT CIVIL.

Nihil ferè circa hanc questionem in hoc jure occurrit, neque enim eam facilè admittit libera et indefinita substituendi in perpetuum facultas. Undè apud eos qui fideicommissorum perennitati favent, nostra questio ignoratur. Qui verò certos fines substitutio-

nibus impositos ægrè et quodammodo inviti admisêre latiori semper interpretationi student; cùmque fideicommissa longiùs proferri constet, si per stirpes gradus numerentur, quam si per capita, primùm computationis genus alteri prætulerunt. Sententiam tamen suam jure civili tueri conantur, nimirùm gradus agnationis cognationisve, jure civili per generationes non per personas genitas numerari non ambigitur : undè cum fratres simul omnes unicam tantum generationem constituant, pro uno gradu etiam omnes accipi, non nullis jurisconsultis placuit. Inter filios et filias, inquit Cujacius, non sunt plures gradus sed sunt consistuntque omnes in uno; quod etsi ad ordinem succedendi à lege profectum tantum modo pertineat eamdem juris regulam ad substitutionum gradus extendi voluêre. Argumentum etiam ex novell. 159, *deducere posse visi sunt quæ generationis verbo usa est, quod quatuor generationes præterisse viderentur, undè ut cùmque colligitur gradus nomen in hac materiâ cum generationis nomine confundi, ea que sibi invicem esse synonyma.* Voyez Ricard, *des substitutions*, novelle 118, et beaucoup d'autres qu'il seroit inutile de citer. Domat, à son ordinaire, renferme toutes ces matières en peu de mots, quand il dit :

Quoiqu'il soit vrai que les frères sont entr'eux au même degré de génération, il y a cette différence entre le calcul des degrés de substitutions et celui des degrés de génération; qu'en ceux-ci le nombre des enfans qui descendent du même père, n'empêchent qu'ils ne soient tous au même degré de génération. Les degrés dans cet ordre, ne se multipliant que par diverses générations; mais, dans le fidéicommis, les substitués ne venant que l'un après l'autre, chacun dans son ordre, chacun fait son degré indépendamment du degré de génération où les substitués peuvent être entr'eux, et il ne peut y en avoir deux en un degré, que dans le cas où plusieurs sont appelés conjointement. *Uno verbo alius est ordo naturæ aut legis, alius est ordo voluntatis neque ex generationis gradu sed ex solâ testatoriâ vocatione. Ordo substitutionis consideratur adeò ut primo vocatus primum gradum expleat et sic de cæteris.*

Le parlement de Toulouse, qui est le plus grand défenseur de l'usage des comptes par souches, a été obligé lui-même d'abandonner son principe lorsqu'il y a interruption de degré, ce qu'ils appellent *per medios nepotes. Putà, pater filium hæredem instituit nepotem ex eo susceptum dein pro nepotem substituit quo moriente sine liberis hæreditatem suam defferri voluit nepotis fratri minori natu : nam si conditio evenerit filius secundo genitus, non in secundo substitutionis gradu quamvis nepotis frater sed in tertio esse censebitur*, parce que, selon Dolive, il ne peut se faire que le neveu, ayant accepté le second degré, l'oncle soit aussi compté dans le même degré : *Ergò naturam expellas furca tamen usque recurret.* Et l'interruption des degrés ne sert qu'à faire voir que, dans la vérité, chaque personne appelée forme et remplit un degré dans l'ordre de la substitution, quoique, suivant l'ordre de la génération, elle fût dans le même degré qu'un précédent substitué.

JURISPRUDENCE ET AVIS DES PARLEMENS.

Dijon, Metz, Flandre, suivent la lettre de l'édit perpétuel.

Première classe. Ceux qui rejettent absolument la manière de compter par souches, et veulent que l'on compte par têtes, Grenoble, Aix, Bordeaux ; mais Bordeaux admet quatre degrés.

Seconde classe. Ceux qui comptent ou sont d'avis de compter par souches.

Toulouse tout seul, par les raisons ci-dessus marquées, il en ajoute un bien plus frivole, lorsqu'il dit que, sans cela, le dernier des frères seroit souvent mieux traité que le premier, puisqu'il posséderoit les biens librement ; raison qui conclut à la perpétuité des substitutions, ou qui ne prouve rien du tout, puisque, en supposant que les substitutions aient des bornes, il en arrivera toujours que le dernier des substitués, de quelque manière que l'on compte les degrés, possédera les biens librement; mais cela arrive *non voluntate testatoris, sed auctoritate legis*; et, dans l'ordre de la volonté, celui qui recueille le premier, est toujours censé le plus favorisé.

Troisième classe. Ceux où la question n'a pu avoir lieu jusqu'à présent, attendu que, dans leur pays, les substitutions sont perpétuelles, et ces dernières compagnies sont d'avis qu'on adopte la manière de compter par souches, par la même raison qui les a portées, sur la question précédente, à préférer la jurisprudence des quatre degrés à celle qui n'en admet que deux, outre l'institué, c'est-à-dire, pour garder une espèce de milieu entre la perpétuité qui étoit leur ancienne jurisprudence, et les bornes trop étroites de deux degrés; sans quoi, disent-ils, les substitutions ne subsisteroient quelquefois que pendant une seule génération, et pourroient être finies en un mois de temps.

Tels sont Pau, Alsace, Besançon; on peut y joindre aussi Roussillon, au moins par ses vœux, quoique dans le point de droit il convienne que la manière de compter les degrés par tête soit la seule régulière.

Ainsi, les principes généraux du droit, l'esprit général de notre jurisprudence, qui est d'abroger la durée des substitutions, source de fraude et de procès, le défaut de justesse dans la manière de raisonner du parlement de Toulouse, et la pluralité des avis, donnent évidemment la préférence à la règle de compter les degrés par têtes.

Si l'on veut se déterminer ou s'affermir par l'autorité, on peut ajouter ici le préjugé de l'article 124 de l'ordonnance de 1629, observé à cet égard par quelques parlemens. L'exemple de l'article 3 du titre 2 du livre 5 des nouvelles ordonnances du roi de Sardaigne, et enfin l'article 43, titre des fidéi-commis des arrêtés de monsieur le premier président de Lamoignon.

Le parlement de Paris a prévu une difficulté qu'on peut dire être la seule dans cette matière : c'est de savoir ce qu'on décidera à l'égard des substitutions précédentes, soit dans le ressort du parlement de Toulouse, ou dans ceux où les substitutions étoient perpétuelles, et qui demandent à adopter la règle de compter par souches.

En comptant par têtes, il se trouveroit que plusieurs substitutions, qui sont regardées à présent comme subsistantes encore, seroient déjà éteintes.

On propose d'ordonner que les degrés remplis avant la nouvelle loi, en comptant par souches, resteront, et qu'on ne comptera par têtes qu'à l'égard de ceux qui seront à remplir dans la suite.

Espèce qu'on peut feindre :

« Titius a institué son fils aîné héritier, et lui a » fait substituer successivement les enfans qu'il auroit » pour recueillir l'un après l'autre la substitution ; » le fils aîné a laissé quatre enfans, dont les deux » premiers ont joui des biens substitués ; le second » en jouissoit encore lorsqu'on a publié la nouvelle » loi. Deviendra-t-il libre possesseur, ou la substitu- » tion durera-t-elle à l'égard de ces deux frères ?

» Ou bien c'est le troisième frère qui jouit dans » le temps que la loi paroît, il a profité de la règle » qui compte les degrés par souches ; le quatrième » frère sera-t-il exclu d'en profiter à son tour ? Cela » paroîtroit bien rigoureux ».

Ne vaudroit-il pas mieux excepter en général toutes les substitutions faites avant la loi, soit *ne patrif. providentia decipiatur*, soit parce qu'il paroît bizarre, que la même substitution soit réglée par deux lois contraires, *partim jure veteri, partim jure novo*; soit afin d'adoucir pour le parlement de Toulouse, et pour les pays où les substitutions ont été jusqu'ici perpétuelles, l'amertume du changement; soit enfin pour la simplicité de la loi, et pour ne s'écarter en aucune manière de la règle, *leges futuris dant formam negotiis.*

NEUVIÈME QUESTION.

DROIT CIVIL.

On n'y trouve rien qui ait rapport à cette question.

JURISPRUDENCE ET AVIS DES PARLEMENS.

Tous en général se déclarent contre la distinction, soit sur le nombre des degrés, soit sur la manière de les compter : Toulouse, Grenoble, Bordeaux, Aix, Pau, Alsace, Roussillon, Metz, Flandre, Dijon, Besançon, Paris.

Il y en a deux seulement qui paroissent avoir un peu plus de pente pour la distinction.

Dijon dit que, s'il plaisait au roi d'étendre la durée des substitutions jusqu'à quatre, il sembleroit que cette extention ne devroit regarder que les nobles disposant en faveur d'autres nobles.

Besançon, après avoir rappelé ce qu'il a dit sur la troisième question, pour ôter aux roturiers le droit de faire des substitutions, se réduit à l'avis du parlement de Dijon, en cas qu'on étende jusqu'à quatre degrés de substitution : l'exclusion de toute distinction paroît être le seul parti à prendre.

DIXIÈME QUESTION.

DROIT CIVIL.

On n'y trouve que des principes généraux, comme *hæreditas personæ vicem sustinet*, comme que chaque héritier est *hœres in solidum ;* en sorte que *totum capit conjuncto non concurrente, etc*.... principes suivant lesquels la question proposée n'est pas susceptible de difficulté, et l'on y cherche même la raison de douter.

JURISPRUDENCE ET AVIS DES PARLEMENS.

Comme la question a été fort mal proposée, il faut, pour y suppléer, feindre deux espèces différentes :

Première espèce. « Un père en instituant son fils » héritier universel, lui substitue tous les enfans que » ce fils laissera en mourant, sans rien ajouter de » plus, à la disposition, ne seront-ils tous comptés » que pour un seul degré? »

Seconde espèce. « Même institution, et même pre- » mière substitution, mais ou après avoir substitué » expressément les enfans de son fils les uns aux » autres, ou sans le dire formellement, il ajoute » qu'en cas que tous ses petits-enfans meurent sans » enfans, il veut que la succession soit remise *à* » *Titius*. Les petits-enfans au nombre de deux re- » cueillent la substitution après la mort du fils; ils » la partagent entr'eux; l'aîné meurt sans enfans, » son partage passe au puîné, il meurt aussi sans » enfans. Titius peut-il demander l'ouverture de la » substitution? Si tous les petits-enfans ne forment » qu'un degré, soit lorsqu'ils recueillent conjointe- » ment les biens de leur père, soit lorsque l'un reçoit » la part de l'autre, il n'y a encore qu'un degré de » rempli. Si l'on distingue au contraire le passage » qui se fait du père à tous les enfans conjointement, » de celui qui a lieu d'un des enfans à l'autre, pour » sa part et portion du prédécédé, il y a deux degrés » remplis, et la substitution s'évanouit ».

Cela suppose, sur la première espèce, nulle diversité de sentimens, ni entre les auteurs ni entre les parlemens; tous conviennent que les enfans ou même des étrangers, tous substitués conjointement pour recueillir en même temps la même succession, ne forment qu'un degré, et telle est la décision précise de l'article 124 de l'ordonnance de 1629, à laquelle, l'article 44 des arrêtés de M. le premier président de Lamoignon, titre des fidéicommis est entièrement conforme.

Sur la seconde espèce, deux sortes de parlemens; ceux qui n'ont pas seulement prévu la difficulté, et ceux qui l'ont sentie.

Les premiers se sont contentés de répondre à la question, telle qu'elle étoit proposée, et elle ne leur a paru susceptible d'aucun doute

Tels sont: Grenoble, Aix, Pau, Metz, Dijon.

Les autres ont prévu, ou du moins entrevu la difficulté, et ils ne s'accordent point entr'eux pour décider que quand la part de l'un des substitués passe aux autres, cela fait un second degré pour cette part, et que l'on compte autant de degrés à l'égard de chaque part, qu'il y a de personnes qui en profitent successivement; Flandre très-expressément, et Paris de même.

On peut joindre ceux dont les expressions ou les principes qu'ils supposent tendent à la même décision; comme Bordeaux, qui dit que quand plusieurs personnes sont appelées conjointement à une substitution pour la recueillir en même temps et sans subordination des uns aux autres, on ne doit les compter que pour un degré; donc le contraire doit avoir lieu lorsqu'il y a subordination ou succession des uns aux autres.

Roussillon, qui rend cette raison de son sentiment sur l'unité des degrés, parce qu'ils succèdent en même temps et non successivement les uns aux autres, les degrés n'étant multipliés qu'aux substitutions successives.

Besançon, puisqu'il suppose pour principe général, que pour que chaque substitué fasse un degré, il faut que chacun ait recueilli séparément la substitution; donc, toutes les fois que cela arrive, il y a un degré de rempli.

Pour ne considérer ceux qui ne sont substitués conjointement que comme un seul degré, même par rapport aux substitutions réciproques qui ont lieu entr'eux, Toulouse fait assez entendre que c'est son sentiment, puisqu'il rappelle ici la règle de compter les degrés par souches, et d'ailleurs il pose nettement la question dans le cas d'enfans chargés de substitution les uns envers les autres, et revient toujours à son principe, qu'il ne faut pas que le dernier enfant qui aura recueilli soit mieux traité que les autres.

Alsace pense à peu près de même, puisqu'il se détermine sur cette question par la règle que les degrés doivent être comptés par souches et non par têtes, quoique cependant il soit assez difficile de dire précisément ce que le conseil a pensé.

Quoi qu'il en soit, la question proposée ne paroît pas susceptible d'aucun doute raisonnable, ni dans la première ni dans la seconde espèce.

ONZIÈME QUESTION.

PREMIÈRE PARTIE DE LA QUESTION;

« Où l'on ne suppose ni répudiation du grevé, ni » demande, ni acceptation de la part du substitué. »

DROIT CIVIL.

Cùm civibus Romanis in infinitum substituere semper licuerit, nec intra certos gradus ut apud nos sisterentur fidéicommissa, vix est ut aliquid in jure civili reperiri possit quod propositæ quæstioni aptè conveniat quædam tamen principia, in hoc jure occurrunt quorum ope questio ut cùmque solvi potest.

1.° *Quidem constat fidéicommissum ut et legatum nihil esse aliud, nisi donationem à defuncto relictam ab hærede præstandam*, inst. *de leg.* §. 1, *ergò si ab hærede præstanda est ipso jure non transit in personam legatarii vel fideicommissarii undè originem ducit vulgata hæc juris nostri regula.* Tout legs est sujet à délivrance.

Et quamvis Justinianus spernens subtilitatem quæ multa variaque discrimina notabat inter legata et fideicommissa, utrumque liberalitatis genus omninò exequaverit, leg. 2, cod. *comm. de leg. et fideicom. neutrum tamen hæredis institutioni quæ nudam tantùm aditionem vel pro hœrede gestionem desiderat adæquavit; satisque legatariis aut fideicommissariis prospexisse sibi visus est cum dictâ lege sancivit, ut ex utrisque pariter nascerentur in rem actiones, ex utrisque hypotheca, ex utrisque personales. Ergò non res sed actio aut jus agendi ad rem consequendam ex legato vel fideicommisso quœritur. Jus autem illud omninò in voluntate legatarii vel fideicommissarii positum est sive repudiare legatum velit, aut petere aut silentio omittere.*

2.° *Jure autem civili certum est, numquam in invitos aut nolentes dominium rei legatæ, fideive hæredis commissæ transferri, imò nec ullos hæredes necessarios haberi nisi filios famil. tantum* L. *in suis* 11 ff. *de liber. et posthumis.*

3.° *Deniquè cùm fideicommissa saltem omnium bonorum successioni legitimæ leges multis in casibus exequantur; argumentum optimè duci potest in subjectu materia à lege: si quis* 5; §. *si filius* 2.°; ff. *undè liberi. Ubi si filius emancipatus non petierit bonorum possessionem, ità integra sunt omnia nepotibus atque si filius non fuisset, ut quod filius habiturus esset petitâ bonorum possessione hoc nepotibus ex eo solis non etiam reliquis accrescat, ergò pariter primo substituto è vivis sublato antè quamlibet fideicommissi petitionem omnia ita integra sunt posterioris gradus substituto, ac si prior nunquàm extitisset.*

Ex quibus omnibus colligitur non modo jure sed facto, non invito aut nolenti, sed volenti et agenti fideicommissariam substitutionem defferri, gradumque ab eo impleri, neque aliter quàm hæreditas legitima ei tantùm quœritur, qui bonorum possessionem, non etiam illi qui petere potuit, et non petendo omisisse videtur. Concurrat enim utraque voluntas necesse est, id est tùm testatoris, tùm substituti; nec concurrisse probari potest, nisi cùm substitutus fideicommissum petierit.

Ricard dit cependant (*Traité des substit.*, chap. 9, sect. 6, n.° 797) « qu'il fera voir dans un chapitre » séparé, que la maxime établie par le parlement de » Toulouse peut être défendue dans les règles pour » toutes les provinces du royaume, à l'égard des » fidéicommissaires universels; pour dire qu'ils sont » saisis de droit, suivant les principes du droit ro» main, selon lesquels l'héritier institué et ceux qui » le représentent à titre universel soient subrogés au » lieu de l'héritier *ab intestat* ».

Je ne sais si Ricard a jamais fait ce chapitre séparé où il devoit établir l'opinion qu'il avance ici, et je crois qu'il avoit promis plus qu'il ne pouvoit tenir: on voit au contraire que dans le chapitre 16 du même ouvrage, où il traite seulement la question, *si les fidéicommissaires sont saisis de plein droit*, suivant la règle *le mort saisit le vif*, il se déclare fortement pour le sentiment de Tiraqueau, qui a soutenu la négative contre Benedicti et d'autres docteurs. Il finit son raisonnement en disant qu'on doit s'étonner qu'on ait pu former cette question *si le fidéicommis est saisi?* Il est vrai qu'il ne semble traiter la question que par rapport aux pays coutumiers; et, d'ailleurs, il y confond tellement tous les principes, en exigeant que l'héritier institué demande la délivrance à l'héritier du sang, qu'on peut douter avec beaucoup de raison, si Ricard a jamais mis la dernière main à ce chapitre.

JURISPRUDENCE ET AVIS DES PARLEMENS.

Trois cas à distinguer :

Répudiation expresse du fidéicommis;

Silence du substitué;

Demande formée par lui avant sa mort pour l'ouverture de la substitution.

Premier cas. Personne ne doute que celui qui renonce ne remplit aucun degré : nulle diversité de jurisprudence ou de sentiment sur ce point.

Second cas. Deux avis pour juger en général que le substitué, qui est mort sans avoir formé aucune demande pour l'ouverture du fidéicommis, n'est point censé remplir un degré : Toulouse, Aix, Bordeaux, Pau, Alsace, Roussillon, Dijon, Besançon, Metz, Flandre, Paris. La jurisprudence précédente de cette dernière cour étoit devenue un problême entre nos auteurs.

Pour juger au contraire que le substitué qui se trouve capable au jour de la mort de celui qui remplissoit le degré immédiatement précédent, remplit un degré, quoiqu'il soit mort sans avoir demandé l'ouverture du fidéicommis : Grenoble seul entre tous les tribunaux. Il pose pour principe que le droit une fois ouvert ou échu se transmet *ipso jure*, parce qu'il faut suivre en cette matière la règle générale, que *le mort saisit le vif*, que l'addition ou la pétition d'hérédité sont inutiles, parce que ne pas renoncer, c'est accepter. Tel est le sentiment présent du parlement de Grenoble, qui paroît avoir jugé autrefois le contraire.

Ainsi, soit par la raison tirée de la solitude de ce parlement, soit par les principes généraux de cette matière, l'opinion du plus grand nombre mérite sans doute la préférence; mais il naît une nouvelle question sur un cas particulier qui peut souvent se présenter.

Celui qui étoit appelé à la substitution, et qui est mort sans en avoir demandé l'ouverture quoiqu'il pût le faire, étoit le second substitué; et, comme la substitution devoit finir en sa personne, il auroit possédé librement les biens substitués, s'il les avoit recueillis. Et il en auroit eu non-seulement l'usufruit ou une propriété révocable; mais le domaine parfait est une propriété incommutable.

Fera-t-on une exception pour ce cas; et, si l'on établit pour règle que le substitué qui meurt sans avoir formé aucune demande ne remplit aucun degré, fera-t-on cesser cette règle, lorsqu'il s'agit du dernier substitué ?

Raisons pour autoriser cette exception.

1.° Les legs ou les fidéicommis conditionnels sont acquis au légataire ou au fidéicommissaire, du jour que la condition est arrivée; et, quoiqu'il n'en ait pas demandé l'ouverture, leur droit ne se transmet pas moins à leurs héritiers. L. 3, cod. *quandò dies*, leg. *vel fideicom*. L. 13, ff. *cod. tit.*

Si l'on ne suit pas cette règle à la rigueur, lorsqu'il s'agit du premier substitué, c'est parce qu'il ne doit acquérir et posséder les biens substitués qu'à la charge de les rendre au substitué du second degré. Il n'a qu'une propriété résoluble, qui, dans le fait, se réduit à un usufruit, et ne passe point à ses héritiers. Mais ceux-ci sont préférables à un substitué du troisième degré, dont le droit seroit entièrement évanoui par l'acceptation du second substitué.

2.° On ne peut douter sur le parti qu'auroit pris celui qui ne doit acquérir que pour rendre ce qu'il auroit acquis, parce qu'il y a des substitutions dont le bénéfice a des charges qui en dégoûtent celui dont le droit ne produit qu'une jouissance attachée à sa vie; mais, quand il s'agit d'une propriété libre et absolue, personne ne peut douter que le substitué n'eût dû l'accepter, et qu'il ne l'eût acceptée en effet.

3.° Suivant notre usage, un substitué à qui la propriété des biens substitués est dévolue, ne peut y renoncer, *in necem creditorum*, et ses créanciers sont en droit de l'accepter pour lui; donc le droit est acquis indépendamment de sa volonté, et par conséquent le simple silence du substitué ne peut nuire à ses héritiers, *si nolenti jus quæritur; quantò magis ignoranti vel etiam tacenti, et agere cessanti.*

Raisons pour combattre l'exception, et la faire rentrer dans la règle générale.

1.° Il est vrai que les legs ou fidéicommis conditionnels sont déférés du jour de l'échéance de la condition; mais le vrai sens de cette règle est que le droit d'en former la demande est acquis lorsque la condition est échue. Il est encore vrai que ce droit passe aux héritiers, mais la faveur des testateurs et la présomption de la volonté du testateur a mis une exception à cette règle, pour suivre plus exactement les intentions de celui qui a voulu que le fidéicommis fût entièrement recueilli dans plusieurs degrés, et que celui qui ne l'a jamais possédé, ni demandé à le posséder, ne pût être censé avoir rempli un de ces degrés.

La règle proposée sur la question générale de cet article ne peut avoir que ce fondement, sans quoi il faudroit décider suivant la rigueur des principes, que chacun de ceux qui ont pu recueillir le fidéicommis, est censé l'avoir recueilli.

Mais ce même principe s'applique au cas du second substitué comme à celui du premier, et il n'y a point de testateur qui ne décidât ainsi la question, si l'on pouvoit le faire revivre pour expliquer ses intentions.

2.° La distinction qu'on veut faire entre le cas du droit ou de la propriété résoluble, et celui du droit ou de la propriéte incommutable ne paroît pas solide. Les effets de l'un et de l'autre droit sont différens sans doute. Le premier substitué n'est propriétaire que sous la condition de restituer. Le second est un propriétaire libre et absolu; mais si leurs droits diffèrent quant à l'effet ou aux avantages qui y sont attachés, ils ne diffèrent point quant à la manière de les acquérir.

Ou il faut dire que l'un et l'autre se défèrent *ignoranti et invito*, ou il faut établir que l'un et l'autre exigent la volonté ou l'acceptation du substitué; car pourquoi seroit-il plutôt saisi de plein droit dans un cas que dans l'autre? Et le premier et le second substitué tirent leur droit de la seule volonté du testateur; et l'on ne voit pas, en termes de droit, pour quelles raisons le concours de la volonté du substitué seroit nécessaire, lorsqu'il s'agit d'acquérir une propriété résoluble, et pourquoi il seroit utile lorsqu'il est question d'acquérir une propriété incommutable.

3.° L'argument qu'on tire de la considération du *quid expediat, aut quid utilius*, n'a rien de concluant.

Il est vrai, en général, qu'il est plus avantageux d'avoir une propriété incommutable, que d'acquérir une propriété résoluble, et il peut y avoir plus de doute pour accepter l'une que pour accepter l'autre; mais la règle *quid utilius* est bonne, lorsqu'il s'agit de ceux qui n'ont point de volonté comme les mineurs, ou dont l'acte ne dépend pas absolument de leur liberté absolue. Il n'en est pas ainsi de ceux dont la volonté n'est astreinte à aucune règle, non pas même à ce qui leur est le plus utile, et à qui l'on peut appliquer ces mots, *est pro ratione voluntas*.

Or, tels sont tout légataire, tout fidéicommissaire, tout substitué; il ne leur faut point de raison pour accepter ou pour renoncer, ils ont *merum et liberum arbitrium*; donc la présomption tirée du *quid utilius* cesse absolument à l'égard de celui qui peut, s'il veut, renoncer à ce qui lui est le plus utile. Ainsi, ou il faut qu'il soit saisi de droit indépendamment de sa volonté, et cela dans tous les cas; ou si sa volonté est une condition nécessaire, elle ne l'est pas moins quand il s'agit d'une propriété incommutable, que lorsqu'il est question d'une propriété résoluble.

4.° Les créanciers, il est vrai, peuvent exercer les droits de leurs débiteurs, accepter plusieurs successions ou une substitution, et attaquer même une renonciation qui seroit en fraude de leurs droits. Mais, 1.° l'argument qu'on tire de cette maxime dans la question présente prouveroit trop, parce qu'on en pourroit conclure, que même dans le cas du premier substitué, on doit le réputer saisi de droit et remplissant un degré. En effet, si c'est pour l'intérêt des créanciers qu'on change de principe à l'égard du second substitué, ne devroit-on pas suivre la même règle à l'égard du premier, quoiqu'il n'acquierre qu'une propriété résoluble? Ses créanciers ont toujours intérêt qu'il l'acquierre, parce qu'au moins pendant sa vie les revenus des biens substitués deviennent leur gage, et peuvent quelquefois suffire à leur paiement. Donc, si c'est l'intérêt des créanciers qu'on consulte, il doit décider la question, aussi-bien contre le cinquième substitué que contre le second.

2.° Il est vrai qu'en supposant que le droit d'une propriété incommutable est acquis au second substitué, toutes les conséquences qu'on en tire en faveur de ses créanciers ou de ses héritiers sont incontestables.

Mais on change visiblement l'état de la question où il s'agit de savoir, non par ce qui doit arriver, si le second substitué a la propriété incommutable du fidéicommis, mais si cette propriété lui est déférée indépendamment de sa volonté; question qui consiste à savoir de quelle manière le droit se défère, et si c'est dépendamment ou indépendamment de sa volonté.

Que ce droit soit plus ou moins étendu, plus ou moins avantageux, ce n'est pas de quoi il s'agit; mais tel qu'il soit, comment s'acquiert-il? Faut-il que le fait, c'est-à-dire, l'acceptation du substitué concoure avec le droit, ou cela n'est-il pas inutile? Voilà ce qu'il s'agit de décider.

Il y a donc une pétition manifeste de principe dans les argumens qu'on forme sur ce sujet; car, avant d'examiner la qualité et le genre de la propriété qui appartiendra au substitué du second degré, il faut décider si la propriété, si le droit en lui-même, tel qu'il puisse être, lui est acquis indépendamment de sa volonté et même malgré lui.

Si on le soutient ainsi, la loi doit être égale pour le premier et pour le second substitué.

Si l'on suppose au contraire que le concours de la volonté du substitué est nécessaire, il n'y aura pas non plus de différence entre le premier et le second substitué; celui-ci auroit acquis la propriété incommutable, s'il avoit voulu; mais il ne l'a pas voulu: donc il n'a acquis aucune propriété.

5. La distinction que l'on veut mettre ici entre le premier et le dernier substitué est en quelque manière hors du sens commun, et elle ne se présente pas naturellement à l'esprit de ceux qui traitent la matière; et la preuve en est faite.

Aucun des auteurs qui ont traité la question n'a formé ce doute: ils ont tous réduit la difficulté à ces véritables termes, en agitant seulement s'il falloit que la volonté du substitué concourût avec celle du testateur, ou si elle n'étoit pas nécessaire. On a voulu tirer des conséquences de quelques expressions, dont Ricard ou d'autres auteurs se sont servis dans leurs raisonnemens; mais il ne paroît pas qu'ils aient jamais envisagé la question telle qu'on la fait naître.

Aucun des parlemens qu'on a consultés, n'a pensé à distinguer le cas du premier substitué de celui du second substitué. Les trois avocats consultans sont les premiers qui ont mu la question, et le parlement de Paris est le seul qui soit entré dans leur esprit, sans que l'on remarque aucune diversité de jurisprudence sur ce point, parce que la question ne peut être jamais réformée.

6. La seule conséquence de cette question est qu'il y aura, dit-on, trois degrés de substitutions au lieu de deux; mais c'est un grand inconvénient de ne pas compter celui qui n'aura pas recueilli.

Il n'en résultera jamais que deux degrés réels de

substitutions. Le plus grand mal est que la substitution durera quelques années de plus; mais cette durée même n'aura plus rien de contraire à la liberté du commerce, parce que, quel que soit le substitué il possédera toujours les biens librement.

Ainsi, en égalant la condition du second substitué, à celle du premier, on n'aura qu'une facilité innocente qui servira à adoucir, dans plusieurs parlemens, la peine qu'ils auront de voir réduire les substitutions à deux degrés.

Troisième cas. Demande formée par le substitué, avant sa mort, pour l'ouverture de la substitution.

Pour décider que la simple demande suffit pour faire décider que celui qui la formée a rempli un degré : Toulouse, Aix, Bordeaux, Pau, Grenoble, Metz, Flandre, Besançon, Paris.

Pour juger que la simple demande ne suffit pas, et qu'il faut que le substitué ait été dans la possession réelle du fidéicommis : Alsace, Roussillon, Dijon, qui se fondent principalement sur ces termes de l'article 114 de l'ordonnance de 1629; ceux-là seulement feront un degré qu'ils auront appréhendé et recueilli.

Le plus grand nombre paroît bien penser, soit parce que celui qui a acquis une fois, par sa demande, le droit de jouir des fruits, est censé avoir recueilli et appréhendé les biens substitués, soit parce qu'autrement il dépendroit du substitué de chaque degré de prolonger la substitution, et d'en multiplier les degrés par des procès collusoires, pendant lesquels il ne paroîtroit pas avoir une jouissance réelle et effective.

DOUZIÈME QUESTION.

DROIT CIVIL.

Ut questionis fines rectè instituantur, ponendum est primùm de substitutione quàm compendiosam vocare consueverunt juris interpretes, quœque verbo seu voce communi exprimitur. Hic omninò non agi, cùm enim hæc substitutio, omnia omnium substitutionum genera vimque et substantiam compendio verborum complectatur; nullâ conversione opus est, ut directâ substitutione cessante vel caducâ, fideicommissaria locum habeat.

De solâ igitur substitutione fideicommissaria propriè dicta hîc questio vertitur. Vide leg. 78, ff. *de legat.* 1.°. *Vide etiam*, §. 5, instit. *de fideic. et* novell. 115.

Multa tamen in jure civili saltem novissimo occurrunt in quibus antiqui juris rigor paulatim emolliri cœpit actem perari. Vide leg. 13, §. 4, *de testam. milit. Vide* leg. 13, §. 4, *ad paganum*; leg. 42. ff. *de fideicom. libert.* Benedicti, *ad cap. Raynut.* vol. 2, n.° 85.

JURISPRUDENCE ET AVIS DES PARLEMENS.

1.° Les uns sont d'avis d'admettre la conversion de plein droit d'une substitution à l'autre, d'égaler en ce point la substitution fidéicommissaire à la substitution vulgaire, quand même il n'y auroit point de clause codicillaire dans le testament:

Toulouse, dont l'ancienne jurisprudence est attestée sur ce point par Benedicti;

Pau, où la question ne s'est point présentée;

Alsace, il ne paroît pas non plus que la question s'y soit présentée.

2.° D'autres parlemens ou conseils conviennent tous que la règle générale est contre la conversion de la substitution fidéicommissaire en substitution vulgaire : Provence, Perpignan, Bordeaux, Grenoble, Besançon, Metz, Flandre, Paris.

Nota. Rennes et Rouen n'ont rien envoyé sur ce sujet; mais outre ces parlemens, il y en a qui pensent que dans une nouvelle loi il sera à propos d'autoriser le sentiment de la conversion d'une substitution à l'autre.

Besançon, qui propose aussi son avis, décide :

1.° Que la substitution fidéicommissaire sera convertie en vulgaire, lorsque l'institution se trouvera caduque ;

2.° Que la clause codicillaire sera toujours suppléée dans les testamens (ce qui seul emporteroit la décision de la question), en exceptant néanmoins le cas du défaut d'institution en ligne directe ;

3.° Que la renonciation de l'héritier institué ne pourra jamais nuire au fidéicommissaire ;

4.° Que quand le premier substitué prend la place de l'institué, il ne doit pas faire un degré.

Raisons sur le premier point.

Qu'il faut abandonner la rigueur du droit pour suivre la volonté du testateur, qui n'est pas douteuse en ce cas.

Que les substitutions vulgaires ou pupillaires se convertissant l'une en l'autre, suivant le droit romain, pourquoi n'en seroit-il pas de même à l'égard de l'institution directe et de la fidéicommissaire ; n'y a-t-il pas la même présomption de volonté ?

Que le droit romain a admis une pareille conversion en faveur de la milice et de la liberté.

Raisons sur le second point.

Que le roi de Sardaigne a établi dans ses nouvelles lois, que la clause codicillaire seroit aussi insérée dans tous les testamens.

Raisons sur le troisième point.

L'institué ne peut renoncer *in fraudem substituti.*

Raisons sur le quatrième point.

Dans le cas de la conversion, le substitué prend les biens immédiatement de la main du testateur.

3.° Un parlement seul est d'avis de distinguer si le décès de l'institué a été connu du testateur, suivre la règle générale.

Si le testateur a ignoré la mort de l'institué, admettre la conversion. Dijon.

Le fondement de cet avis est la loi *tractabatur* 14, ff. *de test. militis.* Vide *suprà.*

Mais cette loi ajoute aussi le cas de l'héritier institué qui meurt après le testateur.

Le parlement de Dijon ne prévoit pas ce cas; et les termes dans lesquels il s'explique semblent l'exclure, parce qu'il n'admet d'exception à la règle générale que quand le testateur a ignoré la mort de l'héritier institué.

FOND DE LA QUESTION,

Examiné non en juge astreint à suivre certains principes, mais en législateur qui peut s'élever au-dessus de ces principes mêmes.

De deux points qui sont indiqués par la question, l'un est certain et l'autre est douteux, et l'ordre naturel est de commencer par le premier pour passer du certain à l'incertain, et du connu à l'inconnu.

Ce qui est certain, et en quoi conviennent tous les jurisconsultes et tous les parlemens, c'est que s'il y a une clause codicillaire dans le testament, la caducité de l'institution n'emporte pas celle du fidéicommis et de la succession. L'héritier légitime prend alors la place de l'héritier institué; mais aussi dans ce cas, il a la rétention de la quarte trébellianique, comme l'héritier institué l'auroit eu.

Quel est le fondement de cette maxime? C'est que *non tantùm verbis directis sed precariis relinqui potest hereditas;* or, la clause codicillaire est regardée comme une prière adressée par le testateur à l'héritier *ab intestat, ut*, comme dit une loi: *Si quid minùs ritè fecero, pro jure legitimo habeatur hominis sani voluntas;*

d'où l'on a conclu que, dans tous les cas où il arrivoit que la disposition ne pouvoit valoir comme testament, l'intention du testateur qui a pris la précaution de faire usage de la clause codicillaire, a été que l'héritier du sang, qui profite alors de la succession, soit obligé d'en supporter les charges, et de rendre le fidéicommis au substitué. C'est ce profit même ou l'avantage de recueillir la substitution *ab intestat*, qui soutient en ce cas l'effet de la clause codicillaire, et qui le rend juste, et tel est le fondement de ce principe général du droit romain que Ulpien a renfermé en deux mots, §. 6, liv. 11, ff. *de leg.* 3.°

Ainsi, dans le cas où la clause codicillaire a son effet, l'héritier légitime trouvant un avantage dans la succession, soit parce que le fidéicommis ne l'absorde pas entièrement, soit parce qu'il retient la quarte trébellianique, avantage que le testateur est censé lui avoir donné en ne lui ôtant pas, *dùm non ademit*; il est juste qu'il porte la charge du fidéicommis, *quia aliquid ex judicio defuncti consequitur.*

En un mot, tel est l'effet de la clause codicillaire, qu'elle met l'héritier *ab intestat*, à la place de l'héritier institué, et cela à tous égards. Voilà ce qui est certain, et également reconnu de tous côtés.

Mais le second point, auquel il faut passer à présent, est-il douteux si le premier ne l'est pas?

Toute bonne jurisprudence doit être systématique, c'est-à-dire, poser des principes solides, et en tirer de justes conséquences.

Or, quel est le principe solide qui a servi de fondement à ce que le droit romain a établi sur l'effet des clauses codicillaires? C'est que, pour pouvoir être chargé de fidéicommis, il faut recevoir quelque chose *ex judicio defuncti.* Il faut, comme disent les interprètes, avoir été honoré par le testateur pour pouvoir être grevé par lui : *non honoratus non potest onerari.*

Mais quand le testateur n'a point mis de clause codicillaire dans son testament, il paroît avoir oublié entièrement son héritier légitime : *non videtur de eo cogitasse*. C'est malgré lui que la nullité de l'institution profite à celui qu'il a voulu en priver dans tous les cas ; ainsi, l'héritier du sang ne tenant rien alors *ex judicio defuncti*, et devant tout à la loi, non à l'homme, contre la volonté duquel il devient son successeur, il est impossible, si l'on raisonne conséquemment, qu'on puisse l'obliger à remettre un fidéicommis dont l'héritier institué étoit seul chargé ; et la fiction par laquelle on veut convertir alors la substitution fidéicommissaire en substitution vulgaire, résiste également, et à la lettre du testament, et à l'esprit de la loi qui saisit l'héritier du sang, contre la volonté du testateur.

Remontons encore plus haut, et voyons si cette fiction, qui est contraire à la rigueur des principes et au véritable système de la jurisprudence romaine, peut être fondée sur les règles supérieures de l'équité naturelle.

Ce qui forme le doute en cette matière, est le partage des sentimens entre la faveur des testamens et celui des héritiers du sang.

Ceux qui sont frappés de la première, épuisent toute la subtilité de leur esprit, à inventer des couleurs pour suppléer tout ce qui peut manquer à la lettre du testament. Ils envisagent moins ce que le testateur a dit, que ce qu'il a voulu dire, ou ce qu'il auroit dû dire, pour faire en sorte que sa dernière disposition ne pût souffrir aucune atteinte, ni pour le vice de la forme, ni pour des événemens imprévus.

« Peut-on présumer, disent-ils, que si le testateur avoit pensé que son héritier institué mourroit avant lui, il auroit voulu que le fidéicommis dont il l'avoit chargé demeurât caduc et anéanti ?

» Dans l'ordre de ses affections, l'institué a tenu le premier lieu. Le substitué a eu le second, et le testateur a préféré l'un et l'autre à son héritier légitime.

» Pourquoi faut-il que le prédécès de l'institué renverse cet ordre, et donne la préférence à celui que le testateur a moins aimé, sur ceux qu'il a jugés plus dignes de son affection ?

» Peut-on douter que s'il avoit prévu le cas qui est arrivé, il n'eût décidé expressément la question contre l'héritier du sang ? Il en avoit le pouvoir, et on ne peut former aucun doute raisonnable sur sa volonté. Qui empêche donc qu'on ne supplée la seule chose qui y manque, c'est-à-dire, l'expression formelle de cette volonté, et qu'on ne suive cette règle si équitable du droit romain, *pro jure legitimo haberi debet hominis sani voluntas*. Ce que la faveur du testament militaire, et celle de la liberté ont fait introduire sur ce point dans le droit romain ; ce que Justinien a même étendu au cas de la nullité de l'institution par la prétérition ou l'exhérédation des enfans de famille, pourquoi l'équité naturelle, beaucoup plus respectée dans nos mœurs que la rigueur du droit, ne le feroit-elle pas admettre dans tous testamens dans le cas de la caducité de l'institution par le prédécès de l'héritier institué ? Les présomptions de la volonté du testateur ne sont-elles pas sans comparaison plus favorables, et ne doivent-elles pas être plus efficaces, lorsqu'il s'agit d'une volonté juste en elle-même et seulement trompée par un événement imprévu, que quand il est question d'une volonté injuste et odieuse qui a porté un père, ou à oublier ses enfans, ou à les déshériter injustement ? »

C'est ainsi que les esprits prévenus en faveur des testamens font tous leurs efforts, pour empêcher qu'un acte qui leur paroît si privilégié ne périsse, et pour le mettre à couvert de la fatalité des événemens.

Il n'est pas surprenant que ceux qui mettent au contraire toute la faveur du côté des héritiers du sang, pensèrent fort différemment sur cette question, et regardent comme un très-léger inconvénient la caducité d'une institution et l'anéantissement d'un fidéicommis, qui ne font que rétablir les choses dans leur état naturel, en faisant passer la succession entre les mains de ceux à qui la loi ne la donne que suivant le vœu de la nature. Ainsi, c'est peut-être moins par attachement à la rigueur des principes de la jurisprudence romaine, que par indifférence pour les testamens, et prévention pour les droits du sang, que ceux qui ont été élevés dans l'esprit coutumier regardent, comme une espèce de paradoxe en fait de législation, l'idée de la conversion d'une substitution fidéicommissaire en substitution vulgaire, qui a trouvé tant de défenseurs dans les nouveaux interprètes du droit civil.

Mais entre les uns et les autres, n'y a-t-il pas un juste milieu qui puisse fixer le sentiment de ceux qui envisagent la question avec un esprit impartial, soit pour la faveur du testament, soit pour celle des héritiers du sang, c'est ce qui reste à examiner.

Lorsqu'on examine attentivement les premières notions de la loi ou de la justice naturelle, on y trouve cette gradation de principes, reconnue par le consentement de toutes les nations;

1.° L'ancienne communauté des biens entre les hommes qu'Hobbes appelle *jus omnium in omnia*, ayant cessé par l'occupation et autres voies qui ont introduit le partage des biens, la propriété qui, dans son principe, étoit une suite de la possession, devoit à la rigueur s'étendre à la mort du possesseur, et se réunir à la puissance publique pour être remise à d'autres.

2.° Mais comme cela auroit produit une grande négligence à faire valoir les terres et l'industrie, si chaque possesseur avoit prévu que le fruit de son travail périroit avec lui, et que d'ailleurs la disposition des biens qu'il auroit laissés en mourant auroit été sujette à de grands inconvéniens, soit que le prince eût voulu se les approprier comme cela a lieu dans certains pays, soit que le crédit ou la faveur l'eût porté à les donner aux plus riches plutôt qu'à ceux qui en auroient le plus besoin, il est sagement établi, presque dans toutes nations, que celui qui acquerroit un bien en propriété, l'acquierre tant pour lui que pour ses enfans ou ses parens. C'est ce qui a produit l'hérédité dans l'ordre des successions;

3.° Il a paru toutefois dur d'obliger les hommes qui vivoient libres, à mourir esclaves, en quelque manière, sans pouvoir disposer de leurs biens, et en leur donnant malgré eux des héritiers; de là, l'origine des testamens et des dispositions à cause de mort, dont l'usage a été accordé aux hommes par le plus grand nombre des nations.

4.° De là sont nées ces vues ambitieuses des romains, qui se regardoient dans leurs testamens comme des vrais législateurs; ils ont même voulu que leurs testamens fussent regardés comme des lois. *Disponat testator et erit lex.*

Mais ce pouvoir n'a pas été long-temps indéfini et absolu, on l'a rendu dépendant des véritables lois qui l'ont limité.

De là, les enfans furent regardés comme des héritiers nécessaires, *sui hæredes*, afin que la continuation du domaine eût lieu de plein droit; en sorte que, par là, le droit naturel prit le dessus sur le droit positif; et, par une suite nécessaire, les exhérédations injustes furent soumises à l'autorité de la loi et des juges.

De là, la querelle d'inofficiosité, qui fut même accordée aux collatéraux, lorsqu'une personne infâme leur étoit préférée.

De là, la nécessité de réserver une légitime à tous les enfans.

Enfin, on renferma dans de justes bornes la liberté d'épuiser ses biens par des substitutions ou par des legs, en accordant à l'héritier la rétention de la quarte trébellianique, ou de la quarte falcidie; rétention accordée d'abord aux enfans et ensuite à tous les héritiers du sang.

5.° La sagesse des coutumes a été même plus loin. Elles ont distingué deux sortes de biens, comme deux patrimoines, dans la succession d'un seul homme :

« Ceux que le testateur avoit reçus de ses père et » mère, et qui de là sont appelés *propres*, *biens*

» *avitins* ou *papoaux*, dit la coutume de Bearn en » termes très-énergiques;

» Les autres qui étoient le fruit de l'industrie du » testateur. Il ne pouvoit disposer des premiers, » mais bien des seconds ».

Ainsi, dans tout ce qui est devenu le bien de la famille, la famille est préférée à la volonté de l'homme; et dans les autres biens, sa volonté l'emporte sur l'intérêt de la famille.

D'autres coutumes vont encore plus loin, et rendent le testateur comptable à la loi ou aux officiers de justice des motifs qui ont dicté son testament.

RÉSUMPTION.

1.° Le droit qui saisit les héritiers du sang de la succession de leurs parens, est un droit naturel.

Le droit qui autorise la liberté de faire des testamens, est un droit positif et une exception mise par la loi civile à la loi naturelle.

Donc, dans le doute de ces deux droits, la faveur est pour les héritiers du sang, et la balance du juge doit pencher de ce côté.

Le droit romain et le droit français ont établi à cet égard deux principes.

Premier principe. La volonté de l'homme doit toujours céder ou se conformer à celle de la loi.

Second principe. Il n'est point permis au testateur d'ignorer les lois; et l'on ne doit jamais présumer qu'il les ait jamais ignorées, ni que son intention ait été contraire dans les choses qui dépendent de la volonté, à moins qu'il ne l'ait marquée expressément, *in dubio leges servari voluisse presumitur.*

Donc, le testateur est sujet à toutes les lois qui déclarent la disposition nulle ou inutile, ou réductible, soit par la prétérition, par l'exhérédation, par le défaut de solennité, par la caducité de l'institution, par l'indignité de l'héritier institué, soit par la faculté de retenir les quartes de différentes espèces.

Donc, *in dubio*, il est censé avoir voulu s'y conformer, et laisser son hérédité dépendante des divers événemens que son testament peut avoir suivant les lois.

L'application de ces principes à l'espèce présente n'est pas difficile.

Du 24 juin 1730.

Il est honorable à une grande princesse qu'on puisse comparer sa diligence avec la vôtre, et que vous croyez même beaucoup faire de pouvoir soutenir cette comparaison; je m'imagine cependant que vous pourriez au moins avoir de l'avantage dans la comparaison de l'emploi du temps, si quelqu'un s'avisoit de pousser le parallèle jusque-là; il ne faut que vous montrer des questions pour les voir résolues, et je ne m'étonne pas que votre diligence rende votre compagnie paresseuse. Elle fait très-bien de s'épargner une peine que son chef prend toute sur lui, sans avoir aucun besoin du secours d'autrui; mais, comme nous sommes dans une grande disette de tels chefs, qui n'ont jamais été bien communs, je n'espère pas d'en trouver qui puissent approcher de la promptitude de vos réponses; ainsi, vous aurez tout le temps, après vos vacations, de montrer ce que vous avez fait à MM. les commissaires du parlement d'Aix, afin de ne leur pas envier le seul honneur que vous leur laissiez, je veux dire, celui d'approuver pleinement ce qu'ils n'auroient pu exécuter.

Je compte bien qu'il y aura un supplément de questions sur la matière des fidéicommis, et ce qui regarde les liquidations, source trop féconde de procès, n'en sera pas la moindre partie. L'abrogation entière de tous fidéicommis seroit peut-être, comme vous le pensez, la meilleure de toutes les lois, et il pourroit y avoir des voies plus simples pour conserver dans les grandes maisons ce qui suffiroit à en soutenir l'éclat; mais j'ai peur que, pour y parvenir, surtout dans les pays de droit écrit, il ne fallut commencer par réformer les têtes, et ce seroit l'entreprise d'une tête qui auroit elle-même besoin de réforme. C'est, en vérité, un grand malheur, qu'il faille que la vanité des hommes domine sur les lois mêmes. Mais je n'ai pas le temps de me livrer à toutes ces réflexions, sauf à y revenir dans la suite, pour se rapprocher au moins, autant qu'il sera possible, de la droite raison.

Vous ne me parlez plus du voyage que vous deviez faire à Paris; je serois pourtant charmé de pouvoir vous y assurer moi-même de tous les sentimens avec lesquels je suis.

Du 25 août 1730.

J'ai reçu les réponses que vous m'avez envoyées aux vingt-cinq premières questions qui regardent les substitutions fidéicommissaires, et j'apprends avec plaisir par votre lettre, que vous aviez prévu, avant que de recevoir la mienne, tout ce que je pouvois désirer de votre attention et de votre exactitude; j'attendrai après cela, sans impatience, que vous m'envoyiez l'ouvrage entier dans la forme ordinaire, et il ne me reste qu'à souhaiter que les autres compagnies suivent l'exemple de votre diligence.

Du 6 septembre 1730.

J'ai reçu les réponses que vous m'envoyez aux quarante-cinq questions qui concernent les substitutions fidéicommissaires que je vous avois adressées, et je ne saurois trop louer la diligence avec laquelle vous avez achevé cet ouvrage, aussi bien que MM. les commissaires du parlement de Pau; elle mérite d'être proposée pour modèle à la plus grande partie des parlemens du royaume, et je ne doute pas que, lorsque j'aurai le loisir d'examiner ces réponses, je ne sois aussi satisfait de la capacité et de la sagesse de ceux qui les ont dressées, que je le suis dès à présent de leur exactitude à remplir ce que j'avois désiré d'eux à cet égard.

Je vous dois des remercîmens particuliers pour les réflexions que vous avez faites séparément sur les mêmes questions que vous avez examinées en commun avec MM. les commissaires de votre compagnie; c'est une œuvre de surérogation qui pourra servir de supplément ou d'explication aux réponses communes auxquelles on ne pourra peut-être reprocher qu'une trop grande précision.

Du 15 mars 1747.

On travaille actuellement à mettre la dernière main au projet d'ordonnance concernant les substitutions, et l'on y a compris ce qui regarde la publication et l'enregistrement des actes où elles sont contenues.

Rien n'est plus important que cette formalité, et la règle générale est qu'elle ne doit se remplir que dans les siéges royaux; mais le feu roi voulut bien mettre une exception à cette règle en faveur des justices seigneuriales de Flandre, par une déclaration du 22 juillet 1712, qui porte: *que les substitutions et les défenses d'aliéner n'auront effet de réalisation, si elles ne sont registrées, à l'égard des fiefs, aux greffes des cours et juridictions féodales, dont ils sont tenus et mouvans; et à l'égard des biens non féodaux, aux greffes des justices des lieux où ils sont situés.*

Quoique le projet de la nouvelle ordonnance, où l'on a eu en vue de perfectionner la déclaration générale donnée par le feu roi, le 18 janvier 1712, sur l'enregistrement et la publication des substitutions, tende à établir qu'ils ne pourront se faire à l'avenir que dans les siéges royaux ressortissant nûment aux cours de parlement. Sa Majesté pourroit bien avoir encore égard aux usages particuliers de votre province, en laissant subsister jusqu'à un certain point la disposition de la déclaration du 22 juillet de la même année 1712; mais comme les registres des justices seigneuriales ou autres juridictions subalternes sont souvent mal en ordre et mal conservés, l'intérêt même des peuples de cette province demande qu'on ajoute à cette formalité de la réalisation, la nécessité de faire aussi enregistrer et publier les substitutions dans les siéges royaux qui ressortissent nûment au parlement de Flandre; c'est le seul moyen de pourvoir à la sûreté des familles, dans un pays qui ne doit pas moins éprouver les effets de l'attention et de la protection du roi, que le reste de son royaume.

La seule difficulté qui puisse se présenter à l'esprit sur ce sujet, est de savoir s'il suffit d'assujettir à la formalité de la publication et de l'enregistrement, dans les siéges royaux, les substitutions des biens féodaux, ou s'il faut étendre la précaution de la loi jusqu'aux biens qui n'ont pas cette qualité, et parmi lesquels il y en a qui sont réputés meubles dans votre ressort, comme les maisons et même des héritages.

Mais on ne voit pas des raisons solides de différence entre ces deux espèces de biens; les mêmes motifs s'appliquent également aux uns et aux autres; souvent même un bien roturier peut être d'une valeur beaucoup plus grande qu'un bien féodal, et rendre par conséquent la solennité de la publication encore plus nécessaire.

Je n'ai pas cependant voulu prendre aucune résolution sur cette matière, sans avoir auparavant votre avis; et il doit rouler principalement sur les points qui suivent :

1.° Les maisons et les héritages qui sont réputés meubles dans les coutumes de Flandre, sont-ils sujets à la formalité de la réalisation?

2.° Les a-t-on regardés jusqu'à présent, dans votre ressort, comme assujettis à la loi de l'enregistrement, lorsqu'ils sont substitués, de même que les biens qui sont véritablement immeubles à tous égards?

3.° Y a-t-il quelque inconvénient à imposer la nécessité de faire publier toutes les substitutions dans les siéges royaux ressortissant nûment au parlement de Flandre, de quelque nature que soient les biens qui y sont compris, sans déroger néanmoins à l'obligation de remplir aussi la formalité de la réalisation dans les justices seigneuriales, suivant la distinction portée par la déclaration du 22 juillet 1712?

4.° Dans quels siéges royaux, ressortissant nûment au parlement, se fera la publication à l'égard des maisons et héritages réputés meubles? Sera-ce seulement dans le siége où l'auteur de la substitution avoit son domicile, parce que régulièrement les biens suivent la personne, et ne sont point censés avoir une situation?

Sera-ce non-seulement dans ce siége, mais dans celui où les maisons et héritages réputés meubles sont situés, parce qu'ils ont véritablement une situation réelle, et que la nature semble devoir l'emporter sur la fiction?

5.° Enfin, pour aller encore plus loin, et rendre la loi plus simple et plus facile dans son exécution, ne pourroit-on pas ordonner que l'enregistrement et la publication dans les siéges royaux, ressortissant nûment au parlement de Flandre, tiendront lieu de la réalisation requise par les coutumes du pays; et si l'on craint que ce changement ne souffre trop de contradiction de la part des seigneurs féodaux ou justiciers, seroit-il à propos d'ordonner que ceux qui feroient enregistrer et publier des substitutions dans les siéges royaux, ressortissant nûment au parlement, seront tenus de remettre au greffe des justices seigneuriales un extrait de l'enregistrement au siége supérieur, pour remplir la formalité de la réalisation ?

C'est sur tous ces articles que j'attends votre avis, et je vous prie de me l'envoyer le plus promptement qu'il vous sera possible, après en avoir conféré, si vous le jugez à propos, avec M. le premier président de votre compagnie ; je dis, *si vous le jugez à propos*, parce que vous aimerez peut-être mieux m'expliquer séparément votre pensée, afin que je puisse en faire usage avant que de consulter aussi M. le premier président sur la même matière.

Du 24 mai 1748.

Vous recevrez incessamment une ordonnance du roi sur les substitutions fidéicommissaires, qui est le fruit d'un grand travail et d'une longue méditation.

Les différentes réponses que j'avois reçues des parlemens, et surtout de ceux des pays de droit écrit, aux questions que je leur avois envoyées sur cette matière, donnèrent lieu à une multitude de doutes et de réflexions, qui rendirent la rédaction de cette loi aussi difficile qu'elle étoit importante ; les différens projets qui en ont été dressés ont fait naître encore de nouvelles pensées, et, à chaque fois que j'ai revu l'ouvrage, j'ai cru qu'il y avoit toujours de nouveaux changemens à y faire.

J'ai remarqué surtout que, malgré toutes les lois qui ont établi ou renouvelé l'obligation de faire publier les substitutions fidéicommissaires, il arrivoit très-souvent qu'on négligeoit de satisfaire à cette obligation ; et c'est ce qui m'a donné lieu de penser qu'il étoit absolument nécessaire de remanier entièrement une matière si intéressante pour la sûreté du commerce et pour le repos des familles, en ajoutant aux lois précédentes des précautions nouvelles et véritablement suffisantes pour en assurer l'exécution.

C'est par cette raison que l'ordonnance dont il s'agit a été divisée en deux titres différens:

Le premier comprend toutes les dispositions de la loi sur les biens qui peuvent être substitués, sur les clauses, les conditions, la durée des substitutions, et sur les droits qu'on peut exercer sur les biens qui y sont compris;

Le second renferme les règles établies par rapport à ceux qui sont grevés de substitutions, et principalement celles qui en assurent la publication, à quoi l'on a ajouté les dispositions qui ont paru nécessaires, soit sur la compétence des juges qui en doivent connoître, soit sur l'autorité de leurs jugemens.

Il n'est pas surprenant que cette multitude et cette diversité d'objets, dont chacun demandoit une attention particulière, ait retardé long-temps l'expédition d'une ordonnance annoncée depuis plusieurs années; et ce n'est en effet qu'après bien des examens et des révisions réitérées qu'on a pu parvenir à lui donner la perfection dont une pareille loi est susceptible.

Il ne reste plus que d'en faire recueillir au public toute l'utilité qu'il en attend par l'enregistrement qui en sera fait dans tous les parlemens du royaume, comme il l'a déjà été dans celui de Paris, et c'est pour prévenir tout ce qui pourroit le retarder que j'ajouterai ici quelques réflexions générales sur ce sujet, dont il sera à propos que vous fassiez part à votre compagnie.

1.° Vous pouvez l'assurer que, quelques difficultés qui se présentent à elle en lisant la nouvelle ordonnance du roi, il est presqu'impossible d'en imaginer qui n'aient pas été prévues, discutées et résolues avec la plus grande attention, dans le long examen qui a précédé l'expédition de cette loi.

2.° Son principal objet, comme celui de l'ordonnance que le roi a donnée sur la matière des donations entre-vifs et sur celle des testamens, a été de faire cesser les diversités de jurisprudence qui avoient lieu dans les parlemens du royaume, par la différente manière dont ils entendoient, ou les textes du droit romain, ou les ordonnances de nos rois.

Il n'est pas possible de suivre un projet si digne de la justice et de la bonté du prince qui nous gouverne, sans faire un choix entre des jurisprudences opposées ou différentes, pour donner la préférence à celles qui sont les plus conformes au véritable esprit des lois et les plus avantageuses aux sujets du roi.

Mais il est naturel aux hommes d'avoir de la peine à revenir de leurs anciens préjugés et à se désabuser d'une doctrine qu'ils ont sucée, pour ainsi dire, avec le lait, ou dans laquelle ils ont été élevés par leurs pères. C'est ce qui a fait qu'il y a eu quelques parlemens qui, par une espèce de prévention, dont il est difficile de se défendre, ont vu avec peine les changemens qui ont été faits dans leurs usages par les ordonnances semblables à celles dont il s'agit aujourd'hui. J'ai été obligé de répondre à leurs difficultés, et ils se sont conformés à la fin, comme ils le devoient, aux intentions du roi.

Mais il est fâcheux d'être obligé d'employer un temps considérable à rejeter des doutes formés sur des lois qui ne sont faites que pour les résoudre, après avoir entendu et pesé avec soin toutes les raisons des tribunaux dont le roi ne juge pas à propos d'approuver la jurisprudence. On doit donc prévoir dans les compagnies, non-seulement que les mêmes raisons, répétées une seconde fois, n'auront pas plus de force qu'elles n'en ont eu la première, mais qu'elles en auront même beaucoup moins lorsqu'elles seront présentées au roi, après une décision réfléchie et solennelle de Sa Majesté.

3.° Enfin, rien n'est plus digne des premiers tribunaux du royaume, et surtout de ceux qui ont le plus de lumières et de connoissance du droit, que d'entrer dans le véritable esprit des lois de la nature de celles dont il est question.

D'un côté, elles regardent des matières qui sont susceptibles d'opinions contraires, et dans lesquelles il y a plusieurs points de décision qui peuvent être considérés comme arbitraires en eux-mêmes. Or, il n'y a personne qui ne doive sentir qu'il est bien plus important et plus utile au public d'établir des régles fixes et uniformes sur ces sortes de questions problématiques, que de suivre plutôt un sentiment qu'un autre dans le cas où ils sont appuyés sur des raisons qui sont presque du même poids.

D'un autre côté, ce qui doit être le principal objet d'un sage législateur, et, pour ainsi dire, le motif prédominant de sa décision, est la simplicité des régles qu'il établit, et le grand avantage de prévenir la multiplication des procès qui sont la ruine des familles, et dont les frais sont souvent plus considérables que le fonds de la matière qui y donne lieu.

Il est donc du bien public, suivant l'esprit de toutes les lois, et il n'est pas moins convenable à la justice et à la bonté du roi, de donner la préférence dans ses ordonnances générales à des régles si favorables à ses peuples; et c'est en partie sur ce principe que sont fondées plusieurs des dispositions par lesquelles Sa Majesté a décidé les questions douteuses qui s'agitent depuis long-temps à l'égard des substitutions fidéicommissaires.

Le fruit que vous devez tirer de toutes ces réflexions, aussi bien que votre compagnie, est de lire la loi qui regarde cette matière dans le même esprit dans lequel elle a été faite, pour entrer dans toute la sagesse des motifs qui l'ont inspirée à Sa Majesté, c'est le véritable moyen de s'épargner des doutes inutiles et de dissiper tous les nuages que d'anciens préjugés peuvent élever quelquefois dans l'esprit de ceux qui examinent les lois, plutôt en jurisconsultes particuliers, que dans les vues supérieures d'un législateur.

Si cependant il restoit encore quelques difficultés sur lesquelles les magistrats de votre compagnie crussent devoir me demander des explications, j'espère au moins qu'ils s'attacheront avec une grande attention, soit à en diminuer le nombre, soit à les exposer avec le moins d'étendue et la plus exacte précision qu'il sera possible; ils avanceront, par ce moyen, la grande utilité que le public peut retirer de l'ordonnance dont il s'agit; et c'est ce que leur amour pour la justice, et le zèle dont ils sont remplis pour le bien commun des sujets du roi, leur feront sans doute désirer.

Du 9 juillet 1748.

J'AI reçu la lettre par laquelle vous m'informez du prompt enregistrement que le parlement de Bordeaux a fait de l'ordonnance générale qu'il a plu au roi de lui envoyer sur la matière des substitutions fidéicommissaires. Le jugement que vous portez de cette ordonnance, m'en garantit l'utilité beaucoup plus que le mien même; vous savez le cas que je fais de vos lumières et de votre sagesse. Plût à Dieu que le parlement s'y fût conformé dans la triste affaire des blés, comme il l'a fait dans l'enregistrement de la loi dont il s'agit, il m'auroit épargné le déplaisir que j'ai de toutes les résolutions qu'il a forcé en quelque manière le roi à prendre sur ce sujet!

Du 30 août 1748.

LES observations faites par MM. les commissaires de votre compagnie, que vous m'avez envoyées, m'ont donné la satisfaction de voir que leurs lumières et leur zèle pour le bien public leur ont fait sentir d'abord les avantages que les sujets du roi retireront des décisions contenues dans le titre premier de l'ordonnance qui concerne les substitutions fidéicommissaires; et je suis persuadé que, lorsqu'ils auront fait plus de réflexions sur les régles prescrites par le titre second de la même loi, ils reconnoîtront qu'elles ne seront pas moins utiles pour assurer l'effet de ces substitutions.

C'est l'insuffisance et l'inexécution trop communes des différentes lois que nos rois ont faites sur la publication des substitutions fidéicommissaires, qui ont obligé Sa Majesté à prendre de nouvelles précautions, pour prévenir les suites fâcheuses de la négligence ou de la mauvaise foi des héritiers ou légataires grevés de substitution, et le grand nombre de procès qui naissoient tous les jours sur ce sujet.

La succession se trouvoit souvent dissipée ou considérablement diminuée par la liberté que celui qui étoit chargé de fidéicommis avoit, de disposer à son gré de l'argent comptant, des effets mobiliers, de recevoir le paiement des exigibles et le remboursement des rentes, sans en faire aucun emploi, d'aliéner même une partie des fonds compris dans la substitution. Le recours que les substitués exerçoient dans la suite contre les grevés de substitution, ou contre leurs successeurs, devenoit souvent inutile, par l'état où la fortune des dissipateurs se trouvoit réduite; et, dans les cas mêmes, où cette ressource ne manquoit pas aux substitués, elle donnoit lieu à une multitude de contestations inévitables, et encore plus onéreuses par le nombre des demandes sur lesquelles les juges avoient à prononcer.

Il falloit ordonner des preuves presque toujours difficiles à faire, entendre des témoins sur la quantité, qualité et valeur des biens laissés par un homme mort depuis long-temps.

Le défaut d'un inventaire fait aussitôt après son décès ne nuisoit pas moins aux légitimaires, et à tous ceux qui avoient des détractions à demander, qu'aux substitués. On ordonnoit une composition de patrimoine, qui devenoit une source de difficultés longues et épineuses, dont la fin la plus ordinaire étoit la ruine des substitués et de leurs adversaires, sans parler du trouble et de la division qu'elles causoient dans les familles les plus distinguées.

Rien n'étoit donc plus essentiel, ni en même temps plus simple et plus sûr, que de prévenir le mal, au lieu de se réduire à y chercher des remèdes tardifs, souvent insuffisans, et toujours trop chers aux parties intéressées. C'est ce qui a fait prendre au roi deux résolutions également justes et avantageuses à ses sujets :

L'une, d'établir la nécessité de l'inventaire des biens et effets laissés par l'auteur de la substitution, pour en fixer la consistance dès le temps de sa mort; et épargner toutes les longues discussions et les frais considérables de cette composition de patrimoine dont je viens de parler ;

L'autre, de ne permettre à celui qui est chargé de substitution, d'entrer en possession des biens qui y sont compris qu'après avoit justifié de la formalité de l'enregistrement et de la publication.

La confection de l'inventaire n'est point empruntée du droit commun, elle a son origine dans le droit romain, et elle est non-seulement utile, mais nécessaire dans plusieurs cas, quoique les biens d'une succession ne soient chargés d'aucune substitution.

Les frais en sont réglés dans chaque pays et toujours proportionnés à la fortune du défunt; s'ils sont considérables, ils en sont bien dédommagés par l'opulence de la succession qu'ils recueillent; et s'ils y trouvent moins de bénéfice, il leur en coûte aussi beaucoup moins pour en jouir.

La nécessité d'appeler aux inventaires les tuteurs, ou les curateurs des pupilles, des mineurs ou des interdits, est aussi de droit; elle n'augmente les frais en aucune manière. Il n'est pas moins d'un usage ancien et commun de nommer un tuteur ou un curateur, pour veiller à la conservation des intérêts de ceux qui sont soumis à la puissance paternelle, ou qui ne sont pas encore nés.

Si l'on craint qu'il n'y ait quelquefois de la collusion entre le grevé de substitution et celui qui sera chargé de la tutelle ou de la curatelle, on doit présumer que la vigilance de la partie publique pourra y remédier; et dans les cas mêmes où l'on supposeroit de la mauvaise foi dans le tuteur, ou dans le curateur, il y auroit encore plus d'inconvéniens à laisser le grevé de substitution le maître absolu de tous les biens des mineurs ou des interdits, en le dispensant de la formalité de l'inventaire.

L'intérêt des commerçans, qui, dans cette matière, ne sont pas le principal objet de la loi, mérite encore moins d'attention que les difficultés précédentes. C'est à eux à juger, s'il est avantageux à leurs enfans de leur laisser posséder librement leurs successions, ou de les charger de fidéicommis; mais dès le moment qu'ils prennent ce dernier parti, il n'y a aucune raison pour les exempter de toutes les obligations imposées à ceux qui sont chargés de substitution.

La prisée des meubles et effets semblables est une suite naturelle de l'inventaire; et il étoit nécessaire de l'ordonner, soit pour mettre le grevé en état d'en imputer la valeur sur ses détractions, soit pour fixer la somme dont il seroit responsable, s'il ne faisoit pas l'emploi de ces effets, suivant ce qui est porté par l'ordonnance des substitutions.

MM. les commissaires du parlement reconnoissent la sagesse des dispositions de cette loi, sur l'emploi ou le remploi des effets substitués; mais elles seroient bien inutiles s'il étoit permis au grevé d'en disposer à sa volonté, sans que la quantité et la valeur en fussent suffisamment connues et assurées.

Je passe à présent au second genre de précautions

que le roi a cru devoir prendre, pour assurer pleinement à l'avenir l'exacte observation des lois, qui ont ordonné l'enregistrement et la publication des substitutions fidéicommissaires.

Il consiste, comme je l'ai déjà dit, à ne laisser entrer celui qui en est chargé dans la possession des biens qui y sont compris, qu'après avoir rapporté l'acte d'enregistrement et de publication de la substitution. Quoique les motifs d'une disposition si importante de la loi nouvelle sur ce sujet, soient assez clairement indiqués par les premiers termes de l'article 35, je ne sais cependant, s'ils ont été suffisamment aperçus par MM. les commissaires du parlement de Grenoble. Ils auroient reconnu, sans doute, s'ils y avoient fait plus de réflexion, que le seul moyen d'assujettir ceux qui sont chargés de substitution, à la rendre publique par la voie que les ordonnances ont établie, étoit de les y forcer en quelque manière par leur intérêt personnel, c'est-à-dire, par le désir d'être mis promptement en possession des biens substitués.

S'ils ne peuvent y parvenir qu'après un intervalle de temps qui ne sauroit être fort considérable, ils n'y perdront rien, puisque la nouvelle ordonnance porte expressément, que tous les fruits des biens substitués leur seront acquis, même pour le passé, lorsqu'ils auront rempli la formalité de la publication dans le délai de six mois; s'ils laissent passer ce temps fatal, sans se conformer à la loi, ils méritent de perdre ces fruits, et ils ne peuvent imputer cette perte qu'à leur négligence.

Le roi n'a dérogé en aucune manière par son ordonnance à cette règle constante, que les lois qui introduisent des formes nouvelles ne regardent que l'avenir; Sa Majesté, au contraire, a suivi et confirmé cette règle dans sa dernière ordonnance; et il n'y a qu'à lire les articles 56, 57 et 58 du second titre de la loi, pour en être convaincu.

Il est vrai que, suivant l'article 58, les règles établies par le second titre sur les objets qui sont énoncés dans cet article, doivent être exécutées par rapport aux publications et enregistremens, actes, demandes et procédures qui se feront après la publication de l'ordonnance, encore que la substitution fût antérieure. Mais il est aisé de voir, premièrement, que le roi ne pourvoit, par là, qu'à ce qui doit être fait postérieurement à sa loi; et secondement, qu'il ne s'agit, à cet égard, que de dispositions qui tendent uniquement à assurer l'effet de la disposition du testateur, qu'il a voulu, sans doute, être pleinement exécutée, lorsqu'il a chargé ses héritiers ou ses légataires de substitution.

Ainsi, bien loin que les règles dont il s'agit donnent la moindre atteinte à cette volonté, elles ne font, au contraire, que l'affermir et la rendre plus avantageuse à sa famille.

A l'égard de l'article 53 du même titre second, il ne paroît pas que MM. les commissaires aient fait assez d'attention aux termes dans lesquels cet article a été conçu.

Il ne fait mention que des actes contenant des désistemens, des transactions ou conventions; et ces expressions, dont le sens est d'ailleurs déterminé par celles qui les suivent, ne peuvent jamais s'appliquer à des quittances d'ouvriers, de frais funéraires, ou de dettes qui n'auroient point de rapport avec la liquidation des biens substitués, ou avec les autres objets qui sont mentionnés dans cet article.

Rien n'étoit d'ailleurs plus important que d'assurer la condition de tous ceux qui ont des droits ou des intérêts à discuter avec les possesseurs des biens substitués, et d'empêcher que chaque substitué ne pût renouveler des contestations terminées avec le précédent grevé de substitution.

Il n'auroit pas suffi, pour prévenir cet inconvénient, de dire, en général, que le substitué d'un degré postérieur ne seroit écouté que lorqu'il allégueroit le dol ou la fraude du dernier possesseur : c'est ce qu'il n'auroit jamais manqué de faire; et, sous ce prétexte, on auroit vu renaître tous les jours de nouveaux procès, pour faire rejuger ce qui auroit déja été décidé. La matière des conjectures ou présomptions de fraude ou de collusion a d'ailleurs quelque chose de si arbitraire, qu'il seroit à craindre que, par la différente impression qu'elles peuvent faire sur l'esprit des juges, les décisions en demeurassent toujours incertaines et variables, ou qu'elles ne donnassent lieu à des interlocutoires ruineux pour toutes les parties. On en a vu des exemples fâcheux dans plusieurs provinces, et en particulier dans celle de Dauphiné.

Il étoit donc bien digne de la sagesse et de la bonté du roi de fixer plus promptement et plus sûrement l'état de ceux qui font des transactions ou des conventions au sujet des substitutions, en les assujettissant à l'obligation de les faire homologuer dans les parlemens sur les conclusions de ses procureurs-généraux. On ne pouvoit prendre une voie plus honorable à ces grandes compagnies, et il est bien juste de mettre la présomption en faveur d'un acte, lorsqu'il aura été revêtu de cette forme.

Si cependant on prétendoit qu'il y a eu de la surprise dans cette homologation, il resteroit encore aux parties la ressource de s'adresser, par la voie de la requête civile, aux parlemens où les actes auront été homologués; et le roi a bien voulu permettre à ceux qui prendront ce parti, de proposer les même moyens que les mineurs. Ce sera toujours à ces cours de juger si ces moyens sont suffisans pour les engager à retracter leurs arrêts, et il n'y a personne qui ne sente combien cette voie est préférable à celle de restitution, qui engageroit les parties à essuyer plusieurs degrés de jurisdiction, et à entrer de nouveau dans la discussion du fond d'un procès terminé par un acte authentique et approuvé par un parlement.

Toutes ces réflexions que j'ai rassemblées dans cette lettre, concourent donc à faire voir qu'il n'y a aucune disposition dans le titre second de l'ordonnance des substitutions, qui ne tende directement au soulagement et à la tranquillité des familles; et j'avoue, après cela, que j'ai de la peine à concilier cette crainte de la multiplication des frais dont MM. les commissaires du parlement de Grenoble ont été frappés, avec les observations qu'ils font sur l'article 47, où le roi a marqué si expressément le désir que Sa Majesté a eu d'épargner les frais auxquels les familles seroient exposées par la multiplicité des degrés de juridiction.

Il étoit donc bien aisé de comprendre combien il est intéressant, et surtout pour les familles les plus nobles, que toutes ces contestations qui naissent au sujet des substitutions fidéicommissaires se réunissent, en première instance, dans les tribunaux auxquels seuls on peut s'adresser pour les faire publier et enregistrer. Les parties ont d'ailleurs l'avantage d'y trouver des juges en plus grand nombre et plus éclairés que dans les juridictions inférieures, et principalement dans celles des Seigneurs ; avantages qu'elles ont aussi dans le cas où le privilége de *committimus* peut avoir lieu.

Le roi leur fait encore un bien qui ne leur est pas moins favorable, en n'établissant que deux degrés de juridiction dans cette matière. Pourroit-on mettre l'intérêt des seigneurs hauts justiciers, ou plutôt celui de leurs officiers, en parallèle avec de si grands avantages? La concession des hautes justices ne sauroit empêcher le roi de régler la compétence des juges de la manière la plus utile à ses sujets par une loi générale, dont les seigneurs profiteront les premiers, et plus que tous les autres, parce que ce sont ordinairement eux qui ont le plus grand intérêt à voir abréger les longues contestations qui s'élèvent par rapport aux substitutions.

Ils peuvent, d'ailleurs, reconnoître, par l'ordonnance même dont il s'agit, que dans tout ce qui n'étoit point contraire au bien public, le roi a eu soin de veiller à la conservation de leurs intérêts personnels, puisque Sa Majesté a décidé dans le titre premier de cette ordonnance, que les substitutions ne pourroient nuire ni préjudicier à leurs droits ; et d'ailleurs, ce sera devant leurs juges que les possesseurs de ces biens procéderont, lorsqu'il s'agira des charges et devoirs dont ils sont tenus envers les seigneurs dominans.

Enfin, avant cette loi, les questions qui s'élevoient sur la forme, ou sur l'interprétation d'une donation ou d'un testament contenant substitution, étoient portées plus souvent sans comparaison devant les juges royaux, que devant ceux des seigneurs; et ce très-léger préjudice qu'ils pourroient souffrir en cette occasion, est plus que compensé par le bien public qui en résultera pour tout le royaume.

Je ne saurois même me dispenser d'ajouter ici, qu'il paroît assez singulier que ce soit le parlement qui se déclare le défenseur de la cause des seigneurs particuliers, au lieu qu'il semble qu'une compagnie, d'ailleurs si éclairée et si estimable, auroit dû être toute occupée, non-seulement du soin de maintenir les droits de l'autorité du roi et des juridictions où la justice se rend au nom de Sa Majesté, mais de toutes les vues supérieures qui ont été les motifs de la règle qu'elle a établie par son ordonnance.

Je ne vois donc aucun des doutes de MM. les commissaires qui ne soient pleinement résolus par toutes les réflexions que cette lettre contient, et je suis persuadé que lorsqu'elle leur aura été communiquée, ils demeureront convaincus de l'utilité et même de la nécessité des dispositions qui leur ont paru susceptibles de quelque difficulté.

Je n'ai pas besoin d'ajouter ici, après cela, qu'il ne seroit même plus temps de faire aucun changement à une loi qui a déja été enregistrée et publiée dans la plus grande partie des parlemens du royaume. Je ne doute donc pas que le vôtre n'en suive promptement l'exemple, et qu'il ne leur donne celui de la faire observer avec la plus grande attention.

Du 6 novembre 1748.

Je ne me suis pas pressé de vous envoyer les remarques que j'ai faites sur le mémoire dans lequel le parlement de Grenoble, après avoir enregistré l'ordonnance qui concerne les substitutions fidéicommissaires, a cru devoir me proposer des doutes qui lui sont venus dans l'esprit sur l'exécution de quelques articles de cette ordonnance. Comme vous ne pourrez faire usage de mes réponses qu'après la saint Martin, il m'a paru suffisant de vous en faire part dans le temps de l'ouverture du parlement. Je vous les adresse donc à présent, et je suis persuadé que quand vous les aurez communiquées à votre compagnie, il ne lui restera plus aucune difficulté sur l'esprit et le véritable sens des dispositions dont elle m'a demandé l'explication.

Du 16 juillet 1749.

Vous recevrez en même temps que cette lettre une déclaration qui vous sera envoyée par M. d'Argenson, et où vous verrez que le roi a bien voulu avoir égard à une partie des représentations qui lui ont été faites par votre compagnie sur l'ordonnance des substitutions fidéicommissaires, en l'appropriant, autant qu'il étoit possible, aux usages des pays de votre ressort. A l'égard des autres dispositions de la même loi, qui regardent le fond de la matière des substitutions et qui ne sont susceptibles d'aucun changement, je ne peux que vous renvoyer à la longue lettre que j'écris au parlement pour lui en faire mieux connoître l'esprit, et dont vous aurez sans doute une entière connoissance. J'ajoute seulement ici, qu'il y a deux articles de ce genre, sur lesquels Sa Majesté a jugé à propos d'attendre de plus grands éclaicissemens avant que d'expliquer ses intentions. L'un regarde le recours subsidiaire des femmes sur les biens substitués ; l'autre est celui qui accorde une hypothèque tacite à ceux qui y sont appelés dans les cas qui sont marqués par l'ordonnance. J'écris à M. le premier président, qu'il est fort nécessaire qu'il travaille incessamment, avec ceux de sa compagnie qu'il voudra choisir, à m'envoyer un mémoire sur cette matière si importante; et je ne doute pas que vous ne concouriez avec lui, pour mettre le roi en état de vous donner bientôt une règle certaine sur les deux seules difficultés qui restent encore indécises.

FIN DU TOME DOUZIÈME.

TITRES

DES DIFFÉRENS OUVRAGES

CONTENUS DANS LE TOME DOUZIÈME.

CORRESPONDANCE OFFICIELLE.

Cinquième Division.

Sixième Division.

FIN DES TITRES DU TOME DOUZIÈME.

www.ingramcontent.com/pod-product-compliance
Lightning Source LLC
Chambersburg PA
CBHW031719210326
41599CB00018B/2439

* 9 7 8 2 0 1 9 5 4 0 2 4 1 *